AF523761

FAITH JONES

UNGEHORSAM

Wie ich der Sekte meiner Familie entkam

Aus dem amerikanischen Englisch von
Freyja Melsted und Sabrina Sandmann

HarperCollins

Die Originalausgabe erschien 2021 unter dem Titel
Sex Cult Nun bei William Morrow,
einem Imprint von HarperCollins*Publishers*, New York.

Die Übersetzung der Bibelstellen erfolgte mithilfe folgender Seiten:
neue.derbibelvertrauen.de, bibeltext.com, bible.com, bibleserver.com

1. Auflage 2023

Deutsche Erstausgabe

Published by arrangement with
HarperCollins*Publishers*, New York
Gesetzt aus der Adobe Garamond
von GGP Media GmbH, Pößneck
Druck und Bindung von GGP Media GmbH, Pößneck
Printed in Germany
ISBN 978-3-365-00313-8
www.harpercollins.de

Für alle, die dafür kämpfen, sich von Unterdrückung zu befreien, eigene Entscheidungen zu treffen, selbst über ihre Körper zu bestimmen und zu leben, nicht nur zu überleben.

INHALT

ANMERKUNG DER AUTORIN

Freie Liebe und Sex, Leben in Kommunen, Rückzug aus der Gesellschaft, Spenden sammeln anstatt zu arbeiten, spirituell gegen das System, also die Welt außerhalb der Gemeinschaft, zu revoltieren, sich stets vor der Erhebung des Antichristen hüten und die Wiederauferstehung Jesu erwarten: Das sind nur einige der Überzeugungen, mit denen ich aufgewachsen bin.

Denn ich wurde in die »Family«, die »Familie«, hineingeboren, eine Glaubensbewegung, die 1968 in Huntington Beach, Kalifornien, von meinem Großvater David Brandt Berg mithilfe seiner vier Kinder – Deborah, Aaron, Faithy und meinem Vater Hosea – begründet wurde. Zu Beginn war sie als »Children of God«, »Kinder Gottes«, bekannt und wurde von Außenstehenden zumeist als Sekte bezeichnet.

Durch offensive Bekehrungsmethoden und die Pflicht, dass alle Mitglieder hauptamtlich als Missionare arbeiten, wuchs die Zahl der bekennenden Anhänger schnell auf über zehntausend Menschen in 170 Ländern weltweit an und hielt sich auch in den folgenden vier Jahrzehnten durchschnittlich auf diesem Niveau. Da immer wieder Mitglieder austraten und neue hinzukamen, schlossen sich der Gruppierung im Laufe ihres fünfzigjährigen Bestehens schätzungsweise mehr als sechzigtausend Anhänger an. Ihre Missionarstätigkeit erreichte jedoch noch Millionen weitere Menschen, und Hunderttausende von ihnen wurden zum Glauben bekehrt.

Die extremen Praktiken der Gruppe, aufgrund derer ihnen Entführung, Prostitution und Kindesmissbrauch vorgeworfen wurde, führten in vielen Ländern zu Polizeirazzien und negativer Presse; mein Großvater stand jahrzehntelang auf der Fahndungsliste von Interpol.

Im Jahr 2010 löste die Family ihre Kommunen auf und entließ dadurch Tausende von Menschen in die Mehrheitsgesellschaft, obwohl diese noch nie einer festen Arbeit nachgegangen waren oder überhaupt einen Schulabschluss gemacht hatten. Laut ihrer offiziellen Website besteht die Family derzeit fort als eine christliche Online-Gemeinschaft mit 1450 Mitgliedern, die sich für die Verbreitung der Botschaft von Gottes Liebe überall auf der Welt einsetzen. Ich selbst habe die Family im Jahr 2000 verlassen und kann daher nicht mehr aus erster Hand von ihren seit diesem Zeitpunkt praktizierten Methoden und Ansichten berichten.

Dieses Buch basiert auf meinen Erinnerungen, Interviews mit Mitgliedern der Family und schriftlichen Aufzeichnungen. Ich habe mein Bestes gegeben, Ereignisse und Emotionen so detailgetreu wie möglich nachzuerzählen. Um ihre Anonymität zu wahren, habe ich bei einigen Personen in diesem Buch die Namen und Identitätsmerkmale verändert. Da das Gedächtnis nicht immer untrüglich ist, sind die Dialoge an einigen Stellen nur ungefähr wiedergegeben, zusammengefasst oder in einen anderen Kontext gestellt. Bestimmte Menschen und Ereignisse bleiben unerwähnt, jedoch nur, wenn die Auslassungen keine Auswirkung auf den Wahrheitsgehalt dieses Berichts hatten. Die Family bestand aus Tausenden Mitgliedern und ich kann nicht im Namen aller sprechen. Je nachdem, wann und wo diese Menschen geboren wurden, haben wir unterschiedliche Dinge erlebt. Ich kann lediglich meine eigene Geschichte erzählen.

Trotz aller Ereignisse habe ich nie daran gezweifelt, dass meine Eltern mich immer geliebt haben. Sie haben schlichtweg nach ihren damaligen aufrichtigen Glaubensgrundsätzen gehandelt, welche sich seitdem erheblich verändert haben. Wir haben heute ein gutes Verhältnis, und sie verstehen meine Beweggründe, das alles niederzuschreiben.

Man kann dieses Buch auf zwei Arten lesen: als Bericht über eine Sekte oder als die persönliche Lebensgeschichte einer jungen Frau. Wenn Sie sich mehr für Letzteres interessieren, können Sie die Chronik zur Entstehung der Family überspringen und gleich zu meiner persönlichen Geschichte blättern, die in Kapitel 1 beginnt. Falls später

Fragen über die Sekte an sich auftauchen, können Sie einfach zu diesem Teil zurückkehren.

Meine Erlebnisse beschreibe ich aus dem Blickwinkel des jeweiligen Alters, in dem sie stattfanden, so erhalten Sie einen entsprechenden Einblick in meine Gedanken, sehen die Welt mit meinen Augen und erleben meine Familie gefiltert durch die Überzeugungen der Sekte. Mein eigenes Verständnis dieser Erlebnisse verändert sich mit jeder Erkenntnis, die ich gewinne. Vielen Dank, dass Sie sich mit mir auf diese stürmische und wahnwitzige Reise bis zu ihrem Endziel begeben – der Freiheit. Wahre Befreiung findet im Kopf statt.

Faith Jones

EINE (NICHT GANZ SO) KURZE CHRONIK MEINER FAMILIE UND DER CHILDREN OF GOD

Vier Generationen von Evangelisten

Mein Vater ist Evangelist in der vierten Generation. Sein Urgroßvater, John Lincoln Brand aus Muskogee, Oklahoma, war ein Baptistenprediger, der in den Kirchen von Denver, Toledo, Valparaiso und St. Louis tätig war. Später wurde er zu einem Anführer im Campbellite Movement (der Stone-Campbell-Bewegung, heute als Disciples of Christ, die Kirche der Jünger Christi, bekannt) und errichtete und leitete Kirchen überall in den Vereinigten Staaten und auf der ganzen Welt. Seine Reisen führten ihn nach Kanada, Mexiko, Europa, Asien, Afrika, Australien und auf die Pazifischen Inseln. Außerdem arbeitete er als Dozent und verfasste mehr als zwanzig Bücher.

Seine Tochter Virginia war die Großmutter meines Vaters und ebenfalls eine bekannte Predigerin. Mit ihrem Programm *Meditation Moments, Zeit der Meditation*, das erstmals in den 1930er-Jahren in Miami, Florida, ausgestrahlt wurde, kann sie sich rühmen, als die erste weibliche evangelikale Radiopredigerin des Landes zu gelten. Sie war eine bedeutende Evangelistin und Anhängerin der Erweckungsbewegung, die mit ihren evangelikalen Mischkan-Veranstaltungen in ganz Amerika Tausende von Menschen anlockte.

Ihr starker Glaube an Jesus entwickelte sich jedoch erst später in ihrem Leben. Obwohl als Christin erzogen, wurde ihr Glaube vom frühen Verlust der Mutter im Alter von Anfang zwanzig erschüttert, und eine Zeit lang bezeichnete sie sich selbst als Agnostikerin. Nur ein

Wunder konnte sie wieder zurück zum Glauben führen: Kurz nach der Geburt ihres ersten Kindes, Hjalmar Jr., stürzte sie und erlitt einen zweifachen Wirbelbruch, der ihr schreckliche Schmerzen bereitete und sie häufig ans Bett fesselte. Auch mehrere Operationen halfen nicht weiter, sodass die Ärzte ihren Zustand schließlich als unheilbar diagnostizierten. Doch ihr Ehemann, Hjalmar Berg, ein evangelikaler Geistlicher, betete unermüdlich für sie.

Die Wunderheilung meiner Urgroßmutter

Eines Nachmittags flehte Virginia – schmerzzerfressen und am Ende ihrer Kräfte – Gott um Hilfe an. Eine Bibelstelle kam ihr in den Sinn: »Worum ihr im Gebet auch bittet, glaubt, dass ihr es empfangen habt, dann werdet ihr es auch erhalten.« (Markus 11,24). Daraufhin sagte sie: »Ich glaube.« In diesem Augenblick, so heißt es, wurde sie auf wundersame Weise geheilt und stand von ihrem Bett auf.

Hjalmar predigte zu der Zeit in einer kleinen Gemeinde in Nordkalifornien, und am nächsten Morgen legte meine Großmutter dort Zeugnis über das Wunder ab. Schon bald erhielt sie unzählige Einladungen für weitere Vorträge und Virginias Renommee und Anhängerschaft wuchsen. Über wundersame Heilungen zu predigen widersprach zwar der Doktrin ihrer Kirche, doch Virginia und Hjalmar weigerten sich, darüber stillzuschweigen, und wurden schließlich von den Disciples of Christ ausgeschlossen.

Kurz darauf traten sie der Christian and Missionary Alliance bei, einer evangelikal-protestantischen Religionsgemeinschaft mit starkem Fokus auf Missionsarbeit. Zu diesem Zeitpunkt hatten Virginia und Hjalmar ihre Familie um das zweite und dritte Kind erweitert: eine Tochter, die sie ebenfalls Virginia nannten, und meinen Großvater, David, der am 18. Februar 1919 in Oakland, Kalifornien, geboren wurde.

Die fünfköpfige Familie reiste mehrere Jahre in den Vereinigten Staaten umher, da sie ihre Erweckungsvorträge in Kirchen überall im Land hielten. Virginias Geschichte von der wundersamen Heilung zog stets große Menschenmengen an, meist erschienen zwischen vier- und zehntausend Zuhörern. Dank des großen Andrangs und ihrer bewegenden Worte wurde sie schließlich eingeladen, hauptamtlich als Predigerin in einer Kirche in Miami, Florida, tätig zu werden.

Nach fünfzehn Jahren in Miami vermisste Virginia die Zeit des Umherreisens so sehr, dass sie in den späten 1930er-Jahren zu ihrem Leben als fahrende Evangelistin zurückkehrte. Mein Großvater David war als einziges von ihren drei Kindern an einem Leben im Dienst Gottes interessiert, also nahm sie ihn als Chauffeur und Assistenten mit auf Tour, und gemeinsam veranstalteten sie riesige Events und Erweckungspredigten in Zelten überall in den USA.

Grandpas Rebellion und Neuorientierung

1941 wurde David mit zweiundzwanzig Jahren in die Armee eingezogen. Er hätte dies verweigern können, denn Geistliche und Theologiestudenten waren vom Militärdienst befreit. Aber inzwischen war er es leid, unter der Fuchtel seiner Mutter zu stehen, und wollte mehr Abenteuer erleben. Im Ausbildungslager erkrankte er jedoch an einer doppelseitigen Lungenentzündung, und laut eigener Aussage rechneten ihm die Ärzte keine großen Überlebenschancen aus, also versprach er Gott, dass er im Falle der Genesung sein Leben in Seinen Dienst stellen würde. Genau wie seine Mutter behauptet David, dass er auf wundersame Weise umgehend geheilt war – ganz zum Erstaunen aller Ärzte und Krankenschwestern.

Aufgrund eines Herzleidens wurde David schließlich trotzdem aus medizinischen Gründen aus dem Militärdienst entlassen und kehrte zu Virginia zurück. Er mochte das Nomadenleben, aber die bescheidene Rolle als Assistent seiner Mutter stellte ihn nicht zufrieden. Er wollte selbst Predigten halten. Zunächst teilte Gott ihm jedoch mit, dass er geduldig sein müsse und seine Zeit irgendwann kommen werde.

Die beiden hielten sich gerade in Kalifornien auf, als Grandpa meine Großmutter, Jane Miller, in der Little Church in Sherman Oaks traf, wo sie als Sekretärin arbeitete. Jane, zierlich und brünett, war in Kentucky in einer Familie von Baptisten aufgewachsen und eine fromme Christin. Im Juli 1944 heirateten die beiden heimlich, und zwei Jahre später wurde ihre erste Tochter Deborah geboren, gefolgt von Sohn Aaron im Jahr 1948. Kurz darauf wurde David von der Christian and Missionary Alliance zum Prediger ernannt und nach Valley Farms, Arizona, entsendet, einer staubigen Wüstenstadt knapp hundert Kilometer südlich von Phoenix.

Die Gemeinde bestand aus einer Mischung von weißen Südstaatlern, Ureinwohnern Amerikas und Mexikanern, die allesamt Schwierigkeiten hatten, friedlich miteinander zu leben. Durch seine Predigten verschärfte David die Spannungen allerdings nur, da er auf Integration drängte und vorschlug, dass die vermögenderen Gemeindemitglieder mehr von ihrem Geld mit den Bedürftigeren teilen sollten. Davids Gesinnung würde sich erst später konkreter zeigen, doch schon jetzt begann er, seine Vorstellungen eines christlichen Kommunismus, begründet auf der Apostelgeschichte 2,44, zu formulieren. Seine Forderung verärgerte die der Gemeindeleitung näherstehenden weißen Kirchgänger, und so wurde er schließlich entlassen. Die Erfahrung verleidete ihm die Kirche als Institution nachhaltig. Enttäuscht, aber unbeirrt, kehrte David mit seiner sechsköpfigen Familie zum Nomadenleben zurück – mit dabei auch mein Vater, Jonathan »Hosea« Emmanuel, der 1949 geboren worden war, und seine kleine Schwester Faithy, nach der ich später benannt wurde. Sie landeten schließlich in Huntington Beach, Kalifornien, wo Davids Eltern sich für ihren Ruhestand niedergelassen hatten. David brachte die Familie mit Gelegenheitsjobs durch, darunter auch eine kurzzeitige Anstellung als Lehrer und Busfahrer an einer christlichen Schule. Doch er war zutiefst unglücklich, wandte sich daher 1951 in der Hoffnung auf einen Rat an Gott und erhielt eine Offenbarung, die ihn auf einen völlig anderen und neuen Weg führte: Er war überzeugt, dass Gott von ihm verlangte, vollkommen aus dem »System« – sozusagen der Kirche als Institution – auszubrechen und erneut auf Tour zu gehen, um für Jesus Seelen zu retten. Also kündigte er von einem Tag auf den nächsten seinen Job und schrieb sich in einen dreimonatigen Kurs an der Soul Clinic in Los Angeles ein, einer Missionarsschule, die von Reverend Fred Jordan gegründet worden war.

Grandpa geht an die Jordan Missionary School

Reverend Fred Jordan war einer der ersten Fernsehprediger in den USA und gründete im Jahr 1949 die Fred Jordan Mission, die sich um Arme und Obdachlose kümmerte und eine Schule für angehende Missionare betrieb. Meinem Vater gefielen seine Ansichten sehr, insbesondere der Glaube, dass Gott in allem war und Gläubige sich nicht in einem Gotteshaus versammeln mussten, um mit dem Herrn zu kommunizieren.

Reverend Jordan hatte großen Einfluss auf David, und die beiden arbeiteten die nächsten fünfzehn Jahre lang auf verschiedenste Art und Weise zusammen, wodurch gleichzeitig vorgegeben war, wo und wie David mit seiner Familie lebte. Teil seiner missionarischen Ausbildung war ein Aufenthalt in Jordans Texas Soul Clinic in Thurber, Texas – auch »Die Ranch« genannt –, wo sich die Bekehrten einer Art militärischem Training unterziehen mussten, welches sie auf die Entbehrungen des Lebens als Missionare vorbereiten sollte.

Mein Vater war drei Jahre alt, als mein Großvater zum ersten Mal mit der Familie auf die Ranch zog. Sie blieben zwei Jahre lang dort, bevor David und Jane nach Florida übersiedelten und in Miami eine Zweigstelle von Fred Jordans Missionarsschule eröffneten.

In Miami lebten sie in einer Kommune zusammen und teilten sich ein großes Haus mit Gleichgesinnten, die ebenfalls die Missionarsausbildung durchliefen, und verbrachten die Sommer als Familie auf missionarischen Reisen durch die USA.

Das sogenannte Witnessing – die Missionarsarbeit – auf Reisen war die gesamte Kindheit meines Vaters über Familiensache. Während meine Großmutter Jane sich anfangs sorgte, dass durch die Erziehung von vier kleinen Kindern ihre Tage im Dienst der Kirche gezählt wären, fand sie bald auch als Mutter eine Möglichkeit zu helfen: Die Menschen schienen empfänglicher für die Botschaft ihres Mannes zu sein, wenn er von seinen niedlichen Kindern begleitet wurde, also bildete sie ihren Nachwuchs zu einer Gesangsgruppe aus, die seine Predigten musikalisch untermalte. Sie traten in Kirchen, auf der Straße und in Fred Jordans Radio- und Fernsehsendungen auf.

Eine Zeit lang lief alles gut, doch Davids hitzige Predigten, in denen er seine Jünger aufforderte, »alles aufzugeben«, um christliche Missionare zu werden, und seine aggressiven »Werbemaßnahmen« verbreiteten einigen Unmut bei den Gemeindeoberhäuptern in der Gegend. Jeden Sonntag schickte er seine Kinder und einige der Missionarsschüler zu den örtlichen Kirchen, um religiöse Texte zu verteilen, und wies sie an, alle Gebäude und Autos auf den Parkplätzen damit zuzukleistern. Diese Mätzchen versetzten die Kirchenoberhäupter noch mehr in Rage, sodass sie ihm die Polizei auf den Hals hetzten. David musste die Stadt verlassen und verkündete, dass sie Miami den Rücken kehren und wieder auf Reisen gehen würden. Für meinen Vater, der gerade die achte Klasse beendet hatte, bedeutete dies das Ende seiner Schulbildung.

Warnung vor der Endzeit

Die Familie belud also ihren achteinhalb Meter langen Dodge-Wohnwagen, den David liebevoll die »Arche« nannte, und kehrte zur Ranch zurück. Auch Virginia besuchte die Ranch zweimal, um ihrem jüngsten Kind dringliche Botschaften zu überbringen. »Die Warnung« kündigte zunächst die Ankunft des Antichristen und die bevorstehende Endzeit an. Die anschließende »Endzeitprophezeiung« besagte, dass David das »Verständnis Daniels« sowie die Fähigkeit besitzen würde, die Wiederkunft Christi vorauszusagen.

Bis zum Herbst 1967 blieb die Familie auf der Ranch, doch dann bat Virginia David, seine Kinder nach Kalifornien zu bringen, um bei den Hippies zu missionieren. Nur seine älteste Tochter Deborah blieb zurück. Ihr Jugendfreund Jethro und sie hatten mit dem Einverständnis ihres Vaters geheiratet, als sie sechzehn war, und die beiden gründeten in Texas ihre eigene Familie.

Obwohl Virginia schon über achtzig war, verbrachte sie ihre Tage damit, am Huntington Beach Pier – der Hippie-Hochburg Südkaliforniens zu dieser Zeit – Erdnussbuttersandwiches an Hippies, Surfer und Obdachlosen zu verteilen und mit ihnen über Jesus zu sprechen. Da sie fest daran glaubte, dass diese jungen Menschen gerettet werden mussten, drängte sie meinen Vater und seine Geschwister Aaron und Faithy, die zu dem Zeitpunkt selbst noch Teenager waren, dazu, die Leute zu bekehren.

Hippies und Jesus-Freaks

Im Light Club, einem Café in der Nähe des Piers, scharten mein Vater und seine Geschwister immer wieder große Gruppen junger Hippies um sich, indem sie Musik spielten und kostenlose Sandwiches verteilten. An diesem Ort fühlte sich David endlich unter Gleichgesinnten. Die idealistischen jungen Menschen hatten dem System bereits den Rücken gekehrt. Er musste sie nicht erst überzeugen, ihr altes Leben hinter sich zu lassen. Aber sie brauchten eine Mission, eine Führung und einen Ort, an dem sie dazugehörten. Also ging David auch abends in den Light Club, um dort seine immer radikaleren Ansichten zu predigen. Er ließ sich die Haare und den Bart wachsen, trug eine Baskenmütze und nahm ganz das Aussehen eines überzeugten Hippie-Predigers an; alle nannten ihn »Dad«.

Seine Worte fanden großen Anklang bei den jungen Leuten, und sie folgten bereitwillig seiner unorthodoxen Aufforderung, »aus einem schlechten System auszubrechen«, indem sie alles aufgaben – Geld, Ausbildung, Arbeitsstellen und Familien – und all ihre Zeit der Aufgabe widmeten, Gott als Missionare zu dienen, Seiner höchsten Berufung. David befürwortete auch ein Leben in Kommunen, ganz ähnlich den frühkirchlichen Jüngern (den Christen des ersten Jahrhunderts) – sowie den christlichen Kommunismus und verwies auf die Endzeit und die mahnenden Prophezeiungen über die bevorstehende Bestrafung Amerikas, die während der Zeit des Vietnamkriegs populär waren. Sie nahmen ihn beim Wort, packten ihre Rucksäcke und schlossen sich ihm an, bereit, Gott ihr Leben als Jünger zu widmen. Sie leerten ihre Taschen, lösten ihre Bankkonten und Aktiendepots auf, schworen Drogen und Alkohol ab und berauschten sich stattdessen an Jesus, ihrem Erlöser.

Grandpa findet sein Volk

Virginia Bergs Tod im späten Frühling des Jahres 1968, nur vier Jahre nach dem Dahinscheiden ihres Mannes Hjalmar, stellte sich als Wendepunkt in Davids Leben heraus. Es machte den Anschein, als wäre er dadurch von jeglicher Notwendigkeit befreit, sich an traditionelle Normen und Glaubenssätze zu halten. Er begann, auf das Kirchenwesen, die organisierte Religion, die institutionalisierte Bildung, die Föderalregierung, den Kapitalismus und sogar elterliche Autorität zu schimpfen – was bei seinen jungen Zuhörern auf große Resonanz stieß. Er beabsichtigte, eine religiöse Revolution zu starten, und seine neuen Jünger folgten ihm bereitwillig überallhin. Die Endzeit stand unmittelbar bevor, und David musste so viele Seelen wie möglich vor dem Beginn der Großen Trübsal, der Wiederkunft Jesu und dem Zorn Gottes retten.

Da regelmäßig Hunderte von Hippies im Light Club auftauchten, zog die Gruppe bald die Aufmerksamkeit der lokalen Medien auf sich, was zunächst positiv erschien. Hier war eine Gruppe von Christen, die Hippies dazu ermutigte, ihr Leben in Ordnung zu bringen und von den Drogen loszukommen! Schon bald erhielt die Familie Einladungen von Priestern, welche die Jugend für Religion begeistern wollten, darunter auch die eines alten Missionarsfreundes in Tucson, Arizona. Freudig schickte David meinen Vater und Esther zu ihm, eine der frühen Anhängerinnen der Gruppe. Sie war neunzehn Jahre alt, hatte gerade ihr erstes Studienjahr an der Kansas Wesleyan University beendet und war auf der Suche nach einer Gruppierung gewesen, die es ihr ermöglichen würde, Missionarsarbeit für Gott zu leisten.

Die andere Frau

Unter den neuen Mitgliedern der Kirche in Tucson befand sich auch Karen Zerby: Anfang zwanzig, schüchtern, mit vorstehenden Zähnen, Tochter eines Nazarenen-Predigers, die gerade ihren College-Abschluss gemacht hatte und ausgebildete Stenografin war. Zerby war mit solcher Begeisterung dabei, dass mein Vater ihr empfahl, nach Huntington Beach zu reisen und dort die Ausbildung im Light Club zu durchlaufen. Sie tat wie geheißen und wurde kurz darauf Davids Sekretärin. In den folgenden Monaten begannen die beiden eine heimliche Affäre, und sie zog schließlich zu ihm in die Arche, wo er inzwischen mit seiner Frau lebte. Obwohl Jane die neue Lebenspartnerin ihres Mannes zu akzeptieren schien, erinnert sich meine Tante Deborah, dass sie häufig weinte und es tunlichst vermied, mit Karen zusammen im Wohnwagen zu sein.

Währenddessen verstärkte David seine Mitgliederanwerbung in Kalifornien, indem er einige seiner Jünger zu den Universitäten in der Gegend schickte, um bei den Studierenden zu missionieren und Broschüren zu verteilen. Die Universitätsverwaltungen waren jedoch nicht erfreut über deren Anwesenheit auf ihrem Campus und riefen die Polizei, um sie vom Gelände entfernen zu lassen. Durch das Einbeziehen der Polizei beleuchteten die Medien verstärkt die Auseinandersetzungen und die radikaleren Lehren der Gruppe. Um weitere negative Presse zu vermeiden, flohen David, Jane und einige ihrer Jünger nach Tucson, wo sie wieder zu meinem Vater und Esther stießen. Auch Deborah reiste ihrem Vater zusammen mit ihrem Ehemann und den drei Kindern hinterher.

Die Jesus-Bewegung wächst

Als er in Arizona ankam, beschloss David, Teams seiner Jünger loszuschicken, um auf der Straße zu missionieren. Die Leiter dieser Teams sollten jeweils aus einem verheirateten Ehepaar bestehen, also fragte er meinen Vater und einen anderen männlichen Jünger, ob einer von ihnen Esther heiraten würde. Während ihrer Zusammenarbeit im vergangenen Jahr war mein Vater von ihrer Hingabe zu Gott beeindruckt gewesen, und er spürte, dass eine Heirat mit Esther Gottes Wille war. Da beide Männer zur Heirat bereit waren, lag die Entscheidung bei Esther, und sie wählte meinen Vater.

Also reisten mein zwanzig Jahre alter Vater und die neunzehnjährige Esther als Leiter eines Teams von Jüngern nach New Mexico, um dort an einer Universität Missionsarbeit zu betreiben, und dann weiter nach El Paso, wo sie am 16. Mai 1969 von meinem Großvater, einem geweihten Priester, getraut wurden.

Moses David und die Children of God

Von El Paso aus schwärmten die Teams über die gesamten Vereinigten Staaten und Kanada aus. Zeitweise waren 120 Menschen in über zehn Fahrzeugen unterwegs. Ein Journalist, der in St. Louis über sie berichtete, gab ihnen den Spitznamen »The Children of God«, und sie behielten den Namen. Außerdem verglich dieser Reporter David – der seine bunt zusammengewürfelte Truppe durch die Wildnis geleitete – mit Moses, was David dazu veranlasste, den Namen des Propheten und Anführers seinem eigenen hinzuzufügen und sich »Moses David« zu nennen (später abgekürzt zu Mo), da er, genau wie der biblische Moses, der die Israeliten aus Ägypten geführt hatte, nun seine Jünger aus dem »System« herausführte.

Moses David hielt seine Anhänger dazu an, sich ebenfalls neue biblische Namen zu geben, um zu verdeutlichen, dass sie als Children of God neugeboren waren und ihr altes Leben hinter sich ließen. Jane nannte sich von nun an Eve und wurde später als Mother Eve bekannt, während Karen Zerby fortan Maria hieß. Von da an mussten sich alle neuen Jünger oder »Babes«, wie sie in Anlehnung an die biblische Bezeichnung »babes in Christ« (»Unmündige in Christus«), auch genannt wurden, einen neuen Namen geben, wenn sie der Gruppe beitraten.

Während eines Aufenthalts in Louisiana durchsuchte die Polizei das Lager der Gruppe. Dabei spürten sie ein paar Leute auf, die an unterschiedlichen Orten per Haftbefehl gesucht wurden, meist wegen Drogenmissbrauchs aus der Zeit, bevor sie sich den Children of God angeschlossen hatten. Einige der Anhänger wurden festgenommen, und die restliche Gruppe wurde dazu aufgefordert, die Stadt zu verlassen, also brachen sie auf und schlugen neue Lager in verschiedenen Parks rund um Houston auf.

Da Moses David einen sicheren Ort für seine ständig wachsende Karawane benötigte, bat er Fred Jordan um die Erlaubnis, seine Jünger zur Ranch nach Thurber zu bringen. Jordan stimmte unter der Bedingung zu, dass die Jünger sich um das Anwesen kümmern und Reparaturen an den dortigen Gebäuden vornehmen würden, die langsam vor sich hin rotteten. So versammelten sich alle Teams im Januar 1970 auf der Ranch, darunter auch mein Vater und Esther, im achten Monat schwanger mit meinem Halbbruder Nehi.

Die Ranch

Die Gruppe ließ sich also auf der Ranch nieder und begann mit großer Begeisterung, die heruntergekommenen Gebäude wieder wohnlich zu machen. Hippies, Blumenkinder, Schulabbrecher, Jesus-People, einstige Drogenabhängige und Obdachlose sahen die Ranch als Chance, in einer Gemeinschaft zu leben und ihre eigene Familie zu gründen, um Gott zu dienen und die Welt zu retten. Moses David leitete die Stätte in demselben militaristischen Stil, den auch Fred Jordan in seiner Missionarsschule eingeführt hatte. Es war keine leichte Aufgabe, junge Leute mit solch unterschiedlicher Herkunft und Vergangenheit so auszubilden, dass sie in Harmonie zusammenlebten und -arbeiteten. Daher folgten alle einem strengen Tagesablauf, gingen früh zu Bett und standen früh wieder auf. Die Tage waren gefüllt mit Bauarbeiten, Kochen, Saubermachen und Beten sowie die Bibel lesen und auswendig lernen – von den Jüngern wurde erwartet, dass sie sich binnen der ersten drei Monate bis zu dreihundert Verse einprägten.

Kurz nachdem sie sich auf der Ranch niedergelassen hatten, sendete Moses David erneut Teams in ganz Amerika aus, um neue Anhänger zu gewinnen, sodass die Zahl der Bewohner auf der Ranch innerhalb eines Jahres von 160 auf 250 stieg. Aus psychologischen Gründen sollten die neuen Jünger alle familiären und sozialen Bindungen kappen, um sich voll und ganz auf ihre neue Glaubensfamilie einzulassen, gemäß Lukas 14,26: »Wenn jemand zu mir kommen will, muss ich ihm wichtiger sein als sein eigener Vater, seine Mutter, seine Frau, seine Kinder, seine Geschwister und selbst sein eigenes Leben; sonst kann er nicht mein Jünger sein.« Dennoch bestärkte David seine Anhänger darin, mit ihren Familien im Briefkontakt zu bleiben, und gestattete es freundlich gesinnten Eltern, sie auf der Ranch zu besuchen, damit sie sich nicht zu Feinden entwickelten.

Meine Mutter – Hippie und Ausbrecherin aus dem System

Mein Vater und Esther waren seit zwei Jahren verheiratet, als sie meine Mutter Ruthie kennenlernten, die sich den Children of God im Sommer 1971 anschloss. Im Gegensatz zu Esther, die als stille Kirchenmaus aufgewachsen war, entpuppte sich meine Mutter als eine forsche, unkonventionelle und ungehemmte Ex-Hippie. Sie war auf Long Island, New York, als mittlere Tochter von Evelyn und Gene Jones geboren worden. Da Gene ein erstklassiger Pilot bei der Luftwaffe war, musste seine Familie immer wieder mit ihm zu einer anderen Militärbasis umziehen. Von all den Orten, an denen Ruthie schon gelebt hatte, mochte sie Hawaii am liebsten. Mit ihren krausen dunklen Haaren und der sonnengebräunten Haut einer Surferin wurde sie in den drei Jahren ihres Lebens dort meist selbst für eine Hawaiianerin gehalten.

Von Hawaii zog die Familie 1964 mitten in der Zeit der Bürgerrechtsbewegung nach Atlanta, Georgia. Dort beteiligte sich meine Mutter als Teenagerin an den Protesten, indem sie sich in den hinteren Teil des Busses setzte, wohin eigentlich nur Schwarze Menschen verbannt waren, und wurde deshalb häufig aus dem Bus geworfen. Obwohl sie wegen ihres Idealismus und ihrer rebellischen Art oft in Schwierigkeiten geriet, konzentrierte sie ihre ganze Energie auf ihre wahre Leidenschaft: das Tanzen. Mit siebzehn wurde sie in die Atlanta Ballet Company aufgenommen, träumte aber von Abenteuern und dem Broadway, sodass sie wenige Monate später von zu Hause fortlief.

Ihr Vater engagierte einen Privatdetektiv, der sie in New York City aufspürte. Dort schlief sie auf dem Sofa eines Schauspielers, der zumindest den Umstand respektierte, dass sie minderjährig war. Ihr Vater erlaubte ihr, in der Stadt zu bleiben, jedoch nur unter der Bedingung, dass sie in ein Frauenhotel umzog. Sie mietete sich schließlich eine eigene Wohnung, suchte sich einen Job als Kellnerin und wurde für eine Off-Broadway-Show namens *Kismet* sowie später in der Musical-Sommersaison in den Pocono Mountains als Tänzerin angeheuert.

Etwa zu der Zeit, als sie endlich von ihren Engagements leben konnte, begann sie, Marihuana zu rauchen und psychedelische Drogen zu nehmen. Daraufhin kündigte sie bei den Shows und quartierte sich mit anderen Hippies in einer Hütte im ländlichen Teil des Staates New York ein, auf der Suche nach ihrem spirituellen Weg. Eine Zeit lang zog sie rastlos umher, nahm am Woodstock-Festival teil, fuhr per Anhalter durchs Land und landete schließlich in San Francisco, wo sie nach einer Dosis mit Strychnin vergiftetem LSD einen schrecklichen Drogenrausch erlebte. Sie rief daraufhin ihren Vater Gene an, der ihr ein Flugticket zu sich und seiner neuen Frau nach Atlanta bezahlte. Es war das letzte Mal, dass Ruthie psychedelische Drogen konsumierte. Schon bald nach ihrer Ankunft in Atlanta kontaktierte sie ihre beste Freundin, um ihr von dem Plan zu erzählen, einem Aschram in Indien beizutreten, doch ihre Freundin lud sie stattdessen zur Jesus-People-Gruppe in Atlanta ein, auch House of Judah genannt, der sie sich angeschlossen hatte. Ruthie sagte zu und stellte während ihres Besuchs fest, dass sie einen Weg gefunden hatte, um sich ihren Kindheitstraum zu erfüllen: Gott zu dienen.

Meine Mutter tritt der Jesus-Bewegung bei

Nachdem meine Mutter sechs Monate im House of Judah verbracht hatte, besuchten meine Tante Faithy sowie mein Vater und Esther die Gruppe in Atlanta. Sogleich war meine Mutter von ihrer Leidenschaft und Freude fasziniert. Also fuhr sie mit dreißig weiteren neuen Anhängern im sogenannten Propheten-Bus mit zur Ranch, um den Children of God beizutreten. Schon lange hatte meine Mutter nach etwas gesucht, das ihrem Leben Sinn geben würde. Außerdem sehnte sie sich nach einem engen Familienverband sowie Liebe und Anerkennung, welche sie als Kind von zwar gutmütigen, jedoch emotional unterkühlten Eltern nie bekommen hatte – ein häufiges Phänomen bei Menschen, die die Schrecken des zweiten Weltkriegs durchgemacht hatten. All das und noch viel mehr fand sie als Jüngerin Christi bei den radikalen Children of God.

Ihre Babes-Ausbildung auf der Ranch absolvierte meine Mutter im Sommer 1971. David hatte Gottes Botschaft zum »Ausbrechen« schon lange propagiert, doch seine Forderung nach vollständiger Loslösung sowie der militaristische Lebensstil brachten ihm immer mehr unerwünschte Aufmerksamkeit ein. Die Eltern einiger neuer Anhänger beschuldigten ihn, eine Sekte zu leiten und ihre Kinder einer Gehirnwäsche zu unterziehen. So besuchte auch der besorgte Vater meiner Mutter, Gene, die Ranch, um sie zur Abreise zu überreden, jedoch war sie mit ihren neunzehn Jahren rein rechtlich eine Erwachsene und überzeugte ihn, dass sie aus freien Stücken bei der Gruppe bleiben wollte. Einige besorgte Familien schalteten allerdings die Behörden ein oder engagierten professionelle Ausstiegsberater, um ihre Kinder nach Hause zu holen. Medienberichte kehrten sich ins Negative, denn sowohl Eltern als auch ehemalige Mitglieder warfen der Gruppierung Gehirnwäsche, Zensur von Briefen und Telefonanrufen, sektenartige Unterwürfigkeit zu Moses Davids Familie sowie (ungerechtfertigterweise) Drogenmissbrauch, Hypnose und Kidnapping vor.

In dieser Zeit erhielt Moses David von Gott die Aufforderung, Missionare ins Ausland zu schicken, um neue Felder zu erschließen. »Amerika hat seine Chance verspielt«, erklärte er seinen Anhängern. Während er Vorbereitungen traf, Teams aus je vier bis sechs Personen weit weg von der hiesigen Überwachung nach Übersee zu entsenden, musste er sich um das Thema Sex Gedanken machen, da dieser zu der Zeit lediglich unter Verheirateten gestattet war. Also berief er ein Treffen außerhalb der Ranch in einem Motel in Dallas ein, zu dem er seine vier Kinder, ihre Ehefrauen und -männer sowie ein paar weitere Ehepaare einlud, die zur höchsten Führungsriege der Gruppe gehörten.

Das »Law of Love« bedeutet sexuelle Freiheit

Dort, in der von Moses David angemieteten Suite mit zwei Zimmern, legte er ihnen die Doktrin des »Law of Love«, das »Gesetz der Liebe« dar. Er erklärte, dass die Regeln des Alten Testaments abgelöst und überlagert würden von nur zwei Geboten bei Matthäus 22,36–40: »›Rabbi, was ist das wichtigste Gebot von allen?‹, fragte er ihn. Jesus antwortete: ›Liebe den Herrn, deinen Gott, von ganzem Herzen, mit ganzer Seele und mit deinem ganzen Verstand!‹ Das ist das erste und wichtigste Gebot. Das zweite ist ebenso wichtig: ›Liebe deinen Nächsten wie dich selbst!‹ Mit diesen beiden Geboten ist alles gesagt, was das Gesetz und die Propheten wollen.«

Laut Moses David war mit Liebe im Herzen *alles* erlaubt, auch Sex außerhalb der Ehe. Er bezeichnete diesen Grundsatz als neue Erkenntnis aus der Bibel für eine neue Generation, die bereit war für mehr Freiheit. Wie immer stützte er die Aussage durch seine eigene Interpretation der Heiligen Schrift.

Dieser Glaubenssatz, den er in der Theorie schon länger entwickelt hatte, legitimierte und rechtfertigte auch seine Beziehung zu Maria, die »von Gott auserwählt« war, ihn in seinem neuen geistlichen Amt zu unterstützen, und erlaubte ihm, weiter damit zu spielen. Außerdem ermöglichte er Alleinstehenden und jungen Paaren, die durch ihre Arbeit länger getrennt lebten, Sex außerhalb der Ehe zu haben. Die sexuelle Freiheit der Hippie-Generation in seine Glaubenslehre zu integrieren bedeutete eine signifikante Abkehr von dem traditionellen Konzept der Enthaltsamkeit bis zur Ehe, mit der die Familie meines Vaters in der Kirche aufgewachsen war. Diese Offenbarung war jedoch zunächst den höchsten Führungskräften vorbehalten und sickerte erst ein paar Jahre später zu den einfachen Jüngern durch.

Im Spätsommer 1971 wurden meine Tante Faithy, mein Vater und Esther dazu auserwählt, den ersten Missionseinsatz in Europa zu leiten, und sie ließen dabei Nehi und auch ihren zweiten Sohn Hobo, der nur wenige Monate zuvor geboren worden war, in einer Kolonie in Washington zurück.

Meine Mutter bekommt einen Ehemann zugewiesen

Im Herbst desselben Jahres wurde auch Ruthie auserwählt, mit der nächsten Welle von Jüngern nach Europa zu reisen. Zunächst wurde sie von der Ranch in ein Family Home, also eine Wohngemeinschaft in Form einer Kommune, in New York geschickt, wo ein gutaussehender junger Mann, der etwas von einem Italiener hatte, an sie herantrat. Er stellte sich mit dem Namen Giddel vor und teilte ihr mit, es sei Gottes Wille, dass sie beide die Ehe eingingen. Meine Mutter war vollkommen verblüfft. Sie hatte noch nie auch nur ein Wort mit diesem Mann gewechselt und wusste nicht, wie sie reagieren sollte, als er ihr erzählte, der Leiter des Family Homes habe vorgeschlagen, dass sie umgehend heiraten sollten, damit sie ein Team in Europa leiten könnten – denn nur verheirateten Paaren war es gestattet, neue Homes zu gründen, sagte er.

Meine Mutter wollte dem Willen des Herrn gerne gehorchen, also bat sie Gott im Gebet um Rat und stimmte schließlich widerwillig zu. Zwei Wochen später wurden sie und Giddel sowie fünf weitere überraschte und aufgeregte Paare in einer gemeinschaftlichen Zeremonie vermählt. In der folgenden Woche machten sich Ruthie und ihr frischgebackener Ehemann auf den Weg nach England, um die Missionierungsbestrebungen im Ausland zu unterstützen. Doch schon nach drei gemeinsamen Monaten wurde deutlich, dass die Ehe nicht funktionierte, daher war Ruthie froh, als Giddel mit einem Team nach Italien weiterreiste. Nachdem Faithy zahlreiche Briefe von Ruthie erhalten hatte, engagierte sie meine Mutter als persönliche Sekretärin. Mit nur sechsundzwanzig Jahren war Faithy eine der höchsten Führungskräfte der »Revolution« und gleichzeitig eine wahre Unruhestifterin, die leidenschaftlich ihrer Missionierungsaufgabe nachging und für ihren Alkoholkonsum und ihr hitziges Temperament bekannt war.

Die Eroberung Europas und die Verteufelung Amerikas

Meine Mutter reiste mit Faithy nach London und Paris, von wo aus die beiden nun agieren sollten. Auch mein Vater, der ebenfalls mit der Überwachung der missionarischen Pionierarbeit in Frankreich betraut war, lebte abwechselnd in Paris und London. So begegneten er und meine Mutter sich in Paris wieder, obwohl ihre Beziehung zunächst streng platonisch blieb. Sechs Monate nach Esthers Ankunft wurden endlich auch Nehi und Hobo zu ihr nach London gebracht und in den folgenden drei Jahren gebar sie kurz hintereinander vier weitere Kinder: die Zwillinge Josh und Caleb und schließlich Aaron und Mary.

Im Frühling des Jahres 1972 schrieb Moses David, der inzwischen ebenfalls in London lebte, einen Brief an seine Jünger, den er mit *I Gotta Split* (*Ich muss mich trennen*) betitelte und in dem er davor warnte, dass alle Fluchtwege aus Amerika versperrt sein würden, »sobald der Sturm von Gottes Strafe über die Sündhaftigkeit der Niederungen Amerikas hereinbricht!«. Darin informierte Moses David seine

Anhänger, dass er aufgrund der andauernden Strafverfolgung – genau wie Jesus – mit seinem Körper, also physisch, fortgehen müsse, um im Geiste bei ihnen zu sein. Anstatt seine Herde selbst anzuleiten, wie er es auf der Ranch getan hatte, würde er nun ausschließlich über das geschriebene Wort mit ihnen kommunizieren – diese Mitteilungen wurden später bekannt als Mo-Briefe. Keiner seiner Anhänger wusste, dass er das Land bereits verlassen hatte, aber da ihm die Gesetzeshüter in den Vereinigten Staaten bereits auf den Fersen waren, musste Grandpa in Bewegung bleiben und konnte seine Gemeinde viel besser durch schriftliche Kommunikation anführen. Denn das Amt zum Schutz vor Wirtschaftskriminalität in New York ermittelte bereits gegen die Gruppierung wegen Anschuldigungen zu Steuerhinterziehung, Behinderung der Justiz und mutmaßlicher physischer und psychischer Nötigung der Mitglieder.

Grandpa ließ der ersten schriftlichen Erklärung gleich eine zweite düstere Warnung folgen, die er in einem eindringlichen Mo-Brief mit dem Titel *Flee as a Bird To Your Mountain* (*Fliehe wie ein Vogel auf deinen Berg*) darlegte: Er rief seine Anhänger dazu auf, vor dem bevorstehenden Untergang Amerikas um ihr Leben zu rennen, da das Land für seine Sünden bestraft werden würde. Grandpas Warnung löste einen massenhaften Exodus aus, sodass bis 1973 mehr als 130 Kolonien mit etwa 2400 Jüngern in fünfzig Ländern entstanden, darunter Australien, Neuseeland sowie sowie Teile Europas, Asiens und Lateinamerikas. Nicht viele der ursprünglich dreihundert Anhänger blieben in Amerika, doch mit den Jahren kamen laufend neue hinzu, sodass die Homes auch dort weiter gediehen und in jedem der Vereinigten Staaten kleine Kommunen existierten.

Grandpa nimmt sich eine zweite Frau

Da Moses David und Maria nun »im Verborgenen« lebten, führten seine eigenen Familienmitglieder und deren Ehepartner, die Grandpa als »Royal Family« bezeichnete, seine Erlasse aus und druckten seine Schriften auf Hunderttausende Flugblätter, die auf der ganzen Welt von Hand gegen eine Spende verteilt wurden.

In einem seiner ersten Mo-Briefe, *One Wife* (*Eine Frau*), stellte Moses David seinen Jüngern das Konzept vor, die eigenen Partner mit anderen zu teilen, und verkündete, dass die Ehefrau eines Mannes gleichzeitig die Ehefrau Gottes und auch aller anderen Männer sei. Er rechtfertigte das mit dem Verweis auf biblische Beispiele für Polygamie und bezeichnete die traditionelle Ehe als »egoistisch« und im Widerspruch zum Willen Gottes. In seinem Mo-Brief *Old Church, New Church* (*Alte Kirche, Neue Kirche*) verglich er Mother Eve (Jane) mit der Alten Kirche, der traditionellen Kirche, die kritisch ist, widerspenstig, rückständig und nicht bereit, sich neuen Erkenntnissen zu öffnen. Moses David erzählte, wie Eve ihn eines Abends in der Arche dafür gerügt hatte, dass er immer Sex verlangte, und behauptete, er sei zu sehr der Fleischeslust ergeben, um ein wahrer Mann Gottes zu sein. Da sei der Geist des Herrn in ihm aufgestiegen und er habe Eve für ihre rebellische Art geohrfeigt. Anschließend habe er zu Gott gebetet, er möge ihm eine Frau senden, die an ihn glaube. Maria, so erklärte er, die »der attraktiven Neuen Kirche, also der Family, gleicht und begierig ist auf die Samen Jesu und König Davids und alles tut, was er verlangt«, sei die Antwort auf seine Gebete.

Auf diese Weise hatte er den Weg für mehrere Ehefrauen geebnet und nahm seine junge Anhängerin Maria (Karen Zerby) nun auch offiziell zu seiner zweiten Frau. Bald darauf wurde sie jedoch seine einzige Frau, denn Eve tat sich mit einem anderen, etwas jüngeren Anhänger zusammen. Da Maria nun an Davids Seite war und ihn immer weiter anspornte, beschritten die Children of God bald einen Weg fernab jeglicher Grenzen und gesellschaftlicher Normen und sogar der Gesetzgebung.

Währenddessen gründete Aunt Faithy, die sich das musikalische Talent der Anhänger zunutze machen wollte, die Musikgruppe »Les Enfants de Dieu«, inklusive einer Tanztruppe, bei der auch meine Mutter mitwirkte. Ruthie hatte ihren Traum vom Tanzen am Broadway nicht vollends verwirklicht, aber die Anerkennung, die sie als Mitglied dieser reisenden Truppe erhielt, erfüllte sie mit Stolz. Die Gruppe erlangte unmittelbar große Beliebtheit und erreichte 1974 mit ihrer Erfolgs-

Single »My Love Is Love« den ersten Platz in den französischen Charts. Schon bald folgten Plattenverträge, regelmäßige Auftritte im Fernsehen, Buchungen für Live-Auftritte und eine einmonatige Tournee in Frankreich, organisiert vom Radiosender Europe 1.

Der heimliche Beginn des Flirty Fishing

Wieder in London begannen Moses David und Maria im Geheimen damit, eine neue Art der Missionsarbeit in den örtlichen Nachtklubs auszuprobieren. Dabei verführte Maria auf seine Anweisung hin Männer auf der Tanzfläche, nahm sie zum Sex mit nach Hause und stellte ihnen anschließend Moses David vor, der sie von seinem Glauben zu überzeugen versuchte.

Zunächst erzählte er lediglich den höheren Führungskräften von dieser aufregenden neuen Art des Glaubensdienstes und nannte es »Flirty Fishing«: Die weiblichen Jüngerinnen fungierten als »Köder«, um mit bevorzugt vermögenden Männern, den sogenannten »Fischen«, zu flirten und oft auch Sex zu haben. Diese Methode des Witnessing diente dazu, um Anhänger, aber auch wohlhabende Spender zu gewinnen. Die Fische waren dem System nahestehende Männer, die sich nach Gottes Liebe und Erlösung sehnten. Moses David schrieb dazu: »Sex ist ein körperliches Bedürfnis, welches genauso groß ist wie Hunger oder der Wunsch nach Obdach. Jesus nährte die Scharen mit Brotlaiben und Fischen, damit sie nicht so hungrig waren und seinen Lehren lauschen konnten. Auf dieselbe Art und Weise müssen die Frauen zunächst das sexuelle Verlangen der Männer befriedigen, bevor sie bereit sind, mehr über Jesus zu erfahren.«

Moses David wollte noch mehr Frauen in seine Führungsriege integrieren, um das Experiment auszuweiten, aber er war auch besorgt, wie diese Methode von der britischen Gesellschaft aufgenommen werden würde, da diese dem Thema Sex eher konservativ gegenüberstand. Also zogen Moses David, Maria und eine Gruppe sorgfältig ausgewählter weiblicher Jüngerinnen im Jahr 1974 auf die kanarische Insel Teneriffa, ein Urlaubsziel mit einer sehr viel entspannteren Einstellung. Von den Frauen wurde erwartet, dass sie zwei bis fünf Nächte pro Woche »fischen« gingen. »So, wie Jesus sein Leben für Gott hingab, so müsst auch ihr euer Leben (und eure Frauen) für diese Männer hingeben«, predigte Moses David.

Der neue Prinz wird geboren

Zu Beginn des nächsten Jahres, am fünfundzwanzigsten Januar, gebar Maria einen Jungen, den sie Davidito nannte. Moses David war überglücklich und verkündete sogleich, dass »Little David« der junge Prinz sein solle, der Thronerbe. Dank Marias neuer Rolle als Mutter nannte Moses David sie fortan »Mama Maria« und später auch »Queen Maria« in Anlehnung an ihn als »King David«. Später verkündete er, dass Davidito und Mama Maria die Zwei Zeugen aus der Offenbarung 11 seien, die später die Kirche durch die Endzeit führen würden.

Freundschaft mit Gaddafi

Einige Monate nach Daviditos Geburt unterbrach Grandpa seine Aktivitäten auf den Kanaren, um Muammar al-Gaddafi aufzusuchen, das Staatsoberhaupt von Libyen. Mein Vater und Faithy hatten ihn bei einer Pressekonferenz in Paris kennengelernt, und Gaddafi schickte Moses David und den Children of God anschließend eine offizielle Einladung, ihn in Tripolis zu besuchen. Moses David hatte sich schon zuvor aus der Ferne um Kontakt zu dem jungen, geheimnisvollen, revolutionären Oberst bemüht und sah dies als Chance zum Missionieren durch Flirty Fishing. So machte er sich mit mehreren Mitgliedern der Royal Family, darunter auch meinen Eltern, auf den Weg und nahm zudem seine Mädchen aus Teneriffa mit, um die libyschen Führungskräfte auf seine Seite zu ziehen. Meine Mutter freute sich sehr, einbezogen zu sein, aber noch mehr begeisterte es sie, dass der Endzeitprophet sie höchstpersönlich zu sich eingeladen hatte und sie ihn nun endlich von Angesicht zu Angesicht treffen würde. Was für eine seltene und unglaubliche Ehre! Abgesehen von den wenigen Monaten ihrer Ehe hatte meine Mutter während ihrer Zeit als Missionarin in Europa seit fast fünf Jahren keinen Sex gehabt, da die sexuelle Freiheit der führenden Royal Family den Jüngern noch verboten war.

Meine Eltern werden polygam

Während des Aufenthalts in Libyen fand Moses David Gefallen an meiner Mutter. Er bewunderte ihre Hingabe und ihre Bereitschaft, alles für die Sache zu tun. Er riet meinem Vater, sie als Zweitfrau und Sekretärin zu nehmen, um ihm bei der geplanten Herausgabe der Mo-Briefe zu helfen. Meine Mutter fühlte sich zwar geschmeichelt, teilte Moses David aber mit, dass sie lieber weiter für Aunt Faithy als Sekretärin arbeiten wolle. Doch Moses David befahl ihr, sich meinem Vater anzuschließen und seinen Sohn zu lieben, wie sie ihn, Moses David, liebte. Ihr Glaube war so stark, dass sie sich seinem Willen ebenso beugte wie dem Gottes. Aunt Faithy war nicht gerade erfreut, ihre Sekretärin und treue Dienerin zu verlieren, aber niemand wagte es, sich den Anordnungen des Propheten zu widersetzen.

Nach zwei Monaten in Libyen wurde deutlich, dass Gaddafi nicht vom Islam konvertieren würde. Er war vielmehr daran interessiert, die vielen Tausend Anhänger der Children of God zu nutzen, um positive Werbung über ihn selbst auf der ganzen Welt zu verbreiten. Enttäuscht, aber durchaus in der Lage, eine aussichtslose Situation zu erkennen, kehrte Grandpa nach Teneriffa zurück und nahm das »FFing« mit seinem Frauenteam wieder auf.

Doch er hatte eine neue Mission. Bisher waren die Mo-Briefe als kurze Abhandlungen an die Jünger verteilt worden, und so existierten bereits mehrere Hundert Einzelbriefe. Moses David und mein Vater beschlossen, dass sie nun zusammengestellt und als Bücher veröffentlicht werden sollten, versehen mit einem Themenregister, damit die Mitglieder seine viele Tausend Seiten umfassenden Schriften studieren konnten. Grandpa beauftragte meinen Vater sowie Ruthie als seine Assistentin mit dieser Aufgabe, da sie schnell tippen konnte.

Nach ihrer Rückkehr aus Libyen verbrachten meine Eltern einige Wochen mit Esther, die inzwischen in Italien lebte, um sich in ihrer Dreier-Ehe zusammenzufinden. Anschließend nahmen meine Mutter und mein Vater Aufzeichnungen und Kopien von Moses Davids Schriften mit in ein Hotelzimmer auf Malta, wo sie einen Monat lang unermüdlich an der Zusammenstellung des ersten Bandes mit Mo-Briefen arbeiteten.

Meine Geburt in Hongkong

Einige Monate später wurden meine Eltern nach Hongkong geschickt, um dort Druck, Bindung und Versand zu organisieren. Laut meiner Mutter fand dort außerdem bei einem Ausflug zu einem einsamen Strand meine Empfängnis statt. Sie war überglücklich über die Schwangerschaft, jedoch auch völlig überrascht. Im Alter von siebenundzwanzig und nach Jahren ungeschütztem Hippie-Sex in ihrer Jugend hatte sie nicht geglaubt, überhaupt Kinder bekommen zu können.

Als die Bücher endlich fertig waren, ließ mein Vater meine im sechsten Monat schwangere Mutter in Hongkong zurück und reiste wieder nach Teneriffa, um seinem Vater die gedruckten Exemplare zu bringen.

Etwa zu dieser Zeit beschloss Moses David, das FFing auch unter den gewöhnlichen Jüngern einzuführen, da er die Methode inzwischen einige Jahre lang im Kleinformat getestet hatte. Um seine Anhänger auf diese neue Offenbarung vorzubereiten, hatte Grandpa in den vergangenen Jahren immer mehr explizit sexuelles Material in seine Mo-Briefe einfließen lassen. 1976 veröffentlichte er eine Serie mit dreiundzwanzig Briefen über Marias Abenteuer in London, die er *King Arthur's Knights* (*König Arthurs Ritter*) nannte. Er verschickte die Mo-Briefe über FFing in schneller Folge, beschrieb und rechtfertigte diese neue Art der Missionsarbeit und pries ihren Erfolg an. Nicht jeder war sofort bereit mitzumachen. Einigen der Führungskräfte und Jünger, insbesondere den glücklich verheirateten, widerstrebte der Gedanke. Aber der Großteil seiner Anhänger war freudig bereit, den Erlass zu befolgen, überzeugt davon, dass Grandpa Gottes Botschaft für den Anbruch eines neuen Zeitalters verkündete.

Verhaftung wegen Prostitution

Kurz nachdem er seine Offenbarung der Family gegenüber kundgetan hatte, verkaufte ein verdeckt arbeitender Fotograf ein Foto des Endzeitpropheten mit einigen seiner Flirty Fishers an das westdeutsche Magazin *Stern*, und die Redaktion brachte es als Titelgeschichte heraus. Sogleich zog das *Time*-Magazin nach und veröffentlichte das

Foto zusammen mit einem Sonderbeitrag mit dem Titel »Tracking the Children of God« (»Auf den Spuren der Children of God«) in der Ausgabe vom 22. August 1977.

Die Behörden auf Teneriffa reagierten schnell, verhafteten eine Handvoll Frauen aus Moses Davids Home und zeigten sie wegen Prostitution an. Alle, die während der Razzia nicht erwischt worden waren, darunter auch mein Vater und Esther, die gerade für einen Besuch angereist waren, verließen die Insel in Windeseile. Zwar war die Polizei auf der Suche nach Moses David, um ihn als Zuhälter in Gewahrsam zu nehmen, doch er und Maria schafften es gemeinsam mit Davidito rechtzeitig aufs Festland und gründeten schließlich ein neues Home in Barcelona.

Nach fast sechs Monaten in Europa kehrte mein Vater endlich nach Hongkong zurück, wo ich – inzwischen drei Monate alt – mit meiner Mutter und einer kleinen Gruppe von Jüngern in einem Hochhaus wohnte. Mein Vater bestand darauf, dass Esther und ihre Kinder sich ihm und meiner Mutter in Hongkong anschlossen. Da sie befürchtete, ihre Kinder und ihre Stellung zu verlieren, wenn sie ihm nicht gehorchte, stieß Esther ein paar Monate später zu uns, und kurz nach meinem ersten Geburtstag kamen auch meine sechs Geschwister mit ihrem Kindermädchen an. Zum ersten Mal lebte mein Vater mit seinen zwei Ehefrauen und all seinen Kindern zusammen unter einem Dach.

Die RNR-Bombe – Grandpa feuert all seine Führungskräfte

Um seiner zehnköpfigen Familie (plus Gehilfen) trotz geringen Einkommens ein Dach über dem Kopf zu bieten, zog mein Vater im Jahr 1978 mit uns in die nahegelegene portugiesische Kolonie Macau. Wir waren gerade dabei, uns einzuleben, da schickte Moses David einen erschreckenden Befehl zu »Re-Organisation, Nationalisation, Revolution« oder auch RNR. In dem Mo-Brief *REBIRTHDAY!* (*WIEDERGEBURTSTAG!*), den er an seinem Geburtstag, dem 18. Februar 1978, veröffentlichte, feuerte Moses David dreihundert seiner höchsten Führungskräfte, einschließlich der Royal Family, seiner Kinder und

Mother Eve. Er erklärte, dass die Führung – oder auch »Regierung«, wie er sie nannte – der Children of God »durch ein verworrenes Netz an Beauftragten so kompliziert und durch den Bürokratismus so kopflastig geworden war, dass sie sich kaum rühren und ihre Arbeit verrichten konnte«.

Er hatte es satt, dass die Führungskräfte bei der Umsetzung seiner Verordnungen immer trödelten. »*VIELE DEMOKRATIEN SIND GESCHEITERT und endeten in Streit und Verwirrung, in Korruption und wirtschaftlichem Kollaps, und es bedurfte eines militärischen oder politischen Putschs durch einen Mann, der von allem die Schnauze gestrichen voll hatte!*«, schrieb er.

Die Children of God hatten 1970 mit der sehr strengen, sogar demütigenden militaristischen »Ausbildungs«-Zeit auf der Ranch ihren Anfang genommen, welche darauf abzielte, alle außer den unermüdlichsten Jüngern vorzeitig zum Aufgeben zu bewegen. Genau dieselbe diktatorische Führung und Einstellung hatte sich während der Missionierung der Länder Europas und anderer Staaten fortgesetzt. Doch die Jünger standen kurz vor dem Zusammenbruch, was den Propheten dazu veranlasste, die Zügel der strikten Kontrolle und des bedingungslosen Gehorsams mit diesem Erlass der Reorganisation eine Zeit lang zu lockern. Er teilte seinen Homes mit, dass sie Wahlen für die Ernennung neuer lokaler Führungskräfte abhalten dürften.

Außerdem nutzte er die Gelegenheit, um die Children of God offiziell aufzulösen und Abstand zu den fortwährenden Anschuldigungen sexueller und finanzieller Gesetzesverstöße zu schaffen. Daher befahl er allen, sich von nun an »The Family of Love« (»Die Familie der Liebe«) zu nennen, was letztlich zu »The Family« abgekürzt wurde.

Obwohl mein Vater nicht mehr zu den höchsten Führungskräften gehörte, arbeitete er weiter an der Veröffentlichung der Mo-Briefe in Hongkong, ein wichtiger, wenngleich begrenzterer Einflussbereich. Allerdings verließen viele Mitglieder der alten Führungsriege die Family, weil sie ihre privilegierten Positionen verloren hatten, darunter auch Mother Eve. Seit Jahren schon hatte sie ihre Aufmerksamkeit auf eine eigene Gruppe von Jüngern im Süden Frankreichs gerichtet, und so gingen sie, ihr Assistent Steven und einige weitere Jünger nach Houston, Texas, um dort eine etwas traditionellere Kirchengemeinde zu gründen. Da sie aber noch mehrere Jahre lang Geld von Moses David erhielt, verurteilte sie ihn nie öffentlich.

In den folgenden Jahren gab es keine richtige Führung der Gruppe. Zwar lenkte Moses David seine Anhänger weiterhin durch die *Family News*, eine monatlich erscheinende Sammlung von Berichten und Ratschlägen der Mitglieder, sowie die Mo-Briefe, aber die Jünger konnten in beliebigen Ländern Missionarsarbeit leisten, tun, was sie wollten, und gehen, wohin sie wollten, ohne um Erlaubnis fragen zu müssen. Manche nahmen sogar Jobs außerhalb der Family an, um Geld zu verdienen, was einfacher war als das ständige Spendensammeln auf der Straße und durch Klinkenputzen. Diese Freiheit war eine willkommene Erleichterung für die Jünger, die ohne Empfängnisverhütung große Familien gegründet hatten.

Obwohl mein Vater sich der Degradierung fügte und sich eifrig am FFing und Moses Davids neuen Offenbarungen beteiligte, war der Sturm noch nicht vorüber.

Entlassung und Demütigung meiner Eltern

An Weihnachten 1980 wurde Esther ohne Vorwarnung in einem öffentlichen Mo-Brief gerügt. Ihr war von Mitgliedern eines Homes auf den Philippinen, welches sie besucht hatte, vorgeworfen worden, dass sie gesagt habe, Grandpa und mein Vater würden pornografische Filme gutheißen. Bis heute versichert sie, dass sie nie einen Pornofilm gesehen und auch niemals etwas dergleichen geäußert hat. Doch unter der öffentlichen Drohung, exkommuniziert zu werden und ihre Kinder nicht mehr sehen zu dürfen, konnte sie sich nicht verteidigen. Ihre einzige Hoffnung bestand darin, sich vollkommen zu unterwerfen.

Das war der Auslöser für ein Dutzend Mo-Briefe, die sich *Prodigal Prodigies (Verlorene Wunderkinder)* nannten und in denen mein Vater dafür getadelt wurde, dass er Esther nicht im Zaum gehalten hatte sowie für seine eigene Unabhängigkeit und seinen Ungehorsam. Zu der Zeit leitete mein Vater Hosea eine Druckerei außerhalb von

Hongkong, wo er – entgegen den Anweisungen von Moses David – neben den »Family Mo Books« auch Bücher für Kunden des Systems druckte. Genau wie Esther musste mein Vater ein öffentliches Geständnis über seine Verfehlungen inklusive einer Entschuldigung verfassen, das zusammen mit Moses Davids und Marias Kommentaren abgedruckt wurde.

Diese öffentliche Demütigung meines Vaters schien Moses Davids Entscheidung zu rechtfertigen, ihn – trotz seiner fortwährenden Ergebenheit – durch die RNR aus der Führungsriege zu entfernen und mit Davidito und Maria eine neue Royal Family aufzubauen.

Innerhalb eines Monats nach der *Prodigal Prodigies*-Reihe wurden die Zeitungskioske in Hongkong von einer Welle negativer Nachrichten zur Family – und unserer eigenen Familie – überrollt. Ganz im Gegensatz zu den wohlwollenden Veröffentlichungen, die in letzter Zeit über uns erschienen waren, beschuldigten diese von Reportern aus England und den USA geschriebenen Artikel die Family, Prostitution zu unterstützen, und brachten die Regierung Hongkongs dazu, die Mitglieder der Family des Landes zu verweisen.

Da meine Eltern unsicher waren, wie die Konsequenzen genau aussehen würden, beschlossen sie, sich nach Hac Sa abzusetzen, einem abgeschiedenen Strand am entlegensten Ende von Macau. Sowohl von innerhalb der Family durch die Mo-Briefe wie von außen und die Medien gedemütigt, fühlte sich das einsame Dorf Hac Sa wie das Paradies an, um sich ein neues Leben mit dem kleinstmöglichen Einfluss von außen aufzubauen. Da ahnten sie noch nicht, dass unser Leben alles andere als ruhig verlaufen würde.

1

DIE GROSSE FLUCHT!

»Faithy«, knurrt mein Vater mir in seinem breiten texanischen Akzent ins Ohr. »Steh auf. Und sei still. Sag nicht ein Wort, verstanden?«

Vor dem Fenster ist es stockdunkel. Ich nicke, noch ganz schlaftrunken.

Mommy Ruthies langes, schwarzbraunes Haar steht wie eine wuschelige Wolke von ihrem Kopf ab, während sie in dem winzigen Zimmer umherhuscht und Sachen in so eine billige, bunt gestreifte Stofftasche stopft, in denen die chinesischen Straßenhändler immer ihre Ware herumtragen. Mein Vater hebt mich hoch und legt mich über seine Schulter, sodass meine Welt plötzlich kopfsteht. Mein nackter Fuß schrammt an der Schnalle seines Cowboy-Gürtels entlang. Durch halb geschlossene Lider erkenne ich den orangefarbenen Linoleumboden und den abgenutzten Wohnzimmerteppich. Als ich den Hals recke, sehe ich Mommy Esther, die andere Frau meines Vaters, mit ihren sechs leiblichen Kindern – meinen Halbgeschwistern – an der Tür stehen. Sie streicht sich das glatte, helle Haar aus dem hübschen Gesicht, das vor Sorge ganz verzerrt ist. Alle haben kleine Taschen in den Händen.

»Wir gehen jetzt zusammen die Treppe runter und steigen in den Van«, sagt mein Vater. »Ihr müsst ganz leise sein.«

Während ich meinen Kopf angestrengt gegen die Schwerkraft hochhalte, beobachte ich achtzehn Füße und vier Pfoten, die fünf Stockwerke mit dreckigen, weißgefliesten Stufen hinunterlaufen. Das Klatschen der Flipflops meines ältesten Bruders hallt laut durch den dunklen Flur. Wir warten, während mein Vater die schwere Stahltür am Eingang unseres Apartmenthauses entriegelt, bevor wir auf das rundgeschliffene Kopfsteinpflaster hinaustreten, das mehrere Hundert Jahre zuvor von portugiesischen Handelsschiffen als Ballast hierhergebracht wurde. Als wir in unseren alten Dodge Ram Van einsteigen, reicht mich Daddy nach hinten weiter. Meine Mutter zieht mich auf ihren Schoß, während er sich mit der Schiebetür abmüht, die einfach nicht zubleiben will. Trotz seiner drahtigen Gestalt ist er überraschend stark, und endlich schließt sich die Tür mit einem dumpfen Klacken. Wir fahren los. Fragen wollen mir über die Lippen sprudeln, aber sobald ich den Mund öffne, spüre ich den Druck des Fingers meiner Mutter darauf.

»Sei bitte still«, flüstert sie.

Die schmalen Straßen im Kolonialstil sind vollkommen verlassen, als meine drei Eltern, sechs Geschwister und unser geliebter Dobermann in die Dunkelheit entfliehen.

Es ist Juli 1981, zwei Monate nach meinem vierten Geburtstag, als meine Eltern beschließen, unser Zuhause in der Stadt Macau, einer Provinz in China, die bis 1999 unabhängig war und unter portugiesischer Kolonialherrschaft stand, fluchtartig zu verlassen.

Ich kuschele mich in den Schoß meiner Mutter und lasse mich von den schaukelnden Bewegungen des Autos sanft wiegen. Von meinem Platz aus kann ich wenig erkennen, sehe lediglich Schatten und erhasche kurze Blicke auf die leeren Kopfsteinpflasterstraßen. Alles sieht so anders aus als das Macau bei Tag, wenn die florierende Stadt in geschäftigem Treiben versinkt und Menschen sich beim Einkaufen aneinander vorbeidrängeln.

Diese Stadt, die meine Heimat war, seit ich denken kann, wurde auf einer Halbinsel errichtet, welche von der Küste Südchinas ins Meer hinausragt und über Brücken mit zwei dahinterliegenden Inseln verbunden ist. Im siebzehnten Jahrhundert war die Halbinsel nur zweieinhalb Quadratkilometer groß. Doch bis 1981 fügten die Einwohner weitere dreizehn Quadratkilometer hinzu, indem sie all ihren Müll im Meer abluden und so immer mehr Land aufschütteten. Trotz der zusätzlich gewonnenen Fläche ist Macau bis heute im *Guinness-Buch der Rekorde* als das am dichtesten besiedelte Gebiet der Erde gelistet. Seine damals 250.000 Einwohner (95tt Chinesen und 5 Prozent Macanesen, eine Mischung aus asiatisch- und portugiesischstämmigen Menschen, sowie eine sehr viel kleinere Zahl von portugiesischen Regierungsangestellten, die hergeschickt wurden, um diese vernachlässigte Kolonie zu leiten) nehmen einen beträchtlichen Teil des Raumes ein und treten sich in ihren fünfundfünfzig Quadratmeter kleinen Wohnungen beinahe auf die Füße. Solch eine Wohnung hat auch meine Familie auf der Rua Central angemietet, die direkt von der Haupteinkaufsstraße abzweigt, kaum groß genug für unsere zehnköpfige Familie und die verschiedenen Helfer, die mit uns dort wohnen.

Nach zehn Minuten fahren wir auf die anderthalb Kilometer lange Brücke, die die Halbinsel der Stadt Macau mit Taipa verbindet, der ersten Insel. Eine meterhohe weiße Statue der Jungfrau Maria steht an der Auffahrt zur Brücke – die katholische Beschützerin für schlechte Autofahrer. Wir umrunden Taipa und gelangen über den Damm zur nächsten Insel, Coloane, fahren dann über das pechschwarze Wasser, bis die Brücke uns in eine dunkle Landschaft entlässt. Die einzigen Geräusche sind das Brummen unseres alten V8-Motors und das Schaben der im Kofferraum umherrutschenden Reisetaschen.

Endlich bricht mein Vater das Schweigen. »Wir ziehen in ein neues Zuhause«, verkündet er.

»Ist das nicht aufregend?«, fügt Mommy Ruthie hinzu und drückt mich beruhigend an sich.

Sie erhält lediglich ein leises Schnarchen zur Antwort; meine Geschwister sind in einem Knäuel aus kleinen Armen und Beinen übereinanderliegend wieder eingeschlafen. Und ich weiß nicht, was ich sagen soll, also bleibe ich still.

Mit nun ebenfalls geschlossenen Augen höre ich das Knirschen von kleinen Steinen unter unseren Reifen, als wir von der asphaltierten Straße abfahren. Nachdem wir endlich angehalten haben, nimmt meine Mutter mich bei der Hand, und begleitet von einem zirpenden

Grillenchor marschieren wir in die Dunkelheit. Ich taste mich durch einen Türrahmen, stolpere aber über die erhöhte steinerne Türschwelle und stürze kurzzeitig ins Nichts, bis jemand mich hochhebt und auf eine harte Matratze legt.

Als ich das nächste Mal die Augen öffne, sickert das Licht der Morgensonne durch ein schmutziges Dachfenster. Ich befinde mich in einem großen Raum mit frisch verputzten weißen Wänden und einem kalten Betonboden, der notdürftig mit beigefarbenen Linoleumfliesen ausgelegt wurde.

Ich rolle von meiner Matratze herunter und finde mich eingepfercht zwischen zwei sehr hohen Stockbetten aus unbehandeltem Kiefernholz wieder, eines mit drei, das andere mit vier Etagen, in denen meine Geschwister noch schlafen. Mary, drei Jahre älter als ich und mir altersmäßig am nächsten, liegt in der anderen Schlafkoje ganz unten. Unsere älteren Brüder sind wie die Stufen einer Treppe, alle jeweils ein Jahr auseinander. Aaron (auch Bones genannt, weil er so dünn ist) schläft über mir, sodass der sonst immer alberne Clown ausnahmsweise mal still ist. Ich stelle mich auf die Zehenspitzen in dem Versuch, auch Josh und Caleb auszumachen, die eineiigen Zwillingsbrüder, die zusammengerollt in den zwei Betten über dem von Mary liegen. Alle finden es schwierig, die beiden auseinanderzuhalten, aber Caleb schielt ein bisschen, trägt deshalb eine Brille und kämmt sich fast nie die Haare, wodurch man ihn ziemlich gut von Josh unterscheiden kann, denn der hat immer einen Kamm in der Tasche. Mary, Caleb und Josh haben alle drei weißblondes Engelshaar, das über ihre Ungezogenheit hinwegtäuscht. Bei uns anderen hat sich die Haarfarbe von einem rötlich goldenen Ton im Kleinkindalter zu einem unscheinbaren Braun gewandelt. Hobo kann ich nicht sehen, bis er seinen wuscheligen Kopf über die Seitenwand des Bettes vorreckt. Mit meinen vier Jahren bin ich das jüngste Geschwisterkind und zu klein, um die Dinge von oben betrachten zu können.

Nehi schläft noch tief und fest. Er liegt im obersten Stockbett, weil er mit elf Jahren der Älteste von uns ist. Ich mag ihn eigentlich gern, aber er poliert lieber seine Nikon-Kamera oder spielt Gitarre, als uns anderen seine Aufmerksamkeit zu schenken. »Immer mit dem Kopf in den Wolken«, sagen meine Eltern. »Immer hochnäsig«, entgegnet Josh.

Hobo ist der Zweitälteste und mein Lieblingsbruder, weil er auf mich aufpasst und die Zwillinge davon abhält, mich zu piesacken. Er hält sich für cool, und Josh, der nie eine spöttische Bemerkung auslässt, nennt ihn einen Streber. Josh ist der Anstifter und Caleb sein getreuer Schatten. Die Zwillinge zanken sich mit uns allen, so als hätte sich die ganze Welt gegen sie verschworen.

Mary ist das einzige andere Mädchen und meine Erzfeindin, sodass wir fast so oft streiten wie atmen. Aber sie ist eigentlich nur eifersüchtig, weil sie nicht mehr die Jüngste und nicht mehr das einzige Mädchen ist. Mommy Esther hat uns erzählt, dass sie ihr den Namen Mary Blessing, Mary, die Gesegnete, gegeben hat, weil es für sie nach fünf Jungs so ein Segen war, ein Mädchen zu bekommen. Wir kaufen ihr das nicht ab. Mary ist eine Petze und eine Nervensäge, deshalb nennen wir sie Mary Burden, Mary, die Lästige. Sie rennt deswegen natürlich immer wieder zu den Erwachsenen und beschwert sich, was uns häufig rotgeprügelte Hintern beschert, also sagen wir inzwischen nur noch »Mary B« und schauen sie *bedeutungsvoll* an. Sie verpetzt uns immer noch bei den Erwachsenen, aber jetzt können wir uns ehrlich und aufrichtig selbst verteidigen: es ist schließlich nichts dabei, sie mit dem Anfangsbuchstaben ihres Beinamens anzusprechen. Die Erwachsenen sind sich der Absicht dahinter natürlich bewusst, aber sie haben noch keinen Weg gefunden, uns zu bestrafen, also sagen sie Mary einfach, dass sie still sein soll.

Meine Geschwister stammen alle von Mommy Esther und ich von Mommy Ruthie, aber sie sagen uns immer, dass das keine Rolle spiele, denn sie seien beide unsere Mütter.

Seit ich denken kann, habe ich zwei Mommies gehabt. Vom Aussehen her sind sie quasi Gegensätze – Mommy Esthers Gesicht ist kantig, mit einer geraden Adlernase, blauen Augen und glatten Haaren, während Mommy Ruthie ein rundliches Gesicht hat, beinahe olivfarbene Haut, dunkelbraune Augen und krauses Haar. Mein Hautton ähnelt eher Mommy Esthers als dem meiner leiblichen Mutter, weil ich in der Hinsicht nach meinem Vater und seinem nordischen Typ mit fast weißer Haut und hellbraunem Haar komme, von dem tagtäglich immer weniger zu sehen ist. Er behauptet, seine sich schnell ausbreitende Halbglatze stamme von einem Überschuss an männlicher Energie.

Wenn meine Geschwister und ich miteinander reden, müssen wir uns oft gegenseitig unterbrechen, um zu fragen: »Welche Mommy, Ruthie oder Esther?« Diese Verwirrung ist für uns normal. Aber wenn andere Kinder spotten: »Sie ist ja nur deine Halbschwester«, stehen wir immer energisch füreinander ein. »Nein, sie ist meine Schwester!«, rufen meine Brüder dann.

Ein paar meiner Freunde in Macau haben auch zwei Mommies, aber die meisten haben nur eine. Ich bin froh, dass meine Mommies nicht ständig streiten wie die in den anderen Familien. Mommy Esther sagt, dass sie und Ruthie Freundinnen seien und dass sie dankbar sei, jemanden zu haben, der ihr mit all den Kindern hilft.

Ich weiß, dass System-Männer nicht mehr als eine Ehefrau haben dürfen, aber wir leben nach Gottes Regeln und nicht nach den weltlichen. Viele der Patriarchen in der Bibel hatten mehr als eine Frau – Abraham, Isaak, König David und König Salomon –, obwohl ich eigentlich denke, dass König Salomon viel zu viele hatte: dreihundert Ehefrauen und siebenhundert Konkubinen. Er könnte ja in einem Jahr nicht mal mit jeder von denen schlafen! Mein Vater hat nur zwei, und so kann er immer abwechselnd mit einer von ihnen das Bett teilen, damit es gerecht ist. Mir tun Salomons Frauen leid.

Ich gehe meine Mutter suchen, um ihr zu sagen, dass ich mal auf die Toilette muss. Sie führt mich nach draußen, wo die Sonne grell vom Himmel scheint. Wir laufen einen unbefestigten Weg entlang zu einem kleinen Holzverschlag etwa drei Meter vom Haus entfernt. Unser Dobermannweibchen Sheba ist auch da und macht sich mit seinem neuen Zuhause vertraut, indem es in der Nähe des Hauses an irgendwelchem Müll schnüffelt. Die Tür quietscht in den Angeln, als meine Mutter sie öffnet, und das dumpfe Brummen von Fliegen wird lauter, bevor mich der Gestank wie ein Schlag ins Gesicht trifft. Das

Innere ist gerade mal groß genug für ein Loch im Boden und einen Betonklotz an jeder Seite, auf dem man die Füße platzieren kann – eine traditionelle chinesische Hocktoilette. Kein Toilettensitz, keine Spülung. Nur ein tiefes schwarzes Loch. »Guck immer erst nach Spinnen und Schlangen«, mahnt mich meine Mutter. »Und sieh auch unbedingt nach oben. Die lassen sich manchmal von der Decke runterfallen.« Mir graut es bei dem Gedanken, dass Schlangen oder Spinnen sich von oben auf mich werfen könnten.

Mein Magen krampft sich zusammen, als ich auf Zehenspitzen in das Schummerlicht hinübertapse, während mein Blick zur Wand, in die Ecken, zu meinen Füßen huscht. Ängstlich schaue ich zu den Spinnennetzen hinauf, die das Wellblechdach über und über bedecken, während ich gleichzeitig versuche, nicht mit meinen Flipflops von den Betonklötzen abzurutschen. Hier gibt es keine Glühbirne. Als die Tür zufällt, finde ich mich in fast vollkommener Dunkelheit wieder. Der stechende Geruch nach der jahrealten Kacke von anderen Leuten beißt mir in der Nase, während ich dort hocke. Ich erledige mein Geschäft so schnell wie möglich und flitze zurück ins helle Sonnenlicht. Während ich die frische Luft einsauge, laufen mir Tränen aus den brennenden Augen. *Muss ich jetzt jedes Mal mein Leben riskieren, wenn ich aufs Klo gehe?* Ich will wieder nach Hause zurück, zu einer richtigen Toilette, in unsere Wohnung mit dem Balkon und dem gefliesten Boden und dem Straßenlärm.

Der rote Dreck gerät zwischen meine Zehen, und ich versuche, die kleinen Steinchen aus meinen Flipflops zu schütteln, bevor ich meiner Mutter zurück nach drinnen folge. Sie schwatzt fröhlich.

Obwohl die Insel Coloane zu dem winzigen Gebiet von Macau dazugehört und nur zwanzig Minuten von der Stadt entfernt liegt, fühlt es sich wie eine vollkommen andere Welt an. Unser neues Zuhause ist ein traditionelles chinesisches Bauernhaus, ein hundert Jahre altes Gebäude aus Granit und Lehm mit Kiefernstämmen als Dachbalken und einem schwarz-weißen Tonziegeldach. Die Haustür besteht aus zwei grob verarbeiteten Holzplanken an Scharnieren, die sich nach innen öffnen und mit einem handgefertigten Metallschieberiegel verschlossen werden. Das Haus hat die Form eines Cs und setzt sich aus zwei rechteckigen, etwa zwölf mal drei Meter langen Zimmern zusammen, verbunden durch einen neun Meter großen Eingangsbereich, der mit seinem ausklappbaren Esstisch aus Metall samt Hockern als Wohnbereich dient. Nur eines der beiden langgezogenen Zimmer ist bewohnbar, nämlich unser Schlafzimmer mit einem kleinen Holzdachboden am hinteren Ende.

Ein kleiner Anbau von etwa einem mal anderthalb Meter außen am Haus dient als »Küche«, immerhin mit einer Arbeitsplatte aus Beton und einem tragbaren Campingkocher, der an einen großen Gasbehälter angeschlossen ist. Im Haus gibt es weder Elektrizität noch fließend Wasser, also muss die rote Plastikschüssel für jeden Waschvorgang draußen mit Wasser aus dem Schlauch gefüllt werden. Der Rest des Hauses ist ziemlich baufällig: Lehmböden, zerbröckelnde Lehmziegelwände und unzählige Löcher im Dach, wie wir beim ersten Regenguss feststellen. Mein Vater erzählt, dass das Gebäude sieben Jahre lang leer gestanden hat, da der Besitzer in das zweistöckige Haus gezogen ist, das er direkt hinter diesem gebaut hatte. Es ist also nicht verwunderlich, dass er es uns sehr günstig vermietet – für 500 Macau-Patacas im Monat, umgerechnet etwa 80 Dollar.

Als Mommy Ruthie mich wieder nach drinnen führt, zeigt sie auf den Dachboden im hinteren Teil des Schlafzimmers. »Ich schlafe da oben, aber ich möchte nicht, dass du die Leiter hochkletterst. Das ist gefährlich«, sagt sie. Eine hohe Bambusleiter lehnt wackelig am Rand des offenen Dachbodens. Er hat keine Brüstung.

»Mommy Esthers Bett ist hinter dem Vorhang da«, erklärt sie und deutet auf einen improvisierten Sichtschutz aus einem übergroßen geblümten Laken, das mein Vater an der Kante der Dachboden-Empore meiner Mutter befestigt hat, sodass es lang herunterhängt und den Bereich dahinter abschirmt.

»Frühstück ist fertig!«, höre ich Mommy Esther aus dem anderen Zimmer rufen, und ich laufe hinüber. Sie trägt gerade einen großen dampfenden Topf mit Haferschleim von der Außenküche herein, während wir uns alle um die Hocker am Klapptisch streiten. Josh knufft

Nehi mit dem Ellbogen in die Seite, und ich will gerade »aus Versehen« auf Calebs Fuß treten, als mein Vater von draußen hereinkommt.

Dank seiner überbordenden Energie und der dröhnenden Predigerstimme ist er ein sehr viel imposanterer Mann, als sein drahtiger, vierundfünfzig Kilo leichter Körper vermuten ließe. Und mit seiner Größe von einem Meter sechzig fügt er sich wunderbar in die eher kleiner gebaute chinesische Bevölkerung ein. Seine blauen Augen liegen tief in den Höhlen, und wenn er lächelt, ziehen sich seine Lippen so weit zurück, dass jeder Zahn im Mund sichtbar wird, sowohl oben als auch unten. Da er kein Gramm Fett im Gesicht hat, ähnelt er beim Lächeln einem grinsenden Skelett – was die meisten Leute nervös macht.

Doch jetzt runzelt er streng die Stirn.

»Jungs«, sagt er, »wir müssen mal ein ernstes Wörtchen reden.« Seine strenge Stimme gleicht einem düsteren Knurren, drei Oktaven tiefer als die schwungvolle »Lobet den Herrn«-Stimme.

Mary und ich sind in dem Wort »Jungs« meist mitgemeint, außer wenn es um irgendwas geht, das Spaß macht. Ständig verwechselt er unsere Namen, nennt mich Mary und meine Schwester Faithy, aber er mag es auch nicht, wenn wir ihn berichtigen, daher haben wir gelernt, einfach damit zu leben.

Schnell legen wir unsere Ellbogen an und sitzen dann still wie der Haferbrei auf unseren Hockern.

»Wir verstecken uns vor bösen Leuten«, beginnt er. »Sie wollen uns davon abhalten, das Werk Gottes zu vollbringen. Sie dürfen uns nicht finden, deshalb ist es sehr wichtig, dass niemand – auch nicht unsere Freunde in der Stadt – weiß, wo wir uns aufhalten. Das ist absolut *Selah*.«

In der Stille juckt mir die Nase, und als ich mich bewege, um sie zu kratzen, knurrt mein Vater: »Faithy?«

Ich erstarre.

»Weißt du, was ›*Selah*‹ bedeutet?«

Mein Blick huscht Rettung suchend zu Hobo, doch er starrt auf seinen Teller. Ich schüttele schwach den Kopf. *Ist das die falsche Antwort?*

»Es bedeutet, dass es absolut geheim ist. Deine Lippen müssen versiegelt sein. Du darfst niemandem verraten, wo wir wohnen. Verstehst du?«

Ah. Ich nicke, so feierlich wie ein Soldat. Am liebsten würde ich fragen: *Wer sind diese bösen Leute? Was machen sie mit uns, wenn sie uns finden?* Aber ich presse meine Lippen zusammen. Ich weiß, was mit gefangen genommenen Christen passiert. In den Bibelgeschichten, die wir jeden Abend vor dem Zubettgehen vorgelesen bekommen, schließt das meistens Folter, Tod oder Löwen mit ein.

Nachdem mein Vater seinen Vortrag beendet hat, sprechen wir das Tischgebet und essen dann schweigend, während wir uns über den Haferbrei hinweg gegenseitig Blicke zuwerfen. Sobald er mit am Tisch sitzt, haben wir zu viel Angst, um laut durcheinanderzureden wie sonst immer, wenn wir nur mit Mommy Ruthie oder Mommy Esther oder unseren Betreuern zusammen essen. *Wo ist Uncle Michael?*, frage ich mich. Normalerweise passt er nach dem Frühstück auf uns auf.

Es ist seltsam, dass nur unsere eigene Familie um den Frühstückstisch sitzt. Meistens kümmern sich andere Mitglieder der Family um meine Geschwister und mich, so wie Uncle Michael, da unsere Eltern den Großteil des Tages mit Führungsaufgaben beschäftigt sind. Mein Vater und meine Mutter sind nämlich mit der äußerst wichtigen Aufgabe betraut, am Wort Gottes mitzuarbeiten, indem sie Grandpa bei der Herausgabe und dem Druck der Mo-Briefe unterstützen, die er an all seine Jünger in der ganzen Welt verschickt. Diese Papierheftchen, aufgemacht wie ein Rundschreiben, kommen alle zwei Wochen per Post. In ihnen sind Grandpas neuste Prophezeiungen, Berichte und Träume enthalten. Alles, was Grandpa sagt, wird von einer Person auf Band aufgenommen, die ihm auf Schritt und Tritt mit einem Aufnahmegerät folgt, um seine Gedanken für die Mo-Briefe und andere Publikationen der Family festzuhalten, sodass nicht eine Perle, die auf seinen Lippen erwächst, verloren geht.

Ich fühle mich Grandpa sehr verbunden, obwohl ich ihn noch nie persönlich getroffen habe. Er ist schon seit der Zeit vor meiner Geburt untergetaucht, und alle Fotografien von ihm wurden verbrannt, um seine Identität zu schützen. Die Schwarz-Weiß-Bilder von ihm in den Mo-Briefen sind entweder gezeichnet oder, falls doch mal ein Foto abgedruckt wird, ist sein eigentliches Gesicht von einem gemalten Löwenkopf (er nennt sich selbst manchmal Papa Löwe, seit er einmal davon geträumt hat, ein mächtiger Löwe zu sein) oder von einem weißbärtigen Mann verdeckt, der aussieht wie Moses aus dem Film *Die zehn Gebote*.

Nachdem wir unsere orangefarbenen Plastikschüsseln für den Abwasch gestapelt haben, hält Mommy Esther etwas hoch, das aussieht wie ein großer Deckel aus Bambus, der in der Mitte spitz zuläuft. Es ist ein chinesischer Bauernhut. »Immer wenn ihr das Haus verlasst, müsst ihr so einen aufsetzen«, erklärt sie. »Hier in diesem Dorf haben noch nie Weiße gelebt. Wenn irgendjemand eure blonden Haare sieht, wird das Verdacht erregen. Wir wollen ja nicht, dass die bösen Leute uns finden, die hinter uns her sind, deshalb müsst ihr mir versprechen, dass ihr niemals ohne euren Hut aus dem Haus geht.« Sieben kleine Köpfe wippen auf und ab.

Wie soll das denn helfen?, frage ich mich. *Jeder wird ganz leicht erkennen, dass wir keine Chinesen sind, mit oder ohne Hut.*

Meine Mutter reicht die Hüte herum, und wir setzen sie auf. Ich schaue zu Caleb und muss kichern beim Anblick des wuchtigen, seltsamen Gebildes auf seinem Kopf, das ihm fast bis zur Nasenspitze reicht. Er schubst mich, und als mein Hut herunterrutscht, schlägt die breite Krempe gegen Bones, der sich theatralisch zu Boden fallen lässt.

»Kinder!« Die Stimme meines Vaters knallt wie eine Peitsche, und wir setzen uns so aufrecht hin, als hätten wir einen Besenstiel verschluckt. »Das ist eine sehr ernste Angelegenheit. Die Mächte Satans sind los und wollen der Family und Grandpa Schaden zuzufügen«, blafft er uns an und kneift Bones dann strafend in den Nacken, während er ihn auf die Füße zerrt.

Ich zucke mitfühlend zusammen. Wir alle haben schon mal diesen schmerzhaften Griff zu spüren bekommen.

»Wieso müssen wir uns denn plötzlich verstecken?«, will Hobo mutig von meinem Vater wissen.

Jahrelang sind wir als christliche Gesangsstars in den lokalen Radiosendern und im Fernsehen von Hongkong und Macau aufgetreten, obwohl wir Grandpas Enkelkinder sind. Wir starren meinen Vater verwirrt an.

Die Stimme meines Vaters senkt sich zu einem tiefen Knurren. »Wir wurden verraten. Von Lynne.«

Ein Keuchen ertönt am gesamten Tisch.

Das Gesicht von Lynne Watson erscheint vor meinem inneren Auge. Sie ist Britin, hat welliges blondes Haar und müsste etwa im Alter meiner Mutter sein; nichts an ihr kam mir bösartig vor. Ich hatte sie ein paarmal in unserer Wohnung gesehen, wenn meine Eltern sie mitbrachten, um gemeinsam Mo-Briefe zu lesen.

Meine Eltern freuen sich immer so sehr, wenn andere Menschen etwas über Jesus erfahren wollen. Es ist schwer vorstellbar, dass jemand wie Lynne Watson uns verraten könnte, wo wir doch lediglich mehr Menschen dabei helfen wollen, sich Gott anzunähern.

»Sie hat nur so getan, als wäre sie unsere Freundin, um an uns heranzukommen und meine wahre Identität herauszukriegen«, fährt mein Vater fort. »Sie hat ganz schreckliche Dinge über uns geschrieben und unsere *echten* Namen in der Zeitung veröffentlicht.«

»Ho?«, flüstere ich. Alle nennen meinen Vater Ho, eine Abkürzung für Hosea und gleichzeitig ein verbreiteter chinesischer Nachname. Die Systemer nennen ihn Mr. Ho und die Mitglieder der Family Uncle Ho.

»Nein«, erklärt Mommy Ruthie. »Ho ist in Ordnung. Wir dürfen nur seinen *anderen* Namen, den offiziellen Namen, niemals aussprechen.«

»Wie heißt er denn offiziell?«, frage ich. Ich hatte keine Ahnung, dass er noch einen anderen Namen besitzt.

»Wir sprechen unseren Nachnamen *niemals* aus«, betont mein Vater und starrt dabei die älteren Jungs an, weil sie ihren Nachnamen schon mal auf den Reisepässen gesehen haben, die er normalerweise in seinem Safe aufbewahrt. »Ihr dürft ihn noch nicht mal anderen Mitgliedern der Family verraten. Wenn er jemandem rausrutscht, können die Feinde Gottes auch Grandpa finden.«

Grandpa muss unter allen Umständen geschützt werden.

»Ich kann einfach nicht glauben, dass sie uns so getäuscht hat!« Mommy Esthers helle Augen lodern richtig. Sonst ist sie meist sanftmütig und still, hält sich im Hintergrund, selbst wenn sie uns auf der Bühne mit ihrer Gitarre begleitet, doch an diesem Morgen schäumt sie vor Wut. »Sie hat uns angelogen, als sie sagte, dass sie mehr über Jesus wissen und Sein Wort studieren wolle, nur um sich an uns ranzuschleichen und unsere *Geheimnisse* auszukundschaften!«

Das Gefühl des Verrats und Misstrauens macht sich nun auch in mir breit.

»Wir dachten, sie wäre eines unserer Schafe«, fährt Mommy Esther fort. »Aber sie war noch nicht einmal eine Ziege! Sie war ein Wolf im Schafspelz, eine Schlange im Gras.«

Menschen, die für unsere Botschaft empfänglich sind, nennen wir Schafe, nach Matthäus 25,31–32: »Wenn der Menschensohn in seiner Herrlichkeit mit allen Engeln gekommen ist, dann wird er sich auf seinen Thron der Herrlichkeit setzen. Alle Völker der Erde werden vor ihm zusammengebracht, und er wird sie in zwei Gruppen teilen, so wie ein Hirte die Schafe von den Ziegen trennt.« Menschen, die uns ablehnen, nennen wir Ziegen.

»Wir werden dafür beten, dass sie ihre Strafe bekommt!«, verkündet Mommy Esther, während sie uns Kinder mit ungewohnter Grimmigkeit anschaut. Wie kann es jemand wagen, ihre Kinder zu bedrohen!

Mein Vater beruhigt sie: »Der Teufel übt immer Vergeltung. Dadurch wissen wir, dass wir Gottes Werk vollbringen. Wir sind die Family Gottes. Seine Endzeitkrieger, die einzig wahren Jünger, die aus dem bösen System ausgebrochen sind. Gelobt sei Gott!«, schließt er mit seiner Singsang-Stimme.

Die Angst vor »Verfolgung« ist unser ständiger Begleiter.

Schon in der Zeit, bevor meine Erinnerung einsetzt, haben meine Eltern und Betreuer mir Geschichten über die Verfolgung von Kindern Gottes vorgelesen. Von Daniel in der Löwengrube, von den Christen der ersten Generation, die vom römischen Kaiser Nero in den Gladiatorenarenen getötet wurden, von Missionaren, die von

Kannibalen auf Fidji aufgegessen wurden, vom Massaker an Christen während des Boxeraufstands in China oder von Christen, die ihrem Glauben nicht abschwören wollten und dafür von Stalins Soldaten in Eiswasser ertränkt wurden. Manchmal erlöst dich Gott durch ein Wunder, und manchmal stirbst du und kommst in den Himmel. Da der Antichrist und die Große Trübsal, von der in der Offenbarung gesprochen wird, jeden Tag erscheinen und beginnen kann, ist alles möglich.

Als Teil von Gottes elitärer Endzeitarmee und als Grandpas Enkel werden uns die Mächte des Teufels ganz besonders ins Visier nehmen, so erklärt man mir. Diese Verfolgung, die mehr meiner eigenen Familie als der Family insgesamt gilt, scheint das zu bestätigen. Aber insgeheim hoffe ich, dass auch ich die Macht haben werde, Wunder zu bewirken, wie zum Beispiel Feuer aus dem Himmel heraufzubeschwören, um die Soldaten des Antichristen zu vernichten.

Nachdem Mommy Esther ihr Gebet beendet hat, kommt mir die Luft still und stickig vor, und keiner von uns wagt es, ein Wort zu sagen. Die gesamte Family ist in Gefahr. Niemand ist sicher.

Grandpa muss sich versteckt halten – und wir nun auch.

Unsere großen Hüte in Händen führt uns mein Vater durch unser neues Zuhause.

Ich wusste nicht, dass mein Vater und meine Mutter in den letzten Monaten bereits heimlich zum Arbeiten hergekommen waren, um unserer beengten Wohnung zu entfliehen. In der Stadt hatten wir ursprünglich drei der etwa fünfundfünfzig Quadratmeter großen Apartments im selben Gebäude für uns, unsere Betreuer und andere Mitglieder der Family auf der Durchreise gemietet. Wir waren nur eine von mehreren Familien, die in den letzten Jahren nach Macau gezogen waren, um als Erste in der portugiesischen Kolonie zu missionieren. Mindestens drei Familien mit Kindern in meinem Alter sowie einige alleinstehende Erwachsene lebten bei uns oder in der Nähe im selben Stadtviertel. Da die Mieten in der Stadt aber immer weiter stiegen, musste unsere Familie sich erst in zwei, dann in nur einer Wohnung zusammendrängen. Daher brauchten wir dringend mehr Platz, trotz unseres geringen Einkommens.

»Wir wohnen alle zusammen in dem einen Zimmer, in dem wir letzte Nacht geschlafen haben, bis der Rest des Hauses hergerichtet ist«, erklärt mein Vater. »Aber keine Sorge, mithilfe unseres chinesischen Arbeiters sollte das nicht lange dauern. Vielleicht ein oder zwei Monate, so Gott will«, sagt er optimistisch.

»Gott sei Dank haben wir hier alles eingesprüht und sind so die meisten Flöhe losgeworden!«, erzählt uns Mommy Ruthie erleichtert. »Als wir zum ersten Mal hier reinkamen, haben sie sich regelrecht auf meine Beine gestürzt.«

»Iiieh«, kiekse ich, hüpfe auf und ab und prüfe, ob welche von den fast unsichtbaren schwarzen Biestern auf meine nackten Beine gesprungen sind.

Während wir weiter durchs Haus gehen, ist mein Vater bester Laune. »Gelobt sei der Herr!«, ruft er. »Ich habe schon länger nach einer Möglichkeit gesucht, mit meiner Familie aufs Land zu ziehen, damit die Jungs mit Nutztieren aufwachsen, so wie ich auf unserer Ranch in Texas. Ich möchte, dass ihr alle den Wert von harter Arbeit und Verantwortung lernt! Und gleichzeitig dafür sorgen, dass ihr nicht in Schwierigkeiten geratet.« Mein Vater unterhält uns immer mit Geschichten aus seinem Leben auf der Ranch in der staubigen Wüstenstadt Thurber, wo er sich als Kind um Kühe, Ziegen und Hühner kümmerte.

»Wegen der Verfolgung durch die Zeitungen mussten wir den Umzug hier ins Dorf etwas vorziehen, aber die Wege des Herrn sind unergründlich. Gelobt sei der Heeeerr!« Beim letzten Wort schwingt sich seine Stimme zwei Oktaven höher und wird zu einer Art Singsang. Außer wenn er wütend ist, enden seine Sätze immer auf einem hohen Ton.

Dann folgen wir ihm durch die niedrige Tür zu dem angrenzenden Raum, in dem wir gerade gefrühstückt haben und der ungefähr halb so lang ist wie die beiden seitlichen Zimmer. »Das hier wird unser Wohnzimmer, sobald wir mit dem Renovieren fertig sind«, erklärt er.

Er deutet auf eine weiß getünchte Trennwand aus groben Holzbohlen, die das hintere Drittel des Wohnzimmers vom Rest abschirmt – dort stehen unzählige Dosen mit angetrockneten Farbresten herum, die ich vorher nicht bemerkt hatte. »Dieses kleine Hinterzimmer können wir in ein Schlafzimmer für euch zwei Mädchen umbauen.«

Dann treten wir durch den nächsten Türrahmen in ein weiteres längliches Zimmer, ganz ähnlich wie das erste.

»Das hier wird dann das Jungenzimmer.«

Überall auf dem Boden liegen Dreck und Klumpen aus Putz herum.

»Ihr Jungs könnt mir dabei helfen, den Rest des alten Putzes von den Lehmziegeln abzuschlagen, damit wir sie dann neu verputzen können.« In den Fensterrahmen befinden sich keine Scheiben, nur verrostete Eisenstangen. »Wir bringen Moskitonetze an und reparieren die Scharniere an den Fensterläden, die lose sind. Und dann betonieren wir den Boden hier und verlegen Linoleum, genau wie in dem anderen Raum. Das wird toll! Ihr werdet schon sehen!«

Wir Kinder blicken allesamt entsetzt auf das Durcheinander um uns herum – wir sind durchaus in der Lage, einen Haufen Arbeit zu erkennen, wenn er uns ins Gesicht starrt. An meinem Knöchel kitzelt etwas, und ich schlage fest darauf. Ich hoffe, das war kein Floh.

Nachdem unsere Hausbesichtigung beendet ist, sagt mein Vater: »Kommt, Kinder. Wir schauen uns mal das Dorf an. Setzt eure Hüte auf.«

Ich folge meinen Geschwistern durch die Haustür und bemühe mich gleichzeitig, den großen Bambushut auf dem Kopf zu balancieren und nicht über die steinerne Türschwelle zu stolpern. Dann treten wir hinaus in die grelle Tropensonne. Die dicken Lehmziegelwände und die kleinen Fenster machen das Haus zwar dunkel, aber auch kühler. Jetzt treffen uns die Sonnenstrahlen mit voller Wucht. Ich bin froh über meinen schützenden Hut.

In Macau herrscht ein subtropisches Klima mit eigentlich nur zwei Jahreszeiten, Sommer und Winter. Auf den fast täglichen Frühlingsregen im April folgt ein feuchter Sommer, in dem es selbst nachts heiß und schwül ist, mit gelegentlichen Regenschauern, Gewittern und tagelang wütenden Taifunen. Im Oktober beginnt offiziell der Herbst, aber die Sommerhitze und Gewitterstürme bleiben oft bis in den November hinein. Obwohl es im Winter nie friert, kriecht uns dann die nasse Kälte bis in die Knochen. Jetzt, im späten Juli, glüht die rote Erde förmlich in der drückenden Hitze und verbrennt mir die Fußsohlen, als ich vom Flipflop abrutsche.

Als Erstes fällt mir auf, dass unser kleines Dorf an dunkelgrüne Hügel geschmiegt liegt. Mommy Esther deutet auf eine Straße, die sich die Hügelhänge entlangschlängelt.

»Das ist die Straße zum Strand von Macau«, erklärt sie. »Hier sind wir sicher, weil fast keiner aus der Stadt weiß, dass sich dieses winzige Dorf hinter dem Berg versteckt. Aber falls ein neugieriger Reporter auf dem Weg zum Strand unsere blonden Schöpfe von der Straße da oben aus sieht, können unsere Feinde uns doch finden.«

Jetzt verstehe ich, warum wir diese unbequemen Hüte tragen müssen. Aber was würden diese Feinde mit uns machen, wenn sie uns hier finden? Ich weiß, dass ich besser nicht frage. Mein Vater verbietet uns in der Regel den Mund, wenn wir so etwas wissen wollen. »Weil ich es dir sage!« oder »Revolutionäre stellen keine Fragen!« sind nur zwei von seinen Lieblingsantworten.

Hüpfend folge ich meinen Brüdern und meiner Schwester die Schottereinfahrt hinunter und erkenne kleine, gedrungene Ein-Raum-Häuser mit Lehmwänden und Ziegeldächern. *Wo sind denn die asphaltierten Straßen? Und wo sind all die Menschen?*

Ich erfahre, dass das »Dorf« ein Sammelsurium von nur etwa fünfundzwanzig Gebäuden ist: zwei »moderne« doppelstöckige Ziegelsteinhäuser, in denen die wohlhabenderen Dorfbewohner leben, einige uralte Fischerhäuser wie unseres und eine Reihe von Lehmhütten mit nur einem Zimmer und Dächern aus Teerpappe. Es gibt keine Straßen, also steht jedes Haus da, wo sein Besitzer es vor Generationen hingebaut hat, und ist lediglich durch über die Jahre entstandene Trampelpfade mit den anderen Häusern des Dorfes verbunden.

Es gibt keine Begrenzungen, keine Straßenplanung, keine Bauordnung oder auch nur Besitzurkunden. Vor über hundert Jahren (genaue Aufzeichnungen existieren nicht) haben chinesische Fischer oder auch Piraten (je nach Sichtweise) ihre Hütten an diesem verlassenen Fleckchen Erde gebaut und einfach einen Meter breite Pfade zu und zwischen den Häusern ausgetreten. Ihre Nachfahren des späten zwanzigsten Jahrhunderts leben nach wie vor weitgehend auf dieselbe Art und Weise und sind froh darüber, von der Außenwelt ignoriert zu werden. Das Dorf hat keine Anbindung an städtische Wasserleitungen, Elektrizität, Abwasserkanäle oder Müllentsorgung. Die meisten Dorfbewohner erschleichen sich Strom, indem sie illegal Kabel durch den Dschungel bis zu den Stromleitungen an der Hauptstraße nach Coloane Village legen, der einzigen kleinen Stadt auf der Insel Coloane. Die für uns nächstgelegene Einkaufsmöglichkeit ist der kleine Shop am Strand in Hac Sa, zehn Minuten zu Fuß die Schotterstraße hinunter.

Coloane Village liegt fünfzehn Minuten mit dem Bus vom Strand in Hac Sa entfernt und ist im Gegensatz zu unserem Dorf eine echte Stadt mit Straßen, einer kleinen staatlichen Arztpraxis, einem Markt mit mehreren Ständen und winzigen Geschäften in einer Gasse, die zu schmal für Autos ist. Auf einem Platz mit Kopfsteinpflaster, der von chinesischen Restaurants gesäumt ist, steht eine portugiesische katholische Kirche, in der ein Fingerknochen, eine Reliquie des Heiligen Franz Xaver, liegt. Eine große Grundschule, die Highschool sowie das Gefängnis von Macau befinden sich nur wenige Blocks entfernt.

Wir folgen meinem Vater wie kleine Entchen durch unsere neue Nachbarschaft. Ich entdecke ein paar verhutzelte ältere Dorfbewohner, die uns misstrauisch anblicken, und höre sowohl Männer als auch Frauen einander zwischen den Häusern anschreien, in wahrhaftiger Fischweib-Tradition. Kantonesisch besitzt keine geschmeidige Sprachmelodie wie Mandarin, welche als Sprache der Kaiser gilt. Es ist die schroffe Sprache Südchinas – hoch, tief, schrill, kehlig und quietschend. Jedes zweite Wort ist ein Schimpfwort, was meine Brüder natürlich begeistert in sich aufsaugen.

In manchen der größeren Häuser wohnen drei Generationen zusammen, daher haben wir Gelegenheit, ein paar chinesischen Kindern schüchtern zuzuwinken, aber im Gegensatz zu uns gehen sie tagsüber in Coloane zur Schule. Junge Erwachsene leben hier nur wenige. Jeder junge Mensch mit einer Spur von Ehrgeiz oder einer Vorliebe für häusliche Annehmlichkeiten zieht nach Macau.

Ich entdecke in Reihen gepflanzten grünen Pak Choi und an Stöcke gebundene Bohnenranken in kleinen, verstreuten Gemüsebeeten hinter den Häusern. Weitere Pflanzen wuchern hier wild – großblättrige Colocasia-Pflanzen, langstieliger Löwenzahn und andere Arten, die ich nicht kenne, säumen die erdigen Pfade.

Doch überall zwischen der leuchtenden, üppigen Pflanzenwelt liegt Müll. Egal wo ich hinschaue: Coladosen, Bonbonpapier, Fetzen von Plastiktüten, Essensverpackungen aus Styropor, verrottende Pappkartons, verrostete Nägel und verbogene Drähte. Und ein riesiger Berg Abfall befindet sich auf der Freifläche vor den Häusern, wo der Pfad ins Dorf hineinführt.

»Es gibt hier keine Müllabfuhr«, erklärt mein Vater. »Die Leute schmeißen ihren Abfall einfach aus dem Fenster oder auf diese große Halde auf dem Platz. So Gott will, werden wir das alles aufsammeln und ihnen ein gutes Beispiel für Sauberkeit geben.« Grandpa bringt uns nämlich bei, dass wir immer als gutes Beispiel von biblischen Tugenden vorangehen sollen und nicht nur davon predigen. Mein Vater scheint begeistert darüber zu sein, einen so herausfordernden Ort gefunden zu haben, an dem er sich beweisen kann.

Ich bekomme zufällig mit, wie Mommy Esther ihm nervös zuflüstert: »In diesen abgelegenen Dörfern gibt es aber doch keine echten Piraten mehr, oder?«

»Natürlich nicht. Das ist ganz sicher nur ein Gerücht. Aber Centurion hat mir mal erzählt, dass die Polizei nie hier rausfährt aus Angst, dass die Dorfbewohner ihre Autos zertrümmern, weil sie nicht wollen, dass Außenstehende sich einmischen.«

Centurion ist der Deckname für unseren Freund Alfonso, den Leiter der portugiesischen Polizeistation in Macau. Seinen Spitznamen hat er von dem sogenannten Centurio, dem Römischen Hauptmann von Kafarnaum in der Bibel, der Jesus freundlich gesinnt war. Den

Mitgliedern der Family wird nahegelegt, sich mit örtlichen Behörden und mächtigen Leuten in der Gegend anzufreunden, die ihnen Schutz bieten können für den unweigerlichen Fall, dass wir verfolgt werden und böse Menschen Lügen über uns verbreiten, um Gottes Werk zu verhindern. In den wenigen Jahren, seit wir hierhergezogen sind, haben meine Eltern viele Freunde gefunden, manche davon hochrangige Regierungsangestellte. Aus Sicherheitsgründen geben wir ihnen oft Decknamen, damit sie nicht von einem heimlichen Lauscher identifiziert werden können, der eine ungezwungene Unterhaltung mitbekommt. Schließlich möchten wir diejenigen, die uns beschützen, ebenfalls schützen.

Mein Vater spricht nun leiser, damit wir Kinder ihn nicht hören. Ich schmiege mich enger an Mommy Ruthie, tue so, als würde mich ihre Unterhaltung nicht interessieren, höre jedoch aufmerksam zu. »Anscheinend gab es vor ein paar Jahren mal einen blutigen Kampf zwischen der Polizei und einigen Dorfbewohnern, bei dem ein paar Leute getötet wurden. Also ignoriert die Regierung sie nun, ganz in ihrem typisch gelassenen portugiesischen Stil. Gleichzeitig heißt das natürlich, dass es hier keine städtischen Dienste wie Wasserversorgung und Müllabfuhr gibt. Hac Sa ist das abgeschiedenste Dorf auf Coloane«, brüstet sich mein Vater, sehr zufrieden mit sich selbst, dass er diesen Ort entdeckt hat. »Hier kommen nie Außenstehende hin, noch nicht mal Chinesen. Das hier ist der perfekte Ort für uns, um unterzutauchen. Dank sei Gott!«

Wie sich herausstellt, geht es bei unserer extremen Geheimhaltung weniger um die Angst meines Vaters vor schlechter Presse, sondern vielmehr darum zu verhindern, dass Reporter oder Angehörige der Katholischen Kirche wie sonst überall Lügen über seltsame sexuelle Praktiken oder Drogenkonsum unsererseits verbreiten und es uns dadurch schwer machen, akzeptiert zu werden.

Die Beine meines Vaters hüpfen wie Bettfedern den roterdigen Pfad hinunter, während er mich an der Hand hinter sich herzieht und ich mit meinen viel kürzeren Beinchen rennen muss, um mitzuhalten. »Gelobt sei der Herr! Gott sorgt für uns, und Er wird uns beschützen.

Wir müssen nur mit gutem Beispiel für Gottes Liebe vorangehen!«, wiederholt er und wirft dann einen Blick über die Schulter zu Esther und den Jungs. Seine Aufmerksamkeit wird stets wie eine Lenkrakete auf Ärger gerichtet, und er kneift die Augen zusammen, als er Josh und Bones zanken sieht. »Jungs!« Sein scharfer Ton lässt sie mitten im Satz erstarren. Dann verwandelt sich sein drohender Gesichtsausdruck in ein Grinsen, als einer unserer neuen Nachbarn vorbeigeht. Mit einem fröhlichen Winken ruft er »*Jo san!*« auf Kantonesisch. »Faithy, lächeln und winken!« Er zwickt mir in die Schulter, und ich gehorche reflexartig.

Der Mann hält in seinem langsam schlurfenden Gang inne. Dünne Arme und Beine ragen aus seinen ergrauten Shorts und dem Unterhemd. Sonnengebräunte Haut schmiegt sich an die Knochen wie die runzelige Rinde eines Manzanita-Baums. Nach einem langen, starren Blick nickt er uns kaum merklich zu und geht weiter.

Diese schwache Andeutung von Anerkennung hebt schlagartig die Laune meiner Eltern, den ewigen Optimisten, doch die Straße der Akzeptanz ist lang und die Fahrt holpriger, als mit einem Fahrrad über Kopfsteinpflaster zu ruckeln.

2
VORSICHT VOR SCHLANGEN

Dem Leben in Hac Sa mangelt es sogar an den grundlegendsten Annehmlichkeiten, die wir in der Stadt hatten.

Genau wie unsere Nachbarn kriegen wir Elektrizität hier nur über ein paar frei liegende Kabel, die durch weitere Leitungen illegal mit einem der städtischen Verteilerkästen an den Strommasten verbunden sind, welche ein paar Kilometer entfernt die Hauptstraße säumen. Ohne Erdung und Stromstärkeregulierung ist das eine heikle Angelegenheit. Abends, wenn alle im Dorf den abgezapften Strom nutzen, flackert das orangefarbene Licht unserer einzelnen 20-Watt-Glühbirne so schwach, dass meine Eltern kaum genug sehen können, um uns aus der Bibel oder den Mo-Briefen vorzulesen, wohingegen die Stromstärke am Morgen so drastisch anschwillt, dass manchmal sogar die Birne explodiert. Die alltäglichen Stromausfälle machen einen Kühlschrank sinnlos, genau wie alle anderen elektrischen Geräte, abgesehen von ein paar Lampen und einem Ventilator.

Auch unsere Mahlzeiten sind einfach: zweimal am Tag Fleisch und Gemüse mit Reis sowie zum Frühstück Haferbrei und manchmal Eier. Da wir nichts kühl halten können, kaufen wir das Essen jeden Tag als Teil unseres üblichen Spaziergangs ein. Anderthalb Kilometer die Straße entlang, direkt hinter dem Hügel vom Strand aus, befindet sich unser Frischfleischlieferant. Er züchtet Dobermänner, und wir haben unsere Hunde, Sheba und Rex, vor einem Jahr bei ihm gekauft. Jeden Morgen fährt er sehr früh zu dem großen Markt in Macau, um Fleisch und Gemüse einzukaufen, das wir und ein paar andere Dorfbewohner ihm dann abkaufen. Alles andere besorgen wir in Großpackungen auf dem Markt in Coloane – Reis, Haferflocken und Milchpulver bekommt man dort in Zwanzig-Kilo-Säcken.

Eine Klimaanlage kommt nicht in Frage. Das Stromrinnsal ist so schwach, dass wir einen Besenstiel benutzen, um den Ventilator an der Decke überhaupt zum Laufen zu kriegen, und dann hoffen, dass er sich weiterdreht, bis wir eingeschlafen sind. Die stickige Sommerhitze im Haus ist so erdrückend, dass wir fast alles, was möglich ist, draußen erledigen, wo man auch mal ein Lüftchen abbekommt; dazu gehört auch Kochen, Lernen und Baden. Die Dusche besteht aus einem Metallrohr, das innen am Dach des dunklen Klohäuschens befestigt ist und aus dem stetig Wasser auf unsere Köpfe tropft, während wir unser Geschäft erledigen. Wenn wir wirklich duschen wollen, legen wir ein Holzbrett über das stinkende Toilettenloch und stellen uns darauf. Ich habe immer Angst, dass das Brett wegrutscht oder auseinanderbricht und ich in die eklige Brühe darunter falle.

Im tropischen Sommer ist jeder Tag noch heißer als der vorherige, also kühlen wir uns so gut wie möglich ab. Wir dürfen sogar den ganzen Tag unsere Badesachen tragen, damit unsere Eltern uns zur Erfrischung draußen mit dem Schlauch abspritzen können.

Nach unserer ersten Woche hier ruft mein Vater mich und meine Geschwister aufgeregt im Wohnzimmer zusammen. Noch ganz verschwitzt von unseren morgendlichen Hausarbeiten schauen wir begeistert zu, wie er ein großes Holzfass hereinrollt, das er am Strand angespült gefunden hat. Wenn wir ein bisschen zusammenrücken, passen wir alle hinein. Mit unserem grünen Gummischlauch füllt er es bis zum Rand, fügt noch ein bisschen Seife hinzu und ruft dann: »Rein mit euch!« Wir alle kabbeln uns darum, als Erster in das kühle Nass unserer improvisierten Badewanne zu springen. Was für eine Wohltat! Während wir herumspritzen und Seifenblasen machen, vergessen wir die unerbittliche tropische Sonne.

Wir haben eine große Aufgabe vor uns, und da wir inzwischen die Gegend erkundet haben, sind wir bereit loszulegen. Unser Vater verteilt hohe Gummistiefel. »Wegen der Schlangen«, erklärt er uns. »Hier draußen gibt es viele Schlangen – Nattern und Pythons –, aber vor einer Schlange müsst ihr euch wirklich in Acht nehmen, und das ist die Königskobra, weil ihr Biss tödlich ist. Wenn ihr eine Schlange im Gras oder in einem Müllhaufen aufschreckt, rollt sie sich erst zusammen und greift dann an. Normalerweise wird sie nicht über eurem Knöchel oder Unterschenkel zubeißen. Durch die Stiefel solltet ihr vor den Zähnen sicher sein.«

»Und was ist, wenn sie über dem Stiefel zubeißen?«, frage ich mit einem nervösen Blick auf meine Füße. Meine Beine und Stiefel sind viel kürzer als alle anderen.

»Sei einfach vorsichtig.«

Er überreicht jedem von uns eine große schwarze Plastikmülltüte und einen etwa sechzig Zentimeter langen scharfen Metallstab mit einem Holzgriff. Ich starre ihn verwirrt an.

»Das ist ein Grillspieß.« Dann führt unser Vater uns zu dem großen Müllhaufen am Rand des Dorfes und erklärt: »Wir dürfen den Leuten nicht nur von Jesus erzählen. Wir müssen auch als gutes Beispiel für einen ehrbaren Christen vorangehen. Denkt dran, Reinlichkeit ist Gottesfurcht. Und wir werden diese Mülldeponie bereinigen.«

Ich bin dankbar für meinen Spieß, als ich ein altes Stück Pappe damit durchsteche und sich darunter Maden und Würmer in der Erde winden. »Igitt!« Angeekelt springe ich zurück. In der Stadt musste ich mich nie mit diesem schleimigen Getier auseinandersetzen.

Ich laufe meinen Brüdern hinterher, während mein Vater uns ins Dorf führt, damit wir mit unserer von nun an täglichen Säuberungsaktion beginnen. Mindestens zwei Stunden lang sammeln wir nachmittags Müll im Dorf auf. Auch ich helfe meinem Vater und meinen Brüdern dabei, Wagen für Wagen mit Abfall zu füllen; dann fege, harke, schaufele und jäte ich Unkraut, bis sich an meinen Händen Blasen bilden. Die Dorfbewohner sehen uns argwöhnisch und neugierig dabei zu, wissen nicht recht, was sie von der verrückten Familie von *gweilos*, Kantonesisch für »Fremde« oder »weiße Teufel«, halten sollen, die mit breitkrempigen Hüten um ihre Häuser und die brachliegenden Felder am Rand des Dorfes herumstapfen. Wenn sie langsam an uns vorbeigehen, während wir Müll aufsammeln, starren sie uns an. »Immer schön winken, Kinder!«, befiehlt unser Vater. »Lächeln und Hallo sagen.« Gehorsam rufen wir: »*Jo san!*« Ein paar lächeln und winken sogar zurück.

Während ich immer aufgeregt bin, wenn ich mit unseren Nachbarn rede, die penetrant nach Gewürzen und Schweiß riechen, springt mein Vater durchs Dorf und plaudert fröhlich mit den Einheimischen und unserem chinesischen Arbeiter in einfachem Kantonesisch. Laut meinen Eltern ist er nach Macau geschwommen, um dem kommunistischen China zu entfliehen, und wurde dabei angeschossen. Eine alte, kinderlose Frau im Dorf kümmerte sich um ihn, bis es ihm besser ging. Wir haben sie über ihn kennengelernt und als unsere chinesische Großmutter adoptiert. Wir bringen ihr Essen und Decken. Wie der Barmherzige Samariter sind wir da, um zu helfen.

Unser Kontakt zu einer chinesischen Großmutter hilft dabei, dass sich einige der Dorfbewohner nicht mehr so unwohl mit uns fühlen. Manche kommen zu uns, um ein paar Worte zu wechseln. Die noch mutigeren strecken sogar eine Hand aus, um die Haarsträhnen zu berühren, die unter unseren Hüten hervorschauen. Aber die meisten warten lieber erst mal ab. Einige wenige sind allerdings auch verärgert über unser Eindringen in ihr Leben, wie der eine, der sogar mit Steinen nach uns wirft. Wir kriegen den Angreifer nie zu fassen, doch anstatt wütend zu werden, strengt mein Vater sich doppelt an, ihn für sich zu gewinnen (wenn er doch nur wüsste, wer er ist). Mein Vater ist überzeugt, dass wir irgendwann von den argwöhnischen Nachbarn in diese eingeschworene Gemeinschaft aufgenommen werden, und sein Optimismus gerät nie ins Wanken.

Ein paar Wochen nach unserer Ankunft in Hac Sa haben wir unsere Säuberungsaktion im Dorf beendet, und auf mich wartet eine große Überraschung. Wir sitzen gerade alle gemeinsam am Tisch und essen zu Mittag – gebratenes Fleisch mit Karotten und Reis –, als ich höre, wie unser weißer Dodge-Van über den Kies knirscht. Wir rennen nach draußen, um nachzusehen, wer da kommt. Während mein Vater an der Fahrerseite aussteigt, gleitet die Schiebetür des Vans auf und mein bester Freund Patrick steigt aus, gefolgt von seinen Eltern Daniel und Grace, die das Baby Colum auf dem Arm trägt.

Sobald ich Patricks kleine, dicke Beine sehe, die sich gen Boden strecken, stürze ich auf ihn zu. »Patchy!«, rufe ich. Ein paar Monate vor unserem Umzug ins Dorf war seine Familie aus England nach Macau gekommen, und wir freundeten uns schnell an. In der Stadt verbrachten wir einen Großteil unserer Zeit damit, gemeinsam Lego-Häuser zu bauen, Rennen mit Matchbox-Autos zu veranstalten oder mit meinen anderen Geschwistern Verstecken zu spielen. Und jetzt ist er hier bei mir, und ich könnte nicht glücklicher sein.

Da wir gerade genug Geld haben, um Essen und andere Lebensnotwendigkeiten zu kaufen, besitzen wir nur sehr wenige Spielsachen, also ist ein Spielkamerad Gold wert. Grandpa sagt, Karten- und Brettspiele sind »Zeitverschwender des Teufels«, also denken wir uns selbst was aus. Meine Brüder bauen Steinschleudern aus Stöcken und Gummibändern. Ich sammle verschiedene Sachen im Dorf: interessant geformte Steine, Federn, kaputte Spielzeugteile. Ich habe eine kleine Babypuppe, die eigentlich Pipi machen kann, wenn man ihr Wasser einflößt, aber einer meiner Brüder hat ihren Mund zugeklebt, daher funktioniert sie nicht mehr. Aber das ist mir egal. Meine Brüder haben sowieso keine Lust, mit mir Puppen zu spielen. »Puppen sind langweilig«, sagen sie, und eigentlich stimme ich ihnen zu, obwohl ich heimlich davon träume, eine lebensgroße, lebensechte Puppe zu besitzen. Natürlich ich bin nicht so dumm, meine Eltern um teures Spielzeug zu bitten. »Dafür haben wir kein Geld«, lautet ohnehin stets ihre Antwort.

Aber Patrick spielt alles mit mir, worum ich ihn bitte.

Er und seine Familie ziehen in das kleinere Haus direkt vor unserer Tür ein. Wir nennen es das »Cottage«, und unser Haus ist inzwischen das »Haupthaus«. Das Cottage hat drei Zimmer, die alle miteinander verbunden sind, und genau wie unser Haus ist es ganz schön renovierungsbedürftig.

Mommy umarmt herzlich die schlanke, brünette Frau, die wir Auntie Grace nennen. »Gelobt sei der Herr, willkommen in Hac Sa!«, flötet sie.

»Vielen Dank! Wir sind so froh, hier zu sein«, sagen Grace und ihr Ehemann Daniel mit ihrem irischen Akzent. Uncle Daniel ist ein hagerer, sanftmütiger Mann mit dem schwarzen Haar der Nordiren. Auntie Graces helle Haut zieren unzählige Sommersprossen, und ihr hellbraunes, langes Haar reicht ihr bis auf den Rücken, wie bei allen Aunties.

In der Family nennen wir jeden Erwachsenen »Auntie« (Tante) und »Uncle« (Onkel), um zu betonen, dass wir alle eine Familie sind und alles teilen. Und da wir alle zu einer »Familie« gehören, darf jeder Erwachsene jedem Kind den Hintern versohlen. Die Aunties und Uncles dürfen ein Kind ohrfeigen, ihm mit den Knöcheln über den Kopf reiben, es schlagen oder in die Ecke verbannen. Eltern ist es untersagt, ihre eigenen Kinder zu bevorzugen. Grandpa meint: »UNSERE KINDER GEHÖREN DER FAMILY und uns *allen,* und wir sind *alle* ihre Eltern, und sie sind *alle* unsere Kinder.«

Auch ermuntern die Eltern alle Kinder in der Family, unseren Propheten »Grandpa« zu nennen. Manchmal, wenn ich mich benachteiligt fühle, will ich den Kindern aus den anderen Familien zurufen: »Er ist nicht euer echter Grandpa! Er ist meiner!« Aber damit würde ich mir nur einen Klaps und eine Strafpredigt darüber einhandeln, dass er im Geiste unser aller Großvater ist.

Hier, in unserem kleinen Dorf am Ende der Welt, leben wir in einer Gemeinschaft zusammen, so wie Nonnen und Mönche, und jede Person erfüllt ihre kleine Rolle, indem sie Arbeit und häusliche Pflichten verrichtet.

Vom Aufstehen bis zum Schlafengehen sind wir vertieft ins Gebet, in Lieder über Jesus und in stundenlanges Lesen religiöser Texte. Das Gebet steht über allem: aufstehen, essen, Auto fahren, schlafen gehen, Sport treiben, missionieren, Sex haben und häusliche Arbeiten verrichten. Es gibt keine Tätigkeit, die zu unbedeutend ist, um für sie zu beten. Oft sind es nur wenige Sätze, in denen wir um Schutz, Segen und die Erfüllung von Gottes Willen beten. Grandpa sagt immer, dass wir die Bibelstelle »Betet ohne Unterlass« wörtlich nehmen und vor sowie während jeder Tätigkeit beten sollen. Ich muss gestehen, ich vergesse das sehr oft.

Unser Leben ist von früh bis spät durchgeplant. Jeden Morgen nach dem Frühstück halten wir Andacht – zwei Stunden beten wir, singen Loblieder und lesen Gottes Wort, also in der Bibel und den Mo-Briefen.

Wie in der Apostelgeschichte 2,44–45 gesagt wird: »Alle Gläubiggewordenen aber bildeten eine Gemeinschaft und hatten alles gemeinsam. Wer ein Grundstück oder anderen Besitz hatte, verkaufte es und verteilte den Erlös an die Bedürftigen«, überlässt jedes neue Mitglied seine Besitztümer der Family. Der Bibel zufolge besitzen wir kein Eigentum, nicht mal unseren eigenen Körper, daher ist es nur rechtens, dass wir unseren freien Willen und unsere Sehnsüchte aufgeben und uns dem Willen Gottes beugen, indem wir auf unsere Führungskräfte hören.

Nach der Andacht erledigen wir die morgendlichen Hausarbeiten, die wir »Joyful Job Time« (»freudige Aufgabenzeit«) oder kurz JJT nennen; manchmal haben wir auch Unterricht, gefolgt vom Mittagessen, einer einstündigen Mittagsruhe, der Nachmittagsarbeit, einer Stunde Sport und schließlich einer Dusche. Alle Mahlzeiten nehmen wir gemeinsam ein, und am Abend verbringen wir eine Stunde Familienzeit oder widmen uns anderen gemeinsamen Aktivitäten, bevor wir uns in unsere Zimmer zurückziehen, um zu beten oder Gottes Wort zu lesen, bis es schließlich »Licht aus« heißt. Dieser Tagesablauf liegt unserem Leben zugrunde, egal in welches Family Home wir in welchem Land auch immer reisen, mit nur leichten Abweichungen je nach Rolle des Einzelnen: kochen, putzen, Spenden sammeln oder unterrichten. Wir müssen demütig jede Aufgabe ausführen, die uns aufgetragen wird, ohne uns zu beschweren oder uns davor zu drücken, ganz nach dem Willen Gottes.

Gespräche über Sport, Autos, Filme, Kleidung, Make-up und andere weltliche Dinge sind verpönt. Unsere alltägliche Spielzeit an der frischen Luft, die sogenannte Draußenzeit, ist zur körperlichen Ertüchtigung gedacht, nicht zum Herumblödeln. Wenn wir Kinder zu laut lachen, wird das durch eine Ohrfeige oder ein strenges Wort unterbunden: »Seid nicht so albern! Wenn ihr Zeit für Unsinn habt, habt ihr auch Zeit, euch die Schrift einzuprägen. Müßiggang ist aller Laster Anfang!« Täglich lernen wir Bibelverse und Zitate aus den Mo-Briefen auswendig, damit unser Geist vom Wort Gottes getränkt wird und kein Platz für die Zweifel des Teufels bleibt.

Unsere Hauptaufgabe ist das »Witnessing«, das Missionieren. Wir haben immer Broschüren mit dem Evangelium dabei, damit wir sie bei Spaziergängen im Park an andere Menschen verteilen können. Das nennen wir dann »Litnessing«, weil wir Witnessing durch Verteilen von religiöser Literatur betreiben. Wenn jemand *schafartig* aussieht, also interessiert, fragen wir die Person, ob sie Jesus als ihren Retter empfangen und uns eine Spende geben möchte.

Wir freunden uns mit Systemern an, um ihnen Gottes Liebe zu zeigen. Dafür laden wir sie zu uns nach Hause zum Essen ein oder besuchen sie in ihren Wohnungen, wenn sie uns zu sich bitten, aber uns ist dabei stets bewusst, dass wir ausschließlich zum Missionieren dorthin gehen. Denn wir müssen uns davor hüten, in das systemische Denken oder die Weltlichkeit hineingesaugt zu werden, nur weil wir zu viel Zeit mit ihnen verbringen oder über andere Dinge sprechen als die Bibel. »Hängt euer Herz nicht an die Welt und an nichts, was zu ihr gehört! Wenn jemand die Welt liebt, hat die Liebe des Vaters keinen Platz in ihm«, so steht es im ersten Brief des Johannes 2,15.

Denn wir leben getrennt von der Außenwelt – mit ihr, aber nicht in ihr: »Darum ›zieht weg und trennt euch von ihnen‹, spricht der Herr, ›und rührt nichts Unreines an, dann werde ich euch aufnehmen‹« (2. Korinther 6,17). Unsere Freundschaften sind einseitig, denn wir sind ihnen nicht gleichgestellt, da in der Bibel steht: »Lasst euch nicht mit Ungläubigen in dasselbe Joch spannen« (2. Korinther 6,14). Unsere wahren Freunde und Familienmitglieder dürfen ausschließlich aus unserer Gemeinschaft stammen.

In unseren Homes gibt es auch keine Andenken an die Außenwelt – nichts, das uns befleckt. Der Einfluss von außen wird strikt kontrolliert – keine säkulare Musik oder weltlichen Romane und nur ein genehmigter Film pro Woche. Die Family stellt ihre eigenen Bücher, Musik und Unterrichtsmaterialien her, um sicherzustellen, dass sie mit unserem Glauben im Einklang sind. Hinzu kommen religiöse Musik und Bücher von außerhalb, die Grandpa gutheißt. An unseren Wänden hängen Bilder von Jesus und dem Himmel.

Alle Laster werden abgelegt – Zigaretten, Drogen, übermäßiger Alkoholkonsum und Pornos. Erwachsene dürfen sich lediglich während des wöchentlichen Filmabends ein alkoholisches Getränk genehmigen. Unsere jungen Frauen sollen natürlich auftreten: Sie dürfen sich zwar schminken, sollten sich aber nicht allzu sehr mit ihrem Aussehen oder trendigen Klamotten beschäftigen. Grandpa sagt, »das Haar einer Frau ist ihr größter Schmuck«; um für Männer attraktiv zu sein, sollen wir unsere Haare daher lang wachsen lassen.

Aber im Gegensatz zu den meisten christlichen Glaubensgemeinschaften durchdringt Sex unser Leben. Er wird glorifiziert, als gottgefällig angesehen. Unsere religiöse Literatur ist voll von gezeichneten Bildern nackter Frauen. Der Heilige Geist der Dreifaltigkeit wird durch eine vollbusige, verführerische, lüsterne Göttin dargestellt, die lediglich einen herzförmigen, von Perlschnüren gehaltenen Bikini trägt. Fotos von barbusigen Frauen schmücken unsere monatlichen Newsletter. Anstatt sich zu verhüllen, zeigen Frauen so viel Haut, wie in den jeweiligen Ländern erlaubt ist, in denen sie leben, und oft tragen sie zu Hause nicht mehr als einen Sarong. Sex ist unser Dienst an Gott. Sex zu verweigern gilt als unnachgiebig und egoistisch, dem Willen Gottes ungehorsam. Und von uns wird absoluter Gehorsam erwartet.

Wir wohnen seit einigen Monaten in unserem Haus, als ich aus einem Albtraum erwache. Für meine vier Jahre bin ich ein großes Mädchen – meine Mutter sagt, dass ich sehr ernst und reif für mein Alter bin, aber wenn ich Angst habe, brauche ich sie noch. Während ich im Dunkeln auf die Suche nach ihr gehe, bemerke ich ein flackerndes Licht und höre Geräusche vom Dachbodenzimmer meiner Mutter. Zitternd erklimme ich die wackelige Bambusleiter. Eigentlich soll ich nicht hinaufklettern, aber ich hoffe, dass sie mir diesen Ungehorsam verzeiht und mich in den Arm nimmt, anstatt mich zu bestrafen.

Als mein Kopf über den Rand lugt, sehe ich sie und meinen Vater nackt auf der Matratze liegen. Ich fürchte mich mehr vor meinem Vater als vor dem bösen Traum, daher zögere ich. Ich sitze in der Klemme – habe sowohl Angst hinunterzuklettern als auch gesehen zu werden. Da entdeckt mich meine Mutter, und bevor mein Vater mich anblaffen kann, wieder zu verschwinden, fragt sie: »Was ist los, Schätzchen? Geht's dir gut?«

»Ich hab schlecht geträumt«, erkläre ich zitternd.

»Oh, du Arme, komm her zu mir.« Sie pflückt mich von der wackeligen Leiter und zieht mich zu der Matratze auf den Holzdielen des Dachbodens.

Mein Vater wirkt äußerst verärgert über die Störung.

»Soll ich dir einen Zaubertrick zeigen?«, fragt meine Mutter, so als wäre ihr gerade die Idee für ein tolles Spiel gekommen.

Ich nicke, bin einfach nur erleichtert, dass ich nicht weggeschickt werde.

Meine Mutter setzt mich neben sich ab und kniet sich an die Seite meines Vaters, der auf dem Rücken liegt und ungewöhnlich still ist. Dann beginnt sie, ihn zu streicheln. Ich mache ganz große Augen.

»Wenn du das immer wieder machst, kommt der Mann irgendwann«, erklärt sie in ihrer Lehrerinnenstimme.

Ich schaue zu, bin sowohl fasziniert als auch verwirrt, was es heißt zu »kommen«.

Da beißt mein Vater mit einem Grunzen die Zähne zusammen und weißes Zeug spritzt aus der Spitze seines Penis auf seinen Bauch.

»Hast du das gesehen?«, ruft meine Mutter. »Wie bei einem Zaubertrick.«

Stillschweigend starre ich die beiden an. *Das ist eklig*, denke ich, während sie das Zeug mit einem Papiertuch abwischt. Aber ich sage nichts.

»Nur bei großen Jungs wie deinem Vater kommt Samen raus. Bei kleinen Jungen wie deinen Brüdern klappt das noch nicht.«

Ich nicke, will mir die Information merken.

»Daddy möchte jetzt schlafen«, sagt sie und schaut zu ihm hinüber. »Bist du bereit, zurück in dein Bett zu gehen?«

»Ja«, antworte ich, will nichts lieber als von hier verschwinden. Niemand stört meinen Vater beim Schlafen, ohne später die schmerzlichen Folgen zu spüren. Meine Mutter hilft mir die Leiter hinunter, deckt mich in meinem Bett zu, und dann beten wir gemeinsam: »Beschütze und behüte uns, schenke mir einen guten Schlaf und schöne Träume. Sende deine Engel herunter, damit sie über mich wachen.« Meinen Albtraum habe ich längst vergessen. Irgendwie weiß ich, dass meine Spielkameraden nicht das Wissen besitzen, das ich gerade erlangt habe.

Ich fühle mich merkwürdig. Und seltsamerweise älter.

Obwohl ich Sex noch nie aus der Nähe gesehen hatte, *wusste* ich natürlich schon alles darüber.

In den Mo-Briefen, die die Erwachsenen während der Andacht lesen, sind oft Zeichnungen von beinahe nackten Menschen drin, und sie tragen Titel wie *Child Brides* (*Kindsbräute*), *The Devil Hates Sex* (*Der Teufel hasst Sex*), *God's Whores* (*Die Huren Gottes*) und *God's Witches! – Beware!* (*Gottes Hexen! – Gebt acht!*). »Wir möchten, dass unsere Kinder eine gesunde, natürliche Einstellung zu Sex entwickeln und nicht denken, es sei etwas, weswegen man sich schämen oder schuldig fühlen müsste«, sagt Grandpa. »Sex ist gottergeben und natürlich. Wenn wir die Kinder schon in jungen Jahren daran heranführen, sind sie nicht so verschüchtert, wie wir es als Heranwachsende waren.«

In einem meiner ersten Malbücher ging es um Sex. Darin waren Zeichnungen von einem nackten, sehr erregten Mann, der Sex hat mit einer Frau mit Blumenkranz im langen Haar. Es war auch das ungeschönte Schaubild einer geöffneten Scheide enthalten, mit Pfeilen, die auf Klitoris und Harnröhre deuteten, sowie ein ebenso detailliertes Bild von einem Penis mit Hoden. »Du musst doch wissen, wo Babys herkommen«, sagte meine Mutter, als sie es mir mit drei Jahren in die kleinen Hände drückte.

Zum Ausmalen war es langweilig, weil ich bei den meisten Bildern nur Hautfarbe nehmen konnte. Ich fuhr flüchtig mit einem beigefarbenen Stift, der meiner eigenen Hautfarbe am nächsten kam, über das Bild, und konnte mich dann den nackten, pausbäckigen Engelchen widmen, die auf Herzen um das kopulierende Paar herumschwebten. Eines der Ausmalbilder stellte ein Baby dar, das im Bauch einer nackten Hippie-Frau wuchs, und ein weiteres zeigte sie während der Geburt. Ich kicherte mitleidig, als ich hörte, dass manche System-Kinder glaubten, Babys würden vom Storch gebracht oder wüchsen in Kohlköpfen heran. *Wie konnten sie bloß so dumm sein? Natürlich entstanden Babys durch Sex.*

In seinen Mo-Briefen prangert Grandpa die ungesunde und restriktive Haltung der Amerikaner zu Sex an. Liebevoll beschreibt er seine eigenen frühen sexuellen Erfahrungen mit seinem Kindermädchen als vorbildliches Erziehungsverhalten und berichtet, dass seine südamerikanische Nanny, als er erst ein paar Jahre alt war, immer vor dem Mittagsschlaf an seinem *Schniedel* lutschte. Er behauptete, dass er das toll fand, aber als seine Mutter die Nanny eines Tages dabei erwischte, feuerte sie sie. Dann nahm seine Mutter eine Schüssel und ein Messer und drohte, dass sie ihm den Penis abschneiden würde, wenn sie ihn je dabei erwischte, wie er daran herumspielte. Ihre Drohung versetzte ihn zwar in Angst und Schrecken, hielt ihn jedoch nicht davon ab, Sex zu haben, sobald er mit sieben Jahren herausfand, wie man es machte.

Seit letztem Jahr erhalten wir immer wieder neue Kapitel aus *The Story of Davidito* (*Daviditos Geschichte*), einem neuen Schulbuch, an dem Daviditos Kindermädchen Auntie Sara arbeitet. Es beschreibt Grandpas und Mama Marias Vorstellungen, wie man gesunde, gottesfürchtige Kinder heranzieht, und erzählt Geschichten aus Grandpas Home über die Erziehung ihres kleinen Sohnes Davidito, der nur etwa zwei Jahre älter ist als ich.

Dieses Handbuch enthält auch eine ausführliche Beschreibung von Daviditos sexueller Entwicklung. In Kapitel 36, »Learning Fun at 20 Months, Sex!« (»Lernen, wie man Spaß hat – Sex mit 20 Monaten!«), wird erläutert, wie Auntie Sara Davidito als Kleinkind zum

Einschlafen bringt, indem sie mit seinem Penis spielt, genauso wie Grandpas Nanny es bei ihm gemacht hat, als er ein Junge war. Sie spricht darüber, wie sie ihn mit Fellatio stimuliert und nennt es »die Behandlung«.

Ich sehe mir gern die Fotos von Davidito in dem Buch an, weil ich neugierig bin, wie er so ist. Auf einem Bild liegt er zusammen mit Auntie Sara im Bett, die nackt ist und eine Hand auf seinem Oberschenkel neben seinem Penis liegen hat. Es gibt auch Bilder von meinem jungen Onkel mit Sue, einer seiner anderen Nannys, die ihre Brüste entblößt hat.

Grandpa lehrt uns, dass Sex rein ist und gottergeben und dass der Teufel ihn als etwas Schmutziges und Schändliches verleumdet, weil er Gottes Volk täuschen will. Grandpa sagt: Wenn Sex rein und gottergeben ist, warum sollten dann nicht auch Kinder untereinander oder mit Erwachsenen Sexspiele spielen? »Schließlich ist das alles völlig harmlos, sofern es mit Liebe passiert«, erklärt er. Während Liebkosen in Ordnung ist, sollten erwachsene Männer mit richtigem Sex warten, bis das Mädchen in die Pubertät kommt und mindestens zwölf Jahre alt ist, da der Penis eines Erwachsenen einem noch zu kleinen Mädchen körperlichen Schaden zufügen kann. Und es geschieht nicht in Liebe, wenn man etwas tut, das schwere oder dauerhafte körperliche Verletzungen hervorruft. Ein Junge kann dagegen schon früher mit dem Sex anfangen, wenn er möchte.

Es ist nichts Besonderes, meine Eltern beim Sex zu erwischen. Normalerweise knurrt mein Vater dann nur: »Verschwinde!«, und ich renne kichernd raus. Mein Vater redet nie über Sex, aber meine Mutter hat kein Problem damit, offen mit uns darüber zu sprechen.

Als ehemalige Hippie, die freie Liebe praktiziert hat, akzeptiert meine Mutter Grandpas Lehren ungefragt. Während ihrer Kindheit in den frühen 1960er-Jahren verbreiteten sich Partnertausch und Nudismus immer mehr. Obwohl sich als Kind nie jemand an ihr vergriff, erinnert sie sich, dass die Freunde ihrer Eltern nackt im Haus herumliefen, als sie mit dreizehn Jahren auf Hawaii lebten, und damit einem schwedischen Trend folgten, der sich langsam auch in den USA etablierte. »Das war total normal«, erzählt sie. Mit fünfzehn nahm sie einen Job als Sekretärin bei Goodyear an und wurde ständig von Männern in Abstellräume gedrängt, weil sie Sex mit ihr haben wollten. »Da hat sich niemand was bei gedacht«, erklärt sie mir.

Da Sex so ungezwungen und offen thematisiert wird, denken auch Patrick und ich uns alberne Sexspiele aus, wenn wir eigentlich unseren Mittagsschlaf halten sollen. (»Nur tollwütige Hunde und Engländer gehen in der Mittagshitze raus!«, lacht mein Vater immer, wenn wir darum bitten, draußen spielen zu dürfen, statt während der heißesten Stunden des Tages drinnen bleiben zu müssen.) Dann spielen wir Schere-Stein-Papier, um auszulosen, wer zuerst dran ist. Wenn ich gewinne, was meistens der Fall ist, lege ich mich auf den Rücken, forme mit den Fingern eine Raute vor meinem Gesicht und starre konzentriert darauf. Es ist sehr wichtig, den anderen während des Spiels nicht anzuschauen, denn sonst wird es zu peinlich. Angesichts der Tatsache, dass meine Familie so offen mit Sex umgeht, verstehe ich nicht, warum es mich immer noch so verlegen macht, so als müsste Sex ein Geheimnis sein. Wenn uns die Erwachsenen mal erwischen, lachen sie nur darüber, »Wie niedlich das ist!«, und machen sich über uns lustig, bis es uns noch unangenehmer ist.

Patrick zieht meinen Schlüpfer und seine Hose herunter und legt seinen »Schniedel« gegen meine »Muschi« (so nennt Mama Maria Penis und Scheide in den Mo-Briefen) und hüpft auf und ab, wie wir es bei den Erwachsenen gesehen haben. Dann tauschen wir die Plätze, damit es gerecht bleibt.

Ich verstehe nicht, was Erwachsene daran toll finden, aber so haben wir während der Mittagsruhe eine Beschäftigung, und es bringt uns zum Lachen. Wir Kinder werden auch dazu ermutigt, mit Sex als ganz normalem Verhalten zu experimentieren. Immer wieder wird uns in den Mo-Briefen und der illustrierten Version für Kinder, den *Kidz True Komics* (*Wahre Comics für Kids*), erzählt, dass Sex normal, gut und gesund ist und dass gottesfürchtige Leute ganz viel davon haben.

In einem Mo-Brief, der *Hooker for Jesus* (*Hure für Jesus*) heißt, befindet sich ein Bild von einem Fischer, der ein bisschen aussieht wie mein

Vater und eine Angel mit einer langen Schnur und einem großen Haken am Ende in der Hand hält. Die Brust einer nackten Frau ist von diesem Haken durchstochen. Ihre Aufgabe ist es, sich verführerisch zu winden und den Fisch dazu zu bringen, am Haken anzubeißen.

Das symbolisiert das Flirty Fishing, das die Frauen der Family inzwischen seit fast zehn Jahren betreiben. Grandpa sagt, Sex mit einem Fisch beweist deine äußerste Hingabe zu Gott und zu Jesus: »*ANGELT SIE EUCH DURCH IHR FLEISCH! Kreuzige ihr Fleisch, Herr, mit dem Haken Deines Geistes! O Gott, auch wenn er sie durchdringt, kreuzige ihr Fleisch, pfähle sie mit der Spitze Deines Geistes, dass sie sterbe und dass die, die sich von ihrem Fleisch nähren, gefangen werden, um zu leben!*«

Der einzige Kniff dabei ist, dass der Fischer seine Angelrute gut festhalten muss, damit ein großer Fisch sich nicht seine weibliche Beute schnappt und mit ihr fortschwimmt. Das kann passieren, wenn eine Frau sich beim FFing in ihren Fisch verliebt und die Family für ihn verlässt anstatt genau andersherum.

Manchmal schließen sich Fische der Family an, aber das müssen sie nicht: Sie erfüllen den Willen Gottes dadurch, dass sie Unterstützung und Schutz bieten, und das wäre ihnen eventuell nicht so effektiv möglich, wenn sie sich ihr voll und ganz anschließen würden. Denn wenn wir einen bestimmten Gegenstand oder irgendetwas anderes brauchen, das wir uns nicht leisten können oder das uns nicht gespendet wird, bittet die Frau einen ihrer Fische, es für uns zu kaufen oder uns das Geld zu geben.

An den Wochenenden bringt mein Vater die Frauen der Family, darunter auch meine Mütter, zu der Bar im Mandarin Hotel in Macau, wo sich häufig portugiesische Regierungsangestellte und wohlhabende Männer amüsieren. Dort unterhalten sie sich dann mit den System-Männern, um die Schafe unter ihnen herauszufiltern, die Gottes Wort hören und mit den begehrenswerten Frauen tanzen möchten. Die Frauen sind sehr beliebt und werden häufig angesprochen. Wenn die Frau das Gefühl hat, der Mann könnte »schafartig« und an einem Gespräch über Jesus interessiert sein, lädt sie ihn zum Sex ein. Dabei sagt sie ganz offen, dass sie mit ihm Zeit verbringt, um seine Seele zu retten, und die meisten Männer wollen gerettet werden.

Männer können auch Flirty Fishing betreiben, aber Grandpa sagt, dass das nicht ganz so gut klappt. Während männliche Fische sich normalerweise einfach nur mit Sex zufriedengeben, verlieben sich weibliche Fische oft und wollen heiraten. Manche Family-Männer bringen ihre Ehefrauen durch FFing in die Family, aber im Allgemeinen erfüllt FFing durch Männer nicht das Ziel der Family, neue Könige zu zeugen oder wohlhabende Unterstützer aufzutun. In seinen Briefen zeigt Grandpa für Männer Verständnis, die aufgrund des FFings ihrer Frau mit Eifersucht zu kämpfen haben, aber den Frauen gegenüber, die nicht FFen wollen, ist er sehr streng.

Obwohl Frauen sich dem FFing nicht verweigern dürfen, können sie in der Regel auswählen, mit wem sie FFen wollen, außer wenn die Führungsriege einer Frau befiehlt, mit einem bestimmten Fisch zu FFen, weil er für die Family wichtig ist. Und wenn eine Führungskraft dich bittet, wagst du es nicht zu widersprechen, denn sonst könntest du öffentlich in einem Mo-Brief gerügt werden.

Bevor wir nach Hac Sa zogen, gefiel es mir nicht, dass meine Mutter abends zum FFing ausging und mich zu Hause zurückließ. Wenn ich Protest einlegte, las sie mir aus den *Kidz True Komics* über FFing vor und erklärte mir, warum sie weggehen und warum ich ein tapferes Mädchen sein müsse und nicht weinen dürfe, denn es sei ihre Aufgabe, Seelen für Jesus zu gewinnen. Inzwischen bin ich alt genug, um still dazusitzen, wenn sie mit ihrem Fisch zusammen ist, daher nimmt sie mich manchmal mit. Dann fahren wir in einem schicken Auto mit Ledersitzen und allen möglichen Knöpfen für die Fenster durch die Straßen und essen in einem eleganten Restaurant, in dem alles sauber und lecker ist. Anschließend gehen wir zur Wohnung des Mannes, wo ich mich im Wohnzimmer beschäftige, während die beiden im Schlafzimmer verschwinden. Auf diesen Ausflügen muss ich immer ganz besonders brav sein, sonst nimmt meine Mutter mich nicht noch mal mit.

Viele der Männer kommen und gehen, aber Uncle Ashok ist der Langzeit-Fisch meiner Mutter. Ihn mag ich am liebsten, weil er mir immer kleine Naschereien zusteckt und mir niemals den Hintern versohlt. Er ist ein sanftmütiger Mann, klein, aber stark und stämmig. Seine Familie stammt ursprünglich von Indern aus Kenia ab, doch er selbst ist durch und durch britisch, vom Teetrinken bis zum Akzent. In seinen starken, haarigen Armen fühle ich mich sicher und geliebt. Bei ihm habe ich keine Angst, dass er die Beherrschung verliert, so wie bei meinem Vater.

Er besitzt nur ein Bett, also klettern wir nachts alle gemeinsam hinein. Ich tue so, als würde ich sofort einschlafen, damit sie mit dem Sex anfangen können. Meiner Mutter macht es nichts aus, wenn ich wach bin, aber Uncle Ashok schon. Er ist eines unserer Schafe, und System-Männer fühlen sich oft nicht wohl damit, vor einem Kind Sex zu haben. Ich drehe mich dann einfach zur Wand und tue so, als würde ich schlafen, während das Bett wackelt und er oben auf meiner Mutter grunzt.

Meine Mutter geht gerne FFen – dann kann sie ein hübsches Kleid anziehen, Make-up und Parfüm auflegen und flirten, wie Grandpa es anordnet. Mit den Fischen zu schlafen macht ihr normalerweise nichts aus, aber sie schläft nicht gerne mit Uncle Ashok. Einmal habe ich heimlich belauscht, wie sie meinem Vater erzählte, dass sie sich zu Uncle Ashok einfach nicht hingezogen fühlt, daher ist es unangenehm für sie. Aber es ist nun mal ihre Pflicht.

Meine Mutter hat mir erklärt, dass es dabei um die Liebe Gottes geht. Dass Frauen manchmal ihre eigenen persönlichen Vorlieben oder Wünsche hintanstellen müssen, um einem Mann, der sie dringend braucht, Gottes Liebe zu zeigen, obwohl sie ihn unattraktiv findet. Mich schaudert. Ein paarmal habe ich sie schon weinen sehen, bevor sie mit einem Mann schlafen musste, und ich weiß, es nimmt sie sehr mit, aber ihr ist bewusst, dass Gott zufrieden mit ihr ist, wenn sie es tut.

Folgsam wiederhole ich meinen Merksatz, 1. Korinther 6,19–20, vor meiner Mutter: »Ist euch nicht klar, dass ihr euch nicht selbst gehört? Denn ihr seid für ein Lösegeld gekauft worden. Macht also Gott mit eurem Körper Ehre.«

»Weißt du, was das heißt?«, fragt sie mich. Ich schüttele den Kopf. »Es heißt, dass du Gott gehörst. Jeder von uns gehört ihm. Wir können nicht einfach tun, was wir wollen. Wir müssen tun, was Gott will. Gott besitzt unsere Körper. Wenn er uns also darum bittet, das Geschirr abzuwaschen oder missionieren zu gehen oder auch Sex mit einem Fisch zu haben, dann müssen wir Gott gehorchen, selbst wenn es uns nicht gefällt.« Ich nicke. Ich bin nicht sicher, ob ich es wirklich verstehe, aber ich weiß, dass ich es verstehen sollte.

In Gottes Augen gibt es keinen Unterschied zwischen Männern und Frauen – wir sind alle gleich, lehrt uns Grandpa. Im Gegensatz zu vielen der System-Kirchen können Frauen in der Family sogar zur höchsten Führungsriege gehören. Trotzdem sind Frauen immer noch die Gehilfinnen der Männer – ihre »Orgasmusgehilfinnen«, sagt Grandpa gerne lachend – und müssen ihre Folgsamkeit und Unterwerfung Gott gegenüber dadurch beweisen, dass sie ihre Körper für den Herrn opfern und sich Männern in der Gemeinschaft hingeben, indem sie mit ihnen Sex haben, wenn diese ihn brauchen. Eine Frau sollte also niemals einen Mann abweisen, der mit ihr schlafen möchte, selbst wenn sie ihn unattraktiv findet. Und das gilt insbesondere für Flirty Fishing.

Ich bin mir nicht sicher, ob ich alles verstehe, aber ich versuche, ein tapferes Mädchen für Jesus zu sein und nicht zu weinen, wenn meine Mutter abends ausgeht und mich zurücklässt.

3
EIN DORF HÄLT ZUSAMMEN

Während Mary und ich nebeneinander im Bett liegen, berühren ihre kalten Zehen mein linkes Bein. Ich trete sie und flüstere halblaut: »Dein Fuß ist auf meiner Seite vom Bett.«

Ein paar Minuten später drehe ich mich schläfrig um und spüre ein schmerzhaftes Zwicken am Arm. »Au!« Wütend setze ich mich auf.

»Dein Arm war auf meiner Seite«, schnauzt Mary.

»War er nicht!«, bestreite ich hitzig.

»War er wohl.«

»War er nicht!«

Ich teile nicht gerne das Bett. Mein Bett ist der einzige Ort, der mir gehört. Mary und ich haben uns darauf geeinigt, dass wir die jeweils andere dafür bestrafen dürfen, wenn sie auf die eigene Betthälfte rückt, nur können wir uns nicht darauf einigen, wo genau sich die Mitte befindet. In einem Geniestreich nehmen wir uns einen Besenstiel, und nachdem wir sorgfältig die exakte Mittellinie des Bettes ausgemessen haben, legen wir den Stab zwischen uns. Zufrieden können wir wieder einschlafen. Jetzt wissen wir: Wenn wir den harten Besenstiel berühren, ist eines unserer Körperteile zu weit hinübergewandert.

Mary und ich mussten in das kleine Zimmer hinter dem Wohnzimmer umziehen. Das Doppelbett berührt die Wand an drei Seiten. Daneben ist nur noch Platz für eine Kommode mit vier Schubladen – zwei für jede von uns, die all unsere Habseligkeiten enthalten. Sie sind halb leer.

Mein Vater will das kleine Haus, das gegenüber vom Cottage neben unserem steht – das Pinke Haus – mit unserem verbinden. Doch zuerst möchte er die Renovierungsarbeiten am Haupthaus beenden, die gut voranschreiten dank der Hilfe von Uncle Daniel und den zwei chinesischen Arbeitern meines Vaters, denen wir die englischen Bibelnamen John und Peter gegeben haben. Obwohl sie nicht zur Family gehören, haben sie neue Namen bekommen, weil wir uns diese besser merken können. Sie haben bereits das Dach repariert und das zweite langgezogene Zimmer verputzt, in dem meine Brüder schlafen werden. Als Nächstes sollen sie unseren Vorgarten ummauern und daraus eine große Innenterrasse machen, die als Esszimmer und größere Küche dienen wird.

Zuerst markieren mein Vater und Uncle Daniel vor dem Haus die Umrandung für unsere neue Terrasse mit Zeltpflöcken in der Erde. Dann lädt ein Laster eine Fuhre roter Ziegelsteine ab, und die Männer machen sich an die Arbeit. Ich sehe zu, wie mein Vater und Uncle Daniel mit Schaufeln Wasser in ein graues Pulver rühren, das sich in eine dicke, körnige Paste verwandelt – Zement.

Klatsch, Zementschicht, Ziegel, *Klatsch,* Zementschicht, Ziegel – unablässig den ganzen heißen, schwülen Tag lang. Ich kann zusehen, wie die Wand vor unserem Haus emporwächst.

Zufrieden mit dem Fortschritt ihrer Arbeit gehen wir schlafen. Am nächsten Morgen beobachte ich, wie mein Vater draußen im fahlen Licht steht und sich am Kopf kratzt. Die Wand ist umgekippt, und die Ziegelsteine liegen überall verstreut herum. *Vielleicht war es der Wind?* Er und Uncle Daniel machen sich wieder ans Werk und errichten die Mauer neu. Aber am nächsten Morgen ist es genau dasselbe. Allerdings entdecken wir zwischen den versprengten Ziegeln Fußabdrücke, die den Weg entlang durch den Bereich führen, der später unser Esszimmer werden soll. Es scheint, als habe ein Mensch und nicht der Wind die harte Arbeit zunichtegemacht. Nur wer? Und warum? Die Dorfbewohner sind in letzter Zeit recht freundlich zu uns gewesen.

Mein Vater befragt Cap San, den Dorfältesten. Cap San gehört ein großer Hühnerhof auf der anderen Seite des Dorfes, und er lebt in dem einzigen anderen zweistöckigen, modernen Haus im Dorf, abgesehen von unserem Vermieter, Lok Keen. Aber er zuckt nur mit den Schultern. Keiner will es gewesen sein. Mein Vater vermutet, dass der Übeltäter einer unserer Nachbarn ist, Tiger genannt. Tiger ist ein schroffer Mann mittleren Alters, den wir ein paarmal, wenn jemand mit Steinen nach uns warf, in der Nähe bemerkt hatten.

Nachdem die Wand zum dritten Mal niedergerissen wurde, grübelt mein Vater über die Situation nach. Es spielt keine Rolle, dass wir die Wand auf unserem Grundstück errichten wollen und die Erlaubnis unseres Vermieters haben. In diesem Flickenteppich von Lehmhütten gibt es ohnehin keine Bauvorschriften oder auch nur irgendeine Ordnung. In einem Dorf, in dem seit hundert Jahren keine Fremden gelebt haben, mögen die Menschen einfach keine Veränderung. Die Dorfbewohner sind es gewohnt, durch diesen Garten zu laufen, und sie wollen ihre übliche Route nicht ändern.

Mein Vater probiert es also mit einer neuen Taktik. Er verlegt lediglich eine Schicht Ziegelsteine auf der Umgrenzung. Am nächsten Morgen ist sie unberührt, also belässt er es ein paar Tage dabei. Dann schichten er und Daniel eine zweite Reihe Ziegel auf. Immer noch passiert nichts – und der Zement wird härter.

Wiederum einige Tage später versieht er die Wand mit einer dritten Lage, sodass sie nun knapp dreißig Zentimeter hoch ist. Damit ist sie immer noch niedrig genug, dass die Dorfbewohner mühelos darübersteigen können, jedoch wächst sie Stück für Stück in die Höhe. Nach einem halben Jahr hat er die Ziegelsteinwände schließlich fertiggestellt, die nun unseren Vordergarten umschließen, und sie bleiben stehen. Nachdem auch das Wellblechdach und die Moskitonetze in ihren Plastikrahmen angebracht sind, wird der große Raum zu unserem Ess- und Wohnzimmer.

»Es hat nur ein wenig Zeit gebraucht, bis sich unsere Nachbarn an den Gedanken von Veränderung gewöhnt und gelernt haben, um die Wand herumzulaufen statt hindurch«, erklärt mein Vater mit einem breiten Lächeln.

Die meisten Dorfbewohner wissen die Arbeit zu schätzen, die wir in die Säuberung der Nachbarschaft gesteckt haben, und langsam entwickeln sich Freundschaften. Lok Keens Kinder, Ah Gong und Amy, sind ungefähr so alt wie meine Brüder, und sie kommen immer wieder zum Englischlernen und Spielen zu uns rüber.

Immer, wenn wir unseren Nachbarn begegnen, grüßen sie uns mit »*Sik fan*«, was so viel heißt wie »Reis essen« oder »Hast du schon gegessen?«. Aber ich sage lieber »*Jo san!*«, was Guten Morgen bedeutet, anstatt ehrlich zu antworten (normalerweise wäre das »nein«), denn dann würden sie mich sofort für einen Happen zu essen in ihren Hof einladen. Und das birgt gewisse Risiken, denn man weiß nie, was sie einem mit ihren Essstäbchen in den Mund schieben!

Das habe ich auf die harte Tour gelernt. Lok Keen hatte mal einen neuen schwarzen Welpen bekommen, der aussah wie eine große fluffige Kugel, woraufhin wir ihn Fluffy tauften. Alle Kinder schlichen sich bei jeder Gelegenheit heimlich in den Hof hinüber, um mit dem kuscheligen Fluffy zu spielen. Eines Tages sah mich Lok Keens Frau vorbeigehen und rief: »*Sik fan le mei ou?*« – Hast du schon was gegessen? Ich schüttelte den Kopf, also fütterte sie mich mit Fleischstücken und Reis aus ihrer Schüssel. Es war ein bisschen zäh, aber schmeckte ganz gut. Als ich aufgegessen hatte, schaute ich mich nach meinem Spielkameraden um und fragte: »Wo ist Fluffy?«

Sie lachte und zeigte auf die Schüssel.

»Nein!!!«

Wochenlang vermied ich es, an Lok Keens Haus vorbeizulaufen, und jedes Mal wenn ich an den stillen, leeren Hof dachte, traten mir Tränen in die Augen.

Die Sommerhitze weicht langsam dem kühleren Herbst, als Caleb eines Nachmittags jemanden die Auffahrt hochschlendern sieht. Gut einen Meter achtzig groß und stämmig sticht der braunhaarige, fahlhäutige britische Mann, von dessen nacktem Oberkörper der Schweiß rinnt, heraus wie ein Leuchtturm. Der Mann sieht uns und winkt, die Hand hoch über dem Kopf erhoben.

»Hey«, ruft Hobo. »Seht mal, da ist Uncle Michael!«

Wir rennen zu ihm, freuen uns, einen unserer Family-Betreuer aus

Macau wiederzusehen. Mein Vater wartet an der Tür, den Mund zu einer dünnen Linie zusammengekniffen.

»Ich wollte mal ein bisschen die Gegend erkunden, und wer hätte gedacht, dass ich mitten in diesem chinesischen Dorf auf eine Gruppe blonder Kinder treffe.« Er zwinkert uns zu und wuschelt den Jungs durch das verschwitzte Haar, tut so, als wäre es eine zufällige Entdeckung. Aber mein Vater lässt sich nichts vormachen. Wir leben ein heimliches Abenteuer und Michael möchte sich uns anschließen. Obwohl meine Eltern keine hohen Führungspositionen mehr bekleiden, umgeben sich die Mitglieder der Family immer noch gern mit Grandpas Fleisch und Blut.

Seit wir in Hac Sa angekommen sind, haben wir zu verhindern versucht, dass die in Macau Gebliebenen unseren Aufenthaltsort erfahren und uns an Reporter verpfeifen. »Reden ist Silber, Schweigen ist Gold« ist einer der Lieblingssprüche meines Vaters, und manchmal sind andere Mitglieder der Family die größte Sicherheitslücke. Denn wenn sie wissen, wo wir uns aufhalten, so die Sorge meines Vaters, kann er sie möglicherweise nicht davon abhalten, uns zu besuchen, und dann werden sie vielleicht von Reportern auf der Jagd nach einer guten Story verfolgt.

Aber sein Unmut über Michaels unangekündigten Besuch wird von Mommy Esthers Erleichterung verdrängt. Als diejenige, die sich am meisten um die Kinder kümmern muss, ist sie völlig erschöpft. Meine Brüder sind ständig in Bewegung, sie rennen und streiten und diskutieren immerzu, machen sich dreckig und verletzen sich, und sie ist am Ende ihrer Kräfte. Denn hier steht ihr zum ersten Mal nicht den ganzen Tag ein Betreuer zur Verfügung, der die Versorgung der Kinder übernimmt.

Unser Vater passt nur auf die Jungs auf, wenn ihm danach ist, dann nimmt er sie ein paar Stunden lang mit nach draußen, um sie ein bisschen auszupowern. Im Gegensatz zu anderen Männern in der Family kocht er nicht oder macht sauber oder kümmert sich um die Kinder, außer wenn es ihm passt. Die Geschlechterrollen sind nicht strikt festgelegt, und keiner kann einer Frau aufgrund ihres Geschlechts vorschreiben, dass sie etwas Bestimmtes nicht tun darf. Schließlich steht in der Bibel: »Da gibt es keine […] Männer oder Frauen, denn durch eure Verbindung mit Jesus Christus seid ihr alle zu Einem geworden« (Galater 3,28). Männer sollen eigentlich freiwillig jede Art von häuslicher Arbeit übernehmen, genau wie die Frauen, obwohl ich nie eine Frau Auto fahren sehe oder Bauarbeiten verrichten oder die Finanzen des Homes verwalten. Das Seelensingen während der morgendlichen Andacht wird von männlichen Gitarristen geleitet und ebenso die Teams zum Missionieren und Sachspendenbeschaffen (weil sie Auto fahren können), daher müssen die Frauen sich mehr um Haushalt und Kindererziehung kümmern.

Was meinen Vater betrifft, so fallen die schwierigen Aufgaben – dafür zu sorgen, dass die Kinder beim Essen stillsitzen, sowie der Unterricht oder das Saubermachen – den anderen Erwachsenen im Haushalt zu. Mommy Ruthie hilft zwar dabei, aber sie ist auch verantwortlich für die Herausgabe der Mo-Briefe. Grace ist mit Baby Colum beschäftigt, obwohl sie auch beim Putzen und Kochen hilft, wann immer sie kann, und Daniel packt ebenfalls mit an, wenn er nicht mit meinem Vater an einem Bauprojekt arbeitet. Dadurch bleibt aber der Löwenanteil an Mommy Esther hängen, die mit ihrer Hilfsbedürftigkeit nicht hinter dem Berg hält.

Also behauptet sie beharrlich, Uncle Michael habe ein ruhiges, geduldiges Auftreten, und überzeugt meinen Vater, dass er bleiben darf. So schließt sich Uncle Michael unserer versteckten Bande als neuer Betreuer an. »Ihr könnt mich ›Governor‹ nennen«, sagt er mit einem fröhlichen Lächeln. »So nennen wir Nannys in England, wo ich herkomme: Governors und Governesses.«

Da nun Uncle Michael da ist und das Wetter endlich kühler wird, verkündet Mommy Esther, dass wir wieder eine Art Schulbildung organisieren sollten. Die Family ist stolz auf ihren Fokus auf frühkindliche Erziehung und nutzt die Methoden von Montessori und Glenn Doman, um Kinder ab einem Jahr ans Lesen heranzuführen. Mit meinen viereinhalb Jahren bin ich eine Spätzünderin. Mommy Ruthie hat schon ein paarmal versucht, mir Lesen beizubringen, aber es endete stets in Tränen der Frustration auf beiden Seiten, so wie immer, wenn sie mich irgendwas lehren möchte. Also malen Patrick und ich schweigend Bilder aus, während meine älteren Geschwister sich ein paarmal die Woche für zwei Stunden Heimunterricht mit Uncle Michael zusammensetzen.

Früher in Macau besuchten meine Geschwister die Catholic-Santa-Rosa-Grundschule, die als einzige in der Stadt auf Englisch unterrichtete. Meine Eltern hatten beschlossen, sie dorthin zu schicken, nachdem Grandpa den Mo-Brief *Becoming One* (*Eins werden*) veröffentlicht hatte, der die Missionare dazu ermutigte, mit den Einheimischen eins zu werden, indem sie die Kinder an christlichen Schulen anmeldeten. Doch nach zwei Jahren waren meine Eltern mit der Ausbildung nicht mehr zufrieden. »Wir dachten, das wäre eine gute Gelegenheit für euch Kinder, die Landessprache mit euren chinesischen Klassenkameraden zu üben, aber stattdessen scheint ihr nur zu lernen, wie man lügt und auf Kantonesisch flucht«, beklagt sich Mommy Esther häufig.

Ich bin nie auf diese Schule gegangen, aber soweit ich sagen kann, sind chinesische Kinder im Vergleich zu meinen Brüdern regelrecht zahm. Manche Geschichten aus ihrer Schulzeit in Macau sind bereits Legenden – wie zum Beispiel das eine Mal, als Josh mit nur einer Augenbraue nach Hause kam. »Ich hab einfach nur dagestanden, als auf dem Gang ein Junge mit einem Rasierer an mir vorbeigerannt ist und sie einfach abrasiert hat!«, behauptete er vor meinem Vater, weil er nicht zugeben wollte, dass er sie sich wegen einer Mutprobe selbst wegrasiert hatte. Aber eine Geschichte stellte alle anderen in den Schatten: Die Jungs kamen mit Joshs Rucksack voller »Zwiebeln« für das Abendessen nach Hause, bei denen es sich jedoch, wie sich bei einem sehr wütenden Anruf aus der Schule bei meinem Vater herausstellte, um frisch gepflanzte Blumenzwiebeln handelte, welche die Jungs wieder ausgegraben hatten. Für diese Nummer bekamen sie alle eine gehörige Tracht Prügel.

»Ihr braucht sowieso keine Ausbildung von einer System-Schule«, sagt mein Vater. »Dort bringen sie euch nur einen Haufen Lügen bei, wie die Evolution. Lernt lesen, damit ihr die Mo-Briefe studieren könnt, und grundlegende Mathematik, damit ihr addieren, subtrahieren, dividieren und multiplizieren könnt, falls ihr eines Tages die Finanzen des Family Homes verwalten müsst. Naturwissenschaften kriegt ihr schon auf der Farm und im Garten mit, wenn ihr das wirkliche Leben beobachtet. Alles andere, was ihr lernen müsst, sind ganz praktische Dinge: witnessing, putzen, kochen und sich um Kinder kümmern. Euer Großvater hat mich mit zwölf von der Schule genommen, damit ich meine gesamte Zeit dem Missionieren widmen und die Revolution starten konnte! Das hat mir kein bisschen geschadet.«

Trotz der ablehnenden Haltung meines Vaters stimmen unsere Mütter darin überein, dass wir zumindest die grundlegende Ausbildung eines Sechstklässlers genießen sollen. Die Frage ist nur, wie? Hac Sa fühlt sich an wie das Ende der Welt. Hier gibt es keine englischen Buchhandlungen, zu denen man einfach gehen und Grammatikbücher kaufen kann. Daher beschließt Mommy Esther, die Lehrbücher von »English Calvert« und die »Super Workbooks«, die in Amerika zum Hausunterricht genutzt werden, per Post zu ordern. Zumindest unterstützt uns Uncle Michael bei dieser Grundausbildung: Lesen, Schreiben, Rechnen.

Da wir die ersten Kinder sind, die direkt in die Family hineingeboren wurden, dienen wir als Versuchskaninchen für alles. Die Erwachsenen suchen nach einem Weg, wie sie uns eine grundlegende Schulausbildung zuteilwerden lassen können, die mit den wechselnden Überzeugungen der Family konform geht. Esther sorgt dafür, dass unsere neuen Ideen zur Schulbildung an die *Family News* geschickt werden, sodass auch andere Eltern unserem Beispiel folgen können. Die Family Care, eine Arbeitsgruppe in der Family, die sich um die Herstellung von Ausbildungsmaterialien für Kinder kümmert, sendet uns Lesebücher, Comics und Hörkassetten mit Bibelgeschichten sowie mit Flanell bespannte Tafeln und Figuren, mit denen wir die Geschichten nachstellen können. Denn die Bibel und die Mo-Briefe machen den Hauptteil unserer Ausbildung aus.

Mein Vater, der immer Ausschau nach mehr Räumlichkeiten hält, bekommt die Erlaubnis, einen verlassenen Holzschuppen hinter dem Dorftempel zu nutzen. Dort richten unsere Eltern einen behelfsmäßigen

Klassenraum mit ein paar Tischen und Bänken aus Sperrholz ein. Wenn es zu heiß ist, tragen wir die Bänke nach draußen und setzen uns unter den riesigen Feigenbaum, wohingegen wir uns im Winter um den kleinen Petroleumofen drängen. Meinen ungestümen Brüdern graut es vor den Stunden, in denen sie gezwungen sind, an ihren Pulten zu sitzen und Sätze oder Rechenaufgaben von der Tafel abzuschreiben. Als mein Vater vorbeischaut und nach Freiwilligen sucht, die den Schuppen streichen, schießen die Jungs blitzartig davon, und Uncle Michael ist gezwungen, den Unterricht für diesen Tag zu beenden. Mein Vater behauptet stoisch, der praktische Unterricht sei am wichtigsten.

Die Annehmlichkeiten des Stadtlebens kommen mir wie eine ferne Erinnerung vor, und ich stelle fest, dass ich gerne draußen bin, selbst wenn ich die meiste Zeit meinen häuslichen Pflichten nachkommen muss. Und da wir über so viel Platz verfügen, kann ich meinem Vater größtenteils aus dem Weg gehen und Bestrafungen vermeiden, was gut ist, weil seine Stimmung erschreckend schnell umschwenken kann.

Bei ihm gibt es nur zwei Zustände, fröhlich und wütend, und zwischen diesen wechselt er ohne Vorwarnung. In einem Augenblick lacht und spielt er mit uns und nimmt uns zu lustigen Abenteuern mit an den Strand; und schon im nächsten Moment kann sich einer meiner Brüder kaum noch auf den Zehenspitzen halten, weil mein Vater ihn schmerzhaft im Nacken packt. Alles, was für ihn nicht als umgehender Gehorsam zählt, selbst wenn wir nur vergessen, mit »Ja, Sir« zu antworten, kann ihn zum Explodieren bringen.

Wenn er wütend ist, haben wir alle Angst vor ihm. Normalerweise reicht eine Drohung, damit wir uns wieder anständig benehmen. Er besitzt einen Stock, mit dem er uns den Hintern versohlt; er hat ihn aus einem Stück Holz geschnitzt und die Worte »Der Stab Gottes« eingebrannt, weil der Direktor seiner Schule in Texas genauso einen verwendet hat, als er ein Junge war. Das Hinternversohlen tut zwar weh, aber wenigstens schlägt er uns nicht mit der Faust oder bricht uns die Knochen.

Grandpa hat ihm beigebracht, auf den weichen Teil des Gesäßes zu hauen, wo wir zwar Striemen kriegen, er uns aber keine ernsthafte Verletzung zufügt. Ganz ähnlich verfährt er, wenn er uns in die Arme kneift, die empfindlichen Stellen am Nacken zusammendrückt, uns mit der offenen Hand eine scheuert oder mit den Fingerknöcheln über den Kopf reibt. All das ist darauf ausgelegt, den größtmöglichen Schmerz zuzufügen, ohne uns tatsächlich zu verletzen. Das nennt er »gottesfürchtige Kindererziehung«.

Manchmal lädt einer der Fische meiner Mutter oder ein Regierungsangestellter unsere ganze Familie zum Abendessen ein. Wenn wir in ein Restaurant gehen, was ein- oder zweimal im Monat vorkommt, und einer der Jungs zu ungezogen ist, kann unser Vater in der Öffentlichkeit nicht ausholen und ihm eine Ohrfeige verpassen, wie das zu Hause der Fall wäre. Stattdessen schüttet er großzügig Tabasco-Sauce auf ein Stück Brot, gibt es dem Schuldigen und sagt mit zusammengebissenen Zähnen: »Iss das auf, und zwar alles.«

Dann schauen wir gespannt zu, wie das Gesicht des Jungen immer röter und röter wird und Tränen und Rotz an seinem Gesicht hinunterlaufen, während er widerwillig das gnadenlose Brotstück hinunterwürgt. Er tut uns natürlich ein bisschen leid, aber wir bewundern auch, dass er das durchhält. Wir alle wissen, dass das eine schlimmere Strafe ist als eine Ohrfeige, denn der Mund brennt noch eine *laaange* Zeit, egal wie viel Wasser man trinkt.

Meine Mutter und Mommy Esther maßregeln uns manchmal durch leichte Schläge mit einer Haarbürste, oder sie schicken uns auf unser Zimmer, aber für alles Schwerwiegendere holen sie unseren Vater. Sobald er es in der Hand hat, stehen sie machtlos daneben, als wollten sie sagen: »Jetzt ist es an eurem Vater.«

Meine Mutter ist bisher erst ein paarmal eingeschritten und hat meinem Vater die Stirn geboten, wenn er für ihren Geschmack zu weit ging, zum Beispiel weil er einen der Jungs gegen die Wand schubste. Mommy Esther macht allerdings nie den Mund auf, um sie zu verteidigen, und ich merke Josh an, dass er ihr das übelnimmt.

Ich kriege nicht oft den Hintern versohlt, vor allem im Vergleich zu Josh. Und er glaubt, dass das so ist, weil Mommy Ruthie mich beschützt. Um das wieder wettzumachen, stößt er mir besonders oft den Ellbogen in die Rippen und krittelt an mir herum. Aber in Wahrheit habe ich schon so oft Prügel mit angesehen, dass ich inzwischen gelernt habe, wie ich das Schlimmste vermeide. Und meine Mutter sagt, ich lerne schnell.

»Als du sechs Monate alt warst, hast du öfter mal Wutanfälle bekommen. Und als frischgebackene Mutter wusste ich nicht, wie ich damit umgehen sollte. Esther meinte, ich solle dich einmal richtig fest schlagen. Du warst total fassungslos, und ich habe mich schuldig gefühlt. Aber danach hast du nie wieder einen Wutanfall bekommen. Jetzt bist du nur noch trotzig.«

Ja, das bin ich. Immer wenn ich so wütend und verletzt bin, dass ich am liebsten schreien würde, werde ich vollkommen still, verschränke die Arme fest vor der Brust und weigere mich, mit irgendwem zu sprechen. Meine Eltern nennen das schmollen. Kein Lächeln oder Necken kann mich aufmuntern. In einem Haus voller lärmender Kinder wirkt mein Schweigen wie ein Schrei.

Natürlich muss ich manchmal auch einfach weinen.

»Es juckt so sehr!«, jammere ich.

Es ist drei Uhr morgens, und ich renne zu meiner Mutter, während ich mir verzweifelt den Hintern kratze.

Mommy Ruthie seufzt schlaftrunken und sagt: »Dreh dich um und zieh deine Unterhose runter, dann schaue ich mir das mal an.« Sie findet winzige, sich windende weiße Würmer in meinem After und ist sicher, dass es sich um Madenwürmer handelt.

»Das überrascht mich nicht«, bemerkt Mommy Esther, die von dem Spektakel aufgewacht ist. »Die Kinder graben doch den ganzen Tag mit ihren schmutzigen kleinen Pfoten im Dreck, heben Müll auf oder spielen mit den Hunden.«

»Deshalb sagen wir euch Kindern immer, dass ihr nicht an den Nägeln kauen oder in der Nase bohren sollt! Dadurch geraten die Wurmeier aus der Erde in euren Mund und schlüpfen in eurem Bauch aus«, tadelt Mommy Ruthie.

Diese Standpauke hören wir nicht zum ersten Mal. Wenn einer von uns Würmer hat, kriegen alle sie. Als wir sie einmal in Macau bekamen, kaufte Mommy Ruthie eine kleine, fies schmeckende Pille, die wir alle schlucken mussten. Das Jucken ging weg, und ein paar Wochen später nahmen wir die zweite Dosis, um alle Eier abzutöten, die möglicherweise noch geschlüpft waren.

Aber diesmal erklärt Mommy Esther nach der Diagnose: »Ich habe in den *Family News* gelesen, dass man sie auch wegbekommt, indem man drei Tage lang nur Kokosnüsse isst. So brauchen wir die System-Medikamente nicht!«

Die Erwachsenen holen sich immer Tipps zu natürlichen Heilmitteln aus den Mo-Briefen und den *Family News*.

Als wir alle an Masern erkrankten und im Bett bleiben mussten, übersät mit roten, juckenden Flecken und mit hohem Fieber, brachten unsere Eltern uns nicht ins Krankenhaus. »Die Ärzte können da nichts machen. Trinkt nur brav eure Zwiebel-Knoblauch-Brühe und dann bete ich noch mal für euch«, sagte Mommy Esther, während sie einen Finger in Rapsöl tunkte und ein öliges Kreuz auf meine Stirn malte. »Das darfst du nicht abwischen.«

Laut Grandpa werden Ärzte und Medikamente dich mit gleich hoher Wahrscheinlichkeit töten, wie sie dir helfen. Nicht mal mit seinem schwachen Herzen geht er ins Krankenhaus. Obwohl er tatsächlich zugibt, dass es einige anatomische Reparaturen gibt, für die Ärzte sinnvoll sind, wie zum Beispiel gebrochene Knochen zu richten, eine Wunde zu nähen oder bestimmte Operationen durchzuführen. Bei anderen Dingen müssen wir einfach auf Jesus vertrauen. Wenn also jemand krank wird, folgen wir den biblischen Anweisungen – die Ältesten der Kirche zusammenzutrommeln (in unserem Fall die Eltern), der betroffenen Person die Hände aufzulegen, sie anschließend mit Öl zu salben und für sie zu beten: »Lieber Gott, Du bist der beste Arzt im Universum. Bitte berühre und heile Faithy und nimm ihr die Masern. Wir bitten in Deinem Namen um Heilung. Amen. Gelobt sei Gott!« Eine Woche später ging es uns besser.

Als wir von den Madenwürmern befallen werden, wollen die Erwachsenen unbedingt beweisen, dass sie nicht auf System-Ärzte angewiesen sind, da Gott uns ein natürliches Mittel geschenkt hat. Drei Tage lang werden also sieben Kinder mit Stücken trockener Kokosnuss zum Frühstück, Mittag- und Abendessen zwangsernährt.

»Ich kann keine Kokosnuss mehr sehen!«, jammere ich, und mir kommen echte Tränen. Mein Kiefer schmerzt vom Zerkauen der trockenen Brocken, die mir im Bauch wehtun. *Kein Wunder, dass die Madenwürmer davon weggehen sollen. Vielleicht hungert sie das aus, sodass sie weiterziehen, um was anderes zu fressen zu finden?*

Nachdem wir Kinder zweiundsiebzig Stunden lang gefastet, geweint und gehungert haben und kein weiteres Stück Kokosnuss mehr herunterbekommen, ist klar, dass das natürliche Heilmittel versagt hat. Wir haben alle immer noch Würmer.

Unsere Eltern geben sich endlich geschlagen und holen uns Medikamente aus der Apotheke in Coloane Village. Noch nie habe ich die eklig schmeckende Tablette so bereitwillig geschluckt und mich so sehr auf normales Essen gefreut. Aber die Erwachsenen sind enttäuscht. Sie denken, der notwendige Gang zum Arzt macht deutlich, dass ihr Glaube nicht stark genug ist, um das Wunder der Heilung durch Gott zu bewirken. Aber es gibt einfach ein paar Dinge, für die sie noch kein natürliches Heilmittel gefunden haben, und Madenwürmer gehören anscheinend dazu.

Während der Regenzeit im Frühling und der Taifune im Sommer hat das ganze Dorf mit Überschwemmungen zu kämpfen. Das Wasser rauscht vom Himmel herab, als stünde das Haus direkt unter einem Wasserfall, und manchmal landen meine Füße knöcheltief in kaltem Wasser, wenn ich mich morgens müde aus dem Bett schwinge. Mein Vater, meine Brüder, Uncle Michael und Uncle Jeff, ein großer Amerikaner, der inzwischen bei uns lebt, tun sich mit dem Dorfältesten Cap San und seinen Arbeitern zusammen, um Gräben und Abläufe um die Häuser im Dorf zu schaufeln und uns damit vor den schlimmsten Folgen zu schützen.

Unsere Freunde in der portugiesischen Regierung willigen ein, unterirdische Leitungen, Rohre und andere Materialien zur Verfügung zu stellen, wenn wir uns dafür um die Verlegung kümmern. Unser Vater beschließt, gleichzeitig auch unser Problem mit der Wasserversorgung zu beseitigen. Wir buddeln Gräben an der Schotterstraße entlang und verlegen Wasserrohre vom Dorf bis zur Hauptstraße, sodass die Stadtverwaltung das Dorf endlich dauerhaft mit dem Frischwasser aus dem Stausee vernetzen kann.

Unsere Freude über den Anschluss an die öffentliche Versorgung wird kurzzeitig davon getrübt, dass alle Wasserleitungen platzen. Im Vergleich zu dem Druck des Wasserreservoirs, in dem wir den Berg hinunterrinnendes Regenwasser gesammelt haben, ist die Wucht des Wassers aus der Stadt einfach zu stark für die uralten Rohre. Wieder verbünden wir uns mit Cap Sans Arbeitern, um Installationswerkzeuge und Wasserrohre zu erhalten und die kaputten Teile in den Dorfhäusern zu ersetzen.

Obwohl wir immer fröhlich winken, hat uns Cap San bisher eher die kalte Schulter gezeigt, doch nach Monaten gemeinsamer schweißtreibender Arbeit, um das halbe Dorf mit neuen Rohren zu versorgen, taut selbst er widerwillig auf und grüßt uns nun mit »*Sik fan*«, wenn wir uns begegnen. Unsere Eltern danken Jesus dafür, dass Er sein Herz erweicht hat. Ich bin einfach nur froh, dass das Wasser nach einem heftigen Regenguss nicht mehr rot vor Schlamm aus dem Hahn kommt, wenn ich mir die Hände waschen will.

Wir wissen mit Sicherheit, dass wir wirklich Fortschritte bei unseren neuen Nachbarn gemacht haben, als uns die Dorfbewohner an meinem fünften Geburtstag zum alljährlichen gemeinsamen Essen am Communist Labor Day einladen, den die Dorfbewohner trotz Macaus Status als portugiesische Kolonie stur feiern. Das Ereignis findet auf dem behelfsmäßigen Dorfplatz statt, den rote Lichterketten und bunte Fahnen, bemalt mit chinesischen Schriftzeichen, säumen. Acht oder neun riesige runde Tische sind auf dem Platz aufgestellt, an die jeweils zehn bis zwölf Leute passen. Unsere Familie, Patricks Familie sowie Uncle Jeff und Uncle Michael, die einen Großteil der

Bauarbeiten geleistet haben, sind eingeladen. Wir sitzen alle an unterschiedlichen Tischen, um uns unter die Dorfbewohner zu mischen und uns das köstliche vierzehngängige Menü schmecken zu lassen, bis selbst in den unersättlichen Mägen meiner Brüder nicht ein weiterer Bissen Platz findet.

Das Lachen meines Vaters dröhnt lauter. Mommy Esther schaut weniger verkniffen drein. Unser Ziel ist erreicht. Jetzt müssen wir uns keine Gedanken mehr um neugierige Journalisten machen, die uns bis nach Hause folgen. Endlich können wir unsere spitzen Hüte und die Geheimniskrämerei ablegen. Denn sobald die eingeschworene Dorfgemeinschaft dich akzeptiert hat, werden sie zu erbitterten Beschützern ihresgleichen. Das Dorf ist nun unser Zuhause, ihre Kinder unsere Spielkameraden. Wenn ich weiße Touristen aus den Bussen am Strand in Hac Sa steigen sehe, zeige ich zusammen mit den Dorfbewohnern auf sie und lache über die seltsamen *gweilos*.

4

ARBEITE DOCH NICHT FÜR GELD, SCHÄTZCHEN

Bevor die Verfolgung uns zum Untertauchen zwang, traten wir regelmäßig in Hongkong und Macau auf – in Restaurants, bei Veranstaltungen an Feiertagen, in Gefängnissen, im Lager der vietnamesischen Bootsflüchtlinge, die dem kommunistischen Regime entflohen waren, in Schulen und Waisenhäusern, einfach überall, wo wir die Liebe Jesu teilen können –, um dort zu missionieren und Geld zu sammeln.

Obwohl mein Vater über die Family monatliche Bezüge in Höhe von 1000 Dollar erhält, damit er die Miete für das Haus und die Grundnahrungsmittel bezahlen kann, reicht das Geld nicht, um all unsere Ausgaben für zwei Familien und die Renovierungsarbeiten zu decken, aber niemand in der Family würde jemals für schnöden Mammon einen System-Job annehmen. Ich höre förmlich meinen Vater mit seiner Predigerstimme sagen: »Du kannst nicht Gott und Mammon gleichzeitig dienen.« Denn dann würden wir unsere Seele an die Welt verkaufen. Wir beschaffen Geld, indem wir Broschüren verteilen und um Spenden bitten. Gott sorgt für alles, was wir brauchen, wenn wir nur beten und in Seiner Gunst bleiben, indem wir Seinem Propheten – Grandpa – gehorchen und missionieren.

Mein Vater meint, dass die Aufmerksamkeitsspanne der Gesellschaft in der Regel kurz ist und die schlechte Presse inzwischen genügend abgeebbt ist, damit wir am Wochenende zu einigen unserer üblichen Orte zurückkehren können, um Musik zu machen und das dringend benötigte Geld zu beschaffen.

Heute erzählt er uns beim Frühstück, dass wir zum Singen nach Macau fahren.

»Meinst du wirklich, dass da nichts passieren kann?«, fragt Mommy Esther, während sich ihre Stirn besorgt in Falten legt.

»Wir müssen einfach absolut sichergehen, dass uns niemand nach Hause folgt, dann ist es nichts anderes, als wenn wir zum Einkaufen in die Stadt fahren«, versichert er ihr.

Aber natürlich ist es anders als eine unauffällige Einkaufstour in die Stadt. Wenn wir als Familie auftreten, ziehen wir eine Menge Aufmerksamkeit auf uns. Jeder in Macau erkennt uns. Schließlich sind wir sieben blonde, singende Kinder, wie die Trapp-Familie in *The Sound of Music – Meine Lieder, meine Träume*, nur in China.

Aber ich freue mich darauf, zum Singen nach Macau zurückzukehren. Solange ich denken kann, stand ich schon mit meinen Geschwistern zusammen auf der Bühne. Meine Mutter hat mir erzählt, dass ich bei meinem ersten Auftritt noch nicht mal zwei Jahre alt war. Während meine Brüder und Mary oben auf der Bühne sangen, begann ich, unten im Gang zu tanzen, sodass meine dicke Windel wackelte. Ich stahl ihnen die Show, also hob sie mich auf die Bühne, und damit war es besiegelt. Damals traten wir häufig bei TVB Pearl auf, dem Hauptfernsehsender von Hongkong und Macau, sowie in Radiosendungen und riesigen, live im Fernsehen übertragenen Veranstaltungen.

Noch im Jahr vor unserem Umzug sangen wir beim Entzünden des Weihnachtsbaums durch den Gouverneur von Hongkong und bei allen Veranstaltungen zum chinesischen Neujahr, aber das war vor der ersten großen Verfolgung. Schon eine Woche, nachdem wir nach Macau zurückgekehrt waren, wurden wir ohne viel Aufhebens aus Hongkong verbannt. Meinen Eltern kam das Gerücht zu Ohren, dass Staatsdiener aus Amerika die Regierung Hongkongs dazu anstachelten, alle bekannten Mitglieder der Family auf eine schwarze Liste für Einwanderer zu setzen, sogar Babys. Anscheinend befürworteten auch die örtlichen Kirchen der Baptisten und Katholiken diesen Schritt nachdrücklich. Meine Eltern bezeichneten das als Hexenjagd. *Womit soll ein Baby es verdient haben, auf eine schwarze Liste gesetzt zu werden?*

Ich verstand es nicht. Sie hatten uns keine Straftat vorgeworfen, aber es machte den Anschein, dass unser Glaube uns einen Platz auf der inoffiziellen Blacklist des Landes verschafft hatte. Somit dürfen wir Hongkong bei jedem Besuch lediglich für vierundzwanzig Stunden betreten und müssen die Grenzbeamten immer wieder davon überzeugen, dass die Einreise unbedingt notwendig ist, beispielsweise für die Erneuerung unserer Reisepässe oder eine Fahrt zum Flughafen, da sich in Macau weder Botschaften noch Flughäfen befinden.

Früher sind wir so oft aufgetreten, dass wir nicht üben mussten, außer wenn wir ein neues Lied oder eine neue Choreografie lernten. Aber inzwischen ist es schon eine Weile her, dass wir auf der Bühne standen, also möchte Mommy Esther, dass wir ein bisschen proben. Nach der Andacht holt sie ihre akustische Gitarre heraus und begleitet uns. In unseren T-Shirts, Shorts und Flipflops stellen wir uns in einer Reihe vom Ältesten bis zur Jüngsten auf. Im Alltag tragen wir abgelegte Kleidungsstücke von anderen Family-Mitgliedern oder aus Spenden; nur die Kleider, die wir für Aufführungen und Gesangsdarbietungen tragen, kaufen wir mit den Einnahmen aus unseren Auftritten. Später werde ich also Gelegenheit haben, meine schicke Kleidung anzuziehen, doch erst mal trage ich mein Lieblingskleid, ein einfaches Kleid mit blau-weißem Karomuster, das wir in einer Spendenkiste bekommen haben. Das Kleid ist alt und fleckig, aber ich mag es, wie der Rock weit um mich herumfliegt, wenn ich mich im Kreis drehe. Meine Mutter versucht immer wieder, es wegzuwerfen, doch ich fische es aus dem Müll, sobald sie nicht hinguckt.

Mommy Esther spielt Gitarre und trainiert unsere Stimmen, während wir unser Repertoire durchgehen. Mommy Ruthie steht vor uns, führt die Handbewegungen vor, die den Text veranschaulichen, und hilft uns, eine einfache Choreografie einzustudieren.

Bevor wir Richtung Stadt aufbrechen, beten wir: »Beschütze uns auf der Straße und vor Unfällen oder schlechten Autofahrern.« Wir alle sind auf der Hut vor Verfolgern und Journalisten.

Als unser weißer Dodge Van vor dem Hotel Lisboa und dem Casino hält, Stanley Hos luxuriösem zwölfstöckigem Hotel auf der Lisboa Avenue, steigen wir alle zehn aus.

Stanley Ho ist Macaus mächtigster Mann und zugleich ein ehrenwerter Gangster, dem alle Casinos gehören und der bekanntermaßen mehrere Ehefrauen und mehr als ein Dutzend Kinder hat. Polygamie war Teil der chinesischen Kultur, bis Mao sie gleichzeitig mit der Kinderheirat im Jahr 1950 verbot. Selbst die prüden Briten untersagten die Polygamie in Hongkong erst 1971. Die Portugiesen pflegen ohnehin die Einstellung von »leben und leben lassen« sowie eine lange Tradition von Geliebten. Mein Vater wird unverhohlen von unseren männlichen System-Freunden beneidet, die nicht verstehen, wie er zwei schöne Frauen dazu bringen konnte, ihn zu heiraten. Da er ebenfalls Mr. Ho heißt, erntet er häufig ein wissendes Grinsen von örtlichen Regierungsangestellten, die ihn mit dem anderen Mr. Ho mit den vielen Ehefrauen vergleichen.

Der Jade Garden, ein schickes chinesisches Restaurant im Lisboa Hotel, ist nur einer der vielen Orte, an denen wir früher regelmäßig aufgetreten sind. Mary und ich tragen heute dunkelgrüne glockenförmige Samtkleider und die Jungs haben Button-down-Hemden und dunkelblaue Hosen angezogen. Neugierig schaue ich zu den vertrauten blinkenden Neonlichtern hinauf. Es ist schön, wieder in der Stadt zu sein. *Ob sich die Leute noch an uns erinnern? Werden sie uns auftreten lassen?*, frage ich mich besorgt.

Als wir in unseren einheitlichen Gesangs-Outfits durch die Lobby des Hotel Lisboa gehen, ruft ein Chinese unseren kantonesischen Familiennamen. Ich wende mich ihm zu und lächle und winke, wie es mir beigebracht wurde. Eine junge chinesische Frau eilt mit ihrer Kamera zu uns, hebt mich hoch und drückt ihrer Freundin die Kamera in die Hand. Ich lächele höflich und posiere für das Foto, während meine Eltern mit nachsichtiger Miene warten.

Ich habe längst gelernt, mich niemals darüber aufzuregen oder Missfallen zu zeigen, wenn uns jemand auf der Straße für ein Foto an sich drückt, egal in welcher Stimmung ich bin. »Du musst mit gutem

Beispiel für Gottes Liebe vorangehen!«, mahnte mich mein Vater wütend, nachdem ich mich einmal mürrisch geweigert hatte, für ein Foto mit Grenzkontrolleuren in China in die Kamera zu lächeln.

Die Sorgenfalte auf Mommy Esthers Gesicht verschwindet, als sie nach dem Restaurantleiter des Jade Garden fragt und dieser uns freudig begrüßt.

Die Kellnerinnen in ihren langen grünen chinesischen *chi pau*, den traditionellen Kleidern mit kleinen Knöpfen, die an der Seite bis zu dem hochgeschlossenen Kragen hinaufreichen, und einem Schlitz bis ganz weit zum Oberschenkel, drängen sich um uns herum, lachen, berühren unsere Haare und wollen mich hochheben. Der Restaurantleiter scheucht sie schließlich zurück an die Arbeit, und wir folgen ihm, bahnen uns einen Weg durch die mit Essen beladenen Tische bis zur Mitte des runden Raumes. Ich muss rennen, um in meinen Mary-Jane-Schuhen mithalten zu können, und es fällt mir schwer, mich von dem vielen verführerisch leckeren Essen auf Augenhöhe abzuwenden.

Fünfzig große, runde Tische bilden konzentrische Kreise um eine in der Mitte stehende, leicht erhöhte Bühne, auf der wir auftreten. Der grüne Teppich dämpft unsere Schritte, schwächt jedoch nicht den Lärm hunderter Kantonesisch sprechender Stimmen, klappernder Stäbchen und klirrender Suppenlöffel ab. Die Porzellanschüsseln klappern lauter als die auf das Spielbrett knallenden Mah-Jongg-Steine in einer Spielhölle. Ohne Mikrofone zu singen wird ein Schreiduell – wir gegen sie. Aber wir wissen aus Erfahrung, dass etwas mehr Ruhe einkehrt, wenn den Leuten die Darbietung gefällt.

Wir stellen uns in dem beengten Raum zwischen den Tischen in einer Reihe auf, Mommy Esther mit ihrer Gitarre hinter uns. Sie schlägt die Gitarre einmal an, um unsere Aufmerksamkeit zu wecken, während sie »Eins zwei, eins zwei drei …« flüstert.

»*Sai zhong shu shan ga liang tai!*«, schmettern wir einstimmig, und dann legen wir richtig los, drehen uns hin und her, singen und lächeln mit ganzer Kraft. Das ist eins meiner Lieblingslieder. Dabei geht es nicht ums Missionieren. Es ist vielmehr ein lustiges kantonesisches Lied über einen Mann, der sich ein schickes neues Hemd mit Krawatte anzieht, um auszugehen, und alle Mädchen sind verrückt nach ihm. Dann wiederholt er das Ganze noch mal in einem anderen Outfit.

Zuerst starren Hunderte Gesichter überrascht zu uns herüber, aber schon bald klatscht und lacht das Publikum mit uns. Bones, der Clown in unserer Familie, hampelt vorn auf der Bühne herum und schmückt seinen Tanz mit Grimassen aus, während er so tut, als würden alle Mädchen um ihn herumscharwenzeln.

Bei den meisten Liedern machen wir nur Hand- und Armbewegungen – zeigen mit einer Hand zum Himmel hinauf, während die andere auf dem Herzen ruht, breiten die Arme zum Publikum aus, um sie bei Jesus willkommen zu heißen –, aber bei ein paar Liedern wie diesem hier zappeln wir richtig ab.

Ich entdecke meinen Vater zwischen den Tischen, sein Gesicht uns zugewandt. Er hält seine Kamera auf uns gerichtet und bedenkt uns mit einem eindringlichen Blick, den Mund zu einem so breiten Grinsen verzogen, dass er wie ein zähnefletschendes Skelett aussieht. So erinnert er uns daran, dass wir immer breiter und breiter lächeln müssen, mehr, mehr! Wenn wir das nicht tun, ist klar, was uns zu Hause erwartet. Ich dehne mein Lächeln aus, bis mir die Wangen wehtun, gehe tiefer in die Knie und drehe mich schneller, bis ich ganz außer Atem bin.

Nach »Sai Zhong Liang Tai«, was so viel heißt wie »Cooler Anzug, schicke Krawatte«, gehen wir ohne Pause zu »Do, Re, Mi« über. Dabei stehen wir nach Alter sortiert in einer Reihe, ich als Jüngste ganz am Ende. Im Refrain singen wir nacheinander jeweils eine Zeile: Nehi beginnt mit einem tiefen »Doe, a deer, a female deer«, bis ich am Ende singe: »Tea, a drink with jam and bread!«. Das ist meine einzige Solostelle, und sie muss ganz hoch gesungen werden. In meinen Ohren klingt meine Stimme wie ein Mäusequieken.

Danach bieten wir bekannte Lieder wie »Twist« und »Yellow Submarine« auf Englisch dar und »It's a Small World« auf Kantonesisch, immer abwechselnd mit einigen religiösen Liedern. Aber jedes Mal beenden wir unseren Auftritt damit, dass wir unser Publikum einladen, errettet zu werden, indem sie mit uns singen: »Come into my heart, come into my heart, come into my heart, Lord Jeeesus. Come in today, come in to stay, come into my heart, Lord Jeeesus.« Wir wiederholen das Lied immer und immer wieder auf Kantonesisch und Englisch und manchmal auch auf Portugiesisch, je nach Publikum, bis wir die Leute dazu bringen, mit uns zu singen.

Dabei blicke ich bedeutungsvoll in die Augen einzelner Menschen im Publikum, damit sie wissen, dass ich direkt zu ihnen singe und dass Jesus in ihr Herz eintreten möchte. Wir versuchen, von der Bühne aus zu zählen, wie viele Menschen mit uns singen, damit die Erwachsenen in ihrem Missionierungsbericht festhalten können, wie viele Seelen wir für Jesus gerettet haben. Nach unserem letzten Lied fassen wir uns an den Händen, schwingen sie nach oben und verbeugen uns, dann schreiten wir selbstzufrieden im Gänsemarsch von der Bühne.

Anschließend laufen wir in Zweiergruppen von Tisch zu Tisch, schütteln die Hände der Restaurantgäste und sammeln das Geld ein, das sie uns zustecken. Ich bin die Jüngste und Niedlichste, daher wollen die Leute immer mir die Hand schütteln und mir Geld zustecken. Natürlich vergesse ich nie, »*Doh geh*« (»Vielen Dank«) und »*Yesu oi lei*« (»Jesus liebt dich«) zu sagen. Wir verkaufen auch unser eigenes Album, *The Ho Family Singers*, das wir als Musikkassette für 30 Macau-Patacas oder 5 Dollar anbieten.

Mein Samtkleid hat große Taschen, daher schaffe ich es normalerweise einmal durchs Restaurant, ohne das Bargeld an Daddy weitergeben zu müssen. Wenn wir doch mal zwischendurch unsere Taschen leeren müssen, können wir das als sehr erfolgreichen Abend verbuchen. Mary und ich versuchen immer, uns zur Toilette zu schleichen, damit wir nachzählen können, wie viel Geld wir gesammelt haben, bevor die Erwachsenen es an sich nehmen. Dann vergleichen wir unsere Einnahmen. Meistens gewinne ich. Aber natürlich würde ich niemals auch nur eine einzelne Münze behalten. Davor hätte ich viel zu viel Angst. Alles Geld gehört Gott … und nur die Erwachsenen dürfen es nutzen. Sie durchsuchen immer unsere Taschen, bevor wir nach Hause fahren, und wenn doch mal einer mit Geld erwischt wird, kriegt er den Hintern versohlt.

Wenn es um Geld geht, verlassen wir uns ganz auf Gott und nicht auf die Menschen. »Wenn wir Gottes Werk verrichten, wird Er auch für uns sorgen«, sagt Grandpa. Wir dürfen keine System-Jobs annehmen oder irgendetwas tun, das Vorrang vor unserem Dienst an Gott haben oder unsere Ergebenheit der Family gegenüber gefährden könnte. Unsere Auftritte bieten Gott die Gelegenheit, mit Spenden für uns zu sorgen.

Ohne finanzielle Sicherheit oder Stabilität, ohne die Möglichkeit, sich versorgt zu fühlen oder die Zukunft zu planen, müssen wir uns für alles vollkommen auf Gott verlassen. Jegliche Zweifel oder Fehler, die uns von Gott entfernen könnten, bedrohen auch unsere Überlebensfähigkeit und Existenz. Wir müssen das Wort des Propheten exakt befolgen, damit Gott weiterhin für unser leibliches Wohl sorgt. Sollten wir je auf den Gedanken kommen, uns lediglich auf uns selbst oder von uns kontrollierte Einnahmen zu verlassen, würde das eine Rebellion gegen Gott bedeuten.

Zehn Prozent des Geldes, das wir einnehmen, müssen wir Grandpa schicken, um ihn bei der Finanzierung seines Homes und all der Menschen zu unterstützen, die an den Mo-Briefen arbeiten, denn sie müssen *Selah* bleiben und dürfen nicht zum Missionieren rausgehen. Alle Family Homes müssen den zehnten Teil ihrer Einnahmen zusammen mit einem monatlichen Bericht, der Tither's Report Form oder kurz TRF, einem ganz bestimmten Berichtsformular, an die Hauptbüros schicken. Diese Büros nennen wir World Services oder WS, und sie bilden die Verwaltung der Family, wo Finanzen, Publikationen und besondere Projekte abgewickelt werden.

In jedem Land oder jeder Region befindet sich ein WS Home, jedoch werden die Standorte strengstens geheim gehalten. Wenn Mitglieder zu den WS berufen werden, verschwinden sie manchmal für Jahre. Sie dürfen das Home nicht verlassen und noch nicht einmal ihre eigenen Kinder anrufen, nur um das Geheimnis zu wahren. Macau ist zu klein für ein WS Home (es wäre beinahe unmöglich, unentdeckt zu bleiben), daher schicken wir unsere TRFs zum WS Home in Japan. Die TRFs müssen eine detaillierte Auflistung aller Einnahmen und Ausgaben, persönliche Informationen über die Mitglieder sowie Statistiken über die Reichweite der Missionarsarbeit beinhalten. Ein Home, das die Ablieferung eines TRF versäumt, wird exkommuniziert und profitiert nicht länger von Gottes Wort und der Gemeinschaft. Niemand möchte als »Abtrünniger« gelten, als eine Person, die Gott den Rücken gekehrt hat und in den Abgrund des Systems zurückgestürzt ist.

Nach unseren üblichen Auftrittsorten versuchen wir es bei ein paar weiteren Restaurants in der Stadt. Manchmal lassen sie uns singen, aber genauso oft werden wir von einem schroffen Restaurantleiter abgewiesen. Die Erwachsenen kommentieren immer munter: »Na ja, dann versuchen wir es im nächsten Restaurant. Die hier haben sich Gottes Segen entgehen lassen.« Aber ich blicke beschämt zu Boden, während wir hinauskomplimentiert werden. Ich weiß, dass wir hier sind, um sie mit einem besonderen Segen von Gott zu beglücken, aber wenn wir abgewiesen werden, komme ich mir wie eine Bettlerin vor.

Wie unwohl ich mich auch fühlen mag, sobald ich singe, habe ich alles vergessen. Dann gibt es nur noch das Publikum und den Wunsch, sie in unsere Lieder einzubeziehen.

Heute Abend ist es gut gelaufen und nach vier Stunden singen kauft mein Vater uns allen ein Eis zur Belohnung. »Eiscreme! Eiscreme!« Unsere müden Stimmen leben noch ein letztes Mal auf.

»I scream, you scream, we all scream for ice cream«, sagt Hobo, und schon bald stimmen wir alle in den Singsang mit ein.

»Ruhe!«, brüllt mein Vater. »Der nächste, der redet, kriegt kein Eis!« Wir verfallen alle in Schweigen, während er jedem von uns ein Vanilleeis mit Schokoladenüberzug am Stiel austeilt.

Als wir alle in den Van zurückklettern, sind wir still und erschöpft, unsere Kehlen trocken vom lauten Singen in den vollen Restaurants. »Ihr Kinder wart toll heute Abend. Gelobt sei der Herr. Er war heute sehr großzügig«, psalmodiert die tiefe Stimme unseres Vaters, während er scharfe Kurven fährt und in dunkle Gassen abbiegt, um sicherzustellen, dass uns niemand folgt, bevor wir schließlich den Heimweg antreten.

»Ja, und ich habe mindestens hundert Leute gezählt, die mit uns gesungen und Jesus empfangen haben!«, lobt auch Mommy Esther. »Ich weiß, es war eine lange Nacht. Aber ihr Kinder wart richtig tapfer. Sogar unsere kleine Faithy. Es war gut, dass wir heute Nacht hergekommen sind.«

Als auch die Medien über unseren musikalischen Streifzug durch Macau Stillschweigen bewahren, entspannen wir uns ein wenig und freuen uns, dass wir wieder Witnessing betreiben können, obwohl wir gleichzeitig wissen, dass uns jederzeit wieder schlechte Presse drohen kann.

5

EIN KIND HERANZIEHEN

Es ist kein Geheimnis, dass mein Vater den großen Plan hegt, das Farmerlebnis seiner Kindheit auf der Ranch wiederaufleben zu lassen. Da sich das Dorf inzwischen in einem viel besseren Zustand befindet, ist er nun bereit, seinen Plan in die Tat umzusetzen.

»Kinder, ich habe eine Überraschung für euch«, verkündet er uns, als die Wärme des Frühlings langsam den Winter vertreibt. Wir scharen uns um ihn, und er öffnet einen Pappkarton. Ganz leise Tschilp-Geräusche sind daraus zu hören. Dann hebt er einen kleinen, flauschigen, schmutzig weißen Ball heraus und legt ihn mir in die geöffneten Hände. Die winzigen scharfen Krallen piksen mir in die Handflächen, aber auch mit sechs Jahren bin ich von so etwas Niedlichem noch hingerissen. »Daddy, was ist das?«

»Das sind Gänsebabys«, erklärt er, setzt auch der neunjährigen Mary eines auf die Hand und gibt das letzte Tierchen an Aaron weiter, der inzwischen zehn ist. »Jetzt sind sie noch klein und süß, aber ausgewachsen sind sie gute Wachtiere.«

Am liebsten würde ich mein Gesicht in das flauschige Federkleid drücken, fürchte mich jedoch ein bisschen vor dem spitzen Schnabel. Stattdessen halte ich ganz still und versuche, das winzige Tier zu beruhigen. »Hab keine Angst«, sage ich zu ihm, während es herumzappelt und zu fliehen versucht. »Hier bist du sicher.« Ich lächele stolz, als sich das kleine Küken in meinen Händen beruhigt. Ich kann es kaum erwarten, es Patrick zu zeigen!

»Ich übertrage euch Kindern die Verantwortung, die Gänseküken zu füttern und euch um sie zu kümmern. Schafft ihr das?«

»Ja, Daddy«, versichern wir im Chor.

Mary und ich streuen jeden Tag Futter in den Karton. Wir lassen sie auch raus, damit sie ein bisschen herumrennen können und Bewegung bekommen, aber anschließend setzen wir sie immer zurück in die Kiste und später in den Käfig, damit die wilden Hunde in der Nachbarschaft sie nicht auffressen.

Fünf Monate später lobt mein Vater die Ergebnisse unserer Arbeit: »Ihr Mädchen kümmert euch wirklich gut um die Gänse. Jetzt braucht ihr euch keine Sorgen mehr zu machen, dass ein Hund sie holt.« Er lacht, als eine der inzwischen riesigen grauweißen Gänse mit den Flügeln schlägt und drohend einen der Hunde unseres Nachbarn anschnattert, der zu nah an unserem Hof vorbeiläuft.

Die älteren Jungs sind genervt von der zusätzlichen Aufgabe, ständig den Hof mit Wasser abspritzen zu müssen, weil die Gänse ihren Dreck überall fallen lassen. Aber Mary und ich ignorieren ihr Gemecker. Zum ersten Mal haben wir eigene Haustiere, die wir von klein an aufgezogen haben, auch wenn sie jetzt zu groß zum Streicheln sind, denn unsere Dobermänner gehören ja schließlich allen.

Eines Abends ein paar Wochen später versammeln wir uns alle um den Esstisch, wo sich Josh und Caleb immer wieder gegenseitig anstupsen. Ich bemerke, dass Aaron unglücklich in seine Schüssel starrt.

»Was riecht denn hier so gut?«, frage ich.

»Das ist Gänsefleisch«, kräht Josh bösartig.

»Gänsefleisch? Ihr habt meine Gänse getötet!«, schreie ich.

»Sei still«, brüllt mein Vater. Dann sagt er etwas sanfter: »Es war an der Zeit, Mädchen. Tiere sind zum Essen da, wenn man auf einer Farm lebt. Es sind keine Haustiere. Ihr dürft sie nicht zu sehr ins Herz schließen. Das müsst ihr schon in jungen Jahren lernen.«

Die drei Gänse hatten sich zu Plagegeistern im Dorf entwickelt, also mussten sie weg, und unser Vater sah darin eine gute Gelegenheit, uns eine Lektion über das Leben auf einer Farm zu erteilen.

Mary und ich starren einander entsetzt an, während unsere Gänse aufgetischt werden. Wir schütteln die Köpfe, als uns die Erwachsenen ein Stück Fleisch anbieten, und sind dankbar, dass sie uns diesmal nicht zum Essen zwingen, wie das sonst der Fall wäre. Wir starren bloß auf unsere leeren Teller, und Tränen rinnen uns die Wangen hinunter. Keine von uns kann sich vorstellen, unsere eigenen Haustiere zu essen.

Die Zwillinge hingegen beißen genüsslich in ihre Keulen, schmatzen extra laut und blicken dabei Mary und mich an.

»Kannibalen«, flüstere ich ihnen zu. Ausnahmsweise sind Mary und ich uns einmal in unserem Hass einig. Die Rache, mit der ich es ihnen normalerweise heimzahlen würde – einen Korb voll Blätter über ihrem Kopf ausschütten oder Frösche in ihren Betten verstecken –, erscheint mir zu dürftig gegenüber dem Ausmaß ihres Verbrechens und meines gebrochenen Herzens. Aber ich habe meine Lektion gelernt.

Als mein Vater kurz darauf einen Lieferwagen mit Ziegen aus China entlädt, später gefolgt von einer Kiste mit Hühnerküken, einem Schwarm Tauben, Beos und Sittichen sowie einem kleinen Kälbchen, unterdrücke ich meine Begeisterung. Ich darf mich an ihnen erfreuen, sie aber nicht lieben. Der Tod lauert hinter jeder Ecke.

In der Hoffnung, mich vom Verlust meiner Haustiere abzulenken, nimmt mich meine Mutter bei der Hand. »Wollen wir uns mal ansehen, woran Uncle Ashok arbeitet?«

Uncle Ashok werkelt nun schon seit Wochen in einer der alten Hütten in der Gegend herum, die früher als Müllhalde genutzt wurden.

Ich höre ein Dröhnen und Tuckern, das immer lauter wird, je näher wir der Hütte an der anderen Seite des Hofs kommen. Als wir hineingehen, ist das Dröhnen so laut, dass ich nicht mal mein eigenes Geschrei darüber hören könnte.

Uncle Ashok hat uns seinen verschwitzten Rücken zugewandt, während er an einem Monstrum von Maschine herumtüftelt, die größer ist als er. Ich ducke mich ein wenig und bedecke meine Ohren mit den Händen. Er legt den metallenen Schraubenschlüssel aus den Händen, die voller rosafarbener Verbrennungen und schwarzem Schmierfett sind, und hebt mich bis über seinen Kopf hoch. Dann drückt er auf einen Knopf, und das Geräusch erstirbt stotternd.

»Na, wie findest du's?«, fragt er, während er mich anlächelt.

»Was ist es denn?«, möchte ich erst einmal wissen, immer noch erschrocken und verwirrt.

»Das ist euer neuer Generator. Ich habe ihn aus dem Dieselmotor eines Taxis gebaut«, erklärt er stolz mit seinem vornehmen britischen Akzent.

Uncle Ashok ist einer der besten Ingenieure in der Stadt und baut Formel-1-Rennautos für den Grand Prix. Natürlich weiß er, wie man aus einem alten Automotor einen Generator bauen kann.

»Das ist ja wunderbar!« Meine Mutter gibt ihm einen Kuss auf den Mund.

Er ist zwar ganz schön laut, aber mit einer beständigen Stromquelle können wir endlich, nach über einem Jahr fast ohne Strom, wieder einen Kühlschrank anschaffen, sodass wir nicht mehr jeden Tag frisches Essen kaufen müssen und nachts das Licht und die Ventilatoren einschalten können. Es dauert nicht lange, bis Uncle Ashoks Taximotor-Generator das halbe Dorf mit Strom versorgt.

Auch Ah Gong und Amy, die Kinder von Lok Keen, kommen in unser Haus herüber, um die Annehmlichkeiten der neuen Stromversorgung zu genießen. Meistens spielen sie mit uns Verstecken, aber manchmal sitzen sie auch um unsere grüne, von Feuchtigkeit verzogene Tischtennis-Platte herum, die sowohl als Schulpult wie auch als Esstisch dient, und lernen Englisch. Meine Brüder unterhalten sich unbeschwert auf Kantonesisch mit ihnen, aber ich habe nach wie vor Mühe, mir die fremdartigen Wörter zu merken. Im Alter von sechs Jahren werde ich immer noch von meinen Brüdern fortgescheucht, wenn ich mit ihnen zusammen durchs Dorf streifen will, also spielen Patrick und ich zum Trost mit Matchbox-Autos und Playmobil.

Natürlich gibt es auch manchmal Probleme, wenn man Nachbarskinder als Spielkameraden hat. Auf ihrem Weg von der öffentlichen Schule nach Hause halten sie oft vor dem Schultor am Straßenstand an und kaufen Süßigkeiten. Unsere Eltern warnen uns stets, dass weißer Zucker eine Sünde ist und dass wir Süßigkeiten, die uns angeboten werden, zwar höflich annehmen, aber später wegwerfen sollen. Doch wenn Mommy Esther nicht bemerkt, dass Lok Keens Frau mir ein Bonbon zusteckt, lasse ich es schnell in meiner Tasche verschwinden, bis ich es allein auf der Toilette essen kann.

6

HIMMLISCHE HURIS

Family-Mitglieder aus dem gesamten asiatisch-pazifischen Raum – Macau, Hongkong, selbst ein paar von den Philippinen und aus Japan – versammeln sich in Hac Sa zu einer General Area Fellowship, einer regionalen Gemeinschaftsversammlung, GAF abgekürzt. Dabei handelt es sich um eine Woche der gemeinsamen Gebete und Aktivitäten und des Teilens von Liebe. Drei Jahre nach der RNR, der »Re-Organisation, Nationalisation, Revolution«, bei der Grandpa alle Leute in der Führungsriege feuerte, startete er die Fellowship Revolution, die Mitgliederrevolution, da er fand, dass die Unabhängigkeit seiner Jünger weit genug gegangen war. Also legte er mehr Regeln für die Family Homes fest, ordnete den Gemeinschaften an, lokale und regionale Versammlungen abzuhalten, und führte eine mehrschichtige Führungsstruktur ein.

Bei den monatlichen Local Area Fellowships, den lokalen Gemeinschaftsversammlungen, LAF abgekürzt, kommen nur die Homes der näheren Umgebung zusammen – in unserem Fall etwa dreißig Family-Mitglieder aus Macau. Aber eine GAF findet nur ein- oder zweimal im Jahr statt. Es ist also ein besonderes Ereignis! Und unsere Fellowships werden immer größer, je mehr Mitglieder hierherziehen, um die Region missionarisch zu erschließen, und je mehr chinesische Jünger der Family beitreten.

Auf der Farm ist daher nicht genug Platz, um alle Family-Mitglieder unterzubringen, die zur GAF anreisen, also beschließt mein Vater, alle zu einem Camping-Ausflug an den Strand einzuladen. Er liebt Camping, und ich freue mich ungemein darauf, mit anderen kleinen Mädchen der Family spielen zu können. Alle lachen und umarmen sich. Meine Freundinnen Ching-Ching und Sophia habe ich ewig nicht gesehen, da ihre Familien nach unserer Flucht in Macau geblieben sind. Ich nehme sie bei den Händen, und wir entfernen uns ein paar Schritte, um uns die neusten Neuigkeiten zuzuflüstern. Ich bin froh, dass wir nicht mehr *Selah* sein müssen.

Unsere Besucher von außerhalb lieben den einsamen, luftigen Strand, wo wir unsere Zelte unter den Kiefern in der Nähe der Grillstellen aufschlagen. Wir sitzen auf Decken unter den Bäumen, lesen gemeinsam Mo-Briefe und singen Lieder. Dann halten die Erwachsenen Besprechungen über Politik, Missionierungsstatistiken, Umsiedlungsanträge und Führungsverantwortung ab, und wir Kinder dürfen währenddessen am Strand herumrennen und spielen.

Die Family ist inzwischen auf mehr als zehntausend Mitglieder in über hundert Ländern angewachsen. Viele der neuen Jünger leben in Lateinamerika und Asien, aber für einen Großteil des Wachstums haben wir durch die Geburt zahlreicher Kinder selbst gesorgt. Denn Grandpa glaubt nicht an Empfängnisverhütung: »Kinder sind ein Segen Gottes, und wir sollten so viele von ihnen kriegen, wie wir können.« Er sagt, wenn Teenager Babys bekommen, helfen einfach die zuverlässigen jungen Großeltern bei der Erziehung der Enkel, und außerdem sind die Jugendlichen durch ihre Babys so beschäftigt, dass sie nicht in Schwierigkeiten geraten können. Meine Familie hat früh losgelegt, um ihre sieben Kinder zu bekommen, doch inzwischen sind andere Familien auf dem besten Weg, uns einzuholen.

Es kommt selten vor, dass Familien aus verschiedenen Ländern zusammenkommen, weil Reisen teuer ist, aber wir fühlen uns trotz der Entfernung verbunden, da alle die *Family News* erhalten, die Mama Maria seit der RNR vor fünf Jahren jeden Monat zusammenstellt. Sie sind zum sozialen Medium der Family geworden. Ein- bis zweimal im Monat treffen sie mit den Mo-Brief-Paketen ein und enthalten persönliche Briefe, die an Grandpa geschickt wurden, Geschichten über FFing, Dankesworte für die Mo-Briefe, Liebesbriefe an Grandpa, begleitet von Bildern barbusiger Revolutionärinnen, Berichten von Erlösung und Beitritt in die Family, Schilderungen von wundersamen Heilungen und dem Wirken und dem Schutz Gottes, Beichten und gelernte Lektionen, Hochzeitsankündigungen und Geburten, Neuigkeiten über Verfolgung, Medien und Rechtsstreitigkeiten. Sie bilden ein Ratgeber-Lexikon für alles, was ein Family-Mitglied braucht, um »in der Family-Manier« zu leben, von selbstgemachten Hausmitteln und schulischen Aktivitäten bis hin zu Tipps zum Schminken und wie man sich selbst sexy Kleider für das FFing näht.

Auch loben Grandpa und alle anderen Führungskräfte darin öffentlich besonderen Gehorsam gegenüber den Family-Grundsätzen und tadeln Verstöße. »Sünde vor allen offenlegen, Tadel vor allen offenlegen, sodass andere sich hüten mögen«, ist Grandpas Motto. Die *Family News* enthalten sogar Kritik an Führungskräften, begleitet von deren Entschuldigungsschreiben. Die öffentliche Maßregelung von Menschen in der Führungsriege sowie ihre publik gemachten Entschuldigungen halten diese nicht nur unter Kontrolle, sondern zeigen Grandpas gemeinen Jüngern auch, dass *er* auf ihrer Seite ist und nicht nur hinter den örtlichen Schäfern steht, die seine Befehle ausführen. Dass man jeden Augenblick gelobt oder auch getadelt werden kann, bringt die Leute gleichzeitig aus dem Gleichgewicht und hält sie auf Trab – immer eifrig bemüht, ihre Hingabe zu beweisen.

Wie bei der Selbstkritik-Methode der Kommunisten wird von uns erwartet, dass wir unsere Sünden beichten und uns freiwillig selbst stellen – entweder in den Gebetsstunden oder bei einem Home-Treffen oder in einem schriftlichen Bericht. Diese Atmosphäre der Selbstanzeige und Verwundbarkeit schafft ein starkes Gefühl der Gruppenzusammengehörigkeit. Doch gleichzeitig wissen wir: Wenn wir unsere Fehler nicht als Erste selbst gestehen, wird uns ein anderer verraten. Schon wir Kinder kriegen eingetrichtert, dass wir genauso schuldig sind wie der Sünder und ebenfalls bestraft werden, falls wir eine Sünde beobachten, aber sie nicht selbst zur Anzeige bringen, bevor schließlich alles ans Licht kommt – wie viele wunde Hintern beweisen.

Grandpas Taktik der öffentlichen Entblößung macht auch vor ihm nicht halt. Mit seiner ungefilterten Offenheit über Sex, Gewohnheiten auf der Toilette und selbst den Kampf mit dem Alkohol und seiner Gesundheit grenzt er sich unwahrscheinlich stark von anderen Führungskräften seiner Zeit ab. Er beweist den Jüngern damit seine Verletzlichkeit und Ehrlichkeit und gibt sogar denjenigen, die ihn nie persönlich getroffen haben, das Gefühl, ihn gut zu kennen.

Anstatt immer nur schriftlich von all den Neuigkeiten und Schilderungen der Wunder zu lesen, die Gott für uns vollbringt, können wir bei der GAF diese Woche unsere Berichte persönlich miteinander teilen. Wenn sie uns nicht gerade zurechtweisen, erzählen die Erwachsenen eifrig ihre Geschichten, loben Gott, zitieren Bibelstellen, singen gemeinsam und umarmen sich. Es ist ein Fest der Liebe, abgesehen von den vereinzelten angespannten Augenblicken zwischen einigen der Männer, die der Meinung sind, alle müssten auf sie hören. Aber die Farm ist das Reich meines Vaters; er und meine Mütter sind die Home-Schäfer, selbst wenn alle Erwachsenen, die hier leben, an den wöchentlichen Home-Council-Besprechungen teilnehmen, bei denen Entscheidungen diskutiert werden.

Seit der RNR ist eigentlich vorgesehen, dass die Family Homes ihre Home-Schäfer durch eine Wahl festlegen, aber alle wissen, dass das hier »Hos Farm« ist und meine Eltern entscheiden, wie die Dinge laufen. Ich kann mich nicht erinnern, dass es jemals eine Abstimmung gegeben hätte. Die anderen Erwachsenen, die bei uns auf der Farm leben, bilden den Home Council, und sie halten regelmäßige Besprechungen ab, bei denen sie ihre Meinung zu den Strategien äußern können und Anweisungen erhalten. Aber meine Eltern, in Rücksprache mit Mommy Esther, bestimmen die Regeln basierend auf Grandpas Offenbarungen in den monatlich erscheinenden Mo-Briefen: Welche Filme wir anschauen dürfen, wie viel Alkohol wir trinken dürfen, wie oft wir auf der Toilette unser großes Geschäft verrichten sollten, welche Kleidung wir tragen dürfen, wie wir Sex haben sollten, wie man jemandem am besten den Hintern versohlt, wie man Buße tut, wie man betet, wie man Kleidung wäscht, und wie man putzt.

Die Home-Schäfer müssen den Gebiets-Schäfern Bericht erstatten, die wiederum den Landes- oder Regions-Schäfern berichten, und immer so weiter die Hierarchieleiter hinauf. Die hochrangigeren Schäfer werden von Grandpa und Mama Maria berufen und leben in geheimen WS Homes. Die Schäfer reagieren auf Hilfsgesuche, beraten uns, berichtigen und bestrafen uns für Regelverstöße und besuchen zuweilen die Homes, die unter ihrer Aufsicht stehen.

Mein Vater rennt am Strand umher und macht Fotos sowie kurze Videos von allen mit seiner Nikon-Kamera. Schon seit Jahren filmt er die »Children of Love«-Konzerte für andere Kinder in der Family. Wir singen, zitieren Bibelverse und Mo-Briefe und führen Sketche auf, um anderen Kindern wichtige Lektionen der Bibel und der Family näherzubringen. Diese Filmchen werden auf Videokassetten überspielt und weit und breit an Familien geschickt, um als göttliche und familygerechte Unterhaltung zu dienen. Aber heute drehen wir eine andere Art von Video.

Grandpa redet immer über seine Liebe zu Frauen: »*Ich bin überzeugt, dass Gott die schönste Seiner Schöpfungen als letzte hervorgebracht hat – Seine krönende Schöpfung, die Frau! Ich bewundere & bestaune immer wieder die Schönheit der Gestalt, der Kurven, die Kraft Seiner Hände … Wenn ihr mich fragt, ist der Körper einer Frau ein Kunstwerk … Und seit wir uns in diesem schönen warmen Klima befinden, laufen wir nackt herum & landen so oft im Bett, dass ich schon hoffen muss, mich nicht zu überanstrengen!*«

In einem der letzten Mo-Briefe schrieb Grandpa über einen Traum von überirdischen, verführerischen, nackten Frauen, den Himmlischen Huris, die ihm erschienen und lediglich mit durchsichtigen Tüchern bekleidet für ihn tanzten. Diese Göttinnen erscheinen ihm auch beim Sex, und sie sprechen in fremden Zungen zu ihm und flehen ihn an, Missionare in ihre Länder auszusenden, um ihr Volk zu retten.

Grandpa deutete an, dass er sich sehr freuen würde, Videos von Frauen und Mädchen der Family zu bekommen, die wie die Göttinnen seiner Träume aufreizend tanzen. »Gott im Tanz zu preisen«, sagt er, müsse sehr geschmackvoll und schön gestaltet werden, wie die Aktmalerei der alten Meister und Künstler, nicht wie Pornografie. Natürlich stimmen meine Mutter und die anderen Frauen enthusiastisch zu, möchten eifrig beweisen, dass sie Gott gegenüber gehorsam sind. Den Männern gefällt die Idee auch, da sie das Video ja ebenfalls zu sehen kriegen.

Meine Mutter weiß, dass sie eine gute Tänzerin ist, und liebt es, das zur Schau zu stellen. Sie möchte nicht nur einen einfachen Tanz zeigen und sich mit einem durchsichtigen Tuch über den Körper streichen. Stattdessen soll es eine richtige Choreografie geben, und sie wählt verschiedenfarbige Tücher aus, um Kostüme für unsere Produktion von *The Asian Angels Volume Two* (*Die Asiatischen Engel, Folge Zwei*) zu entwerfen. Ich bin in meinem ersten *Asian Angels*-Video aufgetreten, als ich drei Jahre alt war, ein Zusammenschnitt von in Asien lebenden Family-Frauen, die verführerische Tänze präsentieren.

Die meisten der Frauen scheinen sich zu freuen, aber einige klagen auch, dass sie nicht auf diese Art und Weise tanzen können und sich blöd vorkommen. Man mahnt sie: »Tut es für den Herrn und unseren Propheten Moses David. Bedenkt, dass ihr nicht euch selbst gehört; ihr gehört Gott. Jegliches Schamgefühl entstammt eurem Stolz. Betet dagegen an.«

Auch ein paar andere kleine Mädchen, die Töchter einiger der für die GAF angereisten Familien, und ich sollen uns Tücher aussuchen. Ich liebe Tücher und verkleide mich gern. Manchmal ziehe ich mein langes Weihnachts-Auftrittskleid an und lege die violette Federboa meiner Mutter um, werfe mir ein durchsichtiges Tuch über den Kopf und tue so, als wäre ich eine Prinzessin.

Um dem Ganzen eine künstlerische Kulisse zu verleihen, möchte mein Vater unseren Tanz unter den Kiefern am Strand filmen, ganz in der Nähe der Stelle, wo wir die GAF abhalten.

»Wir führen den Tanz der Waldfeen auf«, erklärt meine Mutter. »Ich stelle die Feenkönigin in der Mitte dar und ihr Mädchen tanzt um mich herum.«

Ich hüpfe auf und ab. Ich möchte unbedingt eine Fee sein, die im Wald tanzt. Das ist genauso gut wie eine Prinzessin.

Mein Vater steht mit seiner Kamera bereit, um uns zu filmen.

Als wir all unsere Kleidung ablegen sollen, geniere ich mich etwas davor, meine Unterhose auszuziehen, aber meine Mutter hilft mir, das durchsichtige weiße Tuch um meine Hüften zu binden. Dann sollen wir ein paarmal üben, damit bei der Aufnahme alles klappt. »Haltet euch an den Händen und tanzt im Kreis um mich herum, erst in die eine, dann in die andere Richtung«, instruiert sie. »Jetzt hebt eure Hände zum Himmel hinauf, so als würdet ihr Jesus preisen.«

Endlich drückt jemand am Ghettoblaster auf Play und ein beliebtes Family-Lied, »Mountain Children«, setzt ein, sodass mein Vater anfängt zu filmen. Fünf von uns kleinen Mädchen, nackt unter unseren durchsichtigen Tüchern, halten sich an den Händen und umkreisen meine Mutter, während sie in der Mitte tanzt und das Tuch über ihren bloßen Körper streichen lässt. Eine weitere Erwachsene steht an der Seite und erinnert uns an den Richtungswechsel und die Posen.

Ich versuche, die Bewegungen meiner Mutter mit dem Tuch nachzuahmen, aber ich fühle mich ungelenk und unsicher. Die spitzen Zweige, die durch die Kiefernnadeln am Boden stechen, tun mir an den nackten Füßen weh. Das hier macht nicht so viel Spaß, wie man mir weismachen wollte. Nach ein paar Aufnahmeversuchen haben wir kleinen Mädchen es aber geschafft. Jetzt drehen die erwachsenen Frauen abwechselnd Videos, in denen sie allein tanzen. Ich ziehe mich an und renne zurück zu der Stelle, wo Patrick und die Jungs Fangen spielen. *Warum müssen sie nicht tanzen?*

Wann immer wir eine GAF oder LAF abhalten, bringt einer der Erwachsenen uns Kinder ins Bett, während die anderen den Abend tanzend und mit »Liebe teilen« verbringen. Meine Schwester Mary und ich sind noch zu klein, um zu diesen »Tanz«-Abenden für Erwachsene zu gehen, aber laut Grandpas Mo-Brief *Child Brides* (*Kindsbräute*) sind meine Brüder inzwischen alt genug und werden dieses Mal eingeladen teilzunehmen. »*Jungs entwickeln Sperma und Mädchen bekommen ihre Periode. Wenn Gott nicht wollen würde, dass sie zu diesem Zeitpunkt mit Sex beginnen, wären sie in dem Alter noch nicht in der Lage sich fortzupflanzen.*« Dies führte er in dem Brief *The Devil Hates Sex – But*

God Loves It! (*Der Teufel hasst Sex – aber Gott liebt ihn!*) noch weiter aus: »*An Sex ist absolut nichts verkehrt, solange er mit Liebe begangen wird, was auch immer passiert und mit wem es auch stattfindet, egal wer oder in welchem Alter oder in welchem Verwandtschaftsverhältnis oder auf welche Art … Als Paulus sagte: ›Alles steht mir frei, aber nicht alles ist förderlich‹ (1. Korinther 6,12), hätte er genauso gut sagen können: ›Ich kann jede Art von Sex genießen, die ich möchte, aber ich muss mich vor dem System hüten, weil es gegen das Gesetz verstößt!‹ (Mama Maria: Lasst euch zumindest nicht dabei erwischen!) … In unserem privaten Bereich sind wir frei, aber sonst nirgends, und vielleicht sind wir nicht mehr frei, wenn sie herausfinden, was wir im Privaten tun! … Im Gesetz der Liebe gibt es keine Beschränkungen in Bezug auf Verwandtschaft oder Alter.*«

Wie Grandpa weiter erzählt, wurde es Hunderte Jahre lang so gehandhabt, dass ein Junge beim Erreichen der Pubertät von seinem Vater zu einer Prostituierten mitgenommen wurde, um erste Erfahrungen zu sammeln, selbst im Viktorianischen England. Ich höre auch nie ein Wort der Klage von meinen Brüdern; ganz im Gegenteil.

Als Hobo zehn Jahre alt war, ging er mit einigen Family-Führungskräften, die in Grandpas Haus ausgebildet werden sollten, für ein paar Monate ins Ausland. Als er zurückkam, erzählte er seinen Brüdern, dass er Sex mit erwachsenen Frauen gehabt hätte. Diese Praxis war anscheinend von den Spitzen-Führungskräften abgesegnet und die Homes folgten dem Beispiel. Daher wurden meine Brüder zur nächsten Nacht des Liebe teilens eingeladen. Die Jungen wurden gefragt, mit welcher Auntie sie Sexualzeit haben wollten, und dann gingen sie in verschiedene Zimmer und taten, wozu die Jungs Lust hatten – tatsächlich Sex haben oder nur Kuscheln.

Am nächsten Abend, wieder zurück auf der Farm, versammeln wir uns zu unserer regelmäßigen Inspirationsrunde mit Gitarrenbegleitung, bei der wir mitreißende, gefühlvolle Family-Lieder der Hingabe singen, um uns in eine spirituelle Stimmung zu bringen. Ich sitze auf Uncle Jeffs Schoß; er fühlt sich fest und sicher an. Bei meinem Vater auf dem Schoß versuche ich immer, vollkommen still zu sitzen, weil ich befürchte, sonst einen Klaps oder Knuff zu kriegen. Er kann jeden Augenblick ausrasten, und ich weiß nie so genau, was ihn hochgehen lässt. Aber Uncle Jeff versohlt uns nie den Hintern, also kann ich ungeniert herumzappeln.

Nach der Inspirationsrunde sehe ich, dass Uncle Jeff mit meiner Mutter spricht. Sie lächelt und fragt mich, ob ich nicht ein bisschen Zeit mit Uncle Jeff verbringen möchte. Ich nicke fröhlich. In seinen Armen fühle ich mich immer warm und geborgen.

Uncle Jeff nimmt mich mit in sein Zimmer und legt mich neben sich aufs Bett. Dann nimmt er meine Hand und platziert sie auf seinem Schritt, zeigt mir, wie ich daran hoch und runter streicheln soll. Ich setze mich überrascht auf.

»Hab keine Angst. Möchtest du ihn berühren?« Wieder nimmt er meine Hand und legt sie auf seinen Penis.

Ich bin starr vor Schock. Sein Penis ist ganz anders als die der kleinen Jungs, die ich öfter an Patrick oder meinen Brüdern sehe. Er macht ein seltsames grunzendes Geräusch und weißes Zeug spritzt auf meine Hand und seinen Bauch.

Igitt, denke ich, aber ich sage nichts, starre nur auf meine Hände, die bedeckt sind von dieser klebrigen weißen Pampe. Sie riecht seltsam und irgendwie metallisch.

Er führt mich in das winzige Badezimmer und hebt mich hoch, sodass ich mir im Waschbecken die Hände säubern kann. Die kleine Neonlampe reflektiert die kränklich grüne Farbe der Wände, während ich meine Hände gründlich schrubbe. Dreimal wasche ich sie, bevor er mich wieder absetzt, aber sie fühlen sich noch immer schmutzig an.

»Ich möchte jetzt wieder in mein Zimmer gehen«, flüstere ich.

Ich bin verwirrt. Ich habe meine Eltern und Betreuer über unsere Körper reden hören, dass sie gut und natürlich sind, und wie Babys entstehen. *Warum fühle ich mich dann beschmutzt?* Ich bin so verlegen und beschämt, dass ich mit keinem darüber spreche. Als meine Mutter mich am nächsten Morgen lächelnd fragt: »Hattest du Spaß mit Uncle Jeff?«, ziehe ich nur den Kopf ein und laufe davon. *Wenn sie es nicht weiß, will ich es ihr auch nicht erzählen. Es war meine Schuld.*

Ich bin freiwillig mit ihm in sein Zimmer gegangen. Sie haben mich nur etwas tun lassen, dem ich augenscheinlich zugestimmt habe. Von nun an meide ich Uncle Jeff, anstatt für eine feste Umarmung zu ihm zu laufen. Er lädt mich auch nicht mehr in sein Zimmer ein. Für die Erwachsenen ist es, als wäre nichts passiert. Und auch ich tue so.

Aber ich habe mich verändert. Von diesem Augenblick an bin ich nicht mehr gerne in der Nähe von erwachsenen Männern. Ich verstecke mich in einer Gruppe von Kindern, um nicht mit einem allein zu sein.

Aber das klappt nicht immer.

* * *

Es ist schon ein paar Jahre her, seit Lynne Watson ihren Artikel veröffentlichte, wegen dem wir zur Farm flüchteten. Und obwohl sich die Lage beruhigt hat, scheint es, dass wir nie sicher sind.

Mommy Esther trommelt uns alle im Innenhof zusammen und teilt uns besorgt mit: »Ihr Kinder müsst künftig überall auf der Farm von einem Erwachsenen begleitet werden. Überall! Sogar auf den kurzen Wegen zwischen den Häusern. Wir haben eine ernste Drohung erhalten.«

Wir halten den Atem an, die Augen weit aufgerissen. Sie erklärt, dass sie einen Brief von Verwandten aus Kansas bekommen hat. Ihre Eltern seien bestürzt über die Missbrauchsanschuldigungen, von denen sie in den Medien erfahren haben, und hätten jedem eine Belohnung versprochen, der uns Kinder kidnappt und nach Amerika bringt.

Schockiert schnappen wir nach Luft.

Berichte über Prostitution und Kindesmissbrauch haben schon Polizeirazzien, Verhaftungen und Angriffe auf die Homes von Family-Mitgliedern ausgelöst und die Behörden haben einige Mitglieder ins Gefängnis gesperrt oder auf schwarze Listen gesetzt und sogar versucht, Kinder ihren Eltern wegzunehmen.

Die *Family News*, in denen jeden Monat Berichte über Family-Mitglieder enthalten sind, die gekidnappt und inhaftiert wurden, bestätigen unsere Befürchtungen. Ted Patrick, ein amerikanischer Sektenausstiegsberater, auch als »Black Lightning« (»Schwarzer Blitz«) bekannt, war für mehrere Entführungen im Auftrag von besorgten Eltern verantwortlich, die ihre Söhne und Töchter »retten« wollten. Das ist allerdings in den USA und Europa passiert – weit weg von unserem kleinen Dorf. Wir halten oft verzweifelte Gebetsrunden ab, um Erlösung für die Family-Mitglieder überall auf der Welt zu erbitten, die unter Verfolgung zu leiden haben.

Mommy Esther hat noch nie etwas über ihre Eltern erzählt. Ich kenne nicht mal ihre Namen. Aber Mommy Esthers hohe und leise Stimme sowie ihre hektischen Bewegungen machen deutlich, dass wir Angst haben sollten. Wir laufen zwar endlich nicht mehr Gefahr, aus dem Dorf ausgeschlossen oder aus dem Land geworfen zu werden, aber dafür müssen wir nun befürchten, dass wir entführt werden!

»Macht euch keine Sorgen«, sagt unser Vater. »Gott wird uns beschützen, aber bis wir euch was anderes mitteilen, geht *niemand* irgendwohin ohne einen Partner oder einen großen Stock.« Er hält einen schweren Ast in die Höhe, der größer ist als ich und fünf Zentimeter dick. »Ich stelle welche hier neben den Türen bereit. Wann immer ihr rausgeht, nehmt ihr einen davon mit. Wenn ihr jemanden seht, den ihr nicht kennt, rennt weg. Wenn euch jemand packt, schreit und beißt und tretet und tut alles, um zu entkommen. Habt ihr verstanden?«

Jetzt habe ich wirklich Angst. Noch nie habe ich sie so reden hören. Und es ergibt keinen Sinn.

Wie dumm ist das denn, natürlich werden wir nicht missbraucht. Bei Missbrauch lassen die Erwachsenen ihre Kinder hungern, drücken brennende Zigaretten auf ihnen aus, schlagen sie ins Gesicht, bis sie ihnen die Nase gebrochen haben oder sie ins Krankenhaus müssen, so wie System-Eltern das tun. Diese dämlichen Systemer, die an Orten wie Großbritannien die körperliche Züchtigung verbieten wollen, weil sie sie als Kindesmissbrauch bezeichnen, die sind das Problem. »Mir wurde ganz oft der Hintern versohlt, und sieh nur, was aus mir geworden ist«, sagen die Erwachsenen immer. Grandpa meint, der System-

Kinderarzt und -Psychiater Dr. Spock werde von Satan beeinflusst, um Eltern weiszumachen, dass sie ihre Kinder nicht schlagen dürfen, damit sie verzogene Kriminelle und Drogenabhängige erziehen.

Und unsere sexuelle Freiheit ist kein Missbrauch. Die Systemer verstehen den Unterschied einfach nicht, weil sie Gottes Wort nicht akzeptieren.

Natürlich sind sich alle einig. *Wie lächerlich! Wir würden unsere Kinder niemals missbrauchen. Das ist lediglich ein Vorwand des Teufels, um uns zu verfolgen.*

In den nächsten Monaten sind wir in höchster Alarmbereitschaft. Auf der Farm und auf den Wegen zwischen den Häusern des Dorfes werden wir Kinder von einem Erwachsenen begleitet, der mit einem der riesigen Stöcke bewaffnet ist. Wenn kein Erwachsener verfügbar ist, um uns zur Schule oder zur Mittagsruhe ins andere Haus zu begleiten, spähen Patrick und ich aus der Haustür auf die zwanzig Meter, die das Haupthaus vom Cottage trennen. Ich suche den Hof sorgfältig nach Fremden ab, die hinter der kurzen Steinmauer um den Garten des Cottages auf der Lauer liegen könnten, bevor ich den schweren Stock fest mit der einen Hand und Patricks schwitzige Finger mit der anderen packe. »Eins, zwei, drei«, zählen wir leise. »Los!«

Wir überwinden die kurze Strecke in Rekordzeit, während wir achtgeben, dass uns die Gummi-Flipflops nicht von den Füßen rutschen, und Angst und Adrenalin durch meinen ganzen Körper kribbelt. Dann brechen wir mit klopfenden Herzen und leichtem Schwindelgefühl hinter der zweiten, schnell verschlossenen Tür zusammen. »Geschafft!« Unsere ruhige Nachbarschaft ist ein Kriegsgebiet, das nur in unserer Angst existiert. Im Bett gehe ich noch einmal im Kopf durch, wie ich jeden Ausstiegsberater treten und anschreien und beißen würde, der mich packen und entführen will. Ich weiß, dass ein Erwachsener mich leicht überwältigen könnte, aber meine Augen verengen sich zu Schlitzen, während ich auf die dreckigen Dachziegel starre. *Ich werde nicht kampflos mitgehen*, versichere ich mir selbst.

Als keine Entführer auftauchen, klingt die Hysterie schließlich ab. Es ist ein gutes Gefühl, wieder langsam gehen zu können, an meinem

Lieblingsrosenstrauch stehen zu bleiben und daran zu riechen. Um ehrlich zu sein, bin ich ein klitzekleines bisschen enttäuscht, dass keine echten Kidnapper erschienen sind und unsere Verteidigungsmechanismen ausgetestet haben. Vermutlich haben die Großeltern beschlossen, dass es die Mühe nicht wert ist, und sind wieder dazu übergegangen, uns zu ignorieren. Der Schrecken bekräftigt aber die Tatsache, dass man den Systemern, selbst – oder ganz besonders – den eigenen Verwandten, nicht trauen kann. Sie verstehen uns nicht. Sie sind Außenstehende.

Obwohl Grandpa die Family-Mitglieder dazu ermuntert, in Kontakt mit der eigenen Familie zu bleiben und eine gute Beziehung zu den Verwandten aufrechtzuerhalten, damit sie sich nicht zu Feinden entwickeln, kann unsere wahre Familie nur die Family sein. Ich weiß, dass meine Mutter ihren Eltern monatlich Briefe mit Neuigkeiten schickt, in denen sie von unserer Missionsarbeit berichtet und um Spenden bittet, aber ich bekomme nicht mit, ob sie jemals antworten.

Da wir uns nun wieder sicher bewegen können, machen Patrick und ich ein Wettrennen zu unserem Lieblingsbaum, während die Frühlingssonne auf uns herunterbrennt. Ich schwinge mich hinauf, kralle meine nackten Zehen um die Äste, und Patrick klettert hinter mir hoch. Selbst als er kurz anhält, um wieder zu Atem zu kommen, kraxele ich weiter, bis ganz nach oben. Die höchsten Äste schwanken und biegen sich unter meinem Gewicht, und als es keine höheren Zweige mehr gibt, tue ich so, als wäre ich ein Vogel, und blicke über die Baumwipfel hinweg, hoch über allen anderen.

Hier oben können mich die Erwachsenen nicht erreichen. Nicht mal meine Brüder können so hoch klettern, weil die Äste nicht stark genug sind, um ihr größeres Gewicht zu halten.

All die winzigen Menschen auf der Erde sind nicht von Bedeutung. Hier gibt es nichts Schlechtes, keinen Schmerz. Ich halte meine Hand in die Höhe, so als könnte ich Gott berühren.

7

EINE VERÄNDERTE EINSTELLUNG

Innerhalb von drei Jahren haben wir vier Häuser und unser eigenes kleines Dorf innerhalb des Dorfes hergerichtet. Das Cottage, in dem Patricks Familie wohnt; das Haupthaus, das immer noch größtenteils meiner Familie gehört; und das Pinke Haus, welches über einen Flur an das Haupthaus angebunden ist und in dem meine Mutter und andere Helfer leben. Unser neuestes Objekt ist das Steinhaus, ein gedrungenes Haus, das aus Granitblöcken von etwa dreißig mal dreißig Zentimetern Länge erbaut wurde und das sich zwanzig Meter einen Pfad entlang hinter dem Haupthaus befindet. Die Terrasse haben wir ummauert und sie dient nun als unser Unterrichtsraum – eine riesengroße Verbesserung im Vergleich zu dem Holzschuppen hinter dem Tempel.

Je mehr Häuser wir renovieren, desto mehr Family-Mitglieder treffen ein, um sie zu bewohnen. Ching-Ching zieht mit ihrem Vater, Zacky Star, und seinen zwei Ehefrauen hierher: Auntie Hope, eine liebevolle, rundliche, jüdische Amerikanerin mit einer großen Nase und langen schwarzen Haaren, die ihr bis zum Po reichen, und Auntie Kat, eine der ersten chinesischen Jüngerinnen, die sich uns in Hongkong angeschlossen hat. Sie hat ein fröhliches Lächeln, Pausbäckchen wie ein Streifenhörnchen und Sommersprossen. Die drei haben fünf Töchter, von denen Ching-Ching die älteste ist (und ein Jahr jünger als ich), und einen Sohn. Patrick und ich sind begeistert, noch mehr Kinder in unserem Alter hierzuhaben.

Obwohl wir größtenteils in unseren eigenen Familien zusammenleben, werden die Kinder tagsüber in Altersgruppen eingeteilt, um die sich jeweils ein oder zwei Betreuer pro Gruppe kümmern. Das hält den Eltern den Rücken frei, um die ihnen zugewiesene Arbeit für die Gemeinschaft zu verrichten.

Ich habe mir nie die Mühe gemacht, mir all die Aunties und Uncles zu merken; schon bevor wir auf die Farm zogen, wechselten sie ständig. Manche bleiben für drei oder sechs Monate, andere ein Jahr, je nachdem, wie oft sie ihr Touristenvisum verlängern können oder ob sie sich zu einem neuen Missionsfeld »berufen« fühlen. Wir bringen sie in so kleinen Zimmern wie möglich unter. Manchmal muss eine Familie mit zwei Erwachsenen und zwei Kindern in einem neun Quadratmeter kleinen Raum schlafen.

Unser Lebensstandard hat sich stark verbessert, seit wir das Abwasserkanalsystem gegraben und im Haupthaus ein gefliestes Badezimmer mit einer Toilette zum Sitzen und einer separaten Dusche eingebaut haben. Zudem haben wir unsere Kontakte zu portugiesischen Regierungsangestellten ausgenutzt, woraufhin die Stadtverwaltung die Hauptstraße ins Dorf asphaltiert und Leitungsmasten aufgestellt hat, sodass wir inzwischen an richtigen, getakteten Strom angeschlossen sind und unseren lauten Generator nur noch im Notfall nutzen müssen.

Meine Mutter ist erleichtert, da sie keine Autobatterien mehr hin- und hertragen muss, um die Computer am Laufen zu halten, die sie für die Herausgabe der Mo-Briefe nutzt. Da in Hongkong immer die neuesten in Japan und Indien hergestellten Pager, Funktelefone und Laptops verfügbar waren, lange bevor man sie in den USA kaufen konnte, besaß sie immer die aktuellsten Apple-, IBM- und NEC-Computer.

Darüber hinaus haben wir inzwischen die Wege zwischen allen Häusern befestigt, Blumen an den Rändern gepflanzt und die Beamten in der Stadt so lange bedrängt, bis sie unser Dorf widerwillig in die wöchentliche kommunale Müllabfuhrroute mit aufnahmen. Somit hat sich das Dorf zu einem völlig anderen Ort entwickelt, als er vor ein paar Jahren bei unserem Einzug war, und die Dorfbewohner drücken ihre Dankbarkeit für diese Verbesserung ihres Lebensstandards aus, indem sie uns kleine Essensgeschenke vorbeibringen.

Mein Vater hat auch endlich eine Lösung für unser Problem mit den giftigen Schlangen gefunden. Zwar hat Gott uns bisher beschützt, sodass niemand gebissen wurde, aber es tauchten immer wieder Schlangen an Orten auf, wo wir sie am wenigsten erwarteten – ließen sich von der Decke fallen oder machten es sich in unseren Betten gemütlich. Doch dann karrt mein Vater eines Tages drei Kipplaster voll mit scharfkantigen Schottersteinen heran und verteilt eine Steinschicht von mindestens zweieinhalb Metern Breite um jedes Haus. Er vermutet, dass Schlangen mit ihren weichen Unterseiten nicht gern über scharfkantige Steine gleiten. Obwohl einige der Aunties und Uncles ungläubig die Köpfe schütteln, geht der Plan auf. Endlich müssen wir nicht mehr abends in unseren Betten nach Kobras suchen.

Mit all den neuen Familien kommen immer mehr Kinder an, daher hat sich auch der Schulunterricht verändert. Jetzt haben wir drei Klassen: ältere Kinder, jüngere Kinder und Kindergarten.

Auf Auntie Hopes mütterlichen Schoß gekuschelt, konzentriere ich mich darauf, die Wörter richtig auszusprechen, und ich schäme mich auch nicht mehr dafür, wenn ich beim Lesen Fehler mache. Ich habe länger gebraucht als die meisten anderen Kinder, um Lesen zu lernen, aber irgendwann hat es dank der Hilfe von Auntie Hope klick gemacht. Inzwischen arbeite ich mich während einer Unterrichtsstunde blitzschnell durch mehrere »Peter and Jane«-Lesebücher und beginne, die *Kidz True Komics* und die bebilderte *Picture Bible* selbstständig zu lesen, begeistert über die neue Möglichkeit, mich während der langweiligen Mittagsruhe zu beschäftigen.

Einige der Erwachsenen wechseln sich ab, uns nach der zweistündigen Andacht jeden Morgen ein paar Stunden lang zu unterrichten. Dafür brauchen sie keine Lehrerausbildung; sie lesen einfach aus dem Lehrangebot des *Childcare Handbook* (*Handbuch zur Kinderbetreuung*) oder schreiben daraus Aufgaben an die Tafel. Die Family Care unter Leitung von Auntie Sara, Davidito und Mama Maria veröffentlichten das *Childcare Handbook* im Jahr 1982. So müssen Eltern nun nicht mehr die Lehrmaterialien des Systems nutzen, und die Kinder dürfen keine christlichen System-Schulen mehr besuchen. Mit fast siebenhundert Seiten beinhaltet dieses Lehrbuch alles, von dem Grandpa glaubt, dass ein Kind es für eine göttliche Bildung auf dem Missionsfeld braucht. Ein Kapitel darin beschreibt die Entstehung der Welt, beginnend mit der Schöpfungsgeschichte. Ein anderes Kapitel enthält Mathematik bis hin zum großen Einmaleins und Division plus ein wenig Geometrie für die Jungen, weil sie diese später eventuell für Tischlerarbeiten gebrauchen können. Wissenschaft und Biologie befinden sich in einem weiteren Kapitel, das ebenfalls mit der Schöpfung beginnt und ein langes Unterkapitel über die Widerlegung der bösartigen Lüge der Evolution enthält. Was ich als Einziges daran nicht leiden kann, ist, dass neue Lehrer immer am Anfang beginnen, sodass wir den ersten Teil schon ein Dutzend Mal durchgenommen haben, ohne jemals zum Ende zu kommen.

Die Einleitung fasst zusammen, was unsere Führungskräfte als wichtigste Lektion für uns erachten. Grandpa schreibt: »*Aktuell denke ich, dass unsere Kinder die bestmögliche Bildung durch das Wort Gottes, also die Bibel und die Mo-Briefe, bekommen können. Sie müssen nur Lesen und Schreiben und Rechnen lernen. Die beste Ausbildung erhalten sie schon jetzt durch das Wort und ihren Glauben und Überleben und Umherreisen und das Evangelium zu beten!*«

Das Vorwort fährt mit einer Erläuterung fort, wie wir zu dieser Ansicht gekommen sind: »*Wir sind nicht gegen Bildung, zumindest nicht gegen unsere eigene! … Ein wenig weltliche Bildung kann in manchen Situationen hilfreich sein, wenn wir mit der Außenwelt in Kontakt treten und dem System auf seinem vertrauten Boden begegnen müssen. Aber wie viel Schulbildung sollten wir unseren Kindern zuteilwerden lassen, um sie auf das Leben in unserer heutigen Gesellschaft vorzubereiten? Unsere Kinder brauchen lediglich die Grundausbildung bis hin zur sechsten Klasse.*«

Grandpa sagt, dass unser Unterricht immer auf etwas basieren soll, das nützlich ist, um Gott zu dienen. Also üben wir Schreiben und Grammatik, indem wir missionarische Briefe an Schafe verfassen, die uns wegen unserer Radiosendungen kontaktieren oder die wir während des Missionierens kennengelernt haben. Unsere Chinesisch-Lehrerin, Auntie Kat, schreibt missionarische Sätze auf Kantonesisch an die Tafel oder auch Zeilen aus Family-Liedern, die sie ins Kantonesische übersetzt hat und die wir auswendig lernen.

Viel wichtiger als unsere Schulausbildung ist die spirituelle Ausbildung.

»Dreh die Füße weiter aus. Nein, die Arme höher. Deine Oberschenkel sollten sich mitdrehen. Streck die Knie. Und hebe die Ellbogen, aber beuge sie leicht dabei.« Meine Mutter versucht, mir Ballett beizubringen, doch nichts, was ich tue, ist richtig.

»Ich kann das nicht!«, rufe ich und werfe frustriert die Arme in die Luft.

Der tiefe Unmut in meiner Brust treibt mir Tränen der Scham in die Augen. Aber ich will nicht weinen. Stattdessen werde ich wütend. Wann immer meine Mutter mir etwas beibringen möchte – lesen, schreiben, malen –, ist es dasselbe. Eine Situation wie diese haben wir schon häufig erlebt.

»Natürlich kannst du das!« Ihre Stimme klingt schrill und frustriert. »Ich habe beschlossen, dass es dir von jetzt an verboten ist, die Worte ›Ich kann das nicht‹ auszusprechen. Was steht in der Bibel? ›Alles kann ich …‹«, ermuntert sie mich.

Ich schniefe. »›Alles kann ich durch Christus, der mir Kraft und Stärke gibt‹«, zitiere ich brav.

»Ganz genau. Diese ›Ich kann das nicht‹-Einstellung verstößt also gegen die Bibel. Deswegen ist das ab jetzt ein böses Wort. Jedes Mal, wenn du wieder ›kann nicht‹ sagst, wasche ich dir den Mund mit Seife aus. Und du wirst jeden Bibelvers und jedes Gedicht zum Thema ›*Ich kann*‹ auswendig lernen, die ich finde, damit du nicht mehr so eine schlechte Einstellung hast.«

Mir bleibt nichts anderes übrig, als zu nicken. Anfangs fällt es mir schwer. Sehr schwer. Ich hatte zuvor gar nicht bemerkt, wie oft ich am Tag »Ich kann nicht« gesagt habe. Jedes Mal, wenn es mir dennoch rausrutscht, muss ich einen Vers aus der Bibel oder ein berühmtes Zitat oder ein Gedicht über Hartnäckigkeit aus *The Good Thots* zitieren.

The Good Thots, ein Buch über positive Gedanken, ist eine Zusammenstellung von historischen Kurzgeschichten, Parabeln, Gedichten und Zitaten aus dem System, die in Grandpas und Mama Marias Augen lehrreiche Lektionen beinhalten und die gleichzeitig mit den Glaubensgrundsätzen der Family übereinstimmen.

Ich habe zwei Dutzend davon auswendig gelernt. Am liebsten zitiere ich Teile von Winston Churchills Rede »Never Give In«. Dann spreche ich mit tiefer, rauer Stimme und sage: »Gib dich niemals geschlagen. Nie, nie, nie, nie … Außer aus der Überzeugung, dass etwas ehrbar und vernünftig ist.«

Aber mein Lieblingsgedicht dreht sich um einen winzigen Korken, der immer wieder an der Wasseroberfläche auftaucht, egal wie oft der verärgerte Wal ihn mit seiner großen Schwanzflosse auch hinunterdrückt, und er verspottet ihn: »Ich werde nie, niemals versinken, dank meiner Beschaffenheit werde ich auf ewig oben schwimmen, statt zu ertrinken.«

Mit der Zeit fällt sogar mir die Veränderung auf. Das altbekannte, niederdrückende Gefühl des Versagens wird durch eine »Ich kann«-Einstellung ersetzt. Ich fange an, daran zu glauben, dass ich mit genügend Hartnäckigkeit jede Herausforderung meistern kann. (Ich kann sogar meine Brüder im Klimmzugwettbewerb schlagen.) Auch meine Mutter lobt meine neue Entschlossenheit.

»Faithy, wach auf.« Ich werde abrupt aus einem tiefen Schlaf gerissen, als mein Vater mich an der Schulter rüttelt.

»Faithy. Komm schon, du musst aufstehen!« Es ist dunkel, aber plötzlich blendet mich ein helles Licht. Verängstigt springe ich auf. Es ist nur eine Taschenlampe. »Wir brauchen deine Hilfe. Aber dafür musst du ganz tapfer sein. Schaffst du das?«

Ich nicke, obwohl ich mit jedem Augenblick nervöser werde.

»Du musst Sheba helfen, ihre Welpen zu gebären. Glaubst du, du kannst das?«

Wir hatten schon viele Hunde im Lauf der Jahre, aber Sheba ist unser Liebling. Mit ihrem glänzenden schwarz-braunen Fell und den intelligenten, geduldigen Augen hat sie auf uns Kinder aufgepasst, seit ich mich erinnern kann. Sie hat bereits sechsmal Welpen geboren, die wir jeweils verkauft oder weggegeben haben. Ihre Welpen waren immer sauber geleckt, gut genährt und umsorgt.

Ich weiß, dass Sheba schon seit dem Vortag in den Wehen liegt, aber erst ein Welpe geboren wurde. »Der Tierarzt kann erst am Morgen zu uns rausgefahren kommen«, flüstert mein Vater.

»Ja. Ich helfe«, antworte ich, stolz darauf, dass sie mich bei einem so wichtigen Ereignis um Hilfe bitten. Ich krabbele aus dem Bett und laufe meinem Vater hinterher durch die Dunkelheit bis zum Stall, wo Sheba hechelnd auf blutigen Zeitungen liegt. Der metallische Geruch nach Blut, Druckerschwärze, Hund und Dreck dringt mir penetrant in die Nase. Lediglich vom Licht einer einzelnen, an einem Kabel an der Decke hängenden Glühbirne erleuchtet, blickt mich die arme Sheba mit unsagbarem Flehen in den sanften braunen Augen an. Nehi und Hobo stehen neben ihr, eindeutig besorgt. Mein Vater hilft ihr behutsam auf die Beine und hält sie fest, da sie kaum alleine stehen kann.

Er zeigt auf einen roten Plastikeimer mit Wasser und ein Stück Seife auf dem Boden daneben. »Mach dir die Hände und Arme bis hinauf zu den Ellbogen sauber. Einer der Welpen steckt im Geburtskanal fest. Ich hab's selbst schon versucht und deine Brüder auch, aber unsere Hände sind zu groß, um weit genug hineinzukommen und ihn herauszuziehen. Deshalb musst du das machen. Deine Hände sind als einzige so klein, dass sie hineinpassen.«

Ich blicke auf Shebas geschwollene Vulva, an der blutiger Schleim herunterhängt, und würde am liebsten rückwärts aus der Tür verschwinden. Aber mein Vater und die Jungs sehen mich erwartungsvoll an, selbst Sheba mit ihren traurigen braunen Augen. Sie hat Schmerzen. Ich atme einmal tief durch, trotz der Enge in meiner Brust. Dann setze ich eine entschlossene Miene auf. Ich werde sie nicht enttäuschen.

Ich führe meine Hand in die klebrige, heiße Vulva ein und suche nach dem Welpen darin. Sheba bewegt sich nicht, lässt lediglich den

Kopf noch tiefer hängen. Sie weiß, dass ich ihr helfen möchte. »Daddy, ich kriege meine Hand nicht weiter rein.« Ich habe Angst, zu fest zu schieben, denn ich will ihr nicht wehtun.

»Versuch es einfach weiter, du machst das toll.«

Ich spüre, wie sich ihre Muskeln anspannen und meine Hand schmerzhaft zusammendrücken. »Daddy?«, wimmere ich.

»Das ist nur eine Wehe. Sobald sie nachlässt, schiebst du deine Hand noch tiefer.«

Ich warte eine Minute lang, beiße die Zähne gegen den Schmerz in meiner Hand zusammen und wiederhole lautlos in meinem Kopf: *Ich kann das. Ich kann das. Alles kann ich durch Christus, der mir Kraft und Stärke gibt.* Dann schiebe ich meine Finger Zentimeter um Zentimeter weiter.

»Okay. Kannst du den Welpen jetzt fühlen?«

Meine Fingerspitzen berühren Fell. Ich ertaste eine winzige Nase, einen Kopf. Ich nicke.

»Gut! Jetzt versuch, den Kopf zu packen und ihn langsam rauszuholen.« Leichter gesagt als getan, denn eine weitere Wehe zerquetscht mir den Arm, bis ich schon das Gefühl habe, dass er taub wird. Sobald sie nachlässt, lege ich vorsichtig die Finger um den Welpenkopf und ziehe ihn zu mir. Es scheint ewig zu dauern. Ich halte inne und atme mit Sheba durch den Schmerz jeder Wehe, meine Hand immer noch in ihr eingeklemmt. Endlich ist er draußen.

Er ist weich, warm und glitschig. Sein schwarzer Körper ist nicht größer als meine Faust. Er ist tot.

Mein Vater nimmt ihn mir aus der Hand. »Er war zu lange im Geburtskanal eingeklemmt. Die anderen sollten noch am Leben sein«, sagt er ernst.

Im orangefarbenen Licht der erbärmlich flackernden 20-Watt-Glühbirne schaue ich mir meinen Arm an. Er ist über und über mit Blut und Schleim verschmiert. *Igitt, ist das eklig.*

»Kannst du ihr noch mal helfen?«

Ich zittere am ganzen Körper. Aber natürlich nicke ich. Wieder und wieder. Ich versuche, nicht darauf zu achten, was ich tue.

»Denk nicht darüber nach«, rät mir auch mein Vater. »Tu's einfach.« Das ist ein sehr nützlicher Trick, wenn ich etwas Ekliges oder Schmerzhaftes machen muss.

Ich blicke über Shebas Kopf in die Dunkelheit dahinter, während ich mich ganz darauf konzentriere, den nächsten Welpen zu finden. Langsam und unter Schmerzen ziehe ich drei weitere Welpen in das dämmrige Licht. Sie leben.

»Das reicht erst mal, Faithy. Hoffen wir, dass Sheba die restlichen allein gebären kann und dass diejenigen, die festgesteckt haben, aus dem Weg geschafft sind.«

Zitternd gehe ich zu dem Eimer zurück und tauche meinen roten schmerzenden Arm in das eiskalte Wasser. Ich schrubbe und schrubbe meine Arme und Hände, auch unter den Nägeln, aber der Geruch nach Blut will einfach nicht weggehen.

Trotzdem möchte ich bleiben und bei ihr Wache halten. Doch ich schwanke, und mein Vater fängt mich auf.

»Geh zurück ins Bett, Faithy. Du hast das sehr gut gemacht. Wir haben jetzt alles getan, was in unserer Macht steht. Nun können wir nur noch beten, dass sie es schafft.«

Lieber Herr Jesus Christus, bitte hilf Sheba, dass sie wieder gesund wird, bitte, bitte, Jesus, hilf ihr, am Leben zu bleiben, wiederhole ich immer und immer wieder, während ich in meinem Bett liege.

Am nächsten Morgen kommt keiner, um mich aufzuwecken, daher schlafe ich lange. Ich gehe ins Esszimmer, wo alle anderen gerade mit dem Frühstück fertig sind und die helle Sonne durch die Fenster hereinströmt, als mein Vater durch die Eingangstür tritt. »Jungs, kommt her!« Der ernste Ausdruck auf seinem Gesicht verrät es mir schon, bevor er es ausspricht: »Sheba ist zu Jesus gegangen. Sie ist jetzt im Hundehimmel.«

Vierzehn Augen füllen sich mit Tränen.

Ich starre auf meine Hände. *Ich habe versagt. Ich habe mich so angestrengt, und sie ist trotzdem gestorben! Warum hat Jesus meine Gebete nicht erhört?* Meine Brust schnürt sich so eng zusammen, dass ich kaum atmen kann.

»Wir haben alles für sie getan, was wir konnten. Der Tierarzt sagt, dass sie vierzehn Welpen in sich trug.«

Uns klappen die Unterkiefer herunter. Ich habe noch nie von einem Wurf mit vierzehn Welpen gehört!

»Sheba hatte einfach nicht die Kraft, so viele zu gebären.« *Wenn der Tierarzt schon gestern gekommen wäre, hätte er sie vielleicht retten können*, denke ich verbittert. »Faithy hat uns letzte Nacht dabei geholfen, ein paar der Welpen zu retten. Wir haben fünf Welpen rausgekriegt. Einer war schon tot, aber die anderen sind noch am Leben. Dank sei Gott!«

Uncle Michael legt die vier überlebenden Welpen in eine Kiste mit einer Decke darin. Alle zwei Stunden füttert er sie mit der Flasche, selbst in der Nacht. Den ganzen Tag über bete ich im Stillen: *Jesus, bitte hilf den Welpen zu überleben.*

Mein Vater legt Shebas toten Körper in einen Jutesack. Wir steigen alle in den Van und fahren den Eucalyptus Hill drei Kilometer entfernt hinauf – der scharfe, medizinische Geruch der namensgebenden Eukalyptusbäume kitzelt mir in der Nase. Wir stehen um meinen Vater herum, während er abseits der Straße ein richtiges Grab für sie schaufelt. Es ist meine erste Beerdigung. Wir stellen ein Holzkreuz an der Grabesstelle auf, und jedes von uns Kindern tritt vor, um sich von ihr zu verabschieden und ihr ein Geschenk dazulassen – ein buntes Band, einen Ball –, eine schlichte Sammlung aus kleinen Schätzen von Kindern, die wenig zu geben haben. Tränen rinnen unsere Wangen hinunter, während wir die Blicke der anderen meiden. Ich lege meine Gabe vorsichtig auf ihr Grab – ein leerer Parfümflacon aus Glas, den Mommy Esther weggeworfen hatte; ich hatte ihn wegen des darin verbliebenen Dufts behalten. Unser geliebtes Dobermannweibchen zu verlieren, ist der traurigste Tag meiner Kindheit. Wann immer ich Eukalyptus rieche, denke ich an ihr Grab.

Nach ein paar Tagen ist nur noch das erstgeborene Welpenweibchen am Leben. Es hatte schon einen ganzen Tag lang die Milch seiner Mutter trinken können und war kräftiger als die anderen. Wir nennen es Shebina – Tochter der Sheba. Im Gegensatz zu den anderen Hunden, die nur noch selten ins Haus dürfen, wächst Shebina in dem Wohnwagen auf, in dem Uncle Michel inzwischen mit seiner neuen Frau, Auntie Crystal wohnt.

»Sie denkt, sie wäre ein Mensch«, lacht Uncle Michael, wenn Shebina auf die Bank springt, um mit der Familie am Tisch zu sitzen.

Sie ist der schlechteste Wachhund aller Zeiten. Denn sie liebt alle Menschen aufrichtig – Freunde, Fremde, Nachbarn. Schwanzwedelnd springt sie an jeder vorbeischlendernden Person hoch und möchte gestreichelt werden. Wir lieben sie mit einem Hauch von Melancholie. Sie wird zwar nie den Platz unserer ersten großen Liebe Sheba einnehmen können, aber sie gibt ihr Bestes, uns für den Verlust zu entschädigen.

8

MEINE NEUE SCHWESTER

So wie die Farm entwickeln sich auch die Missionierungsgepflogenheiten der Family weiter. Als die Aids-Epidemie über die Welt fegt, schränkt Grandpa das Flirty Fishing ein. »Wir dürfen nicht zulassen, dass diese Sodomiten-Krankheit sich in der Family ausbreitet«, sagt er.

Man darf nicht einen einzigen Mo-Brief verpassen, denn man weiß nie, welche lebensverändernden Offenbarungen darin verkündet werden. Einige Jahre zuvor hatte Grandpa in einem Mo-Brief gemahnt, dass Frauen bereitwillig die Gefahr einer Geschlechtskrankheit eingehen sollten, um Seelen zu retten, da schließlich auch Jesus sein Leben für uns hingegeben hatte. (Das begleitende Bild hatte mich zusammenzucken lassen: eine Frau, die ans Kreuz genagelt war und in deren Muschi ein Pfahl steckte. Igitt!) Die Erwachsenen kamen jedoch überein, dass die meisten von ihnen mit behandelbaren Geschlechtskrankheiten leben konnten, allerdings *nicht* mit Herpes. Denn diese Krankheit ist *unheilbar*, so wie Lepra. Hatte man sie sich einmal eingefangen, war man auf ewig verunreinigt. Manche von den Erwachsenen hatten Herpes, aber wir wussten, welche, und baten sie, gemeinschaftlich genutzte Toilettensitze nach dem Gebrauch mit Desinfektionsmittel zu säubern.

Obwohl Grandpa den Family Homes das FFing verbot und sie neue Wege finden sollten, um ihren Lebensunterhalt zu bestreiten, durften Frauen die Beziehungen zu langjährigen Fischen weiterführen, sofern diese die Family unterstützten. Alle anderen mussten aufhören. Ein paar Jahre später wurde FFing umfassend eingestellt – *niemandem* war es mehr erlaubt, mit Systemern zu schlafen, unter Androhung der Exkommunikation.

Grandpas Anordnung, das FFing einzudämmen, liefert meiner Mutter den Vorwand, auf den sie schon länger gewartet hatte. Zum Abschied verbringt sie eine letzte Nacht mit Uncle Ashok. Während es ihr nichts auszumachen scheint, dass sie sich nun zum letzten Mal treffen, bin ich besorgt. Ich verbringe gerne Zeit in seiner Wohnung in der Stadt. Er kauft mir Süßigkeiten und lässt mich die Chapati-Brote, die er mir backt, in lustige Formen schneiden. Aber vor allem gefällt mir, dass er mir seine Aufmerksamkeit schenkt und ich mich durch sie wohlig und sicher fühle. Ich mache mir Sorgen, dass all das enden wird, wenn sie sich trennen.

Doch auf uns wartet eine noch größere Überraschung.

Drei Wochen nach ihrer Trennung stellt meine Mutter fest, dass sie schwanger ist.

Ich werde eine große Schwester!

Meine Mutter erzählt mir, einen kleinen Bruder oder eine kleine Schwester zu haben, sei so, als hätte man eine lebensgroße Puppe zum Spielen. Ich bin total aufgeregt! Nach so vielen Jahren als die Jüngste freue ich mich auf meine neue Rolle als große Schwester. Ich muss so viel wie möglich über Schwangerschaft und Geburt lernen, damit ich helfen kann. Also lese ich den ersten Band des *Childcare Handbook*, in dem es um Babys geht, und schaue mir mehrfach die Dokumentation *Miracle of Life* (*Wunder des Lebens*) an. Darin wird *alles* gezeigt: wie die kleinen kaulquappenartigen Spermien aus dem Penis in die Scheide der Frau schießen, ihr beschwerlicher Weg den Eileiter hinauf, wie die Eizellen befruchtet werden und zu einem Fötus heranwachsen und auch die Geburt am Ende, die aber ziemlich eklig aussieht, sodass ich normalerweise an dieser Stelle abschalte.

Natürliche Hausgeburten sind in der Family üblich, und meine Mutter beschließt, dass sie ihr Baby mithilfe einer Hebamme zu Hause gebären möchte statt in einem Krankenhaus, so wie bei meiner Geburt. Außerdem wird es so ein lehrreiches Ereignis für uns Kinder.

Als der große Tag kommt, quetschen wir uns alle in den Dodge

Van und fahren zu unserer ehemaligen Wohnung in Macau, die wir noch immer angemietet haben, um Besucher der Family zu beherbergen. Die macanesische Hebamme, die meine Mutter engagiert hat, ist gleichzeitig Oberschwester im Krankenhaus. Sie besteht darauf, dass meine Mutter in der Stadt gebärt, damit wir in der Nähe des Krankenhauses sind, falls es Komplikationen gibt.

Meine Mutter liegt auf dem Doppelbett in einem der zwei kleinen Schlafzimmer. Während die Hebamme und Mommy Esther ihr beim richtigen Atmen helfen, sitzen oder schlafen wir Kinder im Wohnzimmer und lauschen dem Rhythmus ihres Hechelns und ihrer Schreie während der Wehen. Wir sind alle in identische, brandneue graue Trainingsanzüge gekleidet. Esther sagt, wir müssen sauber sein und dürfen keine Farmkleidung tragen, damit wir Mommy und das Neugeborene nicht mit Keimen infizieren, die ihnen schaden könnten.

Wir sieben versuchen, stillzusitzen und unsere *Kidz True Komics* zu lesen, aber es dauert einige Stunden länger, als alle dachten, und langsam werden wir in der kühlen Wohnung müde und nörgelig. Es ist ein kalter Dezembertag, und wir sind alle dick eingepackt in unsere Wintermäntel und Mützen, weil der einzige elektrische Heizstrahler im Entbindungsraum steht und der Rest der Wohnung nicht beheizt ist.

Wir werden gelegentlich informiert, wie es läuft, aber immer, wenn ich in den Raum spähen will, werde ich weggescheucht. Nach siebenundzwanzig Stunden Wehen holt uns Mommy Esther endlich aus dem Wohnzimmer: »Kinder, es ist so weit.«

Wir drängen uns alle in das kleine Zimmer, stehen still und starr vor Schreck am Fußende des Bettes und schauen dabei zu, wie die Hebamme meine Mutter anweist, »weiterzupressen«, obwohl sie das schon seit zwei Stunden macht.

Genau wie ich haben alle meine Geschwister *The Miracle of Life* gesehen, aber keiner von uns ist gänzlich auf das hier vorbereitet. Die Scheide meiner Mutter ist ganz weit gedehnt und eine große haarige Kugel lugt daraus hervor. Ich habe schon gesehen, wie Tiere ihre Jungen gebären, und sage mir immer wieder, dass das hier genau dasselbe ist. Aber es klingt und sieht nicht aus wie genau dasselbe. Auf dem Bett ist Blut, Mommy Esther schaut meiner Mutter zwischen die Beine und sagt: »Gut so, du hast es fast geschafft. Jetzt noch einmal pressen.« Die Hebamme feuert sie auf Portugiesisch an. Meine Mutter macht ein langgezogenes grunzendes Geräusch, kneift das Gesicht zusammen – und zack! Das Baby schießt heraus. Über das Bett! Gott sei Dank steht mein Vater dort und fängt es auf, bevor es auf dem Boden landet! Dads Gesicht wird mit Schleim vollgespritzt, und wir alle lachen unbehaglich. Ich schaue weg. Es ist eklig.

Als ich wieder hingucke, hält Mommy Esther ein kleines Mädchen im Arm, mit schwarzen Haaren auf dem Kopf, einem Flaum dunkler Haare überall auf dem winzigen weißen Körper und einem blauen Fleck am unteren Rücken.

Sofort ruft die Hebamme den Arzt. Als er ankommt, näht er meine Mutter und durchtrennt die Nabelschnur, denn in Macau erhält ein Baby nur dann eine Geburtsurkunde, wenn ein Arzt die Nabelschnur zerschnitten hat. Absurd, finde ich; wenn man mit einem Baby auftaucht, wurde es schließlich auch geboren, oder nicht?

Meine Mutter ist völlig erschöpft, aber mein Vater bemerkt das nicht. »Gelobt sei der Herr! Stellt euch mal alle für ein Foto ums Bett!«

Meine Mutter winkt schwach protestierend mit der Hand ab und ich schreite ein. Ich streiche ihr das schwitzige, krause Haar zurück und öffne ihre kleine Puderdose, um ihr ein bisschen Make-up aufs Gesicht zu tupfen. Ich weiß, dass sie es hasst, auf Fotos nicht gut auszusehen, und gerade sieht sie ziemlich schlecht aus, weil ihr Gesicht ganz rot und verquollen ist und ihre Haare in alle Richtungen abstehen.

Mommy Esther weist uns alle an, OP-Masken zu tragen, damit wir unsere neugeborene kleine Schwester nicht krank machen, während wir sie abwechselnd auf dem Arm halten.

Als wir nach Hause kommen, zieht sich meine Mutter in ihr Zimmer zurück, um sich zu erholen.

Meine älteren Brüder, beginnend mit Nehi, der inzwischen vierzehn Jahre alt ist, verbringen je einen Monat als Vollzeitkindermädchen bei

Baby Amy. »Das ist eine gute Übung für euch Jungs, wenn ihr auch mal Vater werdet«, erklärt meine Mutter. Sie haben nichts dagegen, sich mit Amy zu beschäftigen, aber sie hassen es, die vollgekackten Stoffwindeln auszuwaschen. Ich bin zu jung, um voll für sie verantwortlich zu sein, aber ich darf jeden Tag mit ihr spielen.

Obwohl ich mich sehr auf die Geburt meiner kleinen Schwester gefreut habe, sind Babys in der Family nichts Neues. Auf der Farm sind immer mindestens drei oder vier Frauen gleichzeitig schwanger und auch zu Besuch kommende Family-Mitglieder von anderen Homes verkünden uns die Geburt weiterer Kinder. Einmal hörte ich zufällig, wie meine Mutter mit einer dieser Frauen sprach, die damit prahlte, ein »Jesus-Baby« geboren zu haben (ein durch FFing empfangenes Baby), »genau wie Davidito!«. In vielen der Familien gibt es ein oder zwei Kinder, die nicht wie der Rest der Familie aussehen, und dann weiß man immer, dass das Jesus-Babys sind, die als besonderer Segen Gottes gelten.

Moment mal, denke ich, als ich langsam begreife, was das bedeutet. *Heißt das etwa, Davidito ist gar nicht Grandpas eigenes Kind?*

Ich frage meine Mutter, wie es sein kann, dass Davidito Grandpas Sohn ist, wenn er doch eigentlich als Jesus-Baby geboren wurde?

Sie erklärt, dass Daviditos leiblicher Vater ein spanischer Hotelangestellter namens Carlos ist, den Mama Maria durch FFing kennenlernte, als sie und Grandpa auf Teneriffa lebten. »Aber Davidito ist trotzdem Grandpas Sohn. Jesus hat nur das Sperma eines anderen Mannes genutzt, um ihn zu uns zu bringen. Esther ist doch auch deine Mommy, oder etwa nicht?«

»Ja«, antworte ich zögerlich. Ich weiß, dass ich Daviditos Stellung nicht anzweifeln darf. Schließlich ist er Grandpas auserkorener Sohn und Erbe. *Aber trotzdem*, überlege ich nicht zum ersten Mal, *was ist mit meinem Vater? Warum hat Grandpa uns Kinder nie aufgefordert, ihn zu besuchen? Warum ist Davidito sein Thronerbe, wenn er nicht mal Grandpas eigener Sohn ist?!* Ich habe über die Stammbäume in der Bibel gelesen und weiß, was die Erbfolge von Königen bedeutet.

Aber ich hüte mich davor, etwas zu sagen, das auch nur im Entferntesten kritisch Grandpa oder Davidito gegenüber klingen könnte, also behalte ich meine Fragen für mich und versuche, aus dem Verhalten der Erwachsenen schlau zu werden. Davidito wurde uns von Jesus gesandt. Es spielt keine Rolle, wer sein Vater ist. Aber ich finde es trotzdem unfair, dass mein Vater und Aunt Faithy nicht mehr Prinz und Prinzessin sind.

Obwohl Davidito der Thronerbe ist, erinnern uns meine Eltern täglich daran, dass meine Geschwister und ich als Mitglieder der ursprünglichen Royal Family weiterhin eine große Verantwortung tragen. Unsere Geschichte gehört uns nicht allein – sie gehört allen –, genau wie unser alltägliches Leben. Die *Kidz True Komics* erzählen von den letzten vier Generationen unseres Familienzweigs. Selbst unsere ersten Schritte als Kinder wurden in internationalen Rundbriefen dokumentiert, jeder Meilenstein seitdem aufgezeichnet, fotografiert und in den *Family News* herumgeschickt: »Faithy, 7, präsentiert euch Rachel, die Kuh«; »Faithy und die hübschen Ringelblumen, die sie mit anderen Kindern am Wegesrand gepflanzt hat«; »die kleine Faithy, wie sie einer schönen chinesischen Kellnerin im Restaurant eines Hotels ihre Liebe zeigt!«.

Die Family ist unsere Bestimmung, und das Vermächtnis der Family weiterzuführen – nämlich, die Welt zu retten –, ist unser Lebensziel. Alle bauen darauf, dass wir als gutes Beispiel vorangehen, und nichts macht meine Mutter glücklicher als eine Nachricht von Grandpa, die als Antwort auf einen ihrer Rundbriefe kommt und in der steht: »Meine tollen Enkel machen mich zu einem sehr glücklichen Grandpa.«

Tagtäglich werden wir daran erinnert, dass wir gute Vorbilder sein müssen, weil wir Grandpas Enkel sind. Gleichzeitig erklärt man uns genauso häufig: »Fühlt euch bloß nicht als etwas Besonderes, nur weil ihr Grandpas Enkel seid. Ihr seid allen anderen völlig gleichgestellt.« Wir sollen außergewöhnlich sein und werden dann doppelt hart bestraft, um uns zu zeigen, dass wir es nicht sind.

9

LEBEN AUF DER FARM

Um halb fünf beginnen die Vögel, in der Dunkelheit zu zwitschern. Ich stoße den Fliegengitterrahmen aus dem Fenster im Cottage, klettere hindurch und schlüpfe leise in Patricks Zimmer. Wir wecken uns immer abwechselnd gegenseitig, je nachdem wer zuerst aufwacht. Manchmal treffen wir uns in der Mitte, am Fenster, während der eine gerade hinausklettern und der andere hereinschlüpfen will. Wir würden nicht mal im Traum daran denken, den langen Tag ohne den anderen zu beginnen oder ihn verschlafen zu lassen, sodass er angebrüllt wird oder den Hintern versohlt bekommt.

Aber in letzter Zeit bin ich viel öfter fürs Wecken zuständig. Wenn Patrick es doch mal übernimmt, rüttelt er mich an der Schulter und springt dann schnell außer Reichweite. Ein paarmal hatte er zu große Angst, mich zu wecken, sodass wir fast zu spät gekommen wären. Denn wie er mir erzählt, schlage ich im Schlaf um mich oder trete nach ihm. Was sind denn schon ein paar Knuffe unter Freunden?, sage ich dann. Ich mache es ja nicht mit Absicht.

Ich schüttele Patrick, aber er schläft tief und fest. Also ziehe ich ihn an den Armen hoch, bis er aufrecht sitzt, die Augen noch geschlossen und schwankend wie ein Drachen im Wind. Wir müssen jetzt los, sonst kommen wir zu spät, und wenn wir zu spät kommen, werden wir ausgeschimpft. Als ich gerade zum Badezimmer laufen will, um kaltes Wasser zu holen, grunzt er und hievt sich aus dem Bett. Es dauert nur eine Minute, bis er sich ein abgetragenes T-Shirt und rote Shorts angezogen hat, und schon klettern wir auf demselben

Weg wieder nach draußen, wie ich hereingekommen bin – durchs Fenster.

Es ist noch dunkel, als wir das Esszimmer betreten, um zu frühstücken. Meine älteren Brüder sehen aus wie Zombies. Aber es kommt wieder Leben in alle, als Uncle Michael ein Tablett mit matschigen Armen Rittern hereinträgt. Man munkelt, er sei mal Koch gewesen, bevor er der Family beitrat, aber davon merke ich nicht viel. Patrick und ich fassen uns bei den Händen, und dann singen wir in einem Chor aus wackeligen Stimmen das Tischgebet zu einer flotten Melodie. Eigentlich ist es eher eine Mischung aus zwei aneinandergehängten Liedern, das erste ein wenig langsamer, während das zweite dann immer schneller und schneller wird.

»Dank sei dem Herrn für das Essen, dank sei dem Herrn für die Family, dank sei dem Herrn für einen weiteren Tag in unserem Leben. Yippie!« Ich singe das »Yippie!« immer mit voller Begeisterung. Das ist meine Lieblingsstelle.

Halleluuuuja, Haaalleluja, Halleluja,
dank sei dem Herrn. Dank sei dem Heeerrn,

geht nahtlos über in

Danke, Jesus, für dieses Essen und unser schönes Heim.
Hilf uns, Gott, Gutes zu tun, und schenke uns deinen Frieden,
und segne unsere geliebten Menschen üüüberall,
so bitten wir in Jeeeeesu Naaamen.
AMEN!

Es würde mir nicht im Traum einfallen, kein Tischgebet zu sprechen; schließlich wirkt es wie ein Zauberstab, der Würmer und Keime abtötet.

Aber viel lieber singe ich das Tischgebet, als einem Erwachsenen dabei zuzuhören, wie er ein langes und langweiliges Gebet spricht. Manchmal bestehen sie darauf, dass wir beides tun, und dann denke ich insgeheim immer, dass das doch zu viel des Guten ist. Gott hat dich auch beim ersten Mal schon gehört. Da wir Kinder natürlich viel schlauer sind, haben wir unser eigenes Gebet erfunden, das auf alle Essenssituationen passt, insbesondere wenn wir so hungrig sind, dass wir schon anfangen, das Essen zu verschlingen, bevor wir ans Beten denken:

Danke, Gott, für das Essen in meinem Bauch
und für das restliche auf meinem Teller auch. Amen!

Nach dem Frühstück flitzen Patrick und ich hinunter zur Farm, um noch vor sechs Uhr mit unseren häuslichen Pflichten zu beginnen. Jetzt, im Sommer, bleiben uns nur etwa drei Stunden, bis es zu heiß ist, um draußen zu arbeiten. Unsere Flipflops klatschen auf die kühlen Fliesen, als wir an Mary vorbeieilen, die das Geschirr in einem roten Plastikeimer abwäscht. Sie hat inzwischen aufgegeben zu versuchen, sich den Jungs anzupassen, und erledigt lieber Aufgaben im Haushalt anstatt zusammen mit uns auf der Farm. Ich drücke die schwere Holztür auf, die nach draußen führt, und trete hinaus in das gräuliche Licht des frühen Morgens.

Uncle Michael geht langsam mit den Schlüsseln voraus, um das Vorhängeschloss an dem großen Maschendrahttor zum Hof aufzuschließen. Es hat eine Doppeltür und ist zweieinhalb Meter hoch. Der Rahmen besteht aus zusammengeschweißten Metallrohren, und dazwischen ist grober Maschendraht gespannt. Die Löcher in dem Maschendraht haben einen Durchmesser von etwa fünf Zentimetern – so können wir ganz einfach unsere Zehen darin verankern und über das Tor klettern, wenn Uncle Michael zu langsam ist.

Shebina ist zwar kein besonders guter Wachhund, aber sie begrüßt uns immer als Erste, freudig mit dem Stummelschwanz wedelnd. Dann streichele ich sie, während sie mir sanft mit dem Kopf in den Bauch stupst. Rex mag etwas wildere Spiele lieber, also machen die Jungs ein Tauziehen mit ihm, wobei sie achtgeben, seinen langen Zähnen nicht in die Quere zu kommen.

Wir haben mit der Zeit immer mehr Tiere aufgenommen und so die Erinnerung meines Vaters an die Ranch in Texas wiederaufleben lassen. Der Großteil der Family Homes würde nicht im Traum daran denken, so viel Mühe in Tierhaltung als Freizeitbeschäftigung zu stecken, aber wenn unser Vater eine Idee hat, prescht er vor, und die meisten Menschen sind zu eingeschüchtert, um irgendetwas dagegen zu sagen. Außerdem rechtfertigt mein Vater seine Vision mit den Hunderten von Leuten, die Monat für Monat unseren inoffiziellen Streichelzoo besuchen und mit Broschüren in der Hand und Jesus im Herzen wieder abfahren. »Jetzt müssen wir zum Missionieren nicht mal mehr vor die Tür gehen – die Schafe kommen einfach zu uns!«, prahlt er.

Links vom Tor zur Farm befindet sich ein Gemüsebeet – Uncle Michaels ganzer Stolz und große Freude. Er hat es kurz nach seiner Ankunft in Hac Sa gepflanzt, und seitdem hat es uns immer gut mit verschiedenem Gemüse, Tomaten, Gurken und Chilis versorgt. Das Beet ist an allen Seiten eingezäunt und mit einem Dach versehen, um die unermüdlichen Ziegen und Vögel davon abzuhalten, uns den Pak Choi und die Tomaten wegzufressen. Da es nur gut ein mal drei Meter groß ist, bräuchten die Ziegen keine zehn Minuten, um nichts weiter übrig zu lassen als ein paar Pflanzenstummel im durchgepflügten Boden – wie wir viele Male mit eigenen Augen zu sehen bekommen.

Sobald wir innerhalb der Hofumzäunung sind, schnappen wir uns unsere Arbeitsgummistiefel aus dem Geräteschuppen, einem Gebäude, das wir aus Schlackenbetonsteinen errichtet haben und das sich rechts vom Tor befindet.

Patrick ist zwar ein Jahr jünger als ich, aber für seine sieben Jahre ist er stark und ein guter Arbeitspartner. Als Erstes laufen wir zum Ziegenpferch: ein Dach aus Wellblech, ein Betonboden mit Abflussrinne und ein Maschendrahtzaun, der unsere Herde aus braun-, schwarz- und weißgefleckten Ziegen umgibt. Nach der großen Tragödie mit den Gänsen karrte mein Vater mit einem Lastwagen zwanzig lebende Ziegen über die Grenze vom chinesischen Festland zu uns. Er erzählte den Erwachsenen, sie würden uns frische Ziegenmilch liefern, allerdings wusste er nicht, dass nur eine bestimmte Rasse genügend Milch zum Melken produziert. Daher konnten wir bisher keinen eigenen Ziegenkäse herstellen, stattdessen machen wir ab und an ein Grillfest mit Ziegenfleisch. Durch die Haustier-Gänse habe ich gelernt, dass ich mein Herz niemals zu sehr an ein Tier hängen darf, das auf unserem Esstisch landen könnte.

Mit unseren Schäferstäben treiben wir die Ziegen zu einer Weide neben dem Hof bei dem »Großen Baum« – einem hohlen Feigenbaum, der Hunderte von Jahren alt ist. Häufig trottet Shebina uns hinterher, um uns vor gemeinen Nachbarhunden zu beschützen. Diesen Teil des Tages mögen wir am liebsten. Zwei Stunden lang müssen wir nur sicherstellen, dass keine der Ziegen dem Gemüsebeet der Nachbarn beim Bach zu nahekommt. Abgesehen davon sind wir vollkommen frei. Keine Erwachsenen.

Hier draußen in der Morgensonne können wir über alles reden, was wir wollen, wir können lachen, von Felsbrocken springen, Drachen erschlagen, den Blitz vom Himmel herabrufen, um unsere Feinde zu verbrennen, gegen Piraten kämpfen – und keiner sagt uns: »Hört auf zu lachen. Ihr seid doch nicht etwa albern? Worüber redet ihr? Das ist doch dummes Zeug!«

Ich denke mir wilde Piratengeschichten aus, und Patrick spielt bereitwillig seine Rolle. Unsere Schäferstäbe sind ausgezeichnete Requisiten: Sie können alles darstellen, von Piratenschwertern über Moses' Stab bis hin zu einem königlichen Zepter. Außerdem kann man mit ihnen gut unter Steinen nach zappelnden Insekten graben. Aber unsere Lieblingsgeschichte zum Nachspielen ist *Heaven's Girl* (*Mädchen des Himmels*), eine Comicserie, die Grandpa extra für uns Kinder geschrieben hat.

Heaven's Girl ist unsere Superheldin und das Vorbild für Jugendliche. In den Zeichnungen ist Marie Claire, das »Heaven's Girl«, fünfzehn Jahre alt und in eine durchsichtige Toga gekleidet, die kaum ihren Hintern bedeckt. Sie ist wunderschön und hält einen Schäferstab in der Hand – eine Endzeitprophetin mit übernatürlichen Kräften. Jeden Monat warten wir gespannt auf die nächste Folge, die zusammen mit den Mo-Briefen für die Erwachsenen eintrifft. Die Geschichte beginnt ein paar Jahre in der Zukunft, im Jahr 1989, zu Beginn der in der Offenbarung beschriebenen Großen Trübsal, einer letzten Abrechnung, deren Zeitpunkt von Grandpa prophezeit wurde. Heaven's Girl wird gefangen genommen und von einer Truppe antichristlicher Soldaten gruppenvergewaltigt, bevor sie sie den Löwen zum Fraß vorwerfen:

»Es wäre doch wirklich eine Verschwendung, wenn wir so ein hübsches Mädchen einfach den Löwen überlassen!«, sagte einer der Soldaten zu seinen Kameraden.

»Stell dir vor, genau dasselbe habe ich auch gerade gedacht«, fügte ein anderer hinzu.

»Ja, warum sollten die Löwen vor uns ihre Freude an ihr haben?«, meldeten sich ein paar weitere! »Was sagen Sie, Commander, könnten wir nicht zuerst ein bisschen Spaß mit ihr haben?«

Heaven's Girl fügt sich bereitwillig in die Vergewaltigung und flüstert dabei den Soldaten Botschaften über Jesus ins Ohr, sodass sich anschließend zwei Soldaten schuldig fühlen. Daraufhin kehren sie zurück, um sie aus der Löwengrube zu befreien, doch bei ihrer Ankunft finden sie sie unversehrt vor. Jesus gab ihr die Kraft, den schweren Stein vor dem Ausgang hochzuheben und zu fliehen. Die Soldaten sind auf der Stelle bekehrt, schließen sich ihr als Jünger an und helfen ihr bei der Flucht in die Wildnis.

Immer und immer wieder entkommt Heaven's Girl dem Antichristen, indem sie Sex nutzt, um zu überleben und einflussreiche Beschützer für sich zu gewinnen, und indem sie Gottes Anhänger anführt und dieselben Wunder vollbringt wie Moses: Sie entfesselt Stürme oder lässt sie abflauen, beschwört Feuer herauf, blendet ihre Feinde, und das alles mit einem Schäferstab. So aufregend! Patrick und ich lesen die Geschichten wieder und wieder, bis wir sie fast auswendig kennen. Sie sind viel spannender als die *Picture Bible*, die wir schon Millionen Mal gelesen haben.

Nachdem wir die letzten Folgen nachgespielt haben, ist es an der Zeit, die Ziegen von der Weide zurück in den Stall zu treiben. Dann beginnt die richtige Arbeit.

Patrick und ich schnappen uns eine schwere Schaufel und einen Bambusbesen und zerren einen dreckigen Weidenkorb hinter uns her, der uns bis zu den Hüften reicht. Die Schaufeln sind so groß wie wir und aus Eisen gefertigt, daher sind sie schon im Leerzustand schwer zu heben, ganz zu schweigen davon, wenn sie voll mit Kuhmist sind. Wir sind mit der am wenigsten begehrten Aufgabe betraut: dem Ausmisten aller Tierställe.

Ein paar unserer reichen System-Freunde haben ihrem Kind einen Esel oder ein Pony gekauft, fanden aber bald heraus, dass ihnen die richtige Ausrüstung fehlt, um für sie zu sorgen, also schenkten sie uns die Tiere.

Mit Sammy, unserem ungewöhnlich großen Pony, kommen wir leicht klar. Aber unser Esel, Don Quijote, oder auch Mad Max, wie ihn die Jungs inzwischen nennen, ist nicht der liebe kleine Packesel, der mit nach Bethlehem ging, o nein. Er ist ein wahres Muskelpaket, und sein Bauch sieht aus wie ein Fass. Sein Rücken ragt über meinen Kopf und ihm wächst kurzes, struppiges graues Fell. Er ist so heimtückisch wie eine Schlange. Sobald jemand in seine Reichweite kommt, beißt er zu.

Wie besitzen außerdem drei Australian Quarter Horses, die mein Vater vom Macau Jockey Club geschenkt bekam, als sie ausgedient hatten: Shadow, ein liebes, ruhiges Pferd; Marcus, störrisch und listig, und Taurug, ein dinosaurierartiger Riese von einem Vieh, der gerne mal nach vorbeilaufenden Leuten schnappt.

Ställe ausmisten macht uns keinen Spaß, aber wir trödeln auch nicht. Schließlich laufen wir mit der Sonne um die Wette. Nach zehn Uhr kann keiner mehr draußen in der glühenden Hitze arbeiten, ohne einen Sonnenstich zu bekommen. Daher schaufeln wir geschwind Mist aus den Pferdeställen und legen frisches Stroh für die Tiere aus. Bei den Kühen haben wir es nicht so einfach: Im Gegensatz zu den Pferden scheiden sie nicht akkurate kleine Graskugeln aus. Stattdessen haben sie eigentlich immer Durchfall. Ihre Kacke kommt als dunkler flüssiger Strahl heraus und breitet sich zu einem runden, gekräuselten Flatschen von der Größe eines riesigen Pfannkuchens aus. Wenn sie ihr Geschäft gerade erledigt haben, versuchen wir gar nicht erst, es zusammenzukratzen. Dann hilft nur, den Wasserschlauch voll aufzudrehen und draufzuhalten. Aber wenn es schon eine Weile liegt, bildet sich außen eine Kruste, die es zusammenhält. Und wenn dann die Kühe nicht reingetreten sind oder es herumgeschmiert haben, ziehen die Flatschen sich zu schönen runden Fladen zusammen, und wir können unser Geschick testen.

Nachdem ich mein Ziel ausgemacht habe, platziere ich die Kante der Schaufel unter dem Rand eines Fladens und stelle dabei sicher, dass sie genau mittig sitzt. Anschließend schiebe ich die Schaufel mit einer energischen, aber geschmeidigen Bewegung nach vorne – so als würde man unter einem vollbeladenen Tisch ein Tischtuch wegziehen. *Kraaaatsch.* Mit dem befriedigenden Geräusch von Eisen, das über Beton kratzt, befördere ich den gesamten Fladen auf die Schaufel. Patrick jubelt mir zu, als ich ihn in unseren Korb verfrachte, den wir Kuh für Kuh hinter uns herziehen.

Wenn Patrick und ich fertig sind, zerren wir den Korb in eine Ecke, wo er bis zur Dungfahrt am Freitag stehen bleibt, für die wir einen Karren nutzen, den Uncle Jeff und Uncle Michael so gebaut haben, dass Mad Max ihn ziehen kann. Der Karren hat zwei große Räder, eine Sitzbank vorne für den Fahrer und zwei Sitzbänke hinten an den Seiten.

An Samstagen und Sonntagen nehmen wir unseren Eselskarren dann mit zur Hauptstraße beim Strand in Hac Sa, wo der Bus Nummer 21A aus der Stadt hält, und verschenken Freifahrten. Die meisten unserer Passagiere sind Einheimische aus der Stadt, die für den Strand und die Essensstände an der Straße herkommen, die Wassereis oder Fleischspieße verkaufen. Wenn sich Menschen auf unseren Karren setzen, verteilen wir Broschüren über Jesus und versuchen, sie dazu zu bringen, ein kurzes Gebet zu sprechen und Jesus in ihre Herzen zu bitten. Allerdings ist es nicht immer einfach, mit den Leuten über Jesus zu reden, wenn sie wegen der Fahrt vor Freude kreischen; die meisten der einheimischen Kinder waren einem lebendigen Tier noch nie so nahe. Dann geben wir ihnen einfach die Broschüren und sagen ihnen, dass sie später beten sollen.

Patrick und ich haben unsere Aufgaben erledigt und wollen gerade zum Haus zurücklaufen, als ich von einem Schwall Wasser umgeworfen werde. Ich blinzele das heruntertropfende Nass aus meinen Augen und sehe, wie sich Nehi und Caleb auf dem Dach mit einem leeren Wasserbottich in den Händen kringelig lachen. Patrick geht sofort in Deckung, sodass ich allein und ungeschützt zurückbleibe. Ich knirsche mit den Zähnen und kneife die Augen zusammen. Das gibt Rache. Wasserschlachten sind keine Seltenheit und kühlen uns bei dem fast 40 Grad heißen Wetter noch dazu wunderbar ab. Aber bei uns gibt es keine armseligen Wasserpistolen. Wer den Schlauch ergattern kann, hat die Oberhand, aber wir kämpfen auch mit Kannen, Eimern und Bottichen.

Doch heute ist es anders. Auf dem Hof stehen fünf ausgewachsene Guavenbäume, und jedes Jahr warten wir voller Ungeduld darauf, dass die Früchte reif werden. Die Guaven sind klein, etwa so groß wie eine Kinderfaust, weich und süß. Manche sind innen weiß, aber die Erdbeer-Guaven haben eine rosa Färbung. Im Sommer können wir von den schmackhaften, zarten Früchten nicht genug bekommen – wir essen sie einfach so, als Shakes oder als Eiscreme – und kriegen nicht selten Durchfall, weil wir es übertrieben haben. Doch sobald die Guaven überreif sind und von den Bäumen fallen, ist unser Augenblick gekommen.

Ich sammle einige der heruntergefallenen Früchte auf und verstaue sie vorne in meinem T-Shirt. Als keine mehr reinpassen, ducke ich mich hinter ein großes blaues Fass und gebe Patrick ein Zeichen. »Guavenschlacht!«, schreit jemand. Dann beginnt der Angriff, ein kompromissloser Krieg, ohne Verbündete. Jeder kämpft für sich, auf Gedeih und Verderb.

Die Geschosse fliegen umher. Josh hüpft in die Höhe, um eine Guave nach Patrick zu werfen, also springe ich auf und ziele. *Mist, knapp verpasst.* Ich kauere mich wieder zusammen, und Josh schlägt zurück. Mein Versteck ist aufgeflogen. Also flitze ich hinter die Ecke der Scheunenwand. Nehi schleicht sich hinter mir an und *platsch*. Er zerquetscht die Frucht klebrig und nass zwischen meinen Schulterblättern. Nun habe ich nichts mehr zu verlieren und stürze mich mitten ins Gefecht, opfere mich für die Sache. Ich erspähe mein Ziel und treffe Josh voll im Nacken. Rache ist süß. Bleibt nur noch Nehi. Die Schlacht erreicht ihren rasanten Höhepunkt, wir alle kommen hinter unseren Barrikaden hervor und werfen einfach drauflos, ohne überhaupt zu gucken. Exakt diesen Augenblick sucht sich Auntie Crystal aus, um in den Hof zu schlendern. *Flatsch.* Eine fehlgeleitete Guave trifft sie genau am Kopf.

»Jungs!«

Wir erstarren. Angst fährt mir durch die Glieder wie Eiswasser.

Auntie Crystal ist klein und dünn, eine Amerikanerin und hochgradig nervös. Sie kam vor einem Jahr auf die Farm, und schon nach wenigen Monaten heirateten sie und Uncle Michael und zogen in den Wohnwagen neben dem Haus. Es wundert mich, dass sie nicht wie die anderen erwachsenen Frauen weite Hippie-Röcke trägt. Stattdessen springt sie wie ein Teenie in Bandeau-Tops, kurzen Röcken mit Volants wie bei einem Tutu und Rüschensöckchen auf der Farm herum. Mit ihrem krausen, hellbraunen Haar, das sie in zwei seitlich am Kopf abstehenden Zöpfen trägt, und einem breiten künstlichen Lächeln auf dem schmalen, faltigen Gesicht, sprüht sie nur so vor Energie. Außer wenn man sie wütend macht. Dann schlägt sie zu wie eine Schlange – und verpasst dir eine gepfefferte Ohrfeige.

Aber Uncle Michael mag sie, also versuchen wir einfach, ihr aus dem Weg zu gehen und sie nicht wütend zu machen. Mir tut sie ein bisschen leid. Sie hat mir erzählt, dass sie vor ihrem Eintritt in die Family das Sorgerecht für ihre Kinder verloren hat, weil sie drogenabhängig war. Zum Glück hat Jesus sie gerettet. Die meisten Erwachsenen in der Family können eine interessante Geschichte darüber erzählen, wie Gott sie vor Drogen oder Selbstmord bewahrt hat. Wie sie verzweifelt nach der Wahrheit, nach Liebe, nach einem Ort außerhalb der korrupten Welt suchten, die die Schrecken des Vietnamkrieges hervorgebracht hatten. Wann immer uns ein neuer Erwachsener ins Bett bringt, betteln wir darum, seine oder ihre Geschichte zu hören – die Schilderung, wie er oder sie zur Family gefunden hat. Das System ist ein beängstigender Ort. »Ihr Kinder solltet wirklich dankbar sein, dass ihr nicht erleiden müsst, was wir durchgemacht haben ohne Jesus und die Family.« Wir sind so froh, in Gottes Königreich hineingeboren zu sein.

Aber jetzt gerade habe ich ganz schön Angst.

Vielleicht übersieht sie mich, wenn ich meinen Kopf unten halte und mich verstecke. »Kommt her! Kommt sofort her! Ihr alle!«, kreischt Auntie Crystal. »Na wartet, wenn ich Uncle Ho davon berichte, steckt ihr ganz schön in Schwierigkeiten. Und jetzt ab ins Haus mit euch«, befiehlt sie und packt Josh am Ohr.

Ich komme aus meinem Versteck hervor und trete zu den anderen fünf Missetätern (Mary ist natürlich nicht dabei), während Patrick sich davonschleicht. Ich blicke über das Schlachtfeld. Guavenfleisch bedeckt den gesamten Hof, sowohl die Wände als auch der Boden sind übersät mit den weißen Flecken klebriger Samen, die fleischigen Früchte liegen aufgeplatzt und zertrampelt herum, das rosafarbene Innere herausgequollen – Opfer der Schlacht.

Auntie Crystal schleppt uns ins Haus und ruft unseren Vater herbei.

Er stellt uns in einer Reihe auf, und wir starren auf den Fußboden, erwarten unser Urteil. Unter anderen Umständen hätte er unserer Obstschlacht wahrscheinlich kaum Beachtung geschenkt – ein paar davon hat er selbst angezettelt –, aber nicht, wenn Auntie Crystal herumbrüllt, dass wir Rabauken sie mit Guaven beworfen hätten. Die Regeln sind eindeutig. Kinder dürfen ihre Hand *niemals* gegen einen Erwachsenen erheben.

Das Gesicht meines Vaters verzieht sich zu der Grimasse, die er immer aufsetzt, wenn er wütend ist. »Wer hat Auntie Crystal beworfen?«, knurrt er. Ich erkenne immer schon an seiner Stimme, wenn uns eine Strafe blüht, dann ist sie tief, erbittert und wütend. Unsere Blicke huschen flüchtig hin und her, aber wir schweigen. Wir wissen nicht, welches fehlgeleitete Geschoss sie getroffen hat.

»Also«, schnaubt Auntie Crystal, »ich denke, sie sind alle schuldig.«

Daraufhin brüllt Vater: »Nehi, bring mir den Stab Gottes.«

Ein Schauder läuft mir über den Rücken. Ich bin schon mit vielen

Dingen geschlagen worden – Haarbürsten, verbogenen Kleiderbügeln, langen Schuhanziehern, Gürteln, Fliegenklatschen –, aber nie damit. Ich musste ein paarmal zusehen, wie er bei den älteren Kindern angewendet wurde, aber ich habe noch nie etwas so Schlimmes gemacht, dass auch ich die Bestrafung abbekommen habe.

Als Nehi zurückkehrt, wiegt mein Vater den Stecken prüfend in der Hand. Dann geht er die Reihe ab, fordert jeden Jungen nacheinander auf, seine Hose herunterzulassen und die Hände gegen die Wand zu legen. Ich spüre den Luftzug, wenn der Stab herunterrauscht, bei jedem dreimal. *Wusch, wusch, wusch.* Die Jungen müssen ihre Tränen zurückhalten, während sie sich die roten, heißen Hintern reiben und vorsichtig ihre Hosen wieder hochziehen.

Schließlich bin ich an der Reihe. Ich blicke meinen Vater an in der Hoffnung, dass er ein Nachsehen hat. Es bringt nichts, mich zu rechtfertigen; Widerworte handeln einem immer nur eine Ohrfeige oder ein Bibelzitat zum Auswendiglernen ein.

Also stehe ich nur da, unfähig, etwas zu sagen. Eine Träne rinnt meine Wange hinunter. Weinen ist demütigend, aber normalerweise fassen die Erwachsenen es als Reue auf und lassen mich in Ruhe. Diesmal jedoch nicht. Er befiehlt mir, meinen Rock zu lüpfen und mich zur Wand zu drehen. Als meine Finger die kühle, unnachgiebige Wand berühren, denke ich an meine Brüder neben mir. Sie haben nicht geschrien, also werde ich das auch nicht. Schreien ist nur was für Weicheier.

Wusch. Der Stock trifft mich mit solcher Wucht, dass ich nichts spüre, lediglich das Gefühl habe, vom Boden abzuheben und gegen die Ziegel geworfen zu werden. Ich drücke meine Hände noch fester gegen die Wand, um mein Gleichgewicht wiederzuerlangen, während ich auf die nächsten beiden Schläge warte. Schock. Schlag. Brennen wird zu Schmerz. Ich komme nie über den Schock eines Schlages hinweg. Die Angst davor ist oft schlimmer als der Schmerz selbst.

Mit einem Gebrüll lauter als tosender Donner wirft uns unser Vater dieselben Dinge vor wie schon Hunderte Male: »Ihr Kinder seid eine Schande! In eurem Alter war ich schon eine Führungskraft. Überall in den USA habe ich das Evangelium in Kirchen gepredigt. Ich habe zusammen mit Grandpa die Family gegründet. Wir sind in unserem Wohnwagen durch das Land gereist und haben Jünger für Jesus gewonnen. Jeden Tag habe ich mich dem Missionieren, dem Predigen, dem Lehren und dem Erretten von Seelen gewidmet. Wir hatten keine Zeit für solche Dummheiten!«

Wir wissen alle, dass es genau so war. Schließlich sind wir dank der *Kidz True Komics*, die wir jeden Tag lesen, mit den wahren Geschichten über Father David, den Propheten Mo, Grandpa und den Beginn der Revolution aufgewachsen.

Als er seine Standpauke beendet hat, laufe ich mit den Jungs raus, wische mir dabei über Augen und Nase. Ich zittere am ganzen Körper, und meine Atmung geht ganz flach. Ich werde ein paar Tage lang Schmerzen beim Sitzen haben. Doch gleichzeitig mit dem pochenden Schmerz empfinde ich ein stilles Triumphgefühl. Ich habe den Stab Gottes überlebt. Obwohl ich schreckliche Angst davor hatte, hat es mich immer von meinen Brüdern abgegrenzt, dass ich noch nicht damit geschlagen worden war. Jetzt können sie nicht mehr darüber spotten, dass ich jedes Mal glimpflich davonkomme, weil ich klein oder ein Mädchen bin. Ob es um Schlangen, bissige Esel oder Prügel geht – ich bin genauso hart im Nehmen wie sie!

Lange Zeit haben mich auch meine fehlenden Schwimmkenntnisse von meinen Brüdern unterschieden. Mein Vater machte manchmal Ausflüge mit meinen Brüdern zu einem Badeloch, aber ich wurde stets zurückgelassen und schmollte dann still vor mich hin, weil ich mich ausgeschlossen fühlte. Doch nach Wochen mit meiner Mutter in dem kleinen Pool in der Pousada de Coloane, einem ehemaligen Herrenhaus, das vor Kurzem zu einem Hotel umgebaut worden war, hatte ich endlich Schwimmen gelernt. Geduldig zeigte sie mir am seichten Ende des Beckens, wie ich die Beine und Arme bewegen muss. Dafür war ich dankbar. Mein Vater hätte mich nämlich sicherlich am tiefen Ende ins Wasser geschmissen und gerufen: »Jetzt einfach paddeln!«, so wie er es mit meinen Brüdern gemacht hatte.

Als mein Vater die Jungs das nächste Mal für eine Runde Schwimmen im Stausee zusammentrommelt, willigt er ein, dass ich sie begleiten darf.

Juhu! Endlich darf ich bei den großen Jungs mitmachen!

Ich freue mich, aber habe auch Angst. Richtig Angst. Im Gegensatz zu dem Hotel-Swimmingpool gibt es im Stausee keine Möglichkeit, die Füße auch nur einen Augenblick lang abzustellen. Nicht, dass man das wirklich wollen würde. Der Stausee ist zwar viel klarer als das schlammig braune Meer, aber wer weiß schon, was in dem trüben, grünlichen Wasser lauert?

Der Schlamm auf dem Weg das steile Ufer hinunter zum Wasser ist glitschig, und spitze Stöckchen piksen mir in die Fußsohlen. *Was, wenn es hier Schneckenlarven gibt?*

Mommy Esther hat uns schon oft gewarnt: »Schwimmt niemals in stillen Gewässern. Schnecken legen dort ihre Larven ab, und die bohren sich dann in eure nackten Fußsohlen, um darin zu nisten.«

Ich hebe meine Füße an, so schnell ich kann, um so wenig wie möglich in Kontakt mit dem Schlamm zu kommen und gleichzeitig nicht über die Kante zu rutschen.

Die Jungs flitzen an mir vorbei und springen ins Wasser. Ich verliere das Gleichgewicht, lande auf dem Hintern und rutsche ebenfalls hinein. Dann schwimme ich bis zur Mitte, weg von dem Schlamm und den Larven, und entspanne mich ein wenig. Auf der Stelle Wasser treten, ohne etwas zu berühren, indem ich einfach mit den Beinen strampele und wie ein Hund paddele, ist kein Problem. *Ich kann das. Es klappt!*

Ich strahle übers ganze Gesicht, als mein Vater mir zuruft: »Gut machst du das, Faithy!«

Auch Aaron grinst mich an und Hobo zwinkert mir zu.

»Los, springen wir vom Damm runter!«, ruft Caleb.

Ich schaue hoch. Etwa fünfzehn Meter links von mir ist eine Betonwand mit einem großen Schild, auf dem »Keine Bademöglichkeit« steht. Manchmal sterben Einheimische hier draußen. Zum Beispiel wenn sie betrunken sind oder das Wasser nicht auf Felsbrocken unter der Oberfläche prüfen, bevor sie von der Wand herunterspringen.

Ich habe richtig Angst und trotzdem klettere ich hinter meinen Brüdern das schlammige Ufer hinauf. Hobo hält mir eine Hand hin, um mir den rutschigen Hang hinaufzuhelfen, bevor die Jungen nach ganz oben rennen.

»Seid vorsichtig, Jungs«, mahnt mein Vater.

Die Jungs trippeln über die heiße, graue Betonwand. An der einen Seite fällt die Wand rund zwanzig Meter in die Tiefe ab, bis hinunter zu den Felsen, und an der anderen knapp zehn Meter in Richtung Wasser.

Das ist doch Wahnsinn.

Ich zögere. Die obere Kante des Dammes ist etwa einen halben Meter breit, mit einer Metallrohrbrüstung auf Brusthöhe in der Mitte. Da ich an einer Seite der Brüstung laufen muss, ist kaum genug Platz, um meine Füße zu setzen.

»Los, Faithy!«, ermutigen mich die Jungs.

Schon seit Jahren warte ich darauf, mit den Jungs zum Stausee zu gehen. Das hier ist meine Chance zu beweisen, dass ich zu diesem besonderen Abenteuerklub gehöre, den mein Vater mit meinen Brüdern gegründet hat. Wenn ich Schwäche zeige, jammere oder weine oder nicht mithalten kann, darf ich bestimmt nicht noch mal mitkommen.

»Mach aber keinen Kopfsprung. Und ein Bauchklatscher aus dieser Höhe könnte dich töten. Du musst mit den Füßen zuerst reinspringen«, weist mich mein Vater an.

Da muss er sich keine Sorgen machen. Ich weiß gar nicht, wie ein Kopfsprung geht; schließlich kann ich gerade eben so schwimmen. Ich werde ganz bestimmt nicht mit dem Kopf zuerst reinspringen. Meinen nassen Arm um das sonnenerhitzte Stahlrohr geschlungen, bewege ich mich Zentimeter für Zentimeter die Wand entlang bis zur Mitte. *Gib dich niemals geschlagen.*

»Du musst bis zur Mitte des Dammes laufen. Und spring so weit nach vorne wie möglich, sonst triffst du auf die Äste, die sich unter der Oberfläche verstecken«, warnt mich mein Vater. »Die können dich regelrecht aufschlitzen.« *Ausgerechnet jetzt sagst du mir das.*

Ich schaue die Wand entlang zurück zum Ufer. Josh kommt schon den Damm entlang auf mich zu. Ich muss springen, um ihm Platz zu machen.

»Tu's einfach!«

»Spring!«

»Ich zähle: eins, zwei, drei!«

Ich darf nicht feige sein. Das würden sie mich niemals vergessen lassen.

Ich weigere mich, vor den Jungs oder meinem Vater schwach zu wirken. Er bewundert Entschlossenheit. *Eins, zwei* – tiefer Atemzug – *drei. Ich kann. Ich kann.* Obwohl jeder Instinkt in mir schreit, es nicht zu tun, springe ich.

Der. Fall. Dauert. Ewig.

Klatsch! Das Wasser schlägt fest zu, und der Schock reißt mich in die Tiefe, tiefer und tiefer. Es ist dunkel. Ich muss würgen. Wasser schießt mir in die Nase. Wie irrsinnig trete ich mit den Beinen, so fest und schnell ich nur kann. Meine Arme katapultieren mich hinauf. Irgendwo habe ich gehört, dass man unter Wasser manchmal nicht weiß, wo oben und unten ist, und dass man dann Gefahr läuft, nach unten zu schwimmen anstatt Richtung Luft und ertrinken kann. Ich erkenne einen schwachen Lichtschein. *Schwimm weiter. Werd bloß nicht ohnmächtig.*

Ich breche durch die Wasseroberfläche ins Sonnenlicht, prustend und dankbar nach Luft schnappend. Mein Vater schwimmt zu mir und hebt mich hoch. Ich reibe mir über die Augen, zittere. Und bin sehr froh, in seinen Armen in Sicherheit zu sein. Ausnahmsweise gilt der Stolz in seinen Augen mir.

Die Jungs jubeln mir zu.

Ich hab es geschafft!

Joshs Kopf taucht im Wasser neben mir auf. »Komm, das machen wir noch mal!«

An diesem Tag springe ich noch dreimal vom Damm. Die Angst ist bei jedem Mal gleich groß, aber ich kehre als Heldin heim und, was das Wichtigste ist, bin aufgenommen in die Gruppe.

10

BURN AFTER READING

In den sechs Jahren, seit wir nach Hac Sa gezogen sind, haben die Renovierungsarbeiten unser einst kaum bewohnbares Haus in ein Zuhause verwandelt. Was als Ansammlung kleiner, traditioneller chinesischer Bauernhäuser oder Bretterbuden für meinen engsten Familienkreis und ein paar wenige weitere Menschen begann, ist nun zu einer Family-Gemeinschaft mit etwa fünfzig Leuten herangewachsen, wobei die einzelnen Mitglieder immer mal wieder wechseln. Wir dürfen uns jetzt als Combo bezeichnen, also als ein großes Family Home mit einer Bewohnerzahl von fünfzig bis zweihundert Menschen.

Meine Eltern sind noch immer die Home-Schäfer, aber jetzt haben wir auch noch Arbeitsgruppenleiter, das sind Erwachsene, die bestimmte Aufgabenbereiche übernehmen wie die Kinderbetreuung, den Koch- und Putzplan sowie Spenden sammeln. Das Leben in einem Combo ist stärker reglementiert, ganz ähnlich wie in einem Kibbuz.

Tatsächlich wohnen wir auch nicht mehr im Familienverbund zusammen; die Kinder leben dauerhaft in ihren Altersgruppen, wie in einem Internat. Die kleinen Kinder verfügen über voll ausgestattete Klassenräume mit handgefertigten Unterrichtsmaterialien und werden häufig von den Teenagern unterrichtet. Am Abend verbringen sie eine Stunde mit ihren Eltern, um gemeinsam zu essen und Familienzeit zu haben, aber wenn die Eltern zu beschäftigt sind, können die Kinder auch bei ihren Lehrern bleiben. Mein Vater kommt nie zur Familienzeit, aber ich sehe ihn während der Andacht oder auf der Farm.

Uncle Ben ist der Hauptlehrer für unsere achtköpfige Gruppe älterer Kinder, die wir »Older Children« nennen, OC abgekürzt. Er ist außerdem ein Singer-Songwriter, und dieses Talent setzt er sehr geschickt ein. Seit ich sprechen kann, musste ich Bibelverse auswendig lernen, »um uns selbst (auf gute Art und Weise) einer Gehirnwäsche mit Gottes Wort zu unterziehen«. Je nach Lehrer – oder auch Bestrafung – habe ich ein bis drei Bibelverse pro Tag geschafft. Leider besitze ich kein fotografisches Gedächtnis, daher muss ich die Sätze stundenlang wiederholen, immer und immer wieder, damit sie wirklich hängenbleiben. Aber ich bin fest entschlossen, denn ich möchte auf keinen Fall den Filmabend verpassen. Das Highlight unserer Woche ist der eine System-Film, den wir anschauen dürfen und der von der kurzen, für unsere Altersgruppe »genehmigten« Liste ausgewählt wird. Allerdings dürfen wir erst am Filmabend teilnehmen, nachdem wir unsere Bibelverse der Woche aufgesagt haben. Immer steht irgendein Kind vor der Wohnzimmertür und wiederholt verzweifelt die Verse. Entweder kommt es dann während des Filmvorspanns triumphierend ins Zimmer gerast oder es wird unter Tränen ins Bett geschickt, um seine Verse nachzulernen. Dieses Kind werde nicht ich sein.

Doch Uncle Ben verändert die Situation vollkommen, indem er die Bibelabschnitte mit einer eingängigen Melodie unterlegt, sodass sie sich blitzschnell einprägen und wiederholen lassen. Beim großen Einmaleins macht er dasselbe und veranstaltet dann Gedächtniswettbewerbe, bei denen wir gegeneinander antreten. Ich liebe den Rausch des Sieges, und wir alle strengen uns an, auf der Übersichtstafel an erster Stelle zu stehen. Zum ersten Mal in meinem Leben ist Schule keine lästige Aufgabe, die ich zu umgehen versuche.

Unsere angestiegene Bewohnerzahl bedeutet aber auch, dass es mehr Münder zu stopfen gilt – schon seit Langem brauchen wir viel mehr Geld, als die geringen Bezüge meines Vaters hergeben. Immer stärker sind wir auch auf Sachspenden angewiesen. Jede Woche fährt Uncle Michael daher mit einem meiner Brüder, normalerweise Josh oder Caleb, mit dem Van nach Macau, um Sach- und Lebensmittelspenden abzuholen. Sie verbringen den ganzen Tag damit, bei verschiedenen Geschäften und Supermärkten anzuhalten, deren Eigentümer uns und unserer Botschaft gegenüber wohlgesonnen sind und die fast abgelaufenen Lebensmittel für uns zurücklegen.

Jeder Dollar wird so oft umgedreht, bis er ganz abgenutzt ist. Zum Glück bringt die Farm genug Geld ein, um ihre eigenen Kosten zu decken, indem Besucher für Reitstunden auf unseren drei Australian Quarter Horses Shadow, Marcus und Taurug oder unserem Pony Sammy bezahlen. Auf Anweisung meines Vaters haben der Chinese John und meine Brüder einen Reitplatz gebaut, der für die Unterrichtsstunden genutzt werden kann, damit wir mit den Reitschülern nicht auf den freien Feldern herumlaufen müssen.

Außerdem sammeln wir weiterhin jedes Wochenende Spenden durch Gesangsauftritte und den Verkauf von CDs mit Family-Musik, produziert von »Music with Meaning« (»Musik mit Sinn«), dem Home in Griechenland, das für das Schreiben und Aufnehmen von Family-Musik zuständig ist. Manche der neuen Bewohner sorgen auch selbst für ihren eigenen Unterhalt, da sie monatliche Spenden von ihrer Familie oder anderen Kontaktpersonen in den USA erhalten.

Alles Geld, das wir einnehmen, wird für die Deckung der Gemeinkosten verwendet oder an Grandpa geschickt. Keiner der Erwachsenen in der Familie denkt auch nur im Entferntesten an Ruhestand, Ersparnisse oder Immobilienbesitz. Jesus wird während der Entrückung zu uns zurückkehren, lange bevor das überhaupt eine Rolle spielt. Gemäß Grandpas Endzeitprophezeiung sollte die siebenjährige Große Trübsal der Entrückung vor etwa einem Jahr begonnen haben, irgendwann um 1986 herum, sodass Jesus 1993 wiederkehren wird. Da wir den Antichristen bisher noch nicht identifizieren konnten – obwohl es viele Spekulationen gibt –, vermutet Grandpa, dass er heimlich im Hintergrund agiert. Natürlich könnte Gott Seine Meinung ändern und uns mehr Zeit geben, wenn Er das möchte, aber da wir das nicht mit Sicherheit wissen können, müssen wir wachsam bleiben.

Obwohl es uns nicht wie der Beginn der Trübsal *vorkommt*, treffen nun jeden Monat neue Mo-Briefe ein, in denen wir an den bevorstehenden Aufstieg der Eine-Welt-Herrschaft durch den Antichristen erinnert und auf die Zeichen der Zeit in den Nachrichten hingewiesen werden. Die Zusammenbrüche des Börsenmarktes im Oktober überall auf der Welt sind ein Beweis dafür, dass Grandpa recht hat – die Welt steht schwankend am Rande des Untergangs, und der Antichrist wird eingreifen, um sie zu retten. Jeden Tag bereiten wir uns darauf vor. Wir lagern unzählige Konserven ein, und unsere Taschen sind für eine mögliche Flucht gepackt. Eine solche Tasche ist nicht nur für den Fall von Verfolgung gedacht, sondern auch für Naturkatastrophen, Feuersbrünste oder Krieg. Sie enthält die wenigen lebensnotwendigen Dinge, die wir auf einer Flucht brauchen: Wechselkleidung und eine Taschenlampe. Mein Vater ist dafür verantwortlich, die Reisepässe der Familie und ein bisschen Geld aus dem Safe in seine Fluchttasche zu werfen. Manchmal proben wir den Ernstfall, dann schnappen sich alle ihr Fluchtgepäck und rennen zu einem vorher vereinbarten Treffpunkt auf einem Feld in der Nähe.

Je größer unser Home wird, desto besser müssen wir uns vorbereiten. Da alle Gottes Gebot »seid fruchtbar und mehret euch« befolgen, sind die Kinder inzwischen in der Überzahl, häufig doppelt so zahlreich wie die Erwachsenen. Auch sonst verändert sich die Zusammensetzung der Family, da Hunderte der als Erste in die Gemeinschaft Hineingeborenen nun zu Teenagern heranwachsen. Um die Herausforderungen dieser Altersgruppe anzugehen, müssen die Jugendlichen der Family überall auf der Welt ausführliche Fragebögen zu jedem Bereich ihres Lebens ausfüllen. Eines der Probleme, die sich aus den Antworten herauskristallisieren, besteht darin, dass sich viele Mädchen im Teenager- und Vorteenageralter durch sexuelle Erfahrungen mit erwachsenen Männern traumatisiert fühlen.

Als Reaktion auf diese Fragebogen und auf all die Polizeirazzien und Gerichtsverfahren gegen Family Homes verschickt Auntie Sara, Davidítos ehemaliges Kindermädchen, die inzwischen zu einer der höchsten WS-Führungskräfte aufgestiegen ist, einen neuen, ausschließlich für die Erwachsenen bestimmten »Burn After Reading«-Brief (»nach dem Lesen zu vernichten«) mit dem Titel *Liberty or Stumbling Blocks* (*Freiheit oder Hindernis*), in dem der Umgang mit Sex zwischen Erwachsenen und Kindern geändert wird.

Obwohl Grandpa sexuelle Beziehungen zwischen Erwachsenen und jüngeren Teenagern nicht direkt verbietet, macht Auntie Sara deutlich, dass diese eine schädliche Wirkung haben, insbesondere wenn Mädchen eine Schwangerschaft fürchten. Ohne Grandpas vorherigen Lehren zu widersprechen, schreibt Auntie Sara, dass Erwachsene aus diesem Grund sowie unter Berücksichtigung der weltweiten Verfolgung der Family aufgrund von Kindesmissbrauchsvorwürfen keinen Sex mehr mit Kindern haben sollten, die in dem Land, in dem sie leben, als minderjährig gelten, was in vielen Ländern fünfzehn oder sechzehn ist. Zwar ist in unseren Augen gemäß dem Gesetz der Liebe alles erlaubt, aber nicht alles ist nützlich (1. Korinther 10,23). Kinder und Jugendliche dürfen weiterhin untereinander Sex haben, wenn sie möchten, sollten aber um Diskretion bemüht sein, um zu verhindern, dass die Aufmerksamkeit der Gesetzeshüter erregt wird.

Die Erwachsenen lesen diesen Brief bei einer Besprechung hinter verschlossenen Türen, und ich erfahre erst ein paar Monate später davon, als mein Vater ein Treffen mit uns Teenagern abhält, um den neuen Umgang mit dem Thema zu erläutern.

Puh! Das war knapp! Ich bin erleichtert, obwohl ich das natürlich vor niemandem zugeben würde. Auch wenn ich erst zehn bin, habe ich schon länger Angst davor, mit zwölf eine Frau zu werden und Sex mit erwachsenen Männern haben zu müssen. Keines der älteren Mädchen hat mit mir über ihre Initiation gesprochen, woraus ich ableite, dass es etwas Schlimmes ist. Allein bei dem Gedanken, dass ein erwachsener Mann mich auf diese Weise berührt, wird mir schlecht.

Aber bis fünfzehn ist es noch Jahre hin. Ich hole tief Luft und lasse sie mit einem Lächeln entweichen. Endlich kann ich wieder mit den Erwachsenen zusammen sein, ohne mir Sorgen machen zu müssen.

Meine Angst legt sich also, und nicht eine Minute zu früh. Ein Besucher, Uncle Tom, taucht mit einem Koffer und einer Gitarre auf der Farm auf. Er ist ein Inspirierter.

Sein letzter Besuch ist ein paar Jahre her, und ich himmele ihn an, als er das Seelensingen in der Andacht leitet. Später in der Küche hält er mich auf und ruft mich zu sich; da ich nicht bemerkt hatte, dass er mir besondere Beachtung geschenkt hätte, durchforste ich mein Gehirn nach etwas, das ich falsch gemacht haben könnte. *Habe ich während des Seelensingens vielleicht zu viel rumgezappelt?*

Am häufigsten kriege ich Ärger, weil ich vergesse, »Ja, Sir« oder »Ja, Ma'am« zu sagen, oder weil ich in den seltenen Fällen, wenn ich doch mal bei etwas eigentlich Verbotenem erwischt werde, versuche, einen guten Grund dafür anzubringen. »Hör auf, dich zu rechtfertigen!«, schreit Auntie Crystal dann. »In der Bibel steht: ›Wäre ich auch im Recht, mein Mund würde mich verdammen.‹ Hiob 9,20.« Dann verstumme ich in dem Wissen, das als Nächstes eine Ohrfeige folgt. Aber ich kann nicht alles zurückhalten. Wenn ich mich in die Ecke gedrängt fühle und fast vor Wut und Ungerechtigkeit platze, rinnen mir unweigerlich Tränen über die Wangen, obwohl ich die Zähne zusammenbeiße, um sie zurückzuhalten. Ich will *nicht*, dass mich andere Kinder weinen sehen.

Vorsichtig nähere ich mich ihm. Uncle Tom legt mir die Hände auf die Schultern und beugt sich hinunter, sodass wir auf Augenhöhe sind. Ich wappne mich für die Züchtigung, doch stattdessen küsst er mich direkt auf den Mund. In der Family werden wir dazu ermuntert, Zuneigung zu zeigen, und wir alle kriegen beigebracht, großzügig Umarmungen und Küsschen zu verteilen, aber ein Kuss auf den Mund ist etwas anderes. Ich schrecke zurück.

»Hast du schon mal mit Zunge geküsst?«, fragt er mit einem wissenden Lächeln. Ich weiß nicht, wo ich hinschauen oder was ich sagen soll. Also starre ich auf sein Shirt und sage nichts. Natürlich *weiß* ich, dass man sich auch mit Zunge küssen kann, aber ich hab es noch nie selbst versucht.

»Sieh mich an«, fordert er mich auf.

Ich hebe meinen Blick, und er lehnt sich vor und drückt erneut seinen Mund auf meinen. Ich spüre, wie seine nasse Zunge gegen meine Lippen stößt, und presse sie noch fester zusammen.

Er löst sich von mir und sieht mir in die Augen. »Mit Küssen und Zärtlichkeiten zeigen wir Gottes Liebe. Willst du etwa nicht liebevoll zu mir sein?« Bei der letzten Frage senkt er die Stimme, und ich höre darin Missfallen, was normalerweise eine Bestrafung ankündigt. Und es gibt nichts, was ich dagegen sagen könnte. *Natürlich glaube ich daran, dass ich anderen Gottes Liebe zeigen sollte. Natürlich möchte ich Jesus glücklich machen.*

»Öffne deinen Mund«, befiehlt er.

Wie ein Roboter öffne ich meinen Mund, und er schiebt seine Zunge hinein. Ich versuche, stillzuhalten und nicht zu würgen, und schalte meinen Kopf aus, so gut ich kann. Nachdem sich seine schleimige Zunge eine gefühlte Ewigkeit wie ein Aal umherbewegt hat, sagt er, dass ich gehen kann. Ich renne so schnell nach draußen, dass ich einen meiner Flipflops verliere. Ich haste zum Wasserschlauch und wasche mir immer und immer wieder den Mund aus, um den Geschmack loszuwerden. Meine Gedanken wandern zurück ins Bett mit Uncle Jeff. *Will Uncle Tom dasselbe?*

All meine Heldenverehrung verwandelt sich in Abscheu. Meine Gedanken kreisen in einer Spirale aus Verwirrung und Verzweiflung umher. Nach dem Vorfall meide ich die Küche, wo Uncle Tom mich erneut allein erwischen könnte, und laufe lieber ums Haus herum, bis er sechs Wochen später wieder abreist. Ich versuche, die Sache zu vergessen. *Es war eklig, aber jetzt ist es vorbei, er ist weg.*

Ein paar Monate später bin ich allein im Klassenraum, um meinen Pullover zu holen, den ich auf dem Weg zur Draußenzeit vergessen hatte. Da spüre ich eine große Hand auf meiner Schulter; ich zucke zusammen und lache dann, als ich mich umdrehe und feststelle, dass es nur Uncle Bob ist, einer der Lehrer. Ich habe ihm immer vertraut. Aber bevor ich michs versehe, kniet er vor mir und umarmt mich, und dann packt er mich bei den Schultern und steckt mir seine Zunge in den Mund. Ich erstarre. *Er auch?* Ich weiß nicht, was ich tun oder mit wem ich darüber sprechen soll und ob das hier gottergeben oder falsch ist. Und ich bin noch verwirrter, als die Erwachsenen ein paar Monate später versuchen, Uncle Bob durch Exorzismus den Dämon der Homosexualität auszutreiben.

Danach achte ich darauf, dass immer ein anderes Kind mit mir zusammen ist. Die Altersbegrenzung für Sex mit Erwachsenen wurde zwar angehoben, aber vielleicht gilt für Zungenküsse nicht dasselbe?

Ich wage es nicht, irgendwen danach zu fragen.

* * *

Wann immer neue Leute eintreffen, verändert sich die Dynamik der Gruppe ein wenig. Werden sich die neuen Erwachsenen problemlos einfinden oder wird es Spannungen und Auseinandersetzungen geben, die ernste Gebetssitzungen erforderlich machen? Werden ihre Kinder meine Freunde oder Feinde sein? Ist ein niedlicher Junge dabei, mit dem man flirten kann, oder nur noch mehr Mädchen, mit denen ich das Badezimmer teilen muss? Außerdem kommt es vor, dass durch sie Schmuggelware auf der Farm eintrifft.

Ich weiß nicht, wo dieses seltsame Buch herkommt.

Eines Tages sehe ich es aus einem Haufen mit aussortierten Altkleidern herausragen und nehme es neugierig in die Hand. *Der geheime Garten* – allein der Titel begeistert mich! Ich gehe ganz sicher, dass mich niemand beobachtet, lasse es dann unter meiner Jacke verschwinden und gehe weg, während mein Herz wie das eines eingesperrten Spatzen pocht.

Ich suche mir eine ruhige Ecke und beginne zu lesen. Von der ersten Seite an bin ich verliebt. System-Literatur ist verboten, aber ich kann so etwas Zauberhaftes nicht abgeben. Stattdessen verstecke ich das Buch auf dem Dachboden, und wann immer ich ein paar freie Minuten zwischen meinen Aufgaben habe, stehle ich mich davon, um weiterzulesen. Aus Angst davor, entdeckt zu werden, mache ich kein Licht an und lese nur im Sonnenlicht, das durch das staubige Dachfenster dringt. Ich ignoriere alles um mich herum außer dem Geräusch sich nähernder Schritte, während ich in die wundervolle Welt von Landsitzen, versteckten Türen und geheimen Schlüsseln hineingesogen werde.

Es ist knifflig, in einer mit Kindern und Erwachsenen übervollen Kommune unentdeckt zu verschwinden, und manchmal vergehen mehrere Tage, bis ich zu meiner anderen Welt zurückkehren kann. Aber ich denke immerzu daran, während des Unterrichts, während meiner häuslichen Aufgaben und selbst während des Tischgebets. Die Geschichte gefällt mir noch besser als die Comics über Grandpas Home, die ich schon tausendmal gelesen habe, oder die Bibelgeschichten, die ich im Schlaf nachbeten kann.

Das hier ist neu, mein erster Roman. Die lebendigen Beschreibungen verzücken mich, und ich sehe jedes Detail farbenprächtig vor mir. Tagelang durchlebe ich jede Szene, bevor ich mich wieder zurückschleichen und die nächste lesen kann. Körperlich laufe ich auf der Farm umher, aber in Gedanken wandele ich durch die Parkanlage eines englischen Gutshauses. Und meine Hände schieben die prunkvollen Efeuranken am Zaun des Farmhofes beiseite, während ich nach der geheimen Tür in der Mauer suche.

Mary, wie immer lästig, wird stutzig und folgt mir überallhin. Es dauert nicht lange, bis sie mich auf dem Dachboden erwischt. Sobald ich die Leiter knarzen höre, verstecke ich das Buch unter den Decken, aber es ist zu spät. Mary, sicher, dass ich irgendwas verstecke, sucht überall, bis sie es findet.

Ich werde vor meine Mutter gezerrt, um mich für meine Vergehen zu verantworten. Sie klopft mit dem Buch auf ihre Handfläche, während sie auf mich wartet. Sie hat den Klappentext des Buches gelesen und sich auf das Wort »Magie« versteift.

»Woher hast du dieses Buch?«, meine Mutter brüllt fast. Sie hat kürzlich festgestellt, dass sie wieder schwanger ist, wodurch sie noch aufbrausender ist als sonst.

»Ich hab's gefunden«, murmele ich.

»Ich hab ihr Versteck auf dem Dachboden entdeckt!«, verkündet Mary mit einem selbstzufriedenen Gesichtsausdruck. Am liebsten hätte ich ihr in das arrogante Gesicht gehauen, wenn ich mich nicht so sehr um meine eigene Sicherheit gesorgt hätte.

»Faithy, in diesem Buch geht es um Hexerei! Das hier ist ein Teufelswerk, das in deinen Kopf eindringen und deine Gedanken beeinflussen will. Das sollte dir doch klar sein!«

»Aber Mommy, es kommen gar keine echte Hexerei oder Zaubersprüche drin vor. Colin wird nur durch die Natur und die Bewegung geheilt. Positives Denken ist eigentlich genau wie beten …« Ich verstumme.

»Sei still!«, blafft sie. »Ich habe genug gehört. Der Teufel verschleiert sein Werk, um dich in seinen Bann zu ziehen. Wir dürfen nicht zulassen, dass diese weltlichen Einflüsse dein Herz verderben. Offensichtlich war dir auch klar, dass das falsch ist, sonst hättest du es nicht versteckt! Ich beschlagnahme das Buch hiermit. Ich will dich nie wieder dabei erwischen, dass du so was liest, sonst muss ich deinen Vater informieren.«

»Ja, Ma'am«, sage ich, die Augen niedergeschlagen, um unterwürfig und bekümmert zu wirken. Die Wahrheit ist: Ich hatte das Buch gerade zu Ende gelesen, als Mary mich entdeckte. Es bringt also nichts, jetzt noch zu diskutieren. Und ich habe nicht den Wunsch, das flache Ende vom Stab Gottes in den Händen meines Vaters wiederzusehen, also gehe ich widerstandslos. Meine Mutter ist keine Zuchtmeisterin. Sie bestraft einfach nicht gern, im Gegensatz zu anderen Erwachsenen, die nur darauf warten, Züchtigungen auszuteilen. Trotzdem holt sie meinen Vater, wenn sie meint, dass der Regelverstoß es verdient.

Enttäuscht, dass mir das Buch weggenommen wurde und ich es nicht noch einmal lesen kann, gehe ich weg. *Wie könnte ich bloß weitere Romane in die Finger kriegen?* Ich finde heraus, dass Ching-Chings Eltern nicht ganz so streng sind wie unsere. Sie besitzen *Der König von Narnia* von C. S. Lewis, das Grandpa genehmigt hat, weil es die Jesus-Geschichte wiedergibt; wir alle haben den Zeichentrickfilm Dutzende Male gesehen. Aber die anderen Bücher in der Reihe, wie *Prinz Kaspian von Narnia*, weisen keine solch offensichtliche Parallele auf und gelten als zweifelhaft. Ich traue mich nicht, die Bücher mit nach Hause zu nehmen aus Angst, dass sie von einem strengeren Erwachsenen konfisziert werden. In einer Ecke auf der Couch von Auntie Hope zusammengerollt, lese ich, so schnell ich kann. Viel zu bald habe ich die dünnen Bände verschlungen. Als ich Auntie Hopes Haus verlasse, hat sich ein verzweifelter Hunger in meinem Bauch breitgemacht, und ich möchte unbedingt in diese Fantasiewelt zurückkehren, die die Bücher für mich erschaffen haben – ich muss mehr Bücher finden, aber ich habe keine Ahnung, wie.

Mein Lesestoff ist nicht der einzige Konfliktpunkt zwischen meiner Mutter und mir.

Ihre Enttäuschung über mich wächst. Ein paar erwachsene Männer haben sich bei ihr beschwert. »Wieso kannst du nicht liebevoller sein?«, sagt sie. »Du bist zu stolz.«

In der Tat hat sich mein Verhalten Männern gegenüber seit den Zungenkusslektionen verändert. Ich tue so, als würde ich sie nicht bemerken, und bin ihnen gegenüber nicht herzlich. Ich lächele nicht, ermuntere sie nicht und versuche, niemals unversehens allein mit einem zu sein. Diese unnahbare Haltung frustriert meine Mutter, die nicht versteht, wo das plötzlich herkommt.

Ich zucke mit den Schultern und sage: »Ich werde versuchen, netter zu sein«, aber das werde ich natürlich nicht. Sobald irgendein Mann besonders freundlich zu mir ist, wird mir übel, und ich lasse ihn mit so viel eiskalter Distanziertheit abblitzen, wie ich kann. Ich schaffe es sogar, ihn trotz meinen ein Meter fünfzig von oben herab zu behandeln.

Meine Mutter nennt mich fortan Eiskönigin.

Es ist mir unangenehm, wenn sie mich vor anderen Leuten so bezeichnet, aber in Wahrheit fühle ich mich ein bisschen stärker, härter und sicherer, wenn ich mir vorstelle, dass meine Adern aus Eis bestehen.

Je weiter ich mich von meiner Mutter zurückziehe und entferne, desto gefügiger scheint Mary zu werden.

Eines Nachmittags begegne ich meiner älteren Schwester im Flur, und sie sagt: »Faithy, ich möchte mit dir reden. Kannst du kurz mitkommen?«

Ich werfe ihr einen Seitenblick zu und frage mich, was sie im Schilde führt. »Okay.« Ich zucke mit den Schultern und folge ihr in das leere Kinderzimmer.

Sie lächelt mich an und klopft neben sich auf die Matratze des Einzelbettes.

»Also, was willst du?«, frage ich misstrauisch. Nach Josh ist Mary das ungezogenste Kind auf der Farm und eine noch viel schlimmere Petze. *Wofür will sie mich diesmal in Schwierigkeiten bringen?* Ich bin immer noch stocksauer auf sie, weil sie mein Buch ausgehändigt hat.

»Ich möchte dir nur sagen, dass ich dich lieb habe, weil du meine Schwester bist. Außerdem möchte ich mich entschuldigen, dass ich mich in unserer Kindheit die ganze Zeit mit allen von euch gestritten und euch verpetzt habe.«

Als ich sprechen will, stelle ich fest, dass mir der Mund offen steht. *Sie führt bestimmt was im Schilde*, denke ich. *Das hier ist niemals aufrichtig gemeint.*

»Ich möchte einen neuen Anfang machen und mich bei denjenigen entschuldigen, denen ich wehgetan habe. Unser Verhältnis wird sich von jetzt an verändern«, fährt sie mit ernster Miene fort.

Ich weiß nicht recht, was ich sagen soll. Ist das eine Falle, die ich noch nicht durchschaut habe? Ich umarme sie pflichtgemäß und flüstere ihr zu: »Ich hab dich auch lieb.«

Dann gehe ich aus dem Zimmer und mache mich bereit für den Angriff. Aber er kommt nicht. Stattdessen lächelt mich Mary jedes Mal an, wenn ich sie sehe, und sagt: »Ich hab dich lieb.« Es ist eine willkommene Erleichterung, nicht ständig zu streiten, aber es fühlt sich auch seltsam an. Kann sich ein freches, zänkisches, Regeln brechendes Mädchen über Nacht in eine ruhige, liebevolle, folgsame Frau verwandeln? So als wäre ein Schalter umgelegt worden, ist die Schwester, wie ich sie mein Leben lang kannte, verschwunden und durch eine perfekte Jüngerin ersetzt worden. Immer optimistisch, immer willig, immer betend und Gott preisend. Lange Zeit warte ich darauf, dass ihre Fassade Risse bekommt, aber das passiert nicht. *Wie macht sie das?*, frage ich mich.

Als seltsamste Wende der Ereignisse wird mir Mary nun als leuchtendes Vorbild präsentiert, dem ich nacheifern soll. Wenn ich höre, wie die Erwachsenen ihr Komplimente machen, und ihr glückliches (selbstzufriedenes) Gesicht sehe, ärgere ich mich und bin eifersüchtig, und gleich darauf fühle ich mich schlecht deswegen. Vielleicht liege ich falsch mit meinem Argwohn. Vielleicht hat Jesus sie wirklich verändert. Aber ich fühle mich ihr fremder als je zuvor. Ich kann es mir höchstens damit erklären, dass sie vielleicht mehr auf Josh geachtet hat und auf die immer härteren Bestrafungen, die ihm widerfahren.

Mir ist aufgefallen, dass Josh mit seinen fünfzehn Jahren trotz der Konsequenzen immer noch so aufsässig ist wie eh und je. Es scheint, dass er einfach nicht den Mund halten oder seine Finger von allen möglichen Schwierigkeiten lassen kann. Ständig ist er sarkastisch und unhöflich und er trinkt sogar Alkohol und raucht Zigaretten mit Lok Keens Teenagern, die ich in letzter Zeit nur noch selten sehe.

Esther versucht es immer wieder mit Exorzismus, lässt ihn sogar drei Tage lang vorher fasten, um sicherzugehen, dass er es auch ernst nimmt, was für einen ständig hungrigen Jugendlichen natürlich die reinste Qual ist. Und mein Vater schickt ihn sehr oft ins Steinhaus in die Isolation, wo er wie ein Sträfling in einem verschlossenen Raum festgehalten wird. Jemand bringt ihm was zu essen, und er darf nur eine vorgegebene Auswahl von Mo-Briefen lesen. Manchmal frage ich mich, ob die Isolation mehr der Bestrafung meines Bruders oder der Erleichterung der Erwachsenen dient; denn das schafft ihn aus dem Weg und bewahrt das fragile Gleichgewicht der Gemeinschaft vor dem Entgleisen. In den letzten drei Jahren hat er insgesamt fast ein Jahr in totaler Isolation verbracht.

Zum Glück für die Erwachsenen haben sich die anderen Jungs so sehr angepasst, wie es lebhafte Teenager nur können; obwohl auch viel passiert, das die Erwachsenen nicht mitkriegen. Caleb folgt Josh immer noch auf dem Fuße, wann immer er sich nicht in Isolation befindet, aber er weiß, wie man Stillschweigen bewahrt. Hobo gibt sein Bestes, um als gutes Beispiel voranzugehen und die Regeln zu befolgen. Im Stillen kämpft er mit einer Leseschwäche; er nimmt die Buchstaben verkehrtherum wahr und glaubt deshalb, er wäre dumm, was ihn sehr in seinem Stolz kränkt. Nehi lebt in einer eigenen Traumwelt mit seiner Nikon-Kamera und seiner Gitarre. Bones spielt immer noch den Clown, blödelt ständig herum und schneidet Grimassen, um alle zum Lachen zu bringen.

Mit Ausnahme von Josh scheint die Farm ein gut geeigneter Ort zu sein, um Teenager zurechtzustutzen.

Genau genommen haben selbst einige der Regierungsangestellten und Polizisten große Schwierigkeiten mit ihren eigenen Teenagern, weil sie Drogen nehmen, und bringen ihre Söhne zu uns, damit wir einen positiven Einfluss auf sie haben. Die Jungs arbeiten dann mit uns auf der Farm, misten die Ställe aus und reiten die Pferde, ganz ähnlich wie in einer offenen Reha-Anstalt. Ich weiß nicht, ob unsere Rehabilitierungsbemühungen Erfolg haben oder nicht; die Jugendlichen bleiben normalerweise nicht sehr lange bei uns, bei all der harten Arbeit.

Aber mein Vater prahlt vor jedem, der ihm zuhört: »Wir wissen, dass der Lebenswandel der Family richtig ist, weil wir eine so gute Ernte hervorbringen – unsere Kinder.« Während andere Familien sich verzweifelt mit Kindern herumplagen, die Heroin oder Kokain nehmen, leben wir ein reines Leben mit harter Arbeit und Disziplin. Er drückt es gerne so aus: »Ein guter Baum kann keine schlechten Früchte tragen.«

Mir tun die armen Jugendlichen leid, die sich selbst mit Drogen umbringen und ihr Leben zerstören. Wenn wir durch Macau fahren, schaue ich manchmal aus dem Autofenster und sehe, wie Systemer ihre Tage zubringen, zur Arbeit oder zur Schule und wieder nach Hause gehen, in endloser Wiederholung, und dann frage ich mich, wie sie die triste Sinnlosigkeit ihres eigenen Lebens ertragen können. Wie schrecklich es sein muss, ohne den Sinn und die Wahrhaftigkeit auszukommen, die wir in der Family erleben.

Meine Eltern sind gut mit dem Polizeichef in Macau befreundet, und er weiß, dass wir die Gesetze nicht brechen. Aber wenn er einen anonymen Hinweis auf Drogenmissbrauch bekommt, ist er verpflichtet, dem nachzugehen. Meist wird dabei behauptet, wir würden illegal Drogen auf unserem Grundstück anbauen, was vollkommen lächerlich ist. In der Family ist Drogenkonsum oder auch nur das Rauchen einer Zigarette eine Todsünde. Ich mag mir kaum ausmalen, welche schrecklichen Konsequenzen es haben würde, wenn einer von uns mit Drogen oder Zigaretten erwischt würde.

Als Lynne Watsons Artikel erschien und wir in Hongkong auf die schwarze Liste gesetzt wurden, verfügten wir noch nicht über die Beziehungen, die wir jetzt haben. Inzwischen ist es 1987, und in den letzten Jahren konnten wir durch unsere Hilfe für die Nachbarn in der Gemeinschaft hier Wurzeln schlagen, daher beschützt uns der Polizeichef, wenn die Zeitungen in Hongkong doch noch ab und zu negative Artikel über die Family veröffentlichen. Manchmal gibt er uns sogar per Telefon Bescheid, bevor der offizielle weiße Van für eine gelegentliche fingierte Polizeirazzia vorfährt. Sie machen das nur zur Schau, denn sie wissen, dass wir auf unserem Grundstück keine Drogen haben.

Inzwischen finden solche Razzien ein paarmal im Jahr statt. Dann läuft meine Mutter immer durch das Esszimmer des Haupthauses und wedelt mit den Armen, um uns zur Eile anzutreiben. »Polizeirazzia!«, ruft sie. »Schnappt euch alle Mo-Briefe und versteckt sie! Dann setzt euch in eure Zimmer. Niemand darf nach draußen gehen!«

Daraufhin flitzen wir umher und suchen alle Mo-Briefe und *Kidz True Komics* zusammen, die wir entdecken können, vor allem die mit aufreizenden Bildern drin, und stopfen sie in Schubladen oder unter Matratzen. Anschließend setzen wir uns alle auf unsere Betten. Ich muss mich immer bemühen, nicht zu kichern.

Wenn die Polizisten ankommen, kriechen sie im Gebüsch draußen vor dem Haus herum, und nach etwa einer Stunde entschuldigt sich der Polizeichef bei uns, die Männer klettern alle wieder in den Van und fahren ab. Danach rufen meine Eltern »Entwarnung«.

In anderen Ländern sind die Razzien allerdings kein Spaß. Behörden stoßen ausführliche Ermittlungen wegen Anschuldigungen zu sexuellem Kindesmissbrauch an, durchsuchen die Homes der Mitglieder, nehmen ihnen sogar die Kinder weg und bringen sie beim Sozialdienst unter, bis die Ermittlungen abgeschlossen sind. Manchmal macht sich ein gesamtes Family Home einfach in der Nacht aus dem Staub, und alle Kinder müssen ihre Habseligkeiten in Koffer und Müllsäcke stopfen.

Auf den Philippinen waren die VHS-Kassetten mit den Filmen, die nach Grandpas Anweisungen »Gott durch Tanz preisen« sollten, konfisziert worden. Dabei handelte es sich jedoch lediglich um eine schmutzige Interpretation schlecht denkender Menschen, die glaubten, dass die wunderschönen Tänze und Bilder nackter Frauen und Kinder, wie in unseren *Asian Angels*-Videos, irgendwie schlimm oder falsch wären. Laut Grandpa ein Beispiel dafür, dass der Teufel etwas Schönes in etwas Schmutziges verwandeln möchte.

Nach den Razzien sind die Erwachsenen den Rest des Tages immer etwas strenger mit uns als normalerweise, aber schon bald finden sich das übliche Lächeln und die »Gelobt sei der Herr«-Ausrufe erneut in den Unterhaltungen wieder. Ich bin erleichtert, aber auch enttäuscht. Es fühlt sich an, als würden wir immer nur die Nachteile davon erfahren, was es heißt, Teil der Royal Family zu sein, ohne irgendwelche Vorteile davon zu haben.

Allerdings habe ich grundsätzlich mehr Angst vor Reportern als vor der Polizei. Wie wir von Lynne Watson gelernt haben, drehen Journalisten einem jedes Wort im Mund um und verwandeln es in etwas Scheußliches, sodass alle dich hassen, obwohl du nichts falsch gemacht hast. Manchmal sehen wir sie mit ihren großen Kameras und Mikrofonen die Straße heraufkommen, und dann rennen wir alle ins Haus und verschließen die Türen, bis sie aufgeben und wieder weggehen. Sogar unsere chinesischen Nachbarn weigern sich, mit Journalisten über uns zu sprechen.

Bloß weil mein Vater Grandpas ältester Sohn ist, glauben die Reporter, dass er eine hohe Stellung in der Führungsriege der Family innehat oder dass er zumindest weiß, wo Grandpa sich versteckt. Aber selbst wenn er wollte, könnte er ihnen nichts verraten. Grandpas Aufenthaltsort ist vollkommen *Selah*, auch für meinen Vater.

»Warum jagen sie uns immer wieder? Ich weiß ja nicht mal, wie er aussieht!«, beschwere ich mich bei meiner Mutter nach einem kürzlichen Journalistenüberfall. Ich sitze neben ihr auf ihrem großen Bett, was in letzter Zeit selten vorkommt, da ich immer mit den Teens zusammen bin.

»Ich hab eine Idee.« Sie hat dieses freche Funkeln in den Augen, was normalerweise bedeutet, dass gleich irgendetwas Lustiges passiert oder etwas, das nicht gänzlich von meinem Vater oder der Family befürwortet wird.

»Kannst du ein Geheimnis für dich behalten? Du darfst niemandem verraten, was ich dir gleich zeige.«

»Natürlich«, antworte ich, beinahe entrüstet. Schließlich habe ich schon mein ganzes Leben lang Geheimnisse für mich behalten. Meine Mutter ist diejenige, die das nicht kann.

Sie führt mich in das spärlich beleuchtete Arbeitszimmer meines Vaters. Hier ist es stickig und sehr dunkel, weil schwere Vorhänge jegliches Sonnenlicht aussperren und alles in Schwarz und Rot eingerichtet ist. In der hinteren Ecke befindet sich ein kleiner Metallsafe. Meine Mutter überprüft noch einmal, dass wir wirklich allein sind, und tippt dann die Zahlenkombination ein, um ihn zu öffnen. In den Homes sollen sensible Dokumente verschlossen aufbewahrt werden, insbesondere wenn sie mit der Führungsriege zu tun haben. Ich habe keine Ahnung, was wir in dem Safe aufbewahren, abgesehen von unseren Reisepässen. Meine Mutter nimmt ein paar Fotografien heraus.

»Würdest du gerne sehen, wie Grandpa wirklich aussieht?« Sie kann es kaum erwarten, ihr Geheimnis mit mir zu teilen.

Was für eine Frage, aber klar doch! Abgesehen von seinem Aufenthaltsort ist Grandpas Aussehen das bestgehütete Geheimnis in der Family. Alle Bilder von Grandpa und Mama Maria sollten eigentlich vernichtet werden. Weiß mein Vater hierüber nicht Bescheid? Vielleicht gelten für ihn als Grandpas Sohn andere Regeln? Oder vielleicht bricht er sogar diese wichtige Regel, indem er die hier behält?

Gespannt starre ich auf die beiden Fotos, die meine Mutter mir hinhält. Eines zeigt Grandpa allein, der in die Kamera schaut. Auf dem anderen ist er mit ein paar Frauen zu sehen. Meine Mutter zeigt auf eine schlicht aussehende Auntie, die neben Grandpa sitzt. »Das ist Mama Maria«, flüstert sie.

Eine Minute lang blicke ich eingehend auf die Bilder in dem Bemühen, mir ihre beiden Gesichter einzuprägen, dann schnappt meine Mutter sie mir aus der Hand und legt sie zurück in den Safe aus Angst davor, dass uns jemand erwischt. Sie scheucht mich aus dem Zimmer meines Vaters und erinnert mich daran, das Geheimnis zu wahren. Ich nicke ernst.

Meine Enttäuschung macht mich stumm. Grandpa sieht nicht annähernd so prächtig aus wie auf all den Zeichnungen, die ich von ihm in den Mo-Briefen gesehen habe. Statt voll und imposant ist sein Bart dünn und drahtig wie Unkraut. Er hat tief liegende Augen wie mein Vater, jedoch glänzen sie nicht mit der allwissenden Macht, die in den Zeichnungen dargestellt wird.

Mama Maria ist eine noch größere Enttäuschung. Solange ich mich erinnern kann, hat Grandpa in den Briefen über ihre Attraktivität und Schönheit geschrieben. Doch statt der wallenden Locken und der perfekten Gesichtssymmetrie, die in den Mo-Briefen abgebildet sind, hat sie plattes, mausgraues Haar, vorstehende Zähne und eine Brille. Es fühlt sich an wie eine Lüge. Ich balle meine Hände zu Fäusten, aber lasse meine Entrüstung dann durch meine Fingerspitzen entweichen. Grandpa ist ein Prophet. Er spricht direkt mit Jesus. Wahrscheinlich müssen die Künstler das Aussehen der beiden aus Sicherheitsgründen verändern, schlussfolgere ich.

Wann immer ich durch das Dorf laufe, blicke ich nun meine Freunde, Geschwister und andere Erwachsene in dem Wissen an, dass keiner von ihnen Grandpas oder Mama Marias wahre Gesichter gesehen hat. Dann fühle ich mich als etwas Besonderes. Ich besitze ein mächtiges, gefährliches Wissen.

Meine Mutter hat mir unser erstes großes Geheimnis anvertraut.

11

TEENAGER-REVOLUTION

Es liegen Gerüchte und ein Hauch von Spannung in der Luft, weil die Farm möglicherweise in ein Teen Home umgewandelt werden soll. Das einzige andere mir bekannte Teen Home ist die riesige Heavenly City School, die HCS in Tateyama, Japan, eine Stadt in den Bergen etwa fünf Autostunden von Tokio entfernt. Die Schule ist nach der Heiligen Stadt benannt, die in der Offenbarung beschrieben wird. Grandpa hat die Heilige Stadt im Geiste besucht und ihre Gebäude und ihre Schönheit auf bunten Plakaten dargestellt. Er sagt, die Heilige Stadt fliege gerade durch das Weltall zur Erde, wie ein Raumschiff, nur könnten wir sie durch unsere irdischen Teleskope nicht sehen, weil sie derzeit hinter dem Mond versteckt sei und darauf warte, zur Entrückung offenbart zu werden.

Homes mit einem bestimmten Zweck, wie Teen Homes, sind größere Combos mit hundert oder mehr Menschen, aber es gibt davon nur wenige. Die HCS ist ein Ausbildungs- und Umerziehungszentrum, wo den Jugendlichen der Family revolutionäre Jüngerschaft beigebracht wird und wo man sie ausdrücklich dazu auffordert, unabhängig von den Eltern ihre persönliche Verbundenheit zu Gott und der Family kundzutun. Außerdem sollen sie hier ihre spirituellen Probleme überwinden, auch »Needs Work On«, NWOs, genannt, sowie praktische Alltagskompetenzen wie Kochen, Handwerksarbeiten und Kinderbetreuung lernen und Ehepartner finden.

Schon immer haben wir neidisch die Geschichten, Erlebnisberichte und Videos verfolgt, die wir aus der HCS bekommen. Und obwohl sich auf jedem Kontinent ein eigenes Music-with-Meaning-Tonstudio befindet, um Audiokassetten mit Family-Musik in der Landessprache zu produzieren und zu verkaufen, bringt das HCS-Tonstudio stetig neue Teen-Stars hervor, die Family-Songs schreiben und singen und ihre eigenen Musikvideos drehen, wie zum Beispiel *Watch Out for 666* und *Cathy Don't Go to the Supermarket Today* über den Antichristen sowie *Watch Out for the Green Door*, das auf einem Traum basiert, den Grandpa über die Hölle hatte.

Aufgrund der guten Beziehungen meiner Familie zu den örtlichen Regierungsangestellten wird Macau als relativ sicherer Zufluchtsort angesehen. Und da auf unserer Farm noch Platz für Wachstum ist, schätzt die Führungsriege sie als geeigneten Ort für Teenager von den Philippinen ein, wo die Family schwere Anschuldigungen wegen Kindesmissbrauchs ertragen muss.

Bald treffen also fünfzehn Jugendliche im Alter von zwölf und sechzehn Jahren bei uns ein, die bisher in den Family Homes auf den Philippinen gelebt haben. Die meisten sind Mädchen (meine Brüder sind völlig aus dem Häuschen) und es kommen lediglich zwei Jungen, daher ist meine Auswahl begrenzt. Jacob ist gut einen Meter achtzig groß, spindeldürr mit einem länglichen Gesicht und sagt kaum ein Wort zu irgendjemandem. Eddie, sein jüngerer Bruder, ist das genaue Gegenteil, fett und total nervig, und er versucht, sein nicht vorhandenes gutes Aussehen durch spöttelnde, sarkastische Kommentare wettzumachen.

Die Jugendlichen freuen sich, aus ihren bisherigen Homes rauszukommen, weg von ihren Eltern, und sich unserer Farm anzuschließen – ein Ort, über den sie schon oft in den *Kidz True Komics* und den *Family News* gelesen haben, da dort Erlebnisberichte, Fotos und Geschichten über meine Geschwister und mich veröffentlicht werden. Inzwischen sind wir an die Erwartungen der Leute gewöhnt, dass wir als Grandpas Enkel kleine Engel sein müssten. Und ich glaube, meinen Brüdern macht es riesigen Spaß, diese Annahme zunichtezumachen.

Ich bettele und flehe, mit meinen Geschwistern in die Teen-Gruppe gehen zu dürfen, obwohl das vorgeschriebene Alter für einen

»Teen« in der Family mindestens elf oder zwölf ist und ich erst zehn bin.

Meine Mutter bricht eine Lanze für mich. »Sie ist viel reifer als die meisten Kinder in ihrem Alter, weil sie schon immer mit ihren größeren Brüdern mithalten musste. Wir sollten sie jetzt nicht voneinander trennen«, erklärt sie meinem Vater, und nach ein wenig Widerstand willigt er ein. *Ich habe mir meinen Platz verdient.*

Beinahe über Nacht strotzt meine eng verbundene Geschwistergruppe vor Testosteron und Östrogen. Die Teen-Mädchen ziehen in das große Zimmer im Haupthaus, wo meine ganze Familie geschlafen hat, als wir vor über sechs Jahren hier ankamen. Für die Teen-Jungs werden noch ein paar Stockbetten ins Zimmer meiner Brüder gestellt, ganz wie in einem Internatsschlafsaal. In diesen alten chinesischen Häusern gibt es keine Schränke, daher bewahrt jeder seine Habseligkeiten in einem kleinen Koffer unter dem Bett auf.

Mein Vater beschließt, als Willkommensparty mit der ganzen Gruppe von Jugendlichen eine Woche am Strand campen zu gehen. Diese Teenager müssen mal ein paar Überlebenstechniken und ein Leben ohne Komfort kennenlernen, erklärt er Esther, die versucht, ihn davon abzubringen. Auch manche der anderen Erwachsenen machen sich Sorgen, welchen Unsinn zwanzig hormongesteuerte Teenager anstellen könnten. Mein Vater glaubt unbeirrt an augenblicklichen Gehorsam auf seine Befehle, aber er ist nachlässig bei der Aufsicht.

Esthers Sorgen sind berechtigt. Die Jugendlichen verbringen die Woche damit, in die Zelte der anderen zu schleichen und sich zu vergnügen. Einige sind schon seit Jahren sexuell aktiv. Aber manche der Jungs haben hier das erste Mal Sex mit Mädchen ihres Alters statt mit erwachsenen Frauen. Obwohl wir keine Kondome benutzen dürfen, geben sich die Jungs besonders große Mühe, die Mädchen nicht zu schwängern. Denn wie die Erwachsenen unmissverständlich klargemacht haben, würde eine Schwangerschaft bei Teenagern sofortige Heirat bedeuten. Doch auch ohne eine Schwangerschaft müssen nach dem Sexgelage viele gebrochene Herzen geheilt werden.

Natürlich finde ich erst am Ende des Ausflugs heraus, dass überhaupt irgendwas abgeht. Mitten in der Nacht weht ein Tropensturm all unsere Zelte um. Als ich aufwache und die Zeltplane wegschlage, die mir am Gesicht klebt, bin ich allein und frage mich, wo meine Zeltnachbarin Joy sein mag.

Zwar interessieren mich die neuen Teen-Jungs nicht, aber ich möchte an der Aufregung und der Aufmerksamkeit beteiligt sein. Daher versuche ich, mir die älteren Mädchen zum Vorbild zu nehmen, wie sie meine Hüften zu schwingen und mit meinem Haar zu spielen. Joy beobachte ich mit besonderem Neid. Noch nie im wahren Leben habe ich ein so wunderschönes Wesen gesehen, mit ihrem langen dunklen Haar, das ihr an den wohlgeformten Brüsten vorbei bis zur schmalen Taille wallt. Meine Brüder sind derselben Meinung. Ich verstehe nicht, wie jemand so weiblich und so zierlich sein kann. Sie bewegt sich anmutig, spricht leise und runzelt die Stirn angesichts unseres lauten bauernhaften Verhaltens.

An Joy sieht jedes Kleidungsstück sexy aus. Meist trägt sie Miniröcke und Blusen mit Knöpfen, die sie an der Taille zusammenbindet, um ein paar Zentimeter ihres flachen Bauchs zu entblößen. Ich mache es ihr nach, aber ohne Busen hat es einfach nicht dieselbe Wirkung. Mit aller Macht flehe ich meine Brüste an zu wachsen, aber sie sind kaum mehr als kleine geschwollene Knubbel.

Während wir unter den Bäumen vor unseren zum Trocknen ausgelegten Zelten sitzen, versucht sie, mir zu helfen. »In Japan habe ich manchmal gemodelt. Wenn jemand ein Foto von dir macht, musst du einfach deine Wangen ein bisschen nach innen saugen.«

»So?« Ich mache ein Fischgesicht.

»Hm, nein, nicht ganz.«

Ich versuche es wieder und wieder. »Wie soll ich denn lächeln und gleichzeitig meine Wangen einsaugen?!«

»Vielleicht versuchst du mal, deine Zunge gegen deinen Gaumen zu drücken.«

Nach einer Stunde geben wir beide auf. Welches besondere Schönheitsgeschick sie auch haben mag, es scheint für mich nicht zu gelten.

Aber ich übe weiter heimlich mein Fischgesicht in der Hoffnung, dass ein Wunder mich doch noch hübsch macht.

Nach dem Camping-Ausflug veranstalten wir unsere erste große Nacht der Teen-Talente. Normalerweise wird an solchen Abenden in der Family gesungen, getanzt, sich verkleidet und Theater gespielt. Bones ist großartig darin, Gandhi zu imitieren, wobei er lediglich eine weiße Stoffwindel trägt, seine mageren Rippen zeigt und den indischen Akzent und das Kopfschütteln nachahmt. Das bringt uns immer schallend zum Lachen.

Aber die Ankunft der jungen Mädchen verwandelt unsere Talent-Nacht in eine verführerische Tanzvorstellung. Die meisten Mädchen wählen dafür System-Lieder aus *My Old Favorites* aus, einer Sammlung von Grandpas liebster weltlicher System-Musik auf drei Hörkassetten. Da Grandpa sie gutheißt, dürfen wir sie zu besonderen Gelegenheiten wie den Tanzabenden hören. Die meisten Lieder stammen aus den Fünfzigerjahren, zum Beispiel »Hot Diggity« (1956, gesungen von Perry Como) und »High Hopes« (1959, gesungen von Frank Sinatra). Außerdem tanzen wir noch gerne zu »Fire and Ice«, einem verführerischen Family-Lied über FFing, und meine Brüder singen »(Let Me Be Your) Teddy Bear« von Elvis Presley.

Die Mädchen bewegen ihre Hüften und Arme zu einem hypnotisierenden Rhythmus in einem einstudierten Striptease. Ihre aufeinander abgestimmten Jeansröcke mit Druckknöpfen an der Vorderseite sind perfekt geeignet, um sie sich vom Leib zu reißen, sodass sie am Ende lediglich in ihren BHs und Slips dastehen und die Teen-Jungs applaudieren und pfeifen.

Während die Leute auf der Farm sich noch an die neue Rolle des Teen Homes gewöhnen, trifft Aunt Faithy aus Lateinamerika ein, wohin sie nach ihrer Tätigkeit als Regions-Schäferin versetzt wurde. Sie bezeichnet sich selbst jetzt als Teen-Schäferin und verkündet, dass alle Jugendlichen von nun an einen Buddy brauchen. Das Buddy-System hat es in der Family schon seit der Texas Soul Clinic Ranch gegeben, weil Jesus seine Jünger auch immer zu zweit aussandte: »Fällt einer von ihnen, so hilft ihm sein Gesell auf« (Prediger 4,10). Laut unserer Auffassung sorgt also der Buddy für die körperliche Sicherheit, falls man auf eine Schlange trifft, und für die spirituelle Sicherheit, falls man in Versuchung kommt, sich schlecht zu benehmen.

Normalerweise brauchen wir einen Buddy nur, wenn wir das Kommunengelände verlassen. Das neue System, nachgeahmt aus der HCS, ist hingegen viel strenger. Denn wir sollen überall gemeinsam hingehen und alles zusammen machen. Wir dürfen uns nicht von der Seite weichen, außer wenn es uns ein Schäfer erlaubt. Manchmal ist das ein bisschen unangenehm, insbesondere wenn jemand eine romantische Verabredung hat.

Wir werden daran erinnert: »Eure Treue gilt als Erstes Jesus und der Family. Wenn ihr eure Brüder oder Schwestern in Christus dabei erwischt, wie sie ungehorsam sind, liegt es in eurer Verantwortung, sie zu ihrem eigenen Besten zu melden, sonst seid ihr so schuldig wie sie. Wenn wir herausfinden, dass ihr davon wusstet und nichts gesagt habt, werdet ihr genauso bestraft.«

Ich weiß, dass das richtig ist, aber ich bringe es nicht über mich, jemanden zu verpetzen – insbesondere nicht meine Buddy Joan. Joan ist fünfzehn Jahre alt, blond und *sehr* weit entwickelt. Aber sie wirkt nicht enttäuscht darüber, das jüngste und am wenigsten reife Mädchen der Teen-Gruppe – mich – abgekriegt zu haben. Als Dank dafür gebe ich mein Bestes, eine angenehme Buddy zu sein, und schaue weg, wenn sie gelegentlich allein unterwegs ist. Joan zu verraten, ist der letzte Ausweg. Wir alle wissen, dass wir uns selbst stellen sollten. Denn sonst trennen uns diese Sünden von Jesus, und es wird Ihm nicht möglich sein, uns zu segnen oder zu uns zu sprechen, bis wir sie gestehen. Ich hoffe, dass Joan sich selbst stellt, wenn es notwendig ist. Denn ich mag Joan und möchte nicht, dass sie in Schwierigkeiten gerät.

Um uns dabei zu unterstützen, noch ehrlicher zu werden, füllen wir jeden Abend vor dem Zubettgehen den täglichen »Open-Heart-Report« aus, den Bericht Offener Herzen, abgekürzt OHR. Der OHR wird auf einem kleinen Bogen Papier vorgedruckt und uns nach dem Abendessen ausgeteilt. Wir tragen unseren Namen und das Datum ein, kreuzen an, ob wir Stuhlgang hatten, füllen aus, wie viele Gläser Wasser wir am Tag getrunken haben (ich schreibe immer acht hin, obwohl ich nicht wirklich weiß, wie viele ich hatte. Wie soll ich mich auch daran erinnern? Zählt Milch dazu?), und welche Bibelverse wir auswendig gelernt haben.

Und dann kommt die gefürchtete letzte Frage: »An welchen NWOs arbeitest du gerade?« Fünf leere Zeilen, um darüber zu schreiben, welche Fehler wir begangen und welche Strafe wir erhalten haben oder auch schlechte Charaktereigenschaften zu benennen, die wir zu überwinden versuchen. In der ersten Woche ist es noch einfach: »Ich lerne, gehorsamer, Gott ergebener etc. zu sein.« Die üblichen kleinen Sünden. Doch schon bald starre ich auf diese leeren Zeilen und denke: *Was soll ich da nur reinschreiben?* Ich tue schließlich nicht *jeden* Tag irgendetwas Verbotenes. Außerdem erzähle ich bestimmt nicht, dass ich zusammen mit Bones einen Korb voller Blätter auf die Badezimmertür gestellt habe … Ich versuche, etwas Neues zu erfinden, das mich nicht in Schwierigkeiten bringt. Die schlimmste Art des kreativen Schreibens – mir Dinge ausdenken, die an mir falsch sind. »Ich muss ordentlicher sein.« »Ich muss besser gehorchen.« »Der Herr bringt mir bei, weniger albern zu sein.« »Ich muss bei der Andacht besser aufpassen.« Okay, der letzte Punkt stimmt.

Bei der Ankunft der ersten Teenager-Gruppe wartet eine weitere Überraschung auf uns. Mene, eine Berühmtheit in der Family, soll ab sofort ebenfalls bei uns leben. Und es kommt noch besser: Sie ist eine echte Cousine von uns, die Tochter meines Onkels Aaron.

Ich habe weder meine Cousins und Cousinen noch Uncle Aaron jemals getroffen. Uncle Aaron starb bereits 1973; Bergsteiger entdeckten seinen Leichnam am Fuß des Mont Salève in Frankreich. Man fand nie endgültig heraus, ob er bei einem Wanderunglück ums Leben kam, aber Grandpa meinte, dass Gott Aaron nach Hause in den Himmel gerufen habe; genau wie Hesekiel lebe er bei Gott.

Ich habe schon viel über Mene in den Mo-Briefen gelesen und Videos von ihr gesehen, da sie bereits seit Jahren in den Music-with-

Meaning-Produktionen auftritt. Man munkelt, sie habe seit ihrem elften Lebensjahr in Grandpas Home gelebt, also muss sie wirklich etwas ganz Besonderes sein. Ich bin eifersüchtig und beobachte sie, um herauszufinden, was sie hat, das ich nicht habe. Warum hat Grandpa sie auserwählt? Wenn ich ganz besonders brav bin, möchte er mich vielleicht auch bei sich haben.

Sie ist anders, als ich mir vorgestellt habe. Sie ist fünfzehn und ihr langes, feines blondes Haar wallt um ihr Gesicht herum. Aber es ist der Ausdruck in ihren Augen, der mir anders vorkommt. Sie wirkt kindlich und oft mit den Gedanken weit weg. Eigentlich möchte sie mit uns lachen und spielen, aber sie scheint unsere Witze nicht zu verstehen. Manchmal hilft sie Mary in der Küche, dann muss Mary ihr die einfachsten Küchentätigkeiten beibringen und am nächsten Tag noch mal wiederholen.

Bald darauf passieren seltsame Dinge auf der Farm. Ein Holzbalken fällt von der Stalldecke und trifft beinahe unser Pferd Taurug. Weitere Unfälle ereignen sich. Dann erfahren wir eines Morgens, dass alle Jugendlichen nachts zu einem fremden Bett schlafgewandelt sind.

Die Erwachsenen rufen uns zu einer Notfallbesprechung und Lesung zusammen. »Es handelt sich um einen spirituellen Angriff«, teilen sie uns mit. »Wir wollten nicht, dass ihr Teenager es herausfindet. Eigentlich hatten wir gehofft, dass die Farm Mene helfen würde – fern vom Stress in Grandpas Home und umgeben von mehr Menschen in ihrem Alter. Aber der Teufel hat seine Klauen zu tief in sie geschlagen. Sie ist von einem Dämon besessen, der mit ihr spricht und dem sie befehlen kann, anderen Leid anzutun. Nun wisst ihr, was gerade los ist.«

»Ich erinnere mich, dass Mene diesen Holzbalken angestarrt hat, und es sah aus, als würde sie vor sich hin murmeln«, meldet sich jemand zu Wort.

Alle erschaudern. Sie nutzt tatsächlich einen Dämon, um uns zu verhexen.

Bei der Andacht lesen wir den Mo-Brief, den Grandpa über Mene geschrieben hat.

Wenn du (dem Teufel) nicht widerstehen und ihn allein wieder loswerden kannst, wecke jemanden auf, der bei dir ist, und bitte ihn, mit dir zu beten. Und wenn er ihn mit einer Rute aus dir herausprügeln muss, dann soll es so sein, und ihr habt meine Erlaubnis dazu. (Sara: Ja, Sir, das werde ich!) Wenn ihr sie ohrfeigen müsst, um sie aufzuwecken und aus diesem Geisteszustand zu befreien, dann ohrfeigt sie! Ohrfeigt sie fest! Schubst sie herum! Verpasst ihr ordentlich eine! …

Und jetzt raus mit dir, du verdammter Teufel, und lass sie in Frieden, oder ich prügle ihr die Seele aus dem Leib! (Mene weint.) Gott sei Dank, ich glaube, das sind die ersten Tränen, die ich sehe! Tut es dir leid? (Mene: Ja, Sir!)

Glaubst du etwa, du würdest es da oben (im System) irgendwie schaffen? Die einzige Möglichkeit wäre, dass du dich als Hure durchbringst, sonst nichts! Du wärst noch nicht mal eine FFerin, du würdest es nicht mal für Gott tun, sondern du würdest es tun, um zu überleben. Wahrscheinlich würdest du auch drogenabhängig werden – eine von Drogen und Dämonen besessene, alkoholsüchtige, kranke Hure, die bald tot ist! Ist das etwas, was du willst? (Mene: Nein, Sir!)

Du bist dreckig, du bist schmutzig und du stinkst! Dein selbstgefälliger Stolz stinkt am meisten, wie stinkende, dreckige Menstruationsbinden! … Und wir werden den Gestank nicht länger ertragen, ist das klar?

In meinen Augen ist dein Vater Aaron gestorben, weil er Gott enttäuscht hat. … Willst du so sterben, in dem Wissen, dass du vor Gott versagt und deine Familie missachtet und sie verletzt hast, deinen Großvater, deinen Vater, deinen Ziehvater, uns alle? (Mene: Nein, Sir!)

Ich werfe einen Blick zu Mary und meinen Brüdern hinüber. Während die Lesung weitergeht, verändert sich ihr Gesichtsausdruck von verwirrt zu erschrocken. *Wer hätte das gedacht?* Mene kommt so nett rüber. Etwas schlicht und seltsam, immer vor sich hin starrend und abgedreht, aber doch nicht bösartig oder dämonenbesessen. Aber Grandpa liegt niemals falsch. Das beweist lediglich, dass man bei den Menschen eben doch nie wissen kann.

Und Uncle Aaron ist gestorben, weil er Gott enttäuscht hat? Hatte er psychische Probleme? Oder war es Selbstmord? Ich höre das zum ersten Mal. Grandpa hat immer gesagt, Gott hätte ihn in den Himmel geholt, weil er für diese Welt zu spirituell war.

»Die Dämonen gaukeln Mene brutale Visionen vor. Sie redet immerzu davon, dass sie sich und anderen etwas antun wird. Zur Sicherheit aller stellen wir sie daher zusammen mit Michael und Crystal im Steinhaus unter Quarantäne«, erklärt uns mein Vater. »Sie werden mit ihr zusammenleben und versuchen, ihr beim Austreiben der Dämonen zu helfen.« Jetzt tut es mir leid, dass ich eifersüchtig auf sie war.

Mene verschwindet im Steinhaus, und ich sehe sie monatelang nicht wieder. Ein paar weitere »Problem-Teenager« werden kurz darauf ebenfalls dorthin geschickt. Wir nennen es nun »Das Home der Triumphatoren«, weil die Jugendlichen, die dort leben, über ihre Probleme triumphieren sollen. Es agiert unabhängig vom Rest des Homes, ist sehr heimlichtuerisch und berichtet direkt an die WS. Keiner darf auf einen Besuch vorbeischauen, nicht mal meine Eltern.

Ich bin so eingebunden in meine neue Welt der Teenager, dass ich versuche, nicht zu viel an Mene oder die anderen Jugendlichen im Steinhaus zu denken, abgesehen davon, dass ich es als eine äußerst abschreckende Warnung nehme, was passieren könnte, wenn ich vom rechten Weg abkomme. Ich gebe mir die größte Mühe, nicht als Triumphatorin zu enden, und widme mich ganz den Teen-Schäfern und meiner neuen Aufgabe, jeden Morgen zwei Stunden lang die Kleinkinder zu beaufsichtigen, während ihre eigentliche Erzieherin zusammen mit den anderen Erwachsenen bei der Andacht ist.

Nur die Jugendlichen, die die Grundausbildung im *Childcare Handbook* noch nicht abgeschlossen haben, sollen ein paar Stunden pro Woche lernen, damit sie das Niveau der fünften Klasse erreichen. Dank Uncle Bens Lernmethoden bin ich schon recht weit fortgeschritten, aber vielen Teenagern fällt es noch schwer, sich das große Einmaleins einzuprägen. Wenn sie den Unterricht nicht besuchen wollen, was häufig der Fall ist, können sie sich freiwillig für weitere Aufgaben rund um die Farm melden – schließlich sind Alltagskompetenzen, kochen und Kinderbetreuung nützlicher in Bezug auf ihre Zukunft als Missionare.

Wir halten außerdem wöchentliche Bibelstunden für System-Jugendliche ab, die uns ohnehin auf der Farm besuchen, um auf unseren Pferden zu reiten. Miguel ist ein gut aussehender neunzehnjähriger Portugiese, der regelmäßig herkommt, um mit Joan die Bibel zu studieren. Alle Mädchen finden ihn süß, aber wir kennen die Regeln – wir dürfen flirten, um sein Interesse für Jesus zu wecken, aber berühren ist verboten.

Mir gefallen meine neuen, viel verantwortungsvolleren Pflichten sehr gut, aber die Kehrseite meiner Teilnahme an der Teen-Gruppe ist, dass ich Patrick nicht mehr so oft sehe, da er in der Gruppe für die älteren Kinder ist und wir nicht mehr die Farmarbeiten zusammen erledigen. Unsere ehemalige Aufgabe des Stallausmistens ist nun den straffälligen Teenagern in der Triumphatorgruppe vorbehalten.

Wenn ich sehe, wie die Triumphatoren die Straßen im Dorf fegen oder Steine schaufeln, tun sie mir leid, aber ich sage nichts. Ich möchte nicht riskieren, dass ich auch dorthin geschickt werde.

12

DER STILLE STAATSSTREICH

Seltsame Family-Marotten kommen und gehen, meist hervorgerufen durch einen Mo-Brief oder einen Schäfer, der aus einem anderen Land zu Besuch kommt. So sollen wir unserem Trinkwasser zum Beispiel plötzlich Bleichmittel hinzufügen oder Sarongs tragen, damit, wie Grandpa sagt, in diesem tropisch-feuchten Klima genug Luft an unsere Genitalien kommt. Manche Entwicklungen sind allerdings nicht so lustig. In den letzten Monaten ist der Ton in den Mo-Briefen militaristischer im Bezug darauf geworden, Gott noch stärker an erste Stelle zu setzen. *Wie denn?*, frage ich mich. *Wir leben doch jeden Tag für Gott.*

Ich höre, wie meine Mutter und Esther über die Neuartigkeit der Briefe sprechen und mein Vater ihnen sagt, sie sollen sich keine Sorgen machen. Aber die Farm ist inzwischen einfach zu groß, um nicht die Aufmerksamkeit der hochrangigeren Führungsriege auf sich zu ziehen.

Als meine Mutter ungefähr im fünften Monat schwanger ist, trifft ein australisches Ehepaar, eine korpulente Frau und ein magerer kleiner Mann, von den WS auf der Farm ein. Je mehr Tage vergehen, desto nervöser wird meine Mutter. Ich höre sie meinem Vater zuflüstern, dass in der Family eine weitere große Veränderung im Führungsmanagement ansteht. Loyalitäten wurden in Zweifel gezogen und schärfere Maßnahmen getroffen. Anscheinend findet die oberste Führungsriege, dass einige Homes, wie die Farm, zu unabhängig geworden sind, und möchte sie nun härter an die Kandare nehmen. Daher senden sie WS-Führungskräfte zur Beratung und Unterstützung.

Ich beobachte das Paar aus Australien. Sie kommen mir ruhig und unauffällig vor, leiten weder die Andacht noch halten sie große Reden. Normalerweise würde ich sie kaum wahrnehmen. Nur eine weitere Auntie und ein weiterer Uncle, sie dick, er dünn.

Aber nachdem sie ein paar Wochen da sind, bemerke ich, dass sie hinter verschlossenen Türen Besprechungen mit den Erwachsenen abhalten, darunter auch meinen Eltern. Ich frage meine Mutter, worum es bei den Besprechungen geht, aber sie antwortet, dass es lediglich um ihre Beziehung mit Dad ging und wie man die Abläufe auf der Farm verbessern könnte.

In den letzten Mo-Briefen haben wir schon davon gelesen, dass Grandpa Ehen in den höchsten Führungskreisen aufgelöst hat, aber wir erwarten nicht, dass diese Welle auch unser kleines Stranddorf erwischt. Wie falsch wir damit liegen. Während der Andacht verkünden die WS-Schäfer, dass alle Jünger die Family und Jesus vor ihre eigenen privaten Familien stellen müssen, was bedeutet, dass bestimmten Paaren die Trennung bevorsteht. Sie bitten meine Mutter als eine der Home-Führungskräfte, den betroffenen Paaren die schlechte Nachricht zu überbringen.

Nach außen hin bleibt unser Tagesablauf wie gehabt, aber die Anspannung zerreißt die Gemeinschaft. Alle sind wütend oder traurig oder besorgt.

Bevor ich verstehe, was passiert, nehmen die zu Besuch gekommenen Schäfer meine Familie ins Visier, und meine Mutter wird für alle Probleme auf der Farm und in ihrer Ehe verantwortlich gemacht. Die WS-Führungskräfte bringen sie zum Gebet vor den Home Council. Wie bei Versammlungen, denen sie selbst schon beigewohnt hat, sitzen die Erwachsenen in einem Kreis um sie herum, listen ihre Fehltritte auf, die sie anschließend eingestehen muss, bevor alle ihr die Hände auflegen und zwei Stunden lang darum beten, dass Gott ihr Gnade zuteilwerden lässt und sie von ihren Sünden befreit.

Um sie endgültig zu brechen, erkennen die Schäfer ihr still und leise die Rolle als Führungskraft des Homes ab und trennen sie von meinem Vater. Sie verbringt immer mehr Zeit in ihrem kleinen Schlafzimmer in einem Haus auf der anderen Seite des Steinhauses, unserer neuesten Errungenschaft. Wenn ich sie gelegentlich bei der Familienzeit sehe, sind ihre Augen rot und geschwollen. Warum lässt mein Vater zu, dass das passiert?

Ich weiß, dass die Schäfer ein bisschen Angst vor ihm haben. Schließlich ist er nicht nur Grandpas Sohn, sondern auch bekannt für sein unberechenbares Temperament. Mir ist aufgefallen, dass sie zusammenzucken, wenn er die Stimme erhebt. Das hier ist immer noch die »Ho-Farm«. Ich vermute, dass er seine übliche Taktik anwendet: einfach allem zustimmen und darauf warten, dass der Sturm vorüberzieht und die WS-Schäfer abreisen, damit alles wieder seinen gewohnten Gang gehen kann, daher mache ich mir nicht allzu große Sorgen.

Nur geht diese Strategie diesmal nicht auf.

Mitten in dieser für meine Mutter schweren Phase gibt es auch einen Lichtblick: die Geburt meines kleinen Bruders! Besser gesagt, meiner zwei kleinen Brüder, denn Auntie Jeannie bekommt auch ein Baby von meinem Vater. Auntie Jeannie ist ungefähr so alt wie meine Mutter, aber die beiden Frauen sehen sich überhaupt nicht ähnlich. Auntie Jeannie gleicht einem zierlichen sommersprossigen Vogel mit einer Wolke roter Locken auf dem Kopf. Sie sprüht vor nervöser Energie, so als wäre sie an eine Steckdose angeschlossen.

Ihre Babys werden mit zwei Tagen Abstand geboren, sodass Auntie Jeannie und meine Mutter Seite an Seite in zwei Krankenhausbetten landen. Später erzählt mir meine Mutter, wie der Arzt hereinkam, um sie für ihre Entlassung zu untersuchen, und zuerst Auntie Jeannies Krankenakte zur Prüfung in die Hand nahm und dann die meiner Mutter und erst einmal innehielt.

Als meine Mutter die Verwirrung auf dem Gesicht des Arztes erkannte, weil er den Namen meines Vaters in beiden Akten entdeckt hatte, bemerkte sie: »Fast wären sie Zwillinge geworden!«

Sie liebt es, diese Geschichte zu erzählen. Natürlich ist eine gute Jüngerin niemals eifersüchtig.

Meine Mutter nennt ihren neugeborenen Sohn Jondy, nach dem Spitznamen meines Vaters. Als sie an meinem elften Geburtstag aus dem Krankenhaus nach Hause kommt, ruft sie mich zu sich und übergibt mir meinen kleinen Bruder. Er ist in eine kuschelige Patchwork-Decke gewickelt, die wir Teen-Mädchen für ihn genäht haben. Seine winzige Faust schiebt sich heraus, und er öffnet den Mund zu einem herzhaften Gähnen. Er ist das niedlichste, lustigste Baby, das ich je gesehen habe. Ich küsse ihn auf die zarte Stirn und atme seinen Babyduft ein.

»Jetzt bist du dran. Als Amy geboren wurde, haben deine Brüder abwechselnd für sie gesorgt. Nun bist du alt genug, dich um Jondy zu kümmern«, verkündet sie mir. Meine Aufgabe bei der Teen-Gruppe, auf die Kleinkinder aufzupassen, hat mich gut hierauf vorbereitet.

Ich bin außer mir vor Freude. Er gehört mir!

»Du musst ihn nur alle zwei Stunden zum Stillen zu mir bringen, zumindest bis wir ihm ein Fläschchen besorgt haben«, ruft sie mir nach, als ich ihn aus dem Zimmer trage.

Jetzt habe ich also zwei kleine Brüder, die fast Zwillinge sind. Obwohl wir Auntie Jeannie nicht auf dieselbe Art und Weise wie Esther und Ruthie als eine Frau meines Vaters ansehen, wurde sie mehr oder weniger von unserer Familie adoptiert, also ist auch Andy unser kleiner Bruder. Er ist das fetteste Baby der Welt – selbst seine Speckröllchen haben Speckröllchen. Aber er schreit und jammert nicht so viel, wie andere Babys es tun. Er liegt wie Buddha in seiner Wippe, sodass die dicken Wangen auf seinen Schultern ruhen. Jondy ist das genaue Gegenteil. Er ist drahtig und zappelig und verlangt ständig nach Bewegung. Die großen Ohren stehen genau wie meine von seinem Koboldkopf ab. Sein albernes, sabberndes Lächeln lässt sein Gesicht vor purer Freude leuchten, sobald ich meine Augen verdrehe und ihm die Zunge rausstrecke. Wenn er quengelt und meine Mutter ihn nicht beruhigen kann, wiege ich ihn in den Schlaf. Mit ihm gibt es keine freie Minute. Selbst in der Family, in der wir es gewohnt sind, uns immer um die kleineren Kinder zu kümmern, ist elf noch sehr jung, um für ein Neugeborenes zuständig zu sein. Diese Verantwortung gibt mir das Gefühl, ein richtiger Teenager zu sein, und ich kann einfach nicht anders, als mich unglaublich wichtig zu fühlen, wann immer mein kleiner Bruder mir auf die Schulter spuckt. Es beweist, dass ich kein Kind mehr bin.

Auch mein Vater scheint stolz auf seine beiden neugeborenen Söhne zu sein, ist allerdings zu beschäftigt mit den Teenagern, um Zeit mit Andy oder Jondy zu verbringen. Er und Aunt Faithy leiten unglaublich gerne die neue Teen-Gruppe. In ihnen haben sie eine bereitwillige Zuhörerschaft für ihre Geschichten von den Anfängen der Family. Aber sein Talent, die Dinge zu ignorieren, die er nicht hören will, gefällt den Schäfern der WS nicht.

Ein paar Wochen nach der Geburt seiner beiden jüngsten Söhne wird mein Vater nach Japan geschickt. Der Besuch soll nur ein paar Wochen dauern, also macht keiner eine große Sache daraus, als er meine zwei ältesten Brüder, Hobo und Nehi, mitnimmt und sie zur HCS bringt. Die Jungs sind sechzehn und siebzehn, und es ist ohnehin an der Zeit, dass sie ihr Elternhaus verlassen. Aber mein Vater hofft im Stillen, dass es sich bei dieser Einladung um mehr als einen schlichten Besuch handelt. Denn schließlich weiß er, dass Grandpa heimlich in der HCS wohnt.

Zunächst fällt mir die Abwesenheit meines Vaters kaum auf. In den letzten Jahren hat er sowieso immer mehr Zeit seiner wahren Liebe gewidmet – den Tieren. Die Beaufsichtigung der Bauprojekte, die Missionarsarbeit und die Pflege der Beziehungen zu unseren wichtigsten System-Freunden haben den Rest seiner Zeit eingenommen. Als ich aufhörte, mit den Tieren zu arbeiten, sah ich ihn nur noch selten, bis er anfing, sich um die Teenager zu kümmern. Aber selbst dann hatte ich lediglich mit ihm als Schäfer zu tun, nicht als mein Vater. Jetzt, in seiner Abwesenheit, füllen andere Erwachsene schnell das Machtvakuum, das er zurückgelassen hat, und unser Alltag geht weiter wie gehabt. Bis ein unerwarteter Besucher eintrifft.

13

DAS GROSSE EXPERIMENT

Kurz nach der Abreise meines Vaters erhalten wir die Nachricht, dass jemand aus Grandpas Home zu Besuch auf die Farm kommt. Es gibt eine große Aufregung und noch größere Spekulationen darüber, wer das wohl sein könnte. Insgeheim hege ich die Hoffnung, dass ich endlich Davidito kennenlerne, aber ich wage mir kaum auszumalen, ob vielleicht Grandpa höchstpersönlich zu uns kommt.

Wie sich herausstellt, ist es Auntie Sara, die schon lange mit Grandpa zusammen im Verborgenen lebt. Junge, sind wir gespannt, sie persönlich zu treffen, eine Person, über die wir unser ganzes Leben lang schon in Comics und Mo-Briefen gelesen haben. Die Tatsache, dass jemand so Wichtiges in unser abgelegenes Dorf kommt, fühlt sich an, als hätten wir im Lotto gewonnen.

Auntie Sara trifft heimlich ein, wie es Führungskräfte immer tun. Den ersten Blick auf sie erhasche ich während der Andacht. Sie ist eine eher unscheinbare Frau mit langem, glattem, dünner werdendem braunem Haar. Sie trägt ein ebenso unförmiges, langes Kleid wie die anderen Aunties. Die Auswirkung, die ihr Besuch auf uns hat, ist allerdings alles andere als unscheinbar.

An ihrem ersten Abend versammelt sie alle Teenager zu einem Treffen, außer mir. Ich weiß nichts von dieser Zusammenkunft, bis ich das schockierte Geflüster der Jugendlichen hinterher mitbekomme, und ich bin mehr als enttäuscht, dass ich es verpasst habe. Anscheinend hat Auntie Sara offen vor allen Anwesenden Sex mit einem der Teen-Jungs vorgeführt. Ich weiß nicht, ob die Gerüchte wahr sind oder falsch oder wie beim »Stille Post«-Spiel übertrieben werden, aber wie auch immer es sich zugetragen hat, so etwas ist noch nie zuvor auf der Farm geschehen. Natürlich hat es jederzeit viel Sex gegeben, aber immer hinter verschlossenen Türen. *Was bedeutet das nun für uns andere?*

Bei der Andacht für die Teenager am nächsten Morgen erklärt Auntie Sara, dass wir einige Versuche starten werden, um gottesfürchtige, treue junge Menschen für die Family heranzuziehen.

»Obwohl die unter sechzehnjährigen Teenager keinen Sex mit Erwachsenen mehr haben dürfen, seid ihr ausdrücklich dazu aufgefordert, Sex untereinander zu haben«, informiert uns Auntie Sara. »Daher möchte ich hier ein experimentelles Teen-Programm einführen, bevor ich es in anderen Ländern umsetze.«

Sie erläutert, dass junge Mädchen mit fünfzehn oder sechzehn alt genug sind, schwanger zu werden und zu heiraten, und in den größeren Homes machen sie das auch. Aber viele der Teenager der Family leben in kleineren Homes mit nur wenigen anderen Jugendlichen in ihrem Alter. Und da die Homes in der ganzen Welt verstreut sind, befinden sich die Teenager in einer schwierigen Lage: Sie werden dazu angehalten, Sex zu haben, aber sie haben keine Gelegenheit, mit vielen anderen Family-Mitgliedern ihres Alters in Kontakt zu kommen, um Ehepartner zu finden.

Das ist der wahre Grund, warum die Führungsriege beschlossen hat, Trainingslager für Teenager ins Leben zu rufen, wo die Jugendlichen lernen, bessere Kämpfer für Jesus zu werden, und gleichzeitig andere Teenager aus der Family treffen, um sich einen Ehepartner zu suchen, sich niederzulassen und so damit beschäftigt zu sein, Babys zu bekommen, dass sie keine Zeit haben, in Schwierigkeiten zu geraten.

Und das große Experiment soll auf unserer Farm durchgeführt werden.

Eine der Hauptänderungen, die Auntie Sara in unseren gewohnten Tagesablauf integriert, ist die Einführung eines Rotationsplans zum »Liebe teilen« für uns Teenager, ganz ähnlich wie bei den Erwachsenen. Für die Draußenzeit wurden wir bereits für sogenannte Walkie-Talkies, also Spaziergänge mit Gesprächen, zu Jungs-Mädchen-Paaren verkuppelt, um uns besser kennenzulernen. Jetzt ist es an der Zeit, die nächste Stufe einzuläuten.

Zusätzlich zum Finden von Ehepartnern wird von uns erwartet, dass wir innerhalb unserer Altersgruppe Sex haben, aber nicht auf selbstsüchtige und cliquenhafte Art und Weise wie in den System-Highschool-Filmen, die wir bei den Filmabenden angeschaut haben, wo der beliebteste Junge sich nur mit den beliebtesten Mädchen abgibt. In der Family soll jeder mit jedem Sex teilen, selbst wenn man die andere Person nicht attraktiv findet.

Kinder bis zwölf Jahre sind von der Teilnahme ausgenommen, aber solche Altersgrenzen sind schwammig und ändern sich ständig. Aktuell gilt man laut den Erwachsenen mit zwölf als Teenager. Ich bin gerade elf geworden, soll aber trotzdem beim Rotationsplan der Teenager zum »Liebe teilen« mitmachen. Einmal die Woche werden unsere Namen auf der Übersichtstafel neben den von jemand anderem geschrieben und nach dem Abendessen sollen wir mit demjenigen eine Stunde lang das Bett teilen. Diese Zusammenkünfte werden Plaudertreffen genannt. Uns wird gesagt, dass wir keinen Sex mit der uns zugeteilten Person haben müssen, aber wir wissen alle, dass man von uns erwartet, *irgendetwas* Sexuelles zu machen. Kondome bekommen wir nicht, denn falls wir schwanger werden, war es Gottes Wille.

Ich bin ein schwieriger Fall. Die Schäfer können mich nicht mit meinen Brüdern verpaaren, daher gibt es nur wenige Teen-Jungs, denen sie mich zuteilen können. Zumindest ist das ihre Begründung, als ich mit Eddie zusammengesteckt werde, genauso wie die Tatsache, dass er mit vierzehn einer der jüngsten Teen-Jungs ist.

Nach dem Abendessen geht Eddie mit mir zu meinem Einzelbett in dem Zimmer, das ich mit fünf weiteren Teen-Mädchen teile, die aber alle bei ihren eigenen Treffen sind. Wir schlüpfen voll bekleidet unter die Decke. *Das ist doch keine große Sache, ich kann das*, spreche ich mir selbst Mut zu. Ich versuche, mich auf mein technisches Wissen zu konzentrieren und das Gefühl des Ekels zu ignorieren. Wir reden über irgendwas Unwichtiges in dem Versuch, die Situation normal und nicht so unangenehm wirken zu lassen.

Sein Atem in meinem Gesicht widert mich an, und ich will ihn nicht küssen. Aber ich spüre, wie er durch die Hose seinen Ständer gegen mich drückt. Wenn er doch nur die Klappe halten würde, könnte ich das hier vielleicht durchstehen. Ich rufe mir in Erinnerung, was ich von meiner Mutter und Uncle Jeff gelernt habe. Also lege ich meine Hand auf seine Wölbung, und er verstummt. Ich versuche, jedes Gefühl über mein Tun zu ignorieren, während ich noch herausfinde, was ich überhaupt tun muss.

Er fängt an, komische Geräusche zu machen, und schiebt meine Hand ein paarmal an eine andere Stelle. Okay. Das merke ich mir. Es dauert nicht lange, bis er grunzt und das klebrige Zeug rauskommt, und doch erscheint es mir wie eine Ewigkeit.

Angeekelt springe ich auf. »Ich geh mir mal die Hände waschen«, sage ich, während ich mich ins Badezimmer flüchte.

Ich bete, dass er weg ist, wenn ich zurückkomme, und lasse mir viel Zeit beim Händeabtrocknen. Als ich mich wieder hineinschleiche, bin ich erleichtert zu sehen, dass er wirklich gegangen ist. *Okay, das habe ich schon mal überlebt*, denke ich, während ich das Gefühl der Abscheu verdränge und vergrabe. Ich finde lediglich Eddie widerlich, rede ich mir ein. Aber unter meinen Ekel mischt sich auch ein gewisser Stolz. Ich habe gemacht, was alle anderen Teenager tun. Ich verdiene es, zu den älteren Kindern zu gehören.

Vor einem Jahr ging es mir lediglich darum, schneller, taffer und pfiffiger zu sein als meine Brüder oder zumindest mit ihnen mithalten zu können. Jetzt gebe ich alles dafür, so wie die älteren Mädchen auszusehen und mich wie sie zu verhalten. Ich möchte, dass die Teen-Jungs mich beachten.

Die Mädchen haben coole Klamotten aus anderen Ländern mitgebracht, wie zum Beispiel elastische, eng anliegende Miniröcke und Bandeau-Tops. Woher wissen sie, dass das gelbe Bandeau-Top gut zu der karierten Bluse mit den gelben Streifen und dem weißen Stretch-Rock passt? Ich versuche, mir die verschiedenen Outfits und Kombinationen zu merken, um dem Geheimnis auf die Spur zu kommen.

So entwickle ich mich zur Stammkundin im Free Store, einem heißen, stickigen Raum auf der Farm, wo alle die Kleidung und Dinge ablegen, die sie nicht mehr brauchen. Ich wühle mich durch die ausrangierten Sachen und gebe mir Mühe, cool und sexy auszusehen, aber ich kriege es nie ganz hin. Das Bandeau-Top steht mir nicht so gut wie den anderen Mädchen; außerdem rutscht es immer runter, weil ich kaum Brüste habe, die es festhalten. Ich brauche etwas, das dabei hilft.

Also sage ich meiner Mutter, dass ich langsam Brüste entwickle und einen BH benötige. Sie besieht sich die kleinen Knubbel unter meinem T-Shirt und erklärt mir, dass ein BH noch nicht notwendig ist, verspricht jedoch auch, nach einem Ausschau zu halten. Aber warum sollte ich überhaupt einen BH haben wollen? Ihr Motto ist ohnehin »Come on ma, burn your bra!« (»Komm schon, Mama, verbrenn deinen BH!«) – gemäß dem Titel eines weiteren Mo-Briefs. Mit glühenden Wangen gehe ich weg. Mir ist es peinlich, mit meiner Mutter über solche Dinge zu sprechen, weil ich schon vorher weiß, dass sie mich vor allen anderen damit aufzieht und auch noch denkt, sie wäre total lustig: »Oh, seht euch Faithy an, ihr wachsen kleine Brüste!« *Würg!*

Ich stehe vor dem Spiegel und untersuche gründlich jeden meiner Gesichtszüge, um herauszufinden, warum ich den »Teen-Mädchen-Look« nicht hinbekomme. Glattes braunes Haar, braune Augen, gerade Nase, mittelgroßer Mund, gleichmäßige Zähne, runde Wangen. Ich stelle fest, dass ich so gewöhnlich bin, weil jeder Teil meines Gesichts stinknormal aussieht. Nichts sticht heraus. Nicht so wie blaue Augen oder blonde Haare oder eine hochstehende Stupsnase. Tja, wenn ich mit meinem Aussehen nichts reißen kann, muss ich mich eben verführerischer verhalten. Ich übe, beim Gehen die Hüften hin und her zu bewegen, wie Grandpa es auch in den Briefen beschreibt: *»Eine Frau sollte beim Laufen die Hüften schwingen wie das Pendel einer Uhr.«*

Mein gesamter Selbstwert und die Akzeptanz in der Teen-Gruppe scheinen davon abzuhängen, ob ich einen Typen anlocken kann. Es spielt keine Rolle, dass ich keinen von ihnen so richtig mag, und die wenigen, die mir nicht zuwider sind, interessieren sich nicht für mich.

Egal was ich auch versuche, ich habe das Gefühl, dass die älteren Teenager sich in ihrer eigenen Blase befinden, und obwohl ich so schnell schwimme, wie ich kann, treiben sie unaufhörlich weiter weg.

Ich vermisse den unbeschwerten Spaß mit Patrick, aber in der Kindergruppe ist er jetzt unter meinem Niveau. Durch mein Überschreiten der Grenze zur Welt der Jugendlichen haben wir keinen Kontakt mehr. Ich fühle mich unsicher und befangen und kann mich weder bei den Kindern noch den Teenagern so richtig einfinden.

Mein Vater ist immer noch nicht aus Japan zurück. Zuerst dachten wir, seine Reise würde lediglich um ein paar Wochen verlängert, doch dann wurden Monate daraus, und schließlich verbreitet sich das Gerücht, dass er vielleicht *gar nicht* mehr zurückkommt. Neue Schäfer sind aus den WS hergekommen und leiten die Farm. Aunt Faithy wurde nach Lateinamerika zurückgeschickt. Die Schäfer erzählen uns nur, was wir ihrer Meinung nach wissen müssen, und der gesamte Briefverkehr läuft über sie.

Abgesehen von meiner Mutter scheint die Abreise meines Vaters niemanden zu stören. Meine Brüder veranstalten fast eine Party, als sie herausfinden, dass er nicht zurückkommt, aber sie konzentrieren ihre Energie noch viel mehr auf den Schwall neu eintreffender Teen-Mädchen. Selbst der Unruhestifter Josh entwickelt sich langsam zum Besseren, da er nun in einer Beziehung mit der stillen, blassen, hübschen Laura ist.

Ich kann nicht behaupten, dass ich meinen Vater an sich so richtig vermisse, aber mir fehlt seine Abenteuerlust. Unser enger Familienverband ist auseinandergerissen, was mir jedoch kaum auffällt, da ich zu beschäftigt damit bin, auf die Kleinkinder aufzupassen, mit den Teenagern mitzuhalten, mich um Jondy zu kümmern und zu versuchen, irgendjemanden für mich zu interessieren, der nicht Eddie ist.

Ich wiege gerade den quengeligen Jondy in meinen Armen, um ihn zu einem Mittagsschlaf hinzulegen, als mich meine Mutter zu sich ins Zimmer ruft.

»Faithy«, sagt sie langsam. »Ich habe Neuigkeiten.«

Ich will gerade fragen, was los ist, als sie schon weiterspricht und sich dabei fast verhaspelt.

»Ich bin zu den WS eingeladen worden, um am Wort Gottes mitzuarbeiten. Das ist eine große Ehre und etwas, von dem ich schon seit Jahren träume.«

Ich starre sie an. »Und was ist mit uns?«

Sie schüttelt langsam den Kopf. »Ich kann euch Kinder leider nicht mitnehmen. Sie wollen nur mich haben. Ihr müsst hierbleiben. Aber mach dir keine Sorgen«, fährt sie mit erzwungener Zuversicht fort, »hier sind doch jede Menge Leute, die auf euch aufpassen. Esther kümmert sich ja ohnehin so viel um Amy, und ihr seid beide mit euren Gruppen beschäftigt.«

»Und was ist mit Jondy?« Er ist gerade mal vier Monate alt.

»Du machst das ganz wunderbar mit ihm. Er wird die meiste Zeit in der Kinderbetreuung sein, aber ich möchte, dass du ihn im Auge behältst. Du bist jetzt für ihn verantwortlich.«

Starr vor Schreck sitze ich da. Ich sehe die Explosion, aber spüre die Stoßwelle noch nicht. »Wie lange wirst du weg sein?«

»Das weiß ich nicht, mein Schatz«, sagt sie und streicht mir eine Haarsträhne aus dem Gesicht. »Es könnte schon eine Weile dauern. Schließlich ziehe ich dorthin.«

Ich gebe mir größte Mühe, die aufsteigende Panik zu unterdrücken. *Warum? Warum du? Warum jetzt? Und was ist mit Jondy?* Dabei wage ich nicht mal zu denken: »Und was ist mit mir?« Ich bin alt genug, um zurückgelassen zu werden. Und dennoch: So sehr ich auch versuche, reifer zu wirken und mich an die Teenager anzupassen, bin ich tief in meinem Innersten doch nur ein elfjähriges Kind, das seine Mutter verliert. Wenigstens ist Esther noch da, obwohl sie ihr Zimmer an den meisten Tagen nur noch selten verlässt.

Ich spüre, wie der Druck hinter meinen Augen wächst, und zwinge mich, nicht zu weinen. Schließlich verlässt meine Mutter mich nicht zum ersten Mal. Ich erinnere mich zwar nicht daran, aber man hat mir erzählt, dass sie weggegangen ist, als ich erst ein paar Monate alt war. Aunt Faithy schickte sie auf die Philippinen, um ihren Stolz zu brechen, und als sie zwei Monate später zurückkehrte, war ich anscheinend so wütend auf sie, dass ich nie mehr an ihrer Brust trank.

»Wohin gehst du denn?«, zwinge ich mich selbst zu fragen.

»Du weißt, dass ich dir das nicht sagen darf«, antwortet sie und küsst mich auf die Stirn. »Alle WS Homes und ihre Standorte sind *Selah.*«

Natürlich weiß ich das. Ich hatte einfach nur gehofft, dass ich mir ausmalen könnte, wo sie ist und wie weit entfernt, anstatt ins Nichts zu fallen.

»Es ist Gottes Wille«, sagt sie.

Meine Mutter wollte schon immer von Bedeutung für das Wort Gottes sein. Und da Grandpa das Wort Gottes ist, hat sie versucht, ihm so nahe wie möglich zu kommen. Also hat sie Grandpas Sohn geheiratet, war für meinen Vater und Aunt Faithy als Sekretärin tätig und hat dann weiter an den Mo-Briefen mitgearbeitet, selbst hier draußen auf der Farm. Vor ein paar Jahren hat sie Mama Maria geschrieben und sie gebeten, zu den WS berufen zu werden. Das ist der Höhepunkt der Jüngerschaft. Doch jetzt, da Jondy noch so klein ist, ist sie sich nicht so sicher. Sie erzählt mir, wie seltsam sich das anfühlt: Nach so vielen Jahren der Zielstrebigkeit, des Träumens und Bittens, zu den WS gehen zu dürfen, hatte sie den Traum aufgegeben, und auch der Wunsch ist nicht mehr so stark, doch genau jetzt wird sie dorthin beordert. Gottes Wege sind eben unergründlich.

Dennoch weiß sie, dass sie so ein Angebot nicht noch einmal bekommen wird. Wenn sie es jetzt ablehnt, wird ihr auf ewig vorgeworfen, dass sie keine starke, treue Jüngerin ist, die alles für Gott aufgibt, inklusive ihrer Kinder und ihres Ehemanns.

Ich kann mir nicht richtig vorstellen, wie es bei den WS ist. Ein Family Home, in dem keiner zum Missionieren loszieht, in denen nicht ständig andere Family-Mitglieder zu Besuch kommen, oder wo man zu den monatlichen Area Fellowships geht, sondern wo man in ständiger Verborgenheit selbst vor dem Rest der Family leben muss, und wo die Menschen in kleinen, spärlich beleuchteten Zimmern an ihren Computern sitzen und Prophezeiungen tippen. Obwohl man wahrscheinlich auf Grandpa trifft. Ich glaube, meine Mutter hofft, dass sie wieder mit Grandpa zusammen sein kann.

Als sie sich in der nächsten Woche auf den Weg zum Flughafen macht, versammeln sich ein paar von uns, um sie zu verabschieden. Ich sitze auf ihrem Bett, während sie die letzten Sachen in den Koffer packt. Es gibt nicht viel zu sagen. Sie umarmt mich und legt mir Jondy in die Arme. Auch die winzige Amy drückt sie mit Tränen in den Augen an sich und gibt sie dann Esther zurück.

»Ich passe auf sie auf«, sagt Esther.

Und dann ist meine Mutter fort.

Sie verspricht anzurufen, aber wir wissen beide, dass das eine Lüge ist. Ferngespräche sind selten bis nie erlaubt, und selbst wenn, sind wir an die Drei-Minuten-Regel gebunden. Keiner in der Family darf mehr als drei Minuten am Telefon mit jemandem sprechen, denn je länger man telefoniert, desto wahrscheinlicher ist es, dass man etwas sagt, was man besser verschweigen sollte, es könnte schließlich von Regierungsangestellten mitgeschnitten werden, die möglicherweise unsere Telefone abhören.

Das Herz flattert mir in der Brust wie ein verwundeter Vogel. Ich kehre zu meiner Gruppe und meiner Routine zurück. Sie verändert sich nicht, und doch fehlt mir ein Anker, spüre ich eine Leere, die ich zu ignorieren versuche. Ich weiß nicht, wo auf der weiten Welt sie sich befindet, und ich weiß auch nicht, wie ich Kontakt mit ihr aufnehmen kann. Ich nehme den weinenden Jondy in den Arm und laufe im Kinderzimmer auf und ab, wiege ihn rhythmisch. »Sch, sch, sch«, beruhige ich ihn.

Ich bin nicht wütend auf meine Mutter, weil sie fort ist, zumindest nicht bewusst.

Wie könnte ich wütend auf sie sein? Sie muss sich Gottes Willen beugen, genau wie wir alle.

Während der Abwesenheit meiner Mutter vergeht die Zeit langsam. Nach der Morgenandacht und dem Unterricht arbeite ich jeden Nachmittag in der Kinderkrippe bei Jondy. Hier gibt es sechs Babys, aber nur Jondy lebt dort dauerhaft. Natürlich helfe ich bei der Betreuung von allen, aber Jondy gehört zu mir. Schnell werde ich zur Expertin in Sachen Windelausschlag, Flaschen sterilisieren und Beruhigung von quengeligen, zahnenden Babys.

Während dieser langen, ermüdenden Monate voller Arbeit, sporadischem, langweiligem Unterricht, um Jondy kümmern und meine Mutter vermissen gibt es einen Lichtblick: Ich bin verliebt!

Es hat sich heimlich herangeschlichen. Eines Tages während unserer gemeinsamen Draußenzeit auf dem Feld suchte ich jemanden, der mit mir Badminton spielt (Grandpa sagt, wir sollten es »Goodminton« nennen, weil es nicht passt, dass Bewegung, die uns guttut, das Wort »schlecht« beinhaltet), und Michael, einer der neuen Teen-Jungs, die kürzlich aus Indien angekommen sind, lächelte und bot sich an, mit mir zu spielen. Zuerst fand ich nichts an ihm, seinem glatten braunen Haar und der Brille. Aber während des Spiels lachte und quatschte er mit mir, und seine Augen funkelten. Am Ende der Stunde war er für mich der hübscheste Junge auf der gesamten Farm. Selbst die Brille sah an ihm süß aus. Ich bin gerne mit ihm zusammen, und außerdem fühle ich mich von ihm wahrgenommen.

Beim Tanzabend für die Teenager zwei Wochen später wallen meine Unsicherheit und Unzulänglichkeit wieder auf. Ich gebe mir so große Mühe dazuzugehören, aber die ganze Zeit beobachte ich die Teen-Mädchen und vergleiche mich mit ihnen. Während ich mich an der Wand entlangdrücke, kommt Michael zu mir und fordert mich zum Tanzen auf. Er tanzt vier Lieder lang mit mir! Und sagt mir, wie hübsch ich aussehe! Und mir nichts, dir nichts bin ich verliebt.

Als ich nach dem Tanzabend die kurze Strecke zurück zu unserem Haus laufe, berühren meine Füße kaum den Zementboden. Mein Herz springt mir fast aus der Brust. Ich strecke meine Finger zu den Sternen hinauf, hüpfe den ganzen Weg entlang und drehe mich im Kreis. Das muss der Himmel sein!

Ich denke mir alle möglichen Gründe aus, um Michael zu sehen und mich in seiner Nähe herumzutreiben. Eines Tages drücke ich mich noch nach dem Abendessen im Esszimmer herum, weil er Reinigungsdienst hat.

Während ich darauf warte, dass die Teenagerin Jessica endlich fertig ist mit Fegen, damit Michael und ich allein sein können, bin ich hin- und hergerissen – zwischen dem Verlangen, wegzulaufen, und dem Verlangen, ihm nahe zu sein. Als ich schlussendlich hinausgehe, tritt Michael neben mich. Bevor ich irgendetwas sagen kann, beugt er sich hinunter und küsst mich auf den Mund. Ich halte den Atem an, während eine Welle des Genusses mich durchläuft. Er liebt mich auch! Er winkt mir zum Abschied nach, und mein Glück ist grenzenlos. Einen Moment lang bin ich selbstsicher und frei von Angst.

Am nächsten Tag schreibe ich ihm ein Gedicht, lasse all meine Liebe in ein kleines, rosafarbenes Stück Papier fließen. Ich stecke es ihm nach dem Abendessen zu, und er bedankt sich. Ungeduldig schaue ich auf die Uhr, warte auf seine Antwort. Eine Stunde. Zwei Stunden. Sechs Stunden. Es kommt nie eine. Bald ist eindeutig, dass er mir nicht zurückschreiben wird, und ein Gefühl der Demütigung setzt ein. Ich gebe mir selbst die Schuld. *Wie konnte ich so etwas Kitschiges schreiben? Ich werde nie wieder ein Liebesgedicht verfassen*, denke ich, von mir selbst angewidert.

Aber ich muss nicht lange über meine Blamage nachdenken. Michael verlässt die Farm. Er zieht nach Japan. Ich weiß nicht, warum. Diese Dinge passieren einfach. Die Menschen kommen und gehen – weil ihr Visum nicht erneuert wird, weil ihre Eltern sie nach Hause rufen oder weil sie zur Strafe fortgeschickt werden.

Trotz meines Schamgefühls suche ich verzweifelt nach einer Möglichkeit, mit ihm allein zu sein, um mich zu verabschieden. Wir treffen uns im Hof, und er küsst mich zärtlich, während er mein Gesicht in den Händen hält und ich meine Tränen zurückdrängen muss.

Am nächsten Tag ist er fort und alle machen weiter, als hätte sich nichts verändert. Aber für mich ist eine ganze Welt zusammengebrochen. In dieser Nacht schluchze ich stundenlang in mein Kissen, bis ich einschlafe. Ich wusste nicht, dass einem das Herz so wehtun kann. Der Schmerz setzt sich in meinem Innersten fest, während ich meine Aufgaben erledige – die Toiletten putzen, auf die Kinder aufpassen, an der Andacht teilnehmen. Wochenlang laufe ich wie betäubt durch die

Gegend – kehre nur langsam aus dem trüben Nebel, der mich vom Gelächter der anderen abschottet, zurück in die Gegenwart.

Ich werde dich immer lieben, denke ich.

Nach vier Monaten ohne ein Wort von meiner Mom kehrt sie plötzlich zurück. Wir befinden uns mitten in einem Massenausbruch von Keuchhusten, und Jondy geht es sehr schlecht. Er ist gerade mal acht Monate alt, und Mom ist fuchsteufelswild, weil keiner ihr mitgeteilt hat, dass alle ihre Kinder krank sind und ihr Baby sterben könnte. Sie nimmt mich fest und lange in den Arm, und ich atme ihren vertrauten Mom-Duft ein. Ich freue mich, sie zu sehen, insbesondere um Jondys willen. Er kriegt kaum Luft, und ich weiß nicht, was ich tun soll.

Mom kommt mir gebrochen, traurig und verloren vor, aber auch froh, wieder zurück zu sein. Sie scheint sich nach Gesellschaft zu sehnen und dem Gefühl, willkommen zu sein. Ich würde ihr sehr gerne geben, was sie braucht, aber ich fühle mich ihr fremd. Ich habe mich um meinen kleinen Bruder gekümmert und den Verlust meiner ersten Liebe durchgestanden, ohne sie oder irgendjemanden sonst zum Reden zu haben. Ich versuche, diese Gefühle zu verdrängen, mich erwachsen zu verhalten. Also frage ich sie, was passiert ist – warum sie zurückgekommen ist.

Langsam beginnt sie zu erzählen. Ihr Erlebnis bei den WS war nicht, wie sie es erwartet hatte. Sie wurde zu einem kleinen, ordentlichen WS Home geschickt, das eine Französin namens Abeille leitete. In dem Home lebten etwa sechzehn Menschen, inklusive Kinder, und Mom wurde zur Kinderbetreuung eingesetzt, statt an der Herausgabe der Mo-Briefe mitzuarbeiten.

»Ich dachte vorher: ›Na ja, wenigstens kann ich als Herausgeberin tätig sein‹, aber das war nicht der Fall. Ich war so was von unglücklich. Ich fragte mich: ›Warum muss ich mich um Abeilles Baby kümmern, wenn mich mein eigenes Kind zu Hause braucht?‹ Ich habe die ganze Zeit geweint, und eines Nachts stimmte irgendwas mit meinem Herzen nicht, ich konnte förmlich spüren, wie es brach, und ich bekam kaum Luft. Es fühlte sich an wie eine Art Herzinfarkt«, erzählt sie mir.

Sie hatte gedacht, dass sie stark genug wäre, Gott an erste Stelle zu setzen, doch sie hielt es einfach nicht aus, von ihren Kindern getrennt zu sein. Sie erlitt einen Nervenzusammenbruch und flehte, nach Hause geschickt zu werden. Nach einigen Wochen willigten sie endlich ein. Meine Mom fuhr in Schimpf und Schande ab, ihr Traum, Gott auf eine bedeutsamere Art und Weise zu dienen, ist aufgrund ihres Versagens geplatzt.

Die Family ist der knallharten Auffassung: »Darum kann auch keiner von euch mein Jünger sein, der nicht von allem Abschied nimmt, was er hat«, Lukas 14,33. Wir wurden eingeschüchtert durch die belehrende Geschichte von Hananias und seiner Frau Saphira, Jünger in der Apostelgeschichte (5,1–11): Sie verkauften ein Grundstück und behielten einen Teil des Erlöses für sich, anstatt alles den Aposteln zu geben, woraufhin sie durch Gottes Hand tot umfielen.

»Als ich abfuhr, sagte Abeille zu mir: ›Dein Baby Jondy wird ganz sicher sterben, wenn du ihn nicht zurücklässt und für Gott aufgibst.‹ Ich hatte solche Angst, dass das wirklich passiert.«

Meine Mutter tut mir leid. Sie kommt mir vor wie eine gebrochene Version ihrer selbst, und es fällt mir schwer, mit anzusehen, wie sehr sie mit allem hadert, was sie zurückgelassen hat, und auch mit allem, was noch vor ihr liegt. Ich helfe ihr, so gut ich kann, und dafür ist sie dankbar. Sie sagt mir, dass sie mich kaum wiedererkennt, dass ich mich nicht mehr wie ihr kleines Mädchen verhalte. Ich weiß nicht, wie ich darauf reagieren soll. Ich bin erwachsen geworden, und das sehr schnell. Ich verbringe keine Zeit mehr mit ihr nach dem Abendessen oder suche ihre Nähe, um mit ihr zu sprechen, so wie früher. Ich brauche sie nicht mehr.

Ich fühle mich wie eine Verräterin, aber ich verbringe mehr Zeit damit, an Michael zu denken als an meine Mutter. Er ist der eine Mensch, der mir das Gefühl gab, etwas Besonderes zu sein. Wann immer Leute aus Japan auf die Farm kommen, frage ich sie gespannt, ob sie Michael kennen. Normalerweise werde ich enttäuscht, aber ab und an erhalte ich kleine Schnipsel an Informationen. Meine Liebe für ihn und der Schmerz des Verlustes sind noch genauso stark wie direkt nach seiner Abreise.

Als eine Teenagerin aus Japan ankommt, gehe ich gleich auf sie zu, schüchtern, aber erwartungsvoll. Ich kann mich kaum davon abhalten, sofort zu fragen: »Kennst du Michael?«

»Klar«, antwortet die Neue und rollt mit den Augen. »Natürlich kenne ich Michael. Der Typ ist ja ein echter Frauenheld. Macht sich immer an jüngere Mädchen ran.«

Mir stockt der Atem, und ich bringe kein Wort heraus. Die Erkenntnis schlägt mir hart ins Gesicht: Ich war nichts Besonderes. Ich bin genau wie jedes andere kleine Mädchen, das auf Michaels charmantes Lächeln hereinfällt, während er es eigentlich auf die älteren Mädchen abgesehen hat, die sich von einem mageren Jungen mit Brille aber viel schwerer beeindrucken lassen.

In mir breitet sich eine toxische Mischung aus Scham und Wut aus. Was für ein *Trottel* ich war! Von ihm zu träumen. Ihm ein Gedicht zu schreiben. Bei dem Gedanken daran würde ich am liebsten vor Scham kotzen. Niemals wieder. *Niemals wieder*, beschließe ich in stillem Zorn. Niemals wieder werde ich mich als Erste verlieben.

Ich bin die Eiskönigin.

14

LEID MACHT DICH BITTER ODER BESSER

Die Neuigkeit trifft mich wie ein Schock: Ich werde die Farm verlassen.

Ich war noch nie irgendwo anders als in Macau, Hongkong und China (zumindest soweit ich mich erinnere), und jetzt ziehe ich nach Thailand. Ich weiß nicht, wer die Entscheidung getroffen hat; ich weiß nur, dass WS-Führungskräfte beschlossen haben, meine Mutter, Jondy, Amy und mich dorthin zu schicken, und natürlich gehorchen wir wie tapfere Soldaten – stürzen uns ins Unbekannte, um Gottes Willen zu folgen.

Mom scheint begeistert über den Umzug und redet von einer neuen Chance. Es hat Monate gedauert, bis sie nach ihrem Zusammenbruch wieder zu Kräften gekommen ist. Zwar fühlt sie sich jeden Tag besser, aber aufgrund der fortdauernden Abwesenheit meines Vaters, nach ihrem gescheiterten Aufenthalt in den WS und durch die neue Führung hier auf der Farm, die alles in die Hand genommen hat, fühlt sie sich nutzlos.

Eine Woche nachdem man uns mitgeteilt hat, dass wir umziehen, sitzen wir im Flugzeug. Ich gebe mein Bestes, mich von meinen Geschwistern, den Tieren und dem Rest der Teen-Gruppe zu verabschieden, aber mir bleibt nicht genug Zeit, um alles zu verarbeiten. Esther hat Tränen in den Augen, während sie uns alle fest umarmt. Ich weiß, dass ihr Amy ganz besonders fehlen wird; irgendwie schien sie immer mehr ihr Kind zu sein als das meiner Mutter.

Als wir ins Flugzeug steigen, bin ich von allem fasziniert. Ich zappele auf meinem Sitz herum und drehe mich immer wieder nach hinten und vorne, um alles auf einmal anzuschauen. Die Stewardessen haben wunderschöne violette Orchideen angesteckt und überreichen auch allen Passagieren eine. Die Luft riecht nach Parfüm. Ich drücke meine Stirn gegen das kalte Glas des Flugzeugfensters. Keinen einzigen Augenblick meiner ersten Flugerfahrung möchte ich verpassen. Als die Stewardess die Türen schließt und die Triebwerke zu rumoren beginnen, packe ich fest die Armlehnen. Aber das ist kein Vergleich zu dem Gefühl beim Start – als mein Magen bis zum Fahrgestell heruntersackt, während der Rest von mir zu den Wolken aufsteigt.

Ein paar Stunden später landen wir, und meine Mutter, Jondy, Amy und ich treten aus der geöffneten Flugzeugtür und werden von einer Welle heißer, schwüler Luft getroffen. Meine Lunge braucht einen Augenblick, um sich daran zu gewöhnen. Ich hatte gedacht, dass mir tropische Luftfeuchtigkeit aus Macau vertraut ist, aber Bangkok ist noch einmal ein ganz anderes Kaliber.

Nachdem wir mit unserem Gepäck durch den stickigen Flughafen gelaufen sind, entdecken wir zwei hellhäutige Menschen in Moms Alter, die uns im Ankunftsbereich zulächeln und winken. Wir umarmen und küssen uns, wie es in der Family üblich ist, und klettern in ihren Van. Sie fahren uns zu einem riesengroßen Anwesen mit hohen Betonmauern und Stacheldraht – völlig anders als die Farm. Uns erwarten weder eine Willkommensfeier noch süße Tiere, zumindest nicht, soweit ich im Dunkeln erkennen kann. Man führt uns in ein sehr großes zweistöckiges Schulgebäude, wo ich sofort von Mom und meinen Geschwistern getrennt werde. Auch Amy und Jondy schickt man in ihre Altersgruppen, sozusagen wie in einem Internat, und ich weiß nicht, wohin Mom gebracht wird. »Wir sehen uns bei der Familienzeit!«, ruft sie mir nach, als man mich wegführt.

Ein Mann stellt sich als Uncle Simon vor und nimmt mich mit in ein fünfundfünfzig Quadratmeter großes Zimmer voller Stockbetten. Er zeigt auf eine dünne Matratze auf dem Boden. »Schlaf heute Nacht dort. Wir besorgen dir morgen ein Bett.« Ich setze mich hin, umgeben von zehn kleinen Körpern, zusammengerollt wie Krabben, und die schreckliche Wahrheit schlägt mir ins Gesicht: Ich wurde in die Gruppe der Kinder zurückgestuft.

Am nächsten Morgen bringe ich meine Frustration angesichts dieser Ungerechtigkeit gegenüber Uncle Simon zum Ausdruck. »Ich war schon eine ganze Zeit lang in der Teen-Gruppe. Kann ich bitte dort mitmachen?«

Er starrt mich bloß an, entsetzt darüber, dass ich seine Entscheidung infrage stelle. Sobald er sich wieder gefasst hat, erklärt er mir, dass sein Entschluss feststeht. In Thailand geht man erst mit dreizehn in die Teen-Gruppe. Keine Ausnahmen. Er sagt, ich solle mich meiner neuen Situation fügen. Ich habe keinerlei Interesse daran, wieder zu den »Older Children« zu gehören und mir dieselben Unterrichtsmaterialien und die gleichen alten, für die OC zugelassenen Filme anzuschauen und zu besprechen, die ich schon zehnmal gesehen habe. Habe keine Lust auf Fehlerlisten und langweilige Schulstunden, weil ich bereits die Grammatik und das Einmaleins der vierten Klasse, die hier unterrichtet wird, gelernt habe.

Anstatt mich unterzuordnen, suche ich mir nach dem Frühstück ein paar Teenager, mit denen ich im Hausflur abhänge und quatsche. Als Uncle Simon mich sieht, ermahnt er mich und schickt mich umgehend zurück zur OC-Gruppe. Ich lasse mir Zeit, wage es aber nicht, einen direkten Befehl zu missachten.

Die Vorschriften hier im Bangkok-Combo sind viel strenger als auf der Farm. Wir marschieren überall in Reih und Glied hin, so als wären wir tatsächlich in der Armee, von der man in der Family ständig redet. Ich folge dem neuen Tagesablauf, aber weigere mich, ihn gut zu finden. Wann immer Teenager an mir vorbeigehen, folgt mein Blick ihnen. Ich habe es verdient, in ihrer Gruppe zu sein. Ich bin besser als das hier. *Ich habe es mir erarbeitet!*

Doch die Schäfer sehen das anders. Alles, was ich war, der Mensch, der ich auf der Farm sein konnte, ist fort. Ihnen ist es egal, dass ich Hos Tochter bin. Als hätte ich vor diesem Augenblick nicht existiert.

Als Uncle Simon mich eine Woche später zum zweiten Mal dabei erwischt, wie ich mit einem der Teen-Jungs spreche, wird der Ausdruck in seinen Augen kalt und hart. Er weist mich an, ihm zu folgen. Zurück in dem OC-Zimmer überreicht er mir ein großes Stück weiße Pappe und farbige Filzstifte. Er befiehlt mir, mit den Materialien ein Schild mit den folgenden Worten in drei Zentimeter großen Buchstaben zu beschriften: »Bitte sprich nicht mit mir. Ich stehe unter SCHWEIGESTRAFE! Ich muss lernen, demütig und gehorsam zu sein.«

Entsetzt starre ich ihn an, verstehe kaum, was er sagt. Meine Gedanken wirbeln wild durcheinander, suchen nach einem Ausweg. *Wie konnte das nur passieren?* Ich kann doch inzwischen gut einschätzen, was einen Erwachsenen verärgert, was den Bogen überspannt. Dachte ich jedenfalls. Ich bin verwirrt. Ich werde dafür bestraft, mit Teen-Jungs zu *sprechen*, obwohl ich auf der Farm selbst zu den Teens gehörte.

»Du hast geflirtet«, beschuldigt mich Uncle Simon.

Das verstehe ich nicht. Vor weniger als einem Jahr sollte ich Teen-Jungs nach einem festgelegten Plan mit der Hand einen runterholen. Und jetzt kommt es mir vor, als hätte die Family eine vollkommen andere Richtung eingeschlagen – was mir nur recht ist –, aber ich möchte trotzdem nicht wie ein kleines Kind behandelt werden.

»Wir haben ausschließlich über etwas Nicht-Sexuelles geredet und gelacht«, erkläre ich, um es Uncle Simon begreiflich zu machen. Der Junge hatte etwas Lustiges über Fußball gesagt, und ich hatte gelacht. Ich habe nicht mit dem Hintern gewackelt oder versucht, ihn zu küssen.

Uncle Simon blickt mit der versteinerten Miene der wahrhaft Rechtschaffenen auf mich herunter. Dann zeigt er auf die Pappe und die Stifte. »Bring das Schild morgen früh zu mir«, sagt er schlicht und geht weg.

Ich frage eines der Kinder, aber es hat den Anschein, als hätte niemand zuvor in dem großen Bangkok-Combo je diese Art von Bestrafung erhalten. Na großartig. Ein weiteres Experiment.

Ich breite die farbigen Filzstifte und die weiße Pappe auf meinem kleinen Stockbett aus. Nur vage nehme ich wahr, wie die anderen Kinder das Zimmer verlassen und zum Abendessen gehen. Allein in der zunehmenden Abenddämmerung spüre ich, wie meine Tapferkeit schwindet. Die Angst vor öffentlicher Demütigung ist viel schlimmer als körperlicher Schmerz. Bei Schmerz, beim Hinternversohlen, kann ich die Zähne zusammenbeißen, den Kopf einziehen und es einfach über mich ergehen lassen. Aber diese Demütigung kriecht mir in die Knochen und zerbricht mein Selbstwertgefühl.

Ich sehe meine schlaffe Hand nur noch verschwommen. Bald darauf ringe ich um Atem, schluchze, kämpfe mit Tränen und Rotz dafür, der Ungerechtigkeit dieser Falle zu entkommen. Mein Kopf schmerzt vom heftigen Weinen, meine Augen sind gerötet und brennen, mein Gesicht ist geschwollen. Doch schließlich, als alles Gefühl erschöpft ist, nehme ich wie ein Roboter den grünen Stift und beginne zu schreiben.

Am nächsten Morgen zeige ich das Schild Uncle Simon. Er nimmt ein Stück dickes Seil und befestigt ein Ende an jeder Seite des Schildes. Dann hängt er es mir um den Hals. Die Pappe ist so breit wie mein Oberkörper, und das raue Seil kratzt im Nacken. Mit starrer Miene betrete ich den gemeinschaftlichen Speisesaal, um zu frühstücken, das Schild, in leuchtenden Neonfarben auf meiner Brust, ist nicht zu übersehen. Sechzig Leute, die ich kaum kenne, glotzen mich an. So werde ich den Home-Mitgliedern offiziell vorgestellt: Mit der Verkündung, dass ich ein schrecklicher Mensch bin, der diese extreme, öffentliche Bestrafung verdient – ein Breaking.

Breakings stammen aus einer Bibelgeschichte über den Töpfer und seinen Ton: Wenn sich in dem weichen Ton, aus dem der Töpfer eine Vase formt, ein harter Klumpen befindet, muss die Vase zerstört, der Klumpen entfernt und anschließend der Ton zu etwas Besserem modelliert werden (Jeremia 18,1–4). Ein Breaking ist keine gewöhnliche Maßregelung oder Bestrafung; dabei geht es um Zerstörung und Neuformung.

Der Schreck über das Schild reicht schon aus, damit ich schweige und jeder im Home aufmerkt und es zur Kenntnis nimmt. Ich schlage die Augen nieder und schaue zu Boden, um die stechenden Blicke zu meiden. Ich darf noch nicht mal etwas sagen, um mich selbst zu rechtfertigen. Lediglich mit den beiden Lehrern in der OC-Gruppe darf ich sprechen, Uncle Simon und Uncle Jeremy. *Wie soll ich mich auf diese Weise jemals in dem neuen Home einleben?*

Während der Mittagsruhe überreicht mir Uncle Simon ein Mo-Buch, das bei einem Brief mit dem Titel *Prayer for Magdalene* (*Gebet für Magdalena*) aufgeschlagen ist. Dann geht er weg, und ich bin wieder allein. Meine Hände zittern, als ich das Gewicht in meinen Fingern spüre. Ich weiß, was das heißt. Das hier ist das meistgefürchtete Gebet jedes Einzelnen in der Family. Während ich auf dem unteren Stockbett sitze, mit gebeugtem Nacken, um mir nicht den Kopf am Holz des oberen Bettes zu stoßen, spreche ich die schwersten Worte meines Lebens: Ich bitte Gott, mich zu brechen. Meine Lippen beben, als ich Ihn ersuche, mir meinen Stolz zu nehmen und meinen Geist zu zerschlagen. In meinen Augen brennen erneut Tränen, als ich Ihm die Erlaubnis erteile, mir schreckliche Dinge anzutun. Ich habe große Angst, denn ich bin völlig überzeugt davon, dass Er es tun wird. Doch ich sehe keinen anderen Ausweg.

In den ersten Tagen fällt es mir schwer, daran zu denken, dass ich nicht reden darf, insbesondere angesichts all der neuen Regeln, deren Umsetzung von mir erwartet wird. Mein Vater hat gern strenge Vorgaben gemacht – nur zwei Blätter Toilettenpapier und zwei Minuten duschen –, aber in der Kommune in Thailand nimmt die militaristische Einstellung ganz andere Dimensionen an. Zusätzlich zum Marschieren in Reih und Glied, wohin wir auch gehen, muss die OC-Gruppe den Abwasch für den gesamten Combo mit sechzig Bewohnern erledigen. Während wir spülen, müssen alle – im Moment außer mir – gemeinsam laut Bibelzitate aufsagen, ohne zu stocken oder einen Fehler zu machen. Nachdem wir die langen Tische abgewischt haben, beugt sich Uncle Simon auf Augenhöhe zur Tischplatte hinunter und überprüft, dass wir auch ja keinen Krümel übrig gelassen haben. Ich lerne, sehr gründlich zu arbeiten.

Wenn wir etwas falsch machen, kommen wir auf die Verfehlungsliste – eine große Übersichtstafel an der Wand mit allen Namen und den Wochentagen. Wenn wir etwas tun, das wir eigentlich nicht dürfen, wird ein »X« als Kennzeichnung der Verfehlung neben unseren Namen gemalt. Jeder, der drei Verfehlungen pro Tag oder fünf in einer Woche erhält, wird mit zusätzlichen Aufgaben bestraft und darf nicht am wöchentlichen Filmabend teilnehmen. Die grausamste Erfindung sind doppelte oder dreifache Verfehlungen. Wenn du beim »Herumalbern« im Unterricht erwischt wirst, schreit der Lehrer dich an: »Eine Verfehlung für dich!« Wenn du versuchst, dich zu erklären oder zu rechtfertigen, kriegst du für die Widerworte eine weitere Verfehlung. Während ich Uncle Simon dabei beobachte, wie er Bestrafungen austeilt, bin ich fast erleichtert, dass mein Schweigen mich davor bewahrt, mich selbst zu verurteilen.

Ich lese die Mo-Briefe von der Liste, die Uncle Simon mir aufgetragen hat, und jeden Tag während der Mittagsruhe sitzt er mit mir auf dem Balkon, wo ich ihm berichten muss, was ich aus den Briefen und meiner Bestrafung lerne. »Ja, ich war rebellisch und hatte das Gefühl, zu gut für die Kindergruppe zu sein und es zu verdienen, in die Teen-Gruppe zu gehören. Nun sehe ich ein, dass das mein abscheulicher Stolz war«, beichte ich.

Bei der Stunde Familienzeit jeden Abend sitze ich stumm auf dem Boden, weil es mir nicht mal erlaubt ist, mit meiner Mutter zu sprechen. Sie sieht besorgt aus, während Jondy an meinem T-Shirt zupft, weil er mit mir spielen will, und die vierjährige Amy auf ihrem Arm weint. Ich vermisse die Farm schrecklich, die Tiere, meine Freunde und Geschwister. *Was machen sie alle gerade? Patrick? Meine Brüder?* Ich habe keine Ahnung und kann auch niemanden fragen. Es gibt keine Möglichkeit, mit ihnen in Kontakt zu treten. Wir dürfen Briefe schreiben und händigen sie den Schäfern zum Abschicken aus, aber das scheint mir die Mühe nicht wert.

Uncle Simon ist der einzige Mensch, mit dem ich in diesem fremden Home und Land reden kann. Da ich von allen anderen abgeschottet bin, fühle ich mich ihm immer mehr verbunden, und er spricht mit mir, als sei er mein Vertrauter.

»Wie lange muss ich die Schweigestrafe noch ableisten?«, traue ich mich endlich zu fragen.

»Bis wir das Gefühl haben, dass du dich wirklich verändert hast«, antwortet er.

Nach zehn Tagen in dieser unendlichen Stille erlaubt mir Uncle Simon, einen Abend lang zu sprechen, um meinen zwölften Geburtstag zu feiern. Wie die Bat-Mizwa im jüdischen Glauben sollte das hier eigentlich der wichtigste Geburtstag in meinem Leben sein, denn heute werde ich zur Frau. Das ist das einzige Mal, dass für die Person eine eigene Feier abgehalten wird, getrennt von der Gruppengeburtstagsfeier, bei der alle Geburtstage des Sternzeichens in dem betreffenden Monat zelebriert werden. Die Menschen beten für den oder die frischgebackene Zwölfjährige und machen Prophezeiungen. Außerdem erhält das Geburtstagskind eine personalisierte Urkunde, die es zum Mann oder zur Frau erklärt.

Aber durch den Beschluss der Family vor ein paar Jahren, die Altersgrenze für Sex mit Erwachsenen und die Erlaubnis, Wein zu trinken, auf fünfzehn oder sechzehn anstatt zwölf Jahre anzuheben, hat das Erreichen dieses Meilensteins nicht mehr ganz dieselbe praktische Bedeutung.

Nach dem Essen versammelt sich die OC-Gruppe in unserem Schlafzimmer, wo Uncle Simon mir einen Kuchen und eine laminierte Urkunde mit der Aufschrift »Ernennung zur Frau« überreicht, auf der zudem mein Name, Alter und das Datum vermerkt sind. Unter einem kleinen Foto von mir befindet sich eine Bildunterschrift, die lautet: »›Das kostbarste Juwel, das einer finden kann, / ist eine tüchtige Frau.‹ Sprüche 31,10. ›Treu und bereitwillig, mit unserem vollen Herzen, geben wir unser Leben für das Königreich Gottes!‹« Dieser Geburtstag ist so eine Enttäuschung. Ich fühle mich nicht wie eine Frau, sondern nur wie irgendein unbedeutendes Kind.

Wir Kinder sitzen im Kreis und essen einen selbstgemachten matschigen Karottenkuchen. Ich habe Mühe, meine Lippen zu einem Lächeln zu verziehen. Und doch ist mir deutlich bewusst, welchen Mo-Brief Uncle Simon mir für gestern zum Lesen aufgetragen hat.

Darin stand, dass wir unabhängig von unserem eigenen Befinden immer lächeln und ein fröhliches Gesicht für andere machen müssen. Dann versammeln sich alle, um für mich zu beten. Während ich in der Mitte knie, legen sie ihre Hände auf meinen Kopf, meinen Rücken, meine Arme, wo auch immer sie drankommen, und vertrauen mich Gott an. Danach ist meine kurze Begnadigung wieder aufgehoben, und ich muss zurück in die Schweigestrafe. Die Demütigung ist mein neues Zuhause.

Aufgrund der hohen Luftfeuchtigkeit müssen wir Kinder uns alle zur Schlafenszeit in unserer Unterwäsche in einer Reihe aufstellen, sodass Uncle Simon und Uncle Jeremy unsere nackten Rücken mit Talkumpuder einreiben können. Manche von uns älteren Mädchen versuchen, unsere Brüste mit den Armen zu bedecken oder uns ein T-Shirt vor den Oberkörper zu halten, während einer der Uncles uns den Rücken pudert. Sobald wir im Bett sind, kommt Uncle Simon zum Unterwäsche-Check zu uns. Grandpa sagt, dass in tropischen Ländern auch mal Luft an die Genitalien kommen muss, daher dürfen wir nachts keine Unterwäsche tragen. Wir haben keine Klimaanlage und bei achtunddreißig Grad und hundert Prozent Luftfeuchtigkeit liege ich schwitzend unter meiner Zudecke. Ich möchte mir die kratzige Decke vom Leib reißen, aber ich bin nackt und mit zwölf viel zu befangen, um in einem gemischtgeschlechtlichen Schlafzimmer mit zwei männlichen Schäfern komplett entblößt dazuliegen. Ich habe bereits gelernt, solche Risiken nicht einzugehen. Wenn also Uncle Simon jeden Abend rumgeht, um unsere Hüften unter den Decken zu betasten, damit er sicher ist, dass wir nichts anhaben, schiebe ich meine Unterhose bis zu den Knöcheln hinunter, und wenn er geht, ziehe ich sie unter dem Laken wieder hoch. Meine kleine, stille Rebellion.

Ich versuche, mich an die vollkommene Abwesenheit von Privatsphäre zu gewöhnen – nicht, dass wir auf der Farm je viel hatten, aber es war auch nie so wie hier. Nach unserer gemeinsamen Sportstunde duschen wir zusammen in einem Badezimmer, Jungs wie Mädchen – mit nur fünf Minuten Zeit für alle zehn von uns. Das Badezimmer ist, im typischen Thai-Stil, ein einziger Raum ohne Abtrennungen mit einer Toilette in der Ecke und einer Zisterne an der Wand, die von einem Rohr gespeist wird. Der gesamte Raum, vom Boden bis zur Decke in Rosa gefliest, dient als Dusche. Wir drängen uns nackt um die Zisterne und reichen immer wieder die großen Plastikschöpfkellen herum, um uns mit Wasser zu übergießen. Dann rennen wir raus, schnappen uns Handtücher und trocknen uns innerhalb von dreißig Sekunden ab. Uncle Jeremy steht draußen mit einer Uhr in der Hand und misst die Zeit. Wenn wir zu lange brauchen, gibt's eine Verfehlung.

Jeden Tag wache ich auf, ohne zu wissen, ob ich noch einen weiteren Tag unter Schweigestrafe stehe. Normalerweise dauert die Schweigestrafe nur ein paar Stunden oder höchstens einen Tag lang. Nach zwei Wochen denke ich nicht mehr darüber nach. Das ist jetzt mein Leben. Ich lerne, mit den Augen und Händen zu kommunizieren, oder ich spreche mit Uncle Simon. Mein anfängliches Entsetzen und die Demütigung werden für mich zur neuen Normalität. Ich stelle fest, dass ich mich an alles gewöhnen kann, egal wie schrecklich. Die anderen versuchen erst gar nicht mehr, mit mir zu reden, und erwarten keine Antwort von mir.

Ich gebe mein Bestes, mich voll darauf einzulassen und meine Lektion zu lernen, den Stolz aus mir herausquetschen zu lassen, Gott folgsam zu dienen. Und es geht mir besser damit, die Kontrolle abzugeben. Jetzt ist Er zuständig; ich gehorche nur.

Nach einem vollen Monat unter Schweigestrafe überrascht mich Uncle Simon eines Nachmittags während unseres Gesprächs der offenen Herzen. »Wir glauben, dass du bereit bist, aus der Schweigestrafe entlassen zu werden«, verkündet er mir. »Du hast dich im vergangenen Monat wirklich verändert.«

Ich starre ihn erschrocken an. Ich weiß nicht, was ich denken soll. Endlich habe ich mich daran gewöhnt, mich im Hintergrund zu halten, keine Aufmerksamkeit auf mich zu lenken, still zu beobachten. Tatsächlich bin ich nervös davor, wieder sprechen zu müssen. *Was ist, wenn ich was Falsches sage und wieder unter Schweigestrafe gestellt werde oder noch Schlimmeres passiert? Wie soll ich plötzlich mit den anderen*

Kindern in meiner Gruppe oder im Home reden, wo ich doch noch nie ein Wort mit ihnen gewechselt habe? Aber ich nicke nur unterwürfig und gebe ihm mein Schild.

Nun muss ich aufs Neue mit den Blicken klarkommen. Die Leute erwarten von mir, dass ich spreche, aber nach dreißig Tagen des Nichtgebrauchs fühlt sich meine Kehle wie zusammengeklebt an. Zwar kehren die Worte langsam zu mir zurück, aber meine Stimme klingt in meinen Ohren wie ein Krächzen. Also bleibe ich still, spreche nur, wenn ich muss.

Eine Woche später ruft mich Uncle Simon zu sich. »Wir möchten, dass du der Leithammel der OC-Gruppe wirst«, eröffnet er mir. Der Leithammel ist das gefügigste Schaf in der Herde, welches immer in der Nähe des Schäfers bleibt; der Schäfer bindet dem Schaf eine Glocke um den Hals, damit die anderen Schafe ihm folgen.

Nachdem ich auf der untersten aller niedrigen Stufen stand, werde ich nun zur Klassensprecherin oder Gruppensprecherin erhoben. Die Kinder, denen es noch vor wenigen Tagen nicht erlaubt war, mit mir zu reden, müssen nun meinen Anweisungen Folge leisten, und ich muss sie melden, wenn sie nicht gehorchen. Nach meinem Monat der Isolation und des Breaking ist Uncle Simon klar, dass ich keine nennenswerten Verbündeten habe. Er kann mir vertrauen; ich bin die letzte Person, die Ärger macht.

Jetzt, da ich von der Schweigestrafe befreit bin, versuche ich, mich mit den zwei Mädchen in der Gruppe anzufreunden, die mir altersmäßig am nächsten sind, Clare und Marie, aber verborgen hinter unserem Lächeln und dem Smalltalk beäugen wir uns argwöhnisch. Man kann nie darauf vertrauen, dass den Schäfern nicht doch ein falsches Wort gemeldet wird. Und ich bin der Leithammel, also ist ihnen klar, wem meine Treue gilt.

Ich schließe mich dem wöchentlichen Witnessing-Ausflug der OC-Gruppe an, bei dem wir den Menschen von Jesus erzählen, Broschüren verteilen und um Spenden bitten. Ich freue mich, ein bisschen was von der Stadt außerhalb der Mauern des Combo zu sehen.

Zwar missioniere ich schon, seit ich drei Jahre alt bin, aber eine Zurückweisung trifft mich nach wie vor, egal wie viele Jahre ich schon Fremde auf der Straße anspreche und sie frage, ob sie etwas über Jesus wissen möchten. Daher habe ich gelernt, den Schmerz mit einem breiten Lächeln zu überspielen.

Die Menschen müssen mehr über Jesus erfahren. Wie ich mich dabei fühle, ist absolut unwichtig.

Wir besuchen regelmäßig die Chulalongkorn-Universität in Bangkok zum Witnessing. Zwölf von uns fahren mit dem Van dorthin und werden dann in fünf Teams aufgeteilt, immer ein oder zwei Kinder und ein Erwachsener. Wir laufen über den ausgedehnten Campus und sprechen leise ein Gebet, damit Jesus uns zu den Seelen führt, die für Seine Nachricht empfänglich sind.

Ich bin gerne hier. Die bröckeligen Steinpfade und -wände werden von schattenspendenden Regenbäumen und grellroten Hibiskus-Blüten aufgelockert, die aus den Ritzen wachsen. Vögel zwitschern, während Studierende allein auf abgenutzten Bänken sitzen und lesen oder in Gruppen um Tische herum versammelt sind und gelbe Durian-Früchte verspeisen, die wie stinkende Socken riechen.

»Lass uns mit dem da reden«, schlägt mein erwachsener Witnessing-Partner vor. Er deutet auf einen jungen Mann, der mit einem Lehrbuch in der Hand an einem Picknicktisch sitzt.

Ich folge meinem Partner zu ihm hinüber, und nach einem Stupser von ihm sage ich auf Thailändisch: »Das ist für dich.« Der junge Mann lacht überrascht auf und nimmt den bunten Handzettel entgegen, der ein Bild des Antichristen zeigt. Den Satz habe ich während der Thailändisch-Stunde gestern gelernt; hoffentlich habe ich alles richtig ausgesprochen.

Nun übernimmt mein Witnessing-Partner, und obwohl ich nur ein paar Worte Thailändisch verstehe, kann ich der Unterhaltung leicht folgen, weil ich diesen Wortwechsel schon Tausende Male gehört habe. Endlich fragt mein Partner: »Möchtest du Jesus in dein Herz bitten, damit du nach dem Tod in den Himmel kommst?« Gespannt warte ich ab. *Werden wir seine Seele als erfolgreich gerettet verzeichnen und uns bei der Heimkehr damit brüsten können, oder werden wir zurückgewiesen und haben eine halbe Stunde verschwendet?* Zwischen den Teams, die Missionieren gehen, herrscht immer ein unausgesprochener, unterschwelliger Wettkampf.

»Was muss ich dafür tun?«, fragt der Junge freundlich.

Ich fasse sein lächelndes Nicken als Zustimmung auf. Puh. Ich bin erleichtert und glücklich – es war also doch keine Zeitverschwendung.

»Wiederhole einfach meine Worte«, erklärt mein Partner und hält immer wieder inne, damit der junge Mann ihm nachsprechen kann. »›Lieber Jesus, bitte kehre ein in mein Herz. Vergib mir meine Sünden. Hilf mir, Dich und andere Menschen zu lieben, und rufe mich in den Himmel, wenn ich sterbe. So bete ich in Jesu Namen. Amen.‹«

Der junge Mann blickt auf, überrascht, dass das schon alles ist.

»Nun bist du auf ewig gerettet!«, beglückwünscht mein Partner ihn.

Als der Student zu mir schaut, lächele ich ihn strahlend an und freue mich aufrichtig, dass diesem netten jungen Mann die Höllenfeuer erspart bleiben.

Mein Partner schlägt vor: »Wenn du noch mehr wissen möchtest, kannst du uns gerne deine Kontaktdaten geben. Wir halten jede Woche Bibelstunden hier in der Nähe ab.«

Während der Junge seine Adresse aufschreibt, blicke ich in die Ferne, halte Ausschau nach unserer nächsten Zielperson.

Ich gehe gern bei den Hochschulstudierenden in Bangkok missionieren. Nie weist uns einer ab. Sie sind alle freundlich, grüßen uns fremde Ausländer mit einem Lächeln und bieten uns Durian-Früchte an, die wir höflich ablehnen, obwohl ich dankbar ein Stück Guave annehme. Die Guaven hier sind riesig, so groß wie ein Softball und hart wie ein Apfel. Nicht so wie die cremeweichen, süßen kleinen Guaven auf unserer Farm.

Auf der Fahrt nach Hause blicke ich aus dem Fenster und genieße den friedlichen, opulenten Campus, bis wir durch die Tore in die Straßen Bangkoks abbiegen, die voll sind mit Hupgeräuschen, stinkenden Lastwagen, Rollern und Tuk-Tuks.

Ich gewöhne mich langsam an die neuen Leute, den Tagesablauf und meine Rolle als Leithammel. Aber während unserer abendlichen Stunde Familienzeit bemerke ich, dass meine Mutter ins Wanken gerät. Wir sitzen zusammen auf dem Einzelbett in ihrem kleinen Zimmer und schauen ein Bilderbuch mit Jondy und Amy an, um sie zu beschäftigen. Als sie mich zum Gutenachtsagen umarmt, flüstert sie mir zu, dass sie nicht von uns Kindern getrennt leben will. Ich versuche zu verstehen, was in ihr vorgeht. Auf der Farm war meine Mutter eine Führungsperson; jetzt ist sie nicht mal mehr eine geschätzte Soldatin, nur eine in Ungnade gefallene alleinstehende Mutter, die alle ihr aufgetragenen Aufgaben brav erledigt. Wird sie sich je wieder davon erholen, was bei den WS passiert ist? Ich beobachte, wie sie immer unglücklicher und ängstlicher wird, aber ich weiß nicht, was ich tun soll.

Ein paar Abende später überrascht mich Mom mit der Ankündigung, dass sie mit uns außerhalb des Combo einen Spaziergang machen möchte.

»Ich hatte heute keine Draußenzeit«, sagt sie, als ein junger Mann uns dabei erwischt, wie wir gerade durch das große Tor in der hohen Mauer treten wollen, die die Kommune umschließt. »Wir gehen nur zum Park auf der anderen Straßenseite.« Meine Mutter schenkt ihm ein breites Lächeln, während wir hindurchlaufen.

Es stehen zwar keine Wachen am Tor, aber die Leute beobachten einander immer, und wenn man das Grundstück verlassen möchte, wird erwartet, dass man sich eine Erlaubnis holt. Man erklärt uns, dass das zu unserer eigenen Sicherheit so geregelt ist, damit jemand weiß, wo er uns im Fall eines schlimmen Ereignisses, wie zum Beispiel eines Unfalls, suchen kommen muss.

Mom wirft einen Blick nach hinten, während sie Jondy auf dem linken Arm und ihre Umhängetasche über dem rechten zurechtrückt. Dann nimmt sie Amy an der Hand und tritt durch das hohe Eingangstor hinaus auf den Bürgersteig unserer ruhigen Wohnstraße. Zuerst geht sie in normalem Tempo, doch sobald wir um die Ecke gebogen sind, beginnt sie, die Straße hinunterzurennen. Ich habe keine Ahnung, was sie da macht, und einen Augenblick lang zögere ich.

»Komm schon!«, ruft sie mir zu, und ich flitze los.

Sie läuft zu schnell für Amys kleine Kinderbeine und bald zerrt sie meine Schwester förmlich über das Pflaster. Ich schließe zu ihnen auf, schnappe mir Amys Hand und nehme sie auf meinen Arm, dann renne ich neben meiner Mutter her und weiche Kuhfladen aus, die von den frei auf der Straße herumlaufenden Nachbarskühen hinterlassen wurden.

»Was machst du denn?«, rufe ich ihr schwer atmend zu. »Wohin gehen wir?«

»Pssst, das erzähle ich dir gleich«, antwortet sie atemlos.

Sie läuft immer weiter durch die Straßen und Seitengassen von Bangkok, bis sie endlich auf einer asphaltierten Straße stehen bleibt und ihren Arm hochhebt, um ein vorbeifahrendes Tuk-Tuk zu rufen. Das Gefährt hält neben uns an. Mom drängt uns hinein, übergibt Jondy an mich und murmelt dem Fahrer dann etwas zu. Als wir von der Bordsteinkante losfahren, zittert sie, und ich ringe nach Atem.

Ich versuche, ruhig zu bleiben, während ich meinen kleinen Bruder auf meinem Schoß balanciere und Amy zwischen uns sitzt. Aber ich habe Angst. *Was macht meine Mutter hier? Wohin bringt sie uns?* Der Tuk-Tuk-Fahrer hält vor einem schäbigen, düsteren Motel in einer verwahrlost wirkenden Gegend an, in der ich noch nie zuvor war. Jetzt bin ich erst recht besorgt. Ich weiß, dass wir noch in Bangkok sind, aber ich habe keine Ahnung, wo. Außer für die paar Witnessing-Ausflüge habe ich mich bisher kaum außerhalb des Combo aufgehalten.

Ich folge Mom nach drinnen und bin überrascht, als sie um ein Zimmer mit zwei Betten bittet, das von Baht umgerechnet nur ein paar Dollar kostet. Sie muss das Geld beim Missionieren abgezweigt haben. Der Geruch nach Kakerlakenspray und die zerschlissenen braunen Laken helfen auch nicht dabei, mein Unbehagen zu lindern.

»Mom, was ist los?«, flehe ich leise.

Nachdem Mom die Zimmertür verriegelt hat, bricht sie auf einem der Betten zusammen und fängt an zu schluchzen. »Sie wollen euch mir wegnehmen!«, ruft sie wieder und wieder. »Das kann ich nicht zulassen. Wir mussten fliehen.«

Ich habe keine Ahnung, ob das wahr ist oder nicht, aber sie glaubt eindeutig daran, und ihre Angst erschreckt mich. Ich halte Jondy fest im Arm, während ich sie zu beruhigen versuche.

»Mom«, sage ich sanft.

»Nein!«, fährt sie dazwischen. »Ich gehe nicht zurück! Das Home ist wie ein Gefängnis.«

Die Luft ist schwer vor Hitze. Die alte Klimaanlage unter dem Fenster macht nicht viel mehr als ein lautes Klappergeräusch. Ich beobachte, wie meine Mutter mehrmals die Vorhänge gerade weit genug zurückzieht, um aus dem Fenster spähen zu können, und auf der Straße nach jemandem aus dem Combo Ausschau hält. Sie fürchtet, dass wir gefunden werden, hat aber gleichzeitig Angst, auf sich alleingestellt zu sein.

Wir haben kein Geld, keine Kontakte und keinen Zufluchtsort. Wir haben noch nicht mal einen Stadtplan. Es gibt auch niemanden, den wir anrufen könnten, und bald werden wir das Motel nicht mehr bezahlen können bei dem wenigen Geld, das meine Mutter hinausschmuggeln konnte.

»Was ist mit Dad? Kann er uns helfen? Vielleicht können wir zur Farm zurückkehren?«, frage ich hoffnungsvoll. Er ist seit über einem Jahr fort, beinahe ohne irgendein Wort.

Sie lässt sich aufs Bett fallen. Aller Kampfgeist hat sie verlassen. Sie gleicht einer Marionette, deren Fäden durchtrennt wurden.

»Ich habe deinem Dad schon ganz oft geschrieben, seit er fort ist«, sagt sie leise, »aber er schreibt einfach nicht zurück. Ich glaube nicht, dass er uns helfen kann.« Stille umgibt uns, lediglich durchbrochen von dem Todesröcheln der Klimaanlage. Endlich fährt sie fort: »Die neuen Führungskräfte in Macau haben die Ehe von deinem Vater und mir aufgelöst, schon bevor er die Farm verlassen hat. Sie sagten, ich hätte einen schlechten Einfluss auf ihn. Wir hatten Probleme«, räumt sie ein, »aber wir haben daran gearbeitet. Ich liebe deinen Vater, und trotzdem weiß ich nicht, wie oder ob wir überhaupt je wieder zusammen sein können.«

Kein Wunder, dass es ihr so schlecht ging und sie zugestimmt hat, zu den WS zu gehen, um ihre Treue der Family gegenüber zu beweisen und herauszufinden, ob sie noch einen Platz in der Gemeinschaft hat. Ich höre schweigend zu, während meine Mutter versucht, ihre aktuelle Lage zu durchdenken. Sie sieht tatsächlich alles und jeden als Bedrohung für ihre Familie und lebt in der Überzeugung, eines Morgens aufzuwachen und festzustellen, dass man ihr die Kinder weggenommen hat, wenn sie im Combo bleibt. Mir war nicht klar gewesen, wie stark ihre Paranoia ist. Plötzlich habe ich Angst um sie und um uns.

Mit meinen zwölf Jahren habe ich keine Antworten. Die einzigen Menschen, an die wir uns wenden könnten, sind in Macau, und ich weiß nicht, wie ich sie außerhalb der Kontaktkanäle der Family erreichen könnte. Ohnehin scheinen sie uns nicht dahaben zu wollen; schließlich haben sie uns nach Thailand geschickt. Mom möchte ihre Eltern anrufen und um Hilfe bitten. Ich habe sie erst zweimal getroffen, als sie uns in Macau besuchten, aber für mich sind sie Systemer – Fremde, die in einem Hotel wohnten und mit denen wir uns Sehenswürdigkeiten anschauten. Niemand, an den ich denken würde, wenn ich Hilfe brauche. Nachdem sie die verbleibenden Baht in ihrem Portemonnaie gezählt hat, fängt sie wieder an zu schluchzen, erkennt ihr Scheitern. Wir haben nicht genug Geld für ein Ferngespräch nach Amerika.

»Mom.« Ich berühre sie an der Schulter. »Die Family würde Eltern niemals ihre Kinder wegnehmen«, sage ich in dem Versuch, sie zu trösten. »Das ist nicht liebevoll, wie Grandpa es uns beibringt.«

»O doch, das würde sie«, schluchzt Mom. »Erinnerst du dich an Auntie Kat von Zacky Star?«

»Ja«, antworte ich erschöpft und denke an meine alten Freunde, ihre Kinder Ching-Ching und Yanny.

»Ihre Ehe wurde auch aufgelöst und Zack hat beide Kinder mit nach Europa genommen.«

Mom zählt ein paar weitere Leute auf, die als rebellisch oder schlechter Einfluss galten und daraufhin den Kontakt zu ihren Kindern verloren, weil ihre Ehepartner mit ihnen in ein anderes Land umsiedelten.

Meine Überzeugung schwindet. Vielleicht ist ihre Angst doch nicht so irrational, denke ich besorgt. Aber was können wir tun? Ich versuche, sie zu beruhigen: »Wenn sie uns ohne dich irgendwohin bringen wollen, gehe ich einfach nicht mit. Ich stemme meine Füße in den Boden und weigere mich, in das Flugzeug zu steigen. Sie können mich doch nicht schreiend mit sich zerren.« Ich kann stur sein, wenn ich muss.

Meine Mutter schenkt mir ein schwaches Lächeln, bevor sie aufsteht und erneut ihren Posten am Fenster einnimmt.

Drei Tage vergehen, in denen Mom die meiste Zeit weint und sich Sorgen macht. Sie erleidet einen waschechten Nervenzusammenbruch, und während der gesamten Zeit, die wir hier verbringen, schläft sie kaum. Ich gebe ihr keine Schuld für ihre Gefühle. Ich hasse unser neues Home auch. Aber zumindest bekommen wir dort Essen, Wasser und ein Dach über dem Kopf. Und inzwischen habe ich ein gutes Verhältnis zu Uncle Simon. Ich habe nichts davon mitbekommen, dass sie uns trennen wollen; wahrscheinlich spricht lediglich die Angst aus ihr. Obwohl ich selbst befürchte, dass sie nach dieser Aktion tatsächlich genau das tun werden. Aber wir haben nicht viele Alternativen, und wir müssen auch an Amy und Jondy denken. Sie sind die ganze Zeit quengelig, und uns gehen langsam die Ideen aus, wie wir sie in diesem winzigen heißen Motelzimmer beschäftigt und ruhig halten.

Als uns das Geld für Essen und Unterkunft ausgeht, so billig das Zimmer auch ist, überrede ich meine Mutter, von einem Münztelefon in der Lobby aus beim Combo anzurufen. Schlussendlich gibt sie klein bei.

Zum Glück gerät sie an eine mitfühlende Seele, die es schafft, sie zu beruhigen und zur Rückkehr zu bewegen. Innerhalb von Minuten trifft jemand aus dem Combo ein, um uns abzuholen.

Sobald wir durch die Tore des Geländes fahren, sehe ich Uncle Simon in der Auffahrt. Kaum bin ich aus dem Van gestiegen, schließt er mich in eine stürmische Umarmung.

»Ich hatte solche Angst um dich«, sagt er, während er mich fest gegen seine Brust drückt.

In den folgenden Tagen bemerke ich, dass mir die Leute verstohlene Blicke zuwerfen. Sie verhalten sich nett und mitfühlend, aber ich spüre, dass sie genauso geschockt sind wie ich. Noch nie ist jemand in dieser Art und Weise weggelaufen. Oder zumindest habe *ich* noch nie von so etwas gehört. *Was werden sie jetzt mit uns machen?*

Ich versuche, mein vor Angst klopfendes Herz zu ignorieren, konzentriere mich stattdessen auf die tägliche Routine in der OC-Gruppe und tue so, als wäre alles normal. Aber ich schäme mich für meine Mutter und ihre Flucht, und gleichzeitig habe ich Angst um sie. Je länger die Schäfer brauchen, um über ein Strafmaß zu entscheiden, desto schlimmer wird es, so meine Befürchtung. Ich weiß, was sie denken: Kann meine Mutter gebrochen und neu geformt werden? Oder ist es besser, sie fortzuschicken und zum Problem von jemand anderem zu machen?

Vielleicht sind sie nicht sicher, wie sie mit der instabilen geistigen Verfassung meiner Mutter umgehen sollen, oder sie warten noch auf Anweisungen der WS, jedenfalls verhängt niemand eine direkte Strafe. Allerdings wird sie in den nächsten zwei Monaten zwölf Stunden am Tag zum Missionieren und Spendensammeln rausgeschickt, was sie beschäftigt und von den anderen im Home fernhält. Da sie kein Thailändisch sprich, kommt ihr die Rolle der stillen Partnerin zu, egal wem sie zugeteilt wird, um von Haus zu Haus zu laufen und die Musikkassetten der Family zu verkaufen. Tatsächlich ist das auch gut so, denn sie bewegt sich durch den Tag wie durch Nebel.

Außerdem soll sie ab jetzt mit Big John, einem massigen Amerikaner, Liebe teilen, obwohl sie mir erzählt, dass sie sich nicht zu ihm hingezogen fühlt. Er ist jedoch der einzige Erwachsene hier, den ich gut leiden kann. Eine Zeit lang hat er auch mal bei uns auf der Farm gelebt und sich um uns Kinder gekümmert, obwohl Mom sagt, dass er selbst noch ein großes Kind ist. Damals hat er uns lustige System-Lieder beigebracht und uns wie eine Hantel über seinen Kopf gestemmt. Einmal hat er sich für eine Kostümparty in Macau als der Unglaubliche Hulk verkleidet. Dafür legte er sich in eine Badewanne mit Wasser und grüner Lebensmittelfarbe, fand aber zu spät heraus, dass die

Farbe nicht so leicht wieder abging. Wir haben ihn alle ziemlich dafür ausgelacht, dass er wochenlang wie der Jolly Green Giant aus der Gemüsewerbung herumlaufen musste.

Aber hier sieht er kleiner aus, irgendwie eingefallen. Er stand einen Monat lang unter Schweigestrafe, direkt nachdem ich davon befreit worden war, mit großem Schild und allem. Ich weiß nicht, was er getan hat, um so eine strenge Strafe zu verdienen. Vielleicht versuchen sie, das Kind aus ihm herauszuquetschen.

Seit unserer Rückkehr sind ein paar Wochen vergangen, und noch immer wurde keine Bestrafung ausgesprochen. Gerade sitzen wir in der Andacht und lesen einen neuen Mo-Brief. In diesem steht, dass alle Jünger mit einer großen Familie (viele von uns haben inzwischen acht oder zehn Kinder) und mit Schwierigkeiten, in dem armen Land ihren Lebensunterhalt zu bestreiten, in das sie zum Witnessing geschickt wurden, in Erwägung ziehen sollten, in die USA oder ein anderes reiches Land zurückzukehren, um von Verwandten oder Kirchen für die Missionsarbeit im Ausland finanzielle Mittel aufzutreiben. Wie schon in einem seiner früheren Mo-Briefe, *Have Trailer, Will Travel* (*Mit einem Wohnwagen reise ich gern*), schlägt Grandpa nun vor, dass einige Family-Mitglieder in die USA gehen und mit einem Wohnwagen im ganzen Land missionieren. Auf diese Weise werden sie nicht so leicht von den Annehmlichkeiten des Lebens in Amerika verführt und behalten ihren entwurzelten Lebensstil und den Eifer als Missionare, bis sie wieder zurück ins Ausland gehen können.

Die Erwachsenen können ihre Erschütterung nicht verbergen. Laut Grandpa ist Amerika böse, die Hure Babylon. Amerika droht Gottes unmittelbares Urteil für seine Sünden und für die Verfolgung der Family, die wahren Kinder Gottes. Gott wird die USA zerstören, insbesondere Kalifornien, das im Meer verschwinden wird, um für seine Unzucht und die Verschmutzung der Welt mit seinem Materialismus und gewaltverherrlichenden Filmen wie *Rambo* zu büßen.

Ist das eine Prüfung, um herauszufinden, wie treu die Jünger sind? Wer würde freiwillig nach Amerika zurückkehren wollen?

Während sich der Raum leert, lehnt sich meine Mutter zu mir herüber. »Ich habe schon immer davon geträumt, in einem Wohnwagen zu leben«, schwärmt sie. »Meine spirituelle Helferin ist eine ungebunden Umherreisende.«

Knapp einen Monat später ist sie während der Familienzeit ganz außer sich vor Aufregung, fast so, als wäre sie wieder die Alte. »Wir ziehen nach Amerika!«, verkündet sie. »In einer Woche geht es los.«

»Aber Mom«, werfe ich ein, versuche, sie wieder auf den Boden der Tatsachen zu holen. »Wir haben doch kein Geld …«

Sie zieht mich in eine Umarmung. »Grandma hat uns Flugtickets geschickt. Wir besorgen uns einen Camper und leben darin, genau wie ich es mir immer erträumt habe.«

Das, so wird mir klar, ist unsere Bestrafung. Sie sind froh, uns loszuwerden, die schwachen Glieder in der Kette.

Es gibt nichts vorzubereiten und nur wenige Abschiede. Alles, was ich besitze, ist ohnehin in dem kleinen Koffer unter meinem Bett verstaut. Wir haben nur vier Monate hier verbracht, daher habe ich zu niemandem außer Uncle Simon eine engere Beziehung aufgebaut. An unserem letzten Tag umarmt er mich und betet für mich. Ich spüre, dass er mich nur mit Bedauern gehen lässt, jetzt, da er mich endlich zu einer uneingeschränkt gefügigen Jüngerin geformt hat. Er deutet an, dass ich ohne meine Mutter hierbleiben könnte, aber mir ist sofort klar, dass ich mich immer auf die Seite meiner Mom stellen werde und nicht auf die irgendeines Schäfers. Ich tue so, als täte es mir leid abzureisen, aber nach allem, was passiert ist, bin ich froh, woanders neu anfangen zu können.

So steigen wir noch einmal mit unseren kleinen Koffern in ein Flugzeug. Diesmal in Richtung Amerika.

15

DAS LAND MIT VIEL ZU VIEL VON ALLEM

Ich bin Amerikanerin, stamme von zwei amerikanischen Staatsbürgern ab und besitze einen amerikanischen Pass, aber ich war noch nie in Amerika. Es ist August 1989, und ich bin zwölf Jahre alt.

Obwohl der Vater meiner Mutter in Indiana lebt und ihre Mutter in Georgia, fliegen wir nach Miami. Ich weiß nicht, was mich hier erwartet. Die einzige Vorstellung, die ich von den Vereinigten Staaten von Amerika habe, stammt aus Filmen, die ich als Heranwachsende gesehen habe. Die meisten, wie *Du sollst mein Glücksstern sein* und *Ist das Leben nicht schön?*, sind zu veraltet, um daraus etwas zu schließen, aber *Twins – Zwillinge* und *Crocodile Dundee II* könnten näher an der Realität sein. Ich stelle mir breite Straßen, große Autos und viele hellhäutige Menschen vor.

Wir besteigen das Flugzeug und nehmen unsere Plätze ein. Die Stewardess überreicht mir den ersten Toblerone-Schokoriegel meines Lebens, und er ist das Beste, was ich je gegessen habe. Viel leckerer als die Tafel Carobschokolade aus Johannisbrotkernmehl, die Mom jedem von uns mal zu Weihnachten geschenkt hat, als ich sechs war. Meine Eltern gaben uns sonst nie Süßigkeiten, also sorgte ich dafür, dass mir noch monatelang etwas von der Weihnachts-Carobschokolade blieb, indem ich nur alle paar Tage ein kleines Stück abbrach und die Süße des langsam schmelzenden Stückchens von meinen Fingern leckte. Als meine Mutter das mitbekam, warf sie die Hände in die Luft. »Wie hältst du das durch? Wenn das meine wäre, würde ich alles an einem Tag auffuttern«, sagte sie.

Während ich genüsslich meine Toblerone verspeise, freue ich mich auf den Flug, allerdings weniger auf unseren Zielort. Dass wir in Amerika leben sollen, finde ich besorgniserregend. Schließlich wurde mir mein ganzes Leben lang eingetrichtert, Amerika könne jeden Augenblick zerstört werden. Ich hoffe nur, dass Gott uns beschützt.

Obwohl sie es zu verbergen versucht, weiß ich, dass meine Mutter sich auch Sorgen macht. Sie ist schreckhaft, sieht sich immer wieder um, für den Fall, dass doch noch jemand versuchen will, ihr die Kinder in letzter Minute wegzunehmen. Ich glaube, den ersten tiefen Atemzug nimmt sie erst, als wir dazu aufgefordert werden, uns anzuschnallen. Nach dem Start sackt sie in sich zusammen und schläft ein paar Stunden lang. Gott sei Dank machen Jondy und Amy dasselbe.

Nach der Hälfte des Fluges, als sie zum Abendessen aufwacht, kramt sie in dem Handgepäck in der Ablage über unseren Sitzen, wobei mir fast ihr schwerer Laptop auf meinen Kopf fällt. Dann reicht sie mir eine Landkarte der USA und trägt mir auf, die Namen der verschiedenen Staaten auswendig zu lernen. »So was muss man in Amerika wissen, sonst denken die Leute, dass du keine ordentliche Ausbildung bekommst«, erklärt sie mir. Mom war selbst seit achtzehn Jahren nicht mehr in den Staaten und macht sich Gedanken, wie viel sich wohl seitdem verändert hat.

Nach zwei Tagen auf Reisen, inklusive vierundzwanzig Stunden in der Luft, folge ich Mom benommen und mit einer Mischung aus Aufregung und Beklommenheit aus dem Flugzeug und in den Miami International Airport. Der Zollbereich kommt mir riesig und nüchtern vor mit seinen strahlend weißen Wänden und den grellen Neonlichtern, die uns stechend in die vom Jetlag müden Augen leuchten, während ich nach Schildern suche, die uns den richtigen Weg weisen. Wenigstens sind die Schilder auf Englisch. Als wir die Ankunftshalle betreten, werden wir von einer schwitzenden Menschenmenge mitgeschwemmt; alle haben es eilig, drängeln vorbei, um irgendwo anzukommen.

Meinen ersten Kulturschock bekomme ich beim Anblick all der verschiedenen Farben und Größen der Leute – dunkelhäutige Menschen in afrikanischen Gewändern und Turbanen, Frauen in leuchtenden Kleidern und Kopftüchern, dicke Leute, große Leute. Die wenigen weißen Geschäftsmänner scheinen in dieser bunten Menge bei Weitem in der Unterzahl zu sein. Wir drei Kinder blicken uns erstaunt um. In Asien haben wir nur selten Schwarze oder auch dicke Menschen zu Gesicht bekommen. Die meisten Leute dort waren dünn, mit schwarzem Haar, braunen Augen und goldbrauner Haut. Diese immense multikulturelle Menschenmenge hier am Flughafen ist ganz anders als die Welt der Weißen, die ich von den Filmen her erwartet hatte.

Es dauert ewig, bis wir uns durch die Zollabfertigung gekämpft und unser Gepäck abgeholt haben und schließlich im Eingangsbereich des Flughafens ankommen. Als wir dort eintreffen, ist trotzdem keiner da, um uns abzuholen. Während Mom und ich versuchen, gleichzeitig unseren Gepäckwagen vor uns herzuschieben und die Kinder unter Kontrolle zu halten, suchen wir das gesamte Gebäude nach jemandem ab, der aussieht wie ein Mitglied der Family – ein lächelndes Pärchen mit unfrisierten, leicht ergrauten, langen, krausen Haaren und einfacher, abgetragener Secondhand-Kleidung sowie Augen, denen das Leuchten eines wahren Gläubigen innewohnt.

Nach einer Stunde angespannten Wartens und Suchens nach jemandem aus der Family, tauscht meine Mutter ein bisschen Geld um und geht zu einem Münztelefon. Sie wirft ein paar Dollar ein und wählt die Telefonnummer für das Family Home, die ihr die Schäfer in Thailand gegeben haben.

»Geht keiner ran«, stöhnt sie.

Wir haben weder eine Adresse noch einen Namen, nur diese Telefonnummer und die Versicherung, jemand wisse, dass wir kommen, und werde hier sein, um uns abzuholen. Wir setzen uns auf eine Bank in der Nähe der Telefonzelle und warten noch ein wenig, bis wir es erneut unter der Nummer probieren. Jede halbe Stunde ruft meine Mutter an, aber es hebt nie einer ab. *Haben wir eine falsche Telefonnummer?* Die Begeisterung über den Flug ist abgeklungen, und die Angst ist das Einzige, was uns daran hindert, vor Erschöpfung zusammenzubrechen. *Wo sind denn alle?*

Fast sechs Stunden vergehen, bevor Mom uns endlich aus dem Flughafen führt. Die heiße, schwüle Luft Miamis trifft mich wie ein Hammer, als wir aus der Drehtür taumeln. Ein Taxi fährt vor, und als Mom dem Fahrer unsere missliche Lage erläutert, sagt er, dass er uns zum Motel seines Bruders fahren kann. Zwar hat Mom Angst, in einem fremden Land über den Tisch gezogen zu werden, aber sie stimmt widerwillig zu. Wir haben keine andere Wahl.

Mom besitzt lediglich die 200 Dollar, die Grandma ihr für die Reise geschickt hat. Als wir an dem schäbigen Motel ankommen, gibt sie einen Geldschein an unseren Fahrer und versucht dann wieder, unsere Kontaktperson zu erreichen. Sie gibt ihr Bestes, ruhig zu bleiben, kann ihre wachsende Panik aber nicht ganz verbergen.

Wir müssen umsichtig mit dem Geld umgehen, damit es möglichst lange reicht – das Motel kostet sechsunddreißig Dollar pro Nacht. Fünf Dollar am Tag plant Mom für Essen ein. Im Supermarkt können wir uns nur Milch und die Zutaten für Erdnussbuttersandwiches leisten, von denen wir uns drei Tage lang ernähren.

Nach dem zweiten Tag leisten wir uns das sehr teure Ferngespräch mit dem Home in Thailand in der Hoffnung, dass sie uns die Telefonnummer von einem anderen Family-Mitglied in den USA geben können. Ich sehe dabei zu, wie das Telefon einen Großteil unserer wenigen verbliebenen Dollars schluckt, mit dem einzigen Ergebnis, dass sie uns dieselbe Telefonnummer nennen, bei der wir es schon Dutzende Male probiert haben. »Ruft morgen wieder an. Wir schauen mal, ob wir eine andere Nummer für euch finden können«, sagt die Stimme am anderen Ende der Leitung.

Zwei weitere Tage vergehen, und noch immer haben wir kein Glück. Verzweifelt ruft Mom ihre Mutter in Atlanta an; ihre Eltern haben noch keine E-Mail-Adresse. Grandma erklärt, dass sie zu einer Filiale von Western Union gehen muss, um uns weiteres Geld zu schicken, was ein paar Tage oder länger dauern wird. Mom gesteht mir, dass wir nicht genug Geld für eine weitere Nacht im Motel haben – wenn uns niemand abholen kommt, sitzen wir also auf der Straße. Ich bete verzweifelt, während ich gleichzeitig versuche, Mom gut zuzureden, dass

Gott sich um uns kümmert. Ich habe selbst große Angst, aber es hilft weder Mom noch den Kleinen, das zuzugeben.

Mom verbraucht fast alle übrigen Münzen für einen weiteren Anruf in Thailand. Endlich gibt uns jemand die Nummer von einem anderen Family Home, und zwar in Atlanta. Das ist eine Spur! Mom ruft dort an und erhält die richtige Telefonnummer für das Home in Florida. Mit unseren allerletzten Münzen erreicht sie endlich ein Family-Mitglied in dem Home in Miami. Sie bricht in Tränen aus, als sie ihm die Adresse unseres Motels durchgibt. Nach weniger als einer Stunde erhalten wir einen Anruf von der Rezeption, dass jemand gekommen ist, um uns abzuholen. Vor Freude und Erleichterung hüpfe ich auf und ab und umarme Jondy ganz fest.

Wir hasten zum Eingang, wo ein großer, schlanker Mann mit drahtigen grauen Haaren auf uns wartet. Mein ganzer Körper möchte vor lauter Erleichterung in sich zusammensinken, als wir in den Van dieses Fremden steigen und nach einer halben Stunde unser nächstes Ziel erreichen. Ich schaue aus dem Fenster und erhasche Blicke auf den blauen Ozean und grüne Palmen, die an uns vorbeisausen. Der Van verlangsamt seine Fahrt, als wir in die Auffahrt eines großen, von einer hohen Betonmauer umgebenen Hauses biegen. Ein paar Leute begrüßen uns, während wir unser Gepäck reinbringen. Das hier ist ein Gemeinschaftshaus mit etwa dreißig Bewohnern, darunter auch ein paar Teenager. Jemand bringt uns zu einem kleinen Zimmer, wo wir unsere Sachen abstellen können, und dann werden wir kurz im Haus herumgeführt. Durch das Wohnzimmerfenster erkenne ich einen großen Garten hinter dem Haus, in dem grünes Gras wächst. Ich habe bisher nur selten Rasen gesehen – in Asien gibt es so etwas nicht.

Unsere Gastgeber sagen uns, dass wir so lange bleiben können, bis wir wissen, wo wir als Nächstes hinwollen. Obwohl dieses Home einen ähnlichen Tagesablauf hat – Andacht, Essenszeiten etc. –, ist es hier sehr viel entspannter, fast schon unorganisiert im Vergleich zu dem Combo in Bangkok, das wir gerade verlassen haben. Ich bin immer noch argwöhnisch, aber von uns wird nicht viel mehr verlangt als die üblichen Aufgaben, die man von allen kurzzeitigen Family-Besuchern erwartet, wie beim Abwaschen und Putzen zu helfen.

Während die Tage vergehen, wird mir klar, dass Mom keinen wirklichen Plan hat, außer einen Camper zu kaufen, in dem wir leben und wie idealisierte Missionare umherreisen können. Grandpa setzt dieses »Leben im Camper«-Konzept schon seit den späten 1970er-Jahren um, als Reaktion auf die andauernden Polizeirazzien in Family Homes überall auf der Welt, und erklärt, dass es schwieriger ist, gefasst zu werden, wenn man ständig auf Achse ist. Auch hat er das Prinzip des »Heimaturlaubs« eingeführt, also dass Family-Mitglieder zeitweise in die »Heimat ihrer Nationalität«, sprich ihre Geburtsländer, zurückkehren, um ihre Eltern zu besuchen, bei ihrer Familie zu missionieren und sie zu überzeugen, ihnen in ihrem Missionierungsland finanzielle Unterstützung zu gewähren. Das Endziel ist immer, zum Missionsfeld (also in die nichtwestlichen Länder) zurückzukehren, deswegen müssen alle weiterhin außerhalb des Systems leben, egal wo sie sich aufhalten, und sich stets bewusst sein, dass die Treue zur Family wichtiger ist als die zu den eigenen Verwandten.

Mom hat das Konzept des Heimaturlaubs für die Flucht aus dem Gefängnis genutzt, das der Combo in Thailand für sie bedeutete. Sonst haben wir die Besuchszeiten der System-Großeltern immer auf etwa eine Woche beschränkt; wenn man im Ausland lebt, entsteht ein natürliches Hemmnis, mit ihnen in Kontakt zu treten und sich ihrem weltlichen Einfluss auszusetzen.

Die Einstellung der Family Systemern gegenüber ist, »Ägypten zu plündern«, ganz im Sinne der Bibelgeschichte, in der die Juden beim Auszug aus Ägypten allen Reichtum von ihren ägyptischen Herren haben mitgehen lassen, den sie tragen konnten. Unser Recht, die Systemer auszunutzen und ihnen zu nehmen, was wir können, ist tief in der Family verwurzelt und somit ein guter Grund, Zeit mit den Verwandten zu verbringen. Mom ruft ihre Eltern an und bittet sie um Geld für einen Camper, in dem wir leben können, damit sie sich ihren Traum erfüllen kann. Beide stimmen zu, unter der Bedingung, dass wir sie besuchen kommen. Grandma, die in Atlanta wohnt, ist näher dran.

Als von Grandma etwas Geld in der örtlichen Western-Union-Filiale eintrifft, kaufen wir Tickets für die zwölfstündige Greyhound-Busfahrt nach Georgia. Mom sorgt dafür, dass wir in dem Family Home in Atlanta übernachten können, solange wir Grandma besuchen.

Ich bemerke Moms verdrossenes Schweigen und ihre besorgten Blicke, die sie mit gekünstelter Begeisterung zu überspielen versucht. Wir haben keine Ahnung, wie ihre Eltern uns empfangen werden. Ich freue mich, bin aber auch zurückhaltend. Vielleicht macht Grandma uns Geschenke! So was tun die Großeltern in den Filmen jedenfalls immer.

Grandma lebt in Marietta, einer Stadt etwa zwanzig Minuten nordwestlich von Atlanta, in Cobb County. Sie und mein Großvater Gene haben sich scheiden lassen, kurz nachdem meine Mutter ihr Zuhause als Teenager verlassen hatte, und sie wollte nicht noch einmal heiraten. Sie war in ihrer Ehe mit einem Mann beim Militär, der die meiste Zeit nicht zu Hause war, ohnehin daran gewöhnt, allein zu sein.

Grandma erwartet uns mit einem Lächeln, als wir ankommen. Sie ist ziemlich übergewichtig und hat weißes, kurzes Haar – etwas, das man in der Family nie zu sehen bekommen würde, da von den Frauen erwartet wird, dass sie ihre Haare lang wachsen lassen und ihre Körper gut in Form halten, um für Männer attraktiv zu sein. Meine Mutter macht immer irgendeine Diät und sorgt sich um ihr Gewicht und ihren großen Hintern. »Ich will nicht so enden wie meine Mutter«, erklärt sie mir häufig.

Grandma umarmt uns alle flüchtig und bugsiert uns dann in einen unscheinbaren flachen Bungalow mit niedrigen Decken und drei Zimmern im Schatten einiger hoher Bäume. Ihr Zuhause ist nicht besonders heimelig; es kommt mir düster vor, und die Einrichtung ist in gedeckten Grün- und Grautönen gehalten. Ich fühle mich sofort unwohl, aber Grandma scheint es hier zu gefallen.

Wir sind erschöpft und erleichtert. Ich bin mir sicher, dass Grandma unendlich viele Fragen hat. Und ich bin mir nicht sicher, wie Mom sie beantworten wird. *Warum sind wir hier? Was ist mit der Ehe mit meinem Vater?*

»Jondy, das darfst du nicht anfassen!«, ruft Grandma, als mein Bruder nach einer der antiken Glaskugeln auf der Fensterbank greift.

Sofort ist mir klar, dass wir in diesem Haus Schwierigkeiten bekommen. Es ist *absolut* nicht kleinkindsicher. Jondy ist ein lebhafter, lauter Anderthalbjähriger, und Amy mit ihren fünf Jahren auch nicht viel besser. Ich muss mehr als wachsam sein, damit die zwei Kleinen nicht irgendwas kaputt machen. *Wer stellt denn auch überall Sachen aus Glas hin?*

Grandma lädt uns zum Abendessen bei McDonald's ein, damit die Kleinen spielen und sie und Mom reden können. Ich werfe sehnsüchtige Blicke auf die Hüpfburg im Schlossdesign, aber Grandma sagt, dass ich zu groß dafür bin, also höre ich schweigend zu, wie Mom versucht, unsere Reise nach Amerika in einer positiven Art und Weise darzustellen. Natürlich folgt sie der entscheidenden Grundregel, indem sie alle wichtigen Details weglässt – sag niemals etwas, das die Family in ein schlechtes Licht rückt.

Sie erzählt Grandma, dass sie und mein Dad sich getrennt hätten, obwohl sie die Trennung gar nicht wollte. Die Ereignisse in Thailand lässt sie aus und erklärt, dass sie einen Neuanfang wagen möchte, jedoch ohne ihren Ehemann nicht so recht weiß, wie. Da Grandma schon lange Zeit geschieden ist und nie wieder geheiratet hat, versucht sie, meine Mutter ein wenig zu ermutigen.

Nach dem Essen fahren wir zum Family Home in Atlanta. Ich bin erleichtert, dass wir hier wohnen und nicht in Grandmas düsterem Haus. Die Hauptfamilie hat dreizehn Kinder, von denen ein paar in meinem Alter sind. Zusätzlich leben noch einige Paare mit ihnen zusammen. Mit so vielen Kindern handelt es sich um ein typisches Family Home, das nur mit dem Allernotwendigsten ausgestattet ist und in dem sich nichts Zerbrechliches befindet, also kann ich mich entspannen, während Jondy und Amy mit den anderen Kindern in ihrem Alter spielen.

Ich finde bald heraus, dass das Beste am Leben in Amerika die Gerätschaften sind.

In Grandmas Haus benutze ich zum ersten Mal einen Wäschetrockner. Was für ein großartiges Wundergerät! Ich liebe es, dass die Kleidung warm und flauschig herauskommt und nach Weichspüler riecht. Ich halte mir das kuschelige Handtuch ans Gesicht und atme den blumigen »Frischluft«-Geruch ein. Viel besser, als wenn die Kleidung nach dem Waschen steif ist, Streifen von der Wäscheleine bekommt und sich ein paar Insekten und Dreckkrümel darauf wiederfinden.

Aber so toll der Wäschetrockner auch ist, noch viel mehr fasziniert mich Aunt Madelines Geschirrspülmaschine. Aunt Madeline ist Moms ältere Schwester, die mit ihrem Mann Rick und ihren beiden Töchtern Erin und Erika, fünf und zwei Jahre alt, ganz in der Nähe wohnt.

Ich stelle fest, dass ich Aunt Madeline gerne mag, obwohl es mich anfangs ein bisschen erschreckt, dass sie so laut und barsch ist. Ich habe noch nie gesehen, wie eine erwachsene Frau andere Erwachsene anschreit; Kinder ja, aber nie Erwachsene. Für mich hat sie allerdings immer ein freundliches Wort parat. Ich bin nicht ihre Feindin. Aber sie kann meine Mutter richtig verärgern.

Aunt Madelines Haus ist mit großer Sorgfalt eingerichtet. Selbst das Badezimmer ist mit hübschen, zusammenpassenden Handtuchsets ausgestattet, kunstvoll geformten Seifenstücken in Glasschalen und farblich abgestimmten Badvorlegern. Die Einrichtung in den Family Homes ist dagegen lediglich sauber, funktional und abgenutzt. Für zusammenpassende Farben oder Stile wird weder Zeit noch Geld verschwendet. Aunt Madelines Haus ist schön auf eine Art und Weise, von der ich gar nicht wusste, dass sie mir bisher in meinem Leben gefehlt hat.

Eines Abends legt sie sich richtig mit Mom an. Aunt Madeline kritisiert meine Mutter. Sie hält die Family für eine Sekte und verschweigt nicht ihre Meinung über Moms Entscheidung, ein Teil davon zu sein. »Ich verstehe nicht, warum du überhaupt willst, dass deine Kinder in der Family bleiben. Hier können sie wenigstens zur Schule gehen«, sagt sie.

»Das ist meine Entscheidung, nicht deine«, kontert Mom. »Du

weißt doch gar nichts darüber. Wir sind dort glücklich, und die Kinder bekommen durchaus eine Schuldbildung.«

»Na ja, Faithy ist klug, gar keine Frage, aber es kann doch nicht gut für sie sein, sie von ihrer Familie und von einem normalen Leben fernzuhalten.«

Mom feuert zurück: »Und was hat deinen Kindern das normale Leben gebracht?«

»Wag es ja nicht!« Aunt Madeline ist kurz davor zu explodieren.

Immer auf Frieden aus, greift Uncle Rick ein: »Also, also, was gibt es heute zum Abendessen?«

»Fisch … Und glaub ja nicht, dass du einfach das Thema wechseln kannst!«

»Das hatte ich auch nicht vor«, entgegnet Uncle Rick mit einem Lächeln. »Aber wir wollen doch, dass der Besuch nett verläuft.«

Aunt Madeline wirft Mom einen wütenden Blick zu, und Mom setzt ihr unschuldiges »Sieh mich nicht so an, du bist hier das Problem«-Gesicht auf.

»Und was macht deine Karriere so?«, stichelt Mom.

Aunt Madeline, ein ehemaliges Wunderkind, beklagt sich häufig darüber, dass sie eine großartige Konzertpianistin hätte werden können, wenn ihre Karriere nicht durch die Geburt ihrer Töchter unterbrochen worden wäre.

Sobald Aunt Madeline vom Tisch aufgestanden ist, flüstert Mom mir zu: »Gott, Madeline macht mich manchmal so wütend. Sie wettert immer noch gegen mich. So war das schon in unserer Kindheit, da hat sie mich immer gekitzelt, bis ich mir in die Hose gemacht hab. Das war Folter.«

Nach dem Abendessen biete ich mich freiwillig an, das Geschirr zu spülen, wie es von mir als höflichem Gast erwartet wird. Aunt Madeline ist angenehm überrascht, aber ich bin diejenige, auf die der richtige Schock wartet, als sie mir ihre Geschirrspülmaschine zeigt.

»Du musst nur die Essensreste unter dem Hahn abspülen und die Teller hier in das Gitter stellen«, erklärt sie mir und macht es vor. »Dann wäscht die Maschine das Geschirr ab.«

Ich kann es kaum glauben. Geschirrspülen hat in meinem Leben sehr viel Zeit beansprucht, seit ich drei Jahre alt war. Nach jedem Essen brauchte eine Gruppe von acht Kindern mindestens eine Stunde, um alles sauber zu machen. Aunt Madeline hat eine vierköpfige Familie; wir mussten in den Family Homes in der Regel fünfzig Leuten hinterherputzen. *Warum hatten wir nicht so eine Geschirrspülmaschine?*

Ich bestaune den im Haus meiner Tante zur Schau gestellten Reichtum, ohne zu begreifen, dass es sich dabei um einen normalen mittelständischen Haushalt in Amerika handelt. Während Erin und Erika Amy und Jondy altersmäßig nahe sind, trennen ihre Leben Welten. Jedes der Mädchen hat sein eigenes Zimmer. Erin hat sogar einen Fernseher nur für sich, und sie ist erst fünf! Und überall liegt Spielzeug herum.

»Was für ein schrecklicher Einfluss ein eigener Fernseher auf so ein kleines Kind hat«, merke ich meiner Mutter gegenüber an.

»Ja. Kein Wunder, dass sie so schwierig ist, immer herumschreit und Wutanfälle kriegt.«

»Sie sind genau wie die verzogenen System-Kinder, vor denen Grandpa uns in seinen Briefen warnt«, entgegne ich mit einer Überheblichkeit, die der meiner Mutter gleichkommt. Ich zeige die von mir erwartete Verachtung für ihre Weltlichkeit und den Mangel an Disziplin und Reife. *Natürlich sind Kinder wohlerzogener, wenn sie in der Family mit einer gottesfürchtigen Erziehung und Disziplin aufgewachsen sind.*

Tief in meinem Innersten sehne ich mich aber nach dem, was meine Cousinen haben: neue Kleider, Berge von Spielsachen, Bücher und Filme, die sie anschauen können, wann immer sie wollen. Jeden Tag Plätzchen und Eiscreme. Aber selbst ich erkenne, dass sie dadurch nicht glücklicher sind; anscheinend ist sogar genau das Gegenteil der Fall.

Nach etwa einem Monat in Atlanta kann es Mom kaum erwarten, unsere Reise durch Amerika anzutreten. Sie möchte sich wieder frei fühlen und als habe sie ihr eigenes Leben im Griff, und außerdem liebt sie unseren neuen, stark abgenutzten, fünfeinhalb Meter langen Camper mit den orangefarbenen Vorhängen und kackbraunen Polstern aus den 1960er-Jahren. Ich finde ihn hässlich und schäbig und lasse es sie auch wissen.

Aber zugleich bin ich erstaunt. »Ich wusste gar nicht, dass du Auto fahren kannst. Warum bist du in Macau nie gefahren?«

»Oh, na ja, da saß ja dein Dad immer am Steuer, und ich wollte nicht in einem fremden Land fahren …« Sie verstummt, als würde sie selbst heraushören, wie schwach die Ausrede klingt. Irgendwas steckt dahinter, aber ich habe keine Ahnung, was.

Als Erstes halten wir in Indiana, um Grandad Gene zu besuchen.

Meinen Großvater mütterlicherseits habe ich bisher nur ein paarmal getroffen, als er uns in Macau besuchte. Er wurde zwar immer herzlich empfangen, aber als Systemer von unserem tatsächlichen Leben ausgeschlossen. Ein Urlaubsbesuch und ein paar gemeinsame Abendessen konnten zwölf Jahre Abwesenheit nicht wettmachen. Für mich ist er ein freundlicher Fremder.

Mom erzählt gerne die Geschichte, wie ich Grandad bei seinem Besuch in Macau geschockt habe, als ich drei Jahre alt war. Ich saß zu seinen Füßen auf dem Boden und spielte mit dem Legospielzeug, das er mir als Geschenk mitgebracht hatte. Grandad sah mir dabei zu, wie ich die Lego-Familie aufstellte. »Das hier ist Daddy, und das ist Mommy, und das ist die andere Mommy«, erklärte ich, während ich jede Figur vor ihm auf dem Beistelltisch platzierte. Grandads buschige Augenbrauen schossen in die Höhe, und er schnaubte missbilligend. Er wusste von Moms Arrangement, sagte aber nichts, mied das Thema lieber.

Aus den wenigen Malen, die meine Mutter von ihm sprach, konnte ich heraushören, dass sie ihren Vater liebt. Aber vor unserer Reise nach Amerika war es fast so, als würden meine Großeltern mütterlicherseits gar nicht existieren. Erst jetzt entwickeln sie sich für mich zu echten Menschen.

Grandad ist ein Gentleman wie aus dem Bilderbuch, groß, gut aussehend und glatt rasiert mit einem glatten ovalen Gesicht und weißem

Haar. Er ist wortgewandt und elegant, und obwohl er schon siebzig ist, besitzt er die Energie und das Aussehen eines zwanzig Jahre jüngeren Mannes. Ich hebe einen schweren eisernen Anker aus dem Regal, während er mir erzählt, wie er damit Raumkapseln von Satelliten geborgen hat, bevor sie im Pazifischen Ozean verloren gehen konnten. Dafür schwang er den Anker an einem Seil aus dem hinteren Teil seiner Boeing B-52 und schnappte sich den Fallschirm der Kapsel während ihres Falls aus dem All. Ein gerahmter Zeitungsartikel, der diese Meisterleistung beschreibt, hängt an der Wand. Ich mag sein verschmitztes Grinsen und seinen Sinn für Humor, der immer mal wieder unter der vorgeschützten Schroffheit hervorblitzt.

Barbara, seine dritte Ehefrau, ist wie keine andere Frau, die ich je getroffen habe, mit ihrem kurzen, frech gestylten kupferfarbenen Haar und der modernen Kleidung. Grandad beschreibt sie liebevoll als »kesse, rothaarige Braut mit Klasse«. Sie begrüßt uns mit einer herzlichen Umarmung, stattet uns mit Handtüchern und Bettdecken aus und hat sogar Spielsachen für Jondy und Amy im Keller, die noch von ihren eigenen, inzwischen erwachsenen Kindern stammen.

Das Haus hat Barbara gekauft, und sie hat hier die Hosen an, wie Grandad mit geheucheltem Verdruss verkündet, während er kaum seine »Wie eine Made im Speck«-Zufriedenheit überspielen kann. Ihm ist bewusst, dass er großes Glück hat, sich nach zwei gescheiterten Ehen eine Frau wie Barbara geangelt zu haben. Sie haben sich in einem Flugzeug kennengelernt, und er wusste sofort, dass er diesen schlauen Rotschopf nicht wieder vom Haken lassen würde. Wie ein wahrer Jagdflieger heftete er sich ihr an die Fersen, bis er sie davon überzeugt hatte, mit ihm auszugehen.

Das Leben bei Grandad und Barbara ist eine Offenbarung. Ihr hübsches, bescheidenes, typisch amerikanisches Zuhause birgt eine Leichtigkeit, die von Barbaras Temperament herrührt. Es enthält eine Fülle von Reichtümern: stapelweise Brettspiele im Fernsehzimmer; Regale voller ledergebundener Bücher mit Goldprägung; drei Fernseher; eine Vorratskammer voll mit Leckereien. Mom und meine Geschwister nächtigen im Kellerschlafraum neben dem Fernsehzimmer, und ich darf in einem Zimmer ganz oben im Haus übernachten, das Barbaras jüngster Tochter gehört. Sie studiert derzeit am College, daher habe ich den gesamten Dachboden für mich. Es ist ein bisschen unheimlich, zum ersten Mal in meinem Leben allein zu schlafen, aber die Ungestörtheit ist großartig.

Wenn Barbara von der Schule nach Hause kommt, wo sie als Lehrerin eine dritte Klasse unterrichtet, backt sie Kuchen und bereitet das Abendessen zu. An den Wochenenden macht uns Grandad seine berühmten Blaubeer-Pancakes mit echtem Ahornsirup. Jeden Abend vor dem Schlafengehen schauen Grandad und Barbara gewissenhaft die Abendnachrichten, gefolgt von *Jeopardy!* und *Glücksrad.* Dann sitze ich an meinen Großvater geschmiegt auf der Couch im Wohnzimmer.

Eines Tages sagt Mom zu mir: »Du weißt gar nicht, wie viel es mir bedeutet zu sehen, dass Grandad dich knuddelt und so liebevoll mit dir umgeht. Ich war früher immer Daddys kleines Mädchen. Er hat ständig mit mir gelacht und gesungen und sich alberne Lieder für mich ausgedacht. Euch beide zusammen zu sehen, erinnert mich an meine Kindheit.« Ich freue mich mitzuerleben, wie Grandad und Mom wieder vertrauter miteinander umgehen. Sie war noch ein Teenager, als sie das letzte Mal so viel Zeit zusammen verbracht haben.

Sie hat sich ihrem Vater immer am nächsten gefühlt, erzählt sie mir. Im Gegensatz zu Aunt Madeline sagt er nicht viel über die Family. Er genießt einfach den Augenblick, während wir hier bei ihm sind.

Mom ist total dankbar, dass ihre Eltern uns willkommen geheißen haben und uns helfen möchten. Sie fühlt sich sicher; hier wird niemand sie manipulieren oder versuchen, ihre Familie auseinanderzureißen oder ihr die Kinder wegzunehmen.

Keiner ihrer Elternteile war damit einverstanden, dass sie der Family beitrat, aber ihnen war bewusst, dass sie riskieren würden, auch das letzte bisschen Kontakt zu ihr zu verlieren, wenn sie ihre Ablehnung zu offenkundig äußerten. In Wahrheit, so gesteht Mom mir gegenüber ein, ist ihnen ihr jetziges Leben lieber als die Drogengeschichten aus der Zeit davor; beim Predigen über Jesus kann ihr zumindest körperlich nichts passieren.

Hier bei Grandad erlebe ich Mom zum ersten Mal wieder entspannt, seit wir Macau verlassen haben.

Als sie ein altes Monopoly-Spiel im Fernsehzimmer entdeckt, finde ich heraus, dass sie Wettstreit liebt. Schadenfroh gewinnt sie jedes Spiel, während ich noch versuche, mir alle Regeln zu merken, und nach ein paar Spielrunden weigere ich mich, weiter mit ihr zu spielen. Brettspiele, Kartenspiele, Solitär – wer ist diese Frau, die mir immer weisgemacht hat, Spiele wären eine teuflische Zeitverschwendung?

Am Sonntag zerrt Barbara unseren widerwilligen Grandad, meine Mutter und uns drei neugierige Kinder in ihre Kirche, die First Presbyterian Church of Indianapolis. Ich bin ganz aufgeregt, diese Einrichtung zu sehen, die Grandpa in den Mo-Briefen schon mein ganzes Leben lang verdammt hat – eine echte Kirche. Mom denkt, dass es eine interessante Erfahrung für uns Kinder sein könnte.

Ehrfürchtig starre ich auf die imposanten steinernen Bogengänge und Buntglasfenster des kathedralenartigen Gebäudes. Wir sitzen auf mit Schnitzwerk verzierten, glänzend polierten Kirchenbänken, genau wie ich es immer gelesen hatte. Der Gottesdienst beginnt mit Chorgesang, der sich im Vergleich zu dem mitreißenden, von einer Gitarre begleiteten Seelensingen bei der Family-Andacht altmodisch anhört. Hunderte Menschen sitzen still in ihren Bänken und hören zu, als der Pfarrer mit seiner Predigt beginnt. Schon bald zappeln die Kinder herum, und auch ich bin bereits abgelenkt, sehe mir die Broschüren und Gesangsbücher in den Gefachen der Rückenlehne der Kirchenbank an.

»Pssst.« Barbara mahnt uns zum dritten Mal, dass wir still sitzen sollen, als ich ein höchst erstaunliches Geräusch vernehme – Schnarchen. Schockiert sehe ich, dass Grandad, der auf Barbaras anderer Seite sitzt, das Kinn auf die Brust gelegt und die Augen geschlossen hat. Das Geräusch seines Schnarchens wird von der hohen Decke noch verstärkt. Ich halte mir den Mund zu, um nicht vor Lachen loszuprusten. Ich dachte immer, Grandpa übertreibt, wenn er in den Mo-Briefen über die Kirche schrieb, aber meine erste eigene Gottesdiensterfahrung entspricht haargenau seiner Beschreibung – inklusive der schnarchenden Gemeindemitglieder.

Als es Zeit ist, uns in unseren Camper zurückzuziehen, freue ich mich nicht darauf. Die zwei Wochen bei Grandad in Indiana waren anders als alles, was ich bisher erlebt habe. In einem System-Haus zu wohnen, ist seltsam und verwirrend, aber ich bin traurig über unsere Abreise. Außerdem bedeutet das Umherreisen, dass wir zum Leben in den engen, viel zu kleinen Camper zurückmüssen.

In den nächsten Monaten nutzt Mom ihre neue Freiheit voll aus. Wir fahren die Ostküste rauf und runter und nächtigen in verschiedenen Family Homes. Für all das brauchen wir nicht viel Geld, weil die Homes uns immer Unterkunft und Verpflegung bieten. Mom baut wieder Kontakt zu Family-Mitgliedern auf, die sie seit Jahren nicht gesehen hat. Ich vermute, dass sie nicht eine einzige Freundin aus ihrer Zeit vor der Family hat.

Aber das Leben auf Reisen ist hart. Nie wissen wir, wo wir die nächste Nacht verbringen.

Ich bin fürs Navigieren zuständig, habe die großen Landkarten der American Automobile Association vor mir ausgebreitet, die Grandad uns besorgt hat. Immer abwechselnd sage ich ihr, welche Ausfahrt wir als Nächstes nehmen müssen, und schlichte Streitigkeiten zwischen Jondy und Amy auf der Rückbank. Mir gefallen die breiten Straßen und neuen Orte. Auf dem Weg schauen wir uns auch ein paar coole Sehenswürdigkeiten an: die Mammoth Caves, das Kennedy Space Center am Cape Canaveral und sogar den Konzert-Campingplatz der Band Grateful Dead, wo ich mein erstes Batik-T-Shirt bekomme.

Da das Wetter immer kälter wird, brauchen wir wieder ein Haus. Wir fahren zurück zum Family Home in Atlanta und bitten darum, dass wir unseren Camper auf dem Gelände abstellen dürfen.

Hier erlebe ich meinen ersten Schnee. Als ich Mom in Macau einmal fragte, wie Schnee sich anfühlt, ging sie zur Tiefkühltruhe, kratzte etwas von der Eisschicht ab und sagte: »So wie das hier … nur anders.« Als die ersten Flocken fallen, laufe ich zur Einfahrt, Amy und Jondy an meine Fersen geheftet. Mom lacht, als wir hochhüpfen, um die kleinen, nassen Flocken einzufangen. Etwa anderthalb Zentimeter Schnee fallen, und ich kann genug von den parkenden Autos zusammenkratzen, um einen winzigen, etwa dreißig Zentimeter hohen Schneemann zu bauen.

Als der Winter vorbei ist, teilt uns das Family Home in Atlanta mit, dass wir nicht dauerhaft dortbleiben können, also fahren wir mit unserem Camper zurück nach Florida, halten auf dem Weg bei zahlreichen Family Homes auf der Suche nach einem, das uns dauerhaft als Home-Bewohner aufnehmen kann. Zu spät stellt Mom fest, dass es ein riesengroßer Fehler war, nach Amerika zu gehen, ohne vorher von einem Home akzeptiert worden zu sein. Als wir Thailand verließen, war ihr einziger Gedanke die Flucht. Und sie dachte, dass es nach unserer Ankunft ganz leicht sein würde, ein Home zu finden. Bei all dem Gerede in der Family über Liebe und Fürsorglichkeit den anderen gegenüber sind wir schockiert zu erleben, dass niemand eine alleinerziehende Mutter mit ihren drei kleinen Kindern beherbergen will.

In dieser Zeit stellt die Family eine neue Regel auf: Alle aktiven Mitglieder müssen in einem Home mit mindestens zwölf Leuten leben. Homes oder Familien, die dieses Kriterium bis zum Stichtag nicht erfüllen, werden zu TRF-Unterstützern degradiert – eine neue Bezeichnung für eine Person, die zwar an Grandpas Lehren glaubt, aber nicht alle Regeln befolgt, wie zum Beispiel das Leben in einer Kommune. In Wahrheit bedeutet es, dass du nicht genügend Hingabe zeigst, um ein vollwertiger Soldat Gottes zu sein. Du bist schwach, unwürdig.

Unser Leben fühlt sich an, als würden wir »Reise nach Jerusalem« spielen. Und als die Musik verstummt und uns kein Home in seine Bewohnerliste aufgenommen hat, werden wir automatisch von einer namenlosen und gesichtslosen Person im WS zu TRF-Unterstützern herabgestuft. Nun sind wir Bürger zweiter Klasse und vollends geächtet. Wir brauchen also unbedingt wieder ein Home, aber jetzt, da wir lediglich als »Unterstützer« gelten, ist die Lage noch schwieriger – kein

Home möchte auch nur mit uns in Verbindung gebracht werden, geschweige denn uns auf seine Liste setzen und uns aufnehmen.

Wir wurden unabsichtlich aus der Family geworfen.

Wie konnte das passieren? Wir widmen doch unser Leben der Family. Das ist ein fürchterlicher Irrtum! Ich bin Moses Davids Enkeltochter!

Ich habe Angst. *Die Family ist Gott, Gottes Wille, Gottes Armee. Befinde ich mich nun außerhalb von Gottes Willen und Seinem Schutz?*

Ich merke Mom an, dass auch sie Angst hat, obwohl sie verzweifelt versucht, sich zusammenzureißen. Sie probiert, Kontakt zu meinem Vater aufzunehmen, aber sie kann ihn immer noch nicht erreichen. Es ist fast ein Jahr her, seit sie das letzte Mal von ihm gehört hat.

Moms Strafe ist nun vollkommen.

Ohne Sicherheitsnetz beginnen wir, Geld auf die Art und Weise zu verdienen, wie die Family es in den USA macht: mit »Canning«. Dabei stehen wir an Straßenecken oder sprechen Leute auf Supermarktparkplätzen an, halten eine Büchse hoch und bitten um Spenden für unsere ehrenamtliche Arbeit. In Asien hätten wir das niemals gemacht – es hätte sich zu sehr nach Betteln auf der Straße angefühlt –, aber ich behalte meine Gedanken für mich.

Um fünf Uhr nachmittags fahren wir zu einem Safeway-Supermarkt. Ich schnappe mir meine Ein-Kilo-Tomatenmark-Büchse, die wir mit Fotos von Kindern der Family beklebt haben. Außerdem nehme ich einen grünen Heftordner mit Broschüren mit, die die Family beim Singen in Krankenhäusern oder beim Bibelunterricht für Teenager zeigen. Glühend heiße Scham steigt in mir auf, denn ich weiß, dass es hierbei nicht um die guten Taten geht; alles, was ich möchte, sind ein paar Dollar, damit meine kleine Familie etwas zu essen und einen sicheren Schlafplatz hat. Wir haben nicht genug Geld für einen Campingplatz heute Nacht. Mom hat Angst, nachts am Straßenrand oder auf einem Parkplatz zu stehen. Angst, dass die Polizei kommt. Angst, dass böse Männer oder Drogenabhängige bei uns einbrechen.

Ich bete zusammen mit meiner Mutter. Sie beginnt: »Lieber Gott, bitte segne Faithy und hilf ihr dabei, heute erfolgreich zu sein. Mach sie furchtlos wie eine Löwin. Bitte, bitte, Gott, sorge für uns. Du hast gesagt, was immer wir in Deinem Namen erbitten, das gibst Du uns. Also bitte ich Dich, dass Du uns heute ein paar sehr großzügige Leute schickst.«

Während sie weiterbittet, bete ich im Stillen: *Bitte, bitte, Gott. Und gib mir Mut.*

»Faithy, ich bin gleich da drüben und repariere den Camper. Ich muss die Sicherungen austauschen, um herauszufinden, bei welcher der Blinker ausgeht«, erklärt Mom mir. Dann lächelt sie mir aufmunternd zu.

Es ist ein langer Weg von der Stelle, wo der Camper am anderen Ende des Safeway-Parkplatzes steht. Das ist der schlimmste Teil. Meine Hände sind schwitzig vor Verlegenheit über die Büchse in meiner Hand. Ich erspähe eine Dame mittleren Alters, die gerade ihren Einkaufswagen zum Auto schiebt. Ich öffne die Broschüre auf der richtigen Seite. Mir bleiben nur wenige Sekunden, um ihre Aufmerksamkeit zu erregen, und ich muss schnell die richtigen Worte finden, bevor sie mich fortjagt.

Ich setze ein breites, gewinnendes Lächeln auf, so wie mein Vater es mir von klein auf eingeprügelt hat. *Ich kann das*, denke ich, während ich Scham und Schüchternheit niederringe.

»Hallo, Ma'am, hätten sie eine Sekunde Zeit? Ich sammele Spenden für unsere ehrenamtliche Arbeit.« Ich habe mir die Büchse umständlich unter den Arm geklemmt, damit ich die Broschüre hochhalten kann, um ihr die Bilder zu zeigen. »Schauen Sie mal, hier singen wir für Waisenkinder. Hier arbeiten wir mit Jugendlichen, um sie von den Drogen loszubekommen. Und hier singen wir im Gefängnis Lieder über Jesus.«

»Was willst du?«, blafft sie mich an.

»Wir bitten nur um eine kleine Spende für unsere ehrenamtliche Arbeit.«

»Ich verteile keine Almosen.«

»Jedes bisschen hilft.«

»Kein Interesse.«

»Okay, vielen Dank.«

Mit glühenden Wangen ziehe ich den Kopf ein und eile zu einer älteren schwarzen Frau, die gerade den Laden verlässt. »Bitte, Ma'am, hätten sie eine Minute, damit ich ihnen von unserer ehrenamtlichen Arbeit erzählen kann?«

»Hallo, mein Kind, natürlich.« Sie lächelt mich an.

Puh, diese Dame scheint nett zu sein.

»Hier bringen wir behinderten Kindern in Thailand bei, wie sie beten und Jesus in ihr Herz bitten können. Wir sammeln Spenden, die unsere Arbeit unterstützen. Wäre es Ihnen möglich, uns mit einer Kleinigkeit zu helfen?«

»Für welche Kirche arbeitet ihr?«

Diesen Satz habe ich gewissenhaft auswendig gelernt, seit wir in Amerika sind. In Macau kannten uns alle als die Ho Family Singers. Außer bei unseren Auftritten am Wochenende musste ich nicht um Geld bitten oder schwierige Fragen beantworten. Trotzdem weiß ich, dass die Leute von der Kirche uns hassen. »Wir gehören zur Family International, einer gemeinnützigen, nicht konfessionsgebundenen christlichen Organisation.« *Bitte, bitte.*

»Hm, von denen habe ich noch nie gehört«, entgegnet die Frau.

Gott sei Dank.

»Hier, bitte, Kind. Leistet nur weiter so gute Arbeit.«

Ein Dollar flattert in meine Büchse. Mein Lächeln wird breiter. »Vielen herzlichen Dank! Gott segne Sie!«

Am Ende des Nachmittags zählen Mom und ich das Geld in meiner Büchse: 27 Dollar sind genug für einen Campingplatz für die Nacht und ein bisschen Sprit, um dorthin zu fahren.

Dann gehe ich mit Jondy und Amy in den Safeway und kaufe je eine Packung Weetabix und Grape-Nuts-Cornflakes. Ich habe herausgefunden, dass Grape Nuts zwar nicht so gut schmecken wie Froot Loops, aber wenn man sie lange genug in der Milch einweichen lässt, quellen sie auf und füllen wunderbar den Magen, sodass schon eine kleine Menge hungrige Kinder lange satt macht.

Eine Packung Macaroni and Cheese von Kraft kostet nur 79 Cent. Auch damit kann ich die Kinder gut versorgen. Und es ist lächerlich einfach. Nudeln kochen, abgießen, das Pulver drüberstreuen, ein bisschen Milch und Butter hinzufügen und fertig. In Amerika scheint es alle Gerichte vorbereitet in einer Packung zu geben, nicht in den dreißig Kilo schweren Jutesäcken, wie ich es gewohnt bin.

Auf meinem Weg zur Kasse sehe ich etwas, das mich in Erstaunen versetzt. Schokoladenkuchen als Pulver! Da ist bestimmt weißer Zucker drin, aber ich bin mehr als neugierig zu wissen, wie man Kuchen nur durch Hinzufügen von Wasser backen kann. Was ist mit Eiern, Milch und Butter? Wird er so luftig wie auf der Abbildung oder platt und schwer wie unsere Vollkornmehlkuchen? Auf der Farm haben wir Kuchen immer ohne Fertigpackungen zubereitet und in der Mikrowelle oder dem Schmortopf gebacken, weil wir keinen Ofen hatten.

Es ist schon dunkel, als wir endlich auf den Campingplatz einbiegen. Mom springt aus dem Wagen, um uns an Frischwasser, Abwasser und Strom anzuschließen. Ich beginne mit der Zubereitung der Mac and Cheese.

Der Camper wackelt, als Mom wieder hereinkommt und sich die Hände abwischt. »Also, ich hätte es ja niemals geglaubt, wenn du mir vor ein paar Monaten hiervon erzählt hättest. In Asien saß ich nie am Steuer. Und hier fahre ich nicht nur, sondern repariere auch noch Zündkerzen und Rohrleitungen.« Wir können es uns nicht leisten, solche kleinen Reparaturen von einer Werkstatt machen zu lassen, also lernt sie die einfacheren Dinge von Typen an Tankstellen, die uns gerne helfen.

Ich lächele über ihren Stolz.

Nach dem Essen ziehe ich Jondy und Amy ihre Schlafanzüge an. Aber sie hören einfach nicht auf zu weinen. Mom nimmt Jondy auf den Arm, um ihn zu beruhigen, dann laufen ihr plötzlich selbst Tränen über die Wangen, und ihre Selbstsicherheit von vorhin ist verschwunden. »Ich weiß nicht, wie lange wir es noch schaffen, so weiterzumachen.«

»Es kommt schon alles in Ordnung, Mom«, entgegne ich. »Gott wird für uns sorgen. Das tut Er doch immer.«

»Oh, Faithy. Die Lichtmaschine am Camper muss ausgetauscht werden. Und es tropft durchs Dach. Ich hab schon versucht, es abzudichten, aber der Regen sickert immer wieder durch. Dadurch fängt das Dach an zu faulen, und am Ende ist der ganze Camper kaputt. Wir haben nicht genug Geld, um die Stelle vernünftig reparieren zu lassen. Und wir können nicht zu dem Home in Atlanta zurückkehren. Aber ich kann euch Kinder auch nicht länger durchs Land schleifen auf der Suche nach einem Home, das uns aufnimmt, und von der Family hat bisher keiner auf meine Anfragen geantwortet.«

»Gott wird für uns sorgen«, beharre ich. »Komm, wir beten dafür.«

Sie lächelt traurig. »Ich weiß nicht, was ich ohne dein Gottvertrauen tun würde. Du lässt dich von nichts unterkriegen.«

Ich umarme sie. *Ja*, denke ich, *und ich darf mich auch niemals von irgendwas unterkriegen lassen, denn wer sollte uns sonst aufrechthalten?* Mein Magen krampft sich zusammen angesichts all dieser Ungerechtigkeit. Wie konnten ausgerechnet *wir* aus der Family geworfen werden? Ich gebe sowohl der Family die Schuld als auch Mom. Sie war nicht stark genug, um alles Notwendige zu unternehmen, und jetzt stecken wir in diesem Schlamassel. Aber ich verdränge diese abtrünnigen Gedanken und suche nach etwas, das uns helfen könnte. Schließlich gibt sie ihr Bestes.

»Lass uns in *Der Doktor und das liebe Vieh* lesen«, schlage ich vor, ziehe das abgenutzte Taschenbuch aus dem Regal und reiche es Mom.

Sie schenkt mir ein müdes Lächeln und nimmt das Buch. Für mich ist das der schönste Teil des Tages. Für uns beide, glaube ich. Die Geschichten über Schafskuren und Kuhimpfungen und verrückte Farmer in den schottischen Highlands bringen uns bald schallend zum Lachen. Ich vermisse unsere Farm und all die Tiere. Und noch mehr vermisse ich es zu wissen, wo wir die nächste Nacht verbringen werden, und nicht die Verantwortung für die Ernährung meiner Familie tragen zu müssen.

Als wir zu Ende gelesen haben, klettere ich in meinen Alkoven über den Vordersitzen, und die Angst, die ich den ganzen Tag lang unterdrückt habe, wickelt sich wie eine feste Schlinge um meinen Magen. Unter der nur sechzig Zentimeter hohen Decke kriege ich kaum Luft. Ich schließe die Augen und greife nach dem einzigen Trost, den ich kenne. Im Stillen zitiere ich Bibelstellen, die ich auswendig gelernt habe: »Doch wenn ich Angst bekomme, vertraue ich auf dich. Auf Gott, dessen Wort ich rühme, auf Gott vertraue ich und habe keine Angst: Was könnte ein Mensch mir schon tun?« (Psalm 56,4–5).

Mit Psalm 1 beginnend, arbeite ich mich weiter durch die Psalmen 23, 24, 27, 32 … bis ich in den Schlaf gleite. Auch wenn der Glaube meiner Mutter ins Wanken geraten mag, meiner wird das nicht tun. Gott wird uns retten.

In den folgenden Tagen erhalte ich Beweise dafür, dass Er meine Gebete erhört hat. Jemand aus dem Home in Atlanta vermittelt uns den Kontakt zu einer anderen Familie, die ebenfalls zu Unterstützern heruntergestuft wurde, eine Mutter und ein Vater mit fünf Töchtern im Teenager-Alter. Genau wie wir besitzen sie einen Camper, mit dem sie durch das Land reisen wollen. Zwar erreichen wir selbst zusammen nicht die notwendige Anzahl von Menschen, um als vollständiges Family Home zu gelten, aber wir verbringen trotzdem während des Frühjahrs und Sommers ein paar Monate mit ihnen und fahren gemeinsam die Ostküste entlang, gehen missionieren und beschaffen Lebensmittel sowie Geldspenden für die Übernachtungsgebühren auf Campingplätzen.

Ich genieße es, wieder mit anderen jungen Mädchen zusammen zu sein. Ihre Mutter unterrichtet sie selbst mit den Bildungsunterlagen der Christian Light Education, kurz CLE, die von den Mennoniten entwickelt wurde. Wenn wir nicht gerade an den Picknicktischen der Campingplätze lernen, machen wir Straßenmusik oder gehen mit Büchsen herum, um Geld zu sammeln. Wenigstens bin ich dabei nicht allein.

Doch für Mom wird das Arrangement bald zum Albtraum. Der Vater der Mädchen verhält sich ihr gegenüber kontrollierend und herabwürdigend. Er nimmt unsere Einnahmen von Straßenauftritten an sich und auch unseren Vorrat an Family-Broschüren und Musikkassetten, die wir verkaufen müssen, um Geld aufzutreiben, und macht uns so von sich abhängig. Außerdem besteht er darauf, dass Mom regelmäßig mit ihm Liebe teilt.

Ohne andere Unterstützung fügt sich Mom dem Sex.

Unsere Lage scheint düster, doch es gibt einen Hoffnungsschimmer.

Denn Mom besitzt noch immer den IBM-Laptop, den sie aus Macau mitgenommen hat. Als Führungskraft auf der Farm war sie für Kommunikation zuständig und hat jahrelang die neusten Technologien und E-Mail-Programme mit Internetverbindung genutzt. Eines frühen Morgens finde ich sie über den Bildschirm gebeugt vor, und Tränen laufen ihr über die Wangen. Endlich hat sie eine Nachricht von Dad erhalten! Sie deutet auf eine lange E-Mail. Zwischen Schluchzern der Erleichterung erzählt sie mir, dass Dad aus Japan ausreisen musste, um sein Visum zu erneuern, und sobald er unbeaufsichtigt einen Zugang zum Internet bekommen konnte, schrieb er ihr eine E-Mail. Anscheinend hatten sie sich gegenseitig Briefe geschrieben, aber nicht bemerkt, dass die Schäfer sie nie losgeschickt hatten.

Von meinem Vater zu hören, lässt Mom aufleben, und sie nimmt all ihren Mut zusammen, um aus dem gegenwärtigen Albtraum auszubrechen. Der Ehemann der Familie, mit der wir herumreisen, gibt uns immer nur genug Geld für eine Tankfüllung auf einmal, daher dauert es ein paar Tage, bis wir nur noch zwei Autostunden von Atlanta entfernt sind. Sobald wir unseren Tank gefüllt haben, setzt sich meine Mutter mit uns ab, und wir machen uns auf den Weg zu Grandma.

16

DIE NEUE IN DER KLASSE

Zurück in Marietta, Georgia, parkt Mom den Camper in Grandmas Einfahrt, und wir stellen unsere kleinen Koffer auf die Eingangsstufen. Die schwüle Sommerhitze ist uns von Florida gefolgt.

Ich weiß, bei Grandma einzuziehen bedeutet, dass wir versagt haben. Solange wir im Camper gewohnt und »gepostert«, also vom Witnessing und Spendensammeln gelebt haben, waren wir immer noch irgendwie Teil der Family, wenn auch als einfache TRF-Unterstützer. Da hatte ich noch Hoffnung.

Aber diesmal ist alles anders. Wir haben uns selbst verraten und sind Systemer geworden – das Schlimmste, was einem passieren kann. Deshalb hat Mom auch so hart gekämpft.

Grandma zeigt uns die Schlafzimmer und umarmt mich. Aber als ich spätabends ins Bad gehe, höre ich sie zu Mom sagen, dass sie nicht bereit ist, uns dauerhaft bei sich wohnen zu lassen; das sei nur vorübergehend. Sie hat sich ihr Leben so eingerichtet, wie sie es haben will. Sie ist in die Jahre gekommen; sie arbeitet Vollzeit; und sie will nicht drei Kinder im Weg haben. Ich gehe in dem Bewusstsein zurück auf mein Zimmer, dass ich wieder einmal unerwünscht bin.

Am nächsten Tag versuche ich, so hilfsbereit oder unsichtbar wie möglich zu sein, damit sie uns nicht rauswirft. Wo sollten wir dann hin? Ich merke, dass auch Mom sich zusammenreißt. Sie geht sogar auf Jobsuche. Mit nicht mehr als einem Highschool-Abschluss ist die Auswahl begrenzt, aber sie findet eine Stelle in einem nahegelegenen Callcenter, wo sie Leuten am Telefon Produkte verkauft.

Grandma besteht darauf, dass Mom uns auf normale Schulen schickt, zum ersten Mal in unserem Leben. Der zweijährige Jondy wird in einen Kindergarten gehen, und Amy, die sechs Jahre alt ist, in eine Vorschule. Sie hat den anderen Kindern viel voraus. Bereits im Alter von einem Jahr haben wir damit begonnen, ihr Lesen beizubringen, und mit drei konnte sie es fließend.

Meine einzige Vorstellung von Schule habe ich aus Grandpas Tiraden in den Mo-Briefen und Szenen aus den wenigen amerikanischen Highschool-Filmen, die ich sehen durfte. Ich bin nervös. Mom versucht, mich zu beruhigen, erzählt mir, dass ich zwar eine System-Schule besuchen werde, es aber immerhin eine christliche Schule ist, wo zumindest keine Evolutionstheorie oder so unterrichtet wird.

Aber das ist nicht der Grund, warum ich mir die Fingernägel bis auf einen Stumpf abkaue. Fast das ganze letzte Jahr über war meine einzige Berührung mit Bildung, dass ich Jondy und Amy mit Karteikarten unterrichtete. Ich war so damit beschäftigt, für meine kleinen Geschwister wie eine zweite Mutter zu sein, dass ich keine Zeit hatte, mich um meine eigene Bildung zu kümmern. *Werde ich die ganzen Aufgaben schaffen und mithalten können? Was werden die Klassenkameraden über mich denken? Werde ich aus Versehen etwas über die Family verraten, das ich nicht weitererzählen darf?*

Als sich der Sommer dem Ende zuneigt, muss ich einen Einstufungstest machen. Die Ergebnisse besagen, dass ich für eine Zwölfjährige ganz schön hinter dem Durchschnitt liege. In einigen der Schulfächer wie Geschichte, Sozialkunde und Naturkunde bin ich noch nie unterrichtet worden. Aber die Schule lässt mich netterweise mit meinen Gleichaltrigen in die achte Klasse gehen.

»Sie scheint ganz klug zu sein. Schauen wir mal, wie es ihr dabei geht und ob sie aufholen kann«, sagt die Schulleitung zu meiner Mom.

Ich bin fest entschlossen, das zu tun.

Die Ankunft an der DeKalb Christian Academy an meinem ersten Tag kommt mir vor wie die Landung auf einem fremden Planeten. Hunderte Kinder hetzen durch Gänge mit beigem Teppichboden im Industrie-Design und weißen Wänden, an denen reihenweise graue

Metallspinde stehen. Es ist so anders als auf der Farm, wo zehn Kinder verschiedenen Alters in einen Raum zusammengesteckt wurden. Hier sind dreißig Kinder in einer Klasse, alle im gleichen Alter.

Ich weiß nicht, wie ich mich in so einer Umgebung verhalten soll, also bewege ich mich leise und beobachte alles. Ich gehe in meine Klasse, und die Lehrerin stellt mich als Faith Jones vor, eine Missionarin aus China. Alle starren mich an, und ich starre auf meine Hände. Ich wurde noch nie bei meinem Nachnamen genannt. Es klingt, als würden sie mit einer anderen reden; die ersten paar Male reagiere ich noch nicht mal darauf. Ich sitze aufrecht und steif an dem Platz, den mir die Lehrerin zuweist, und warte.

Ich höre Papiere rascheln und sehe, dass alle anderen Schüler ihre Geschichtsbücher und Ringordner hervorholen, die Aufkleber mit dem Namen des Faches auf dem Rücken haben. In meinem Rucksack befinden sich lediglich ein Notizheft und ein Bleistift, ansonsten ist er leer. Die Lehrerin sieht mich geradeaus in die Luft starren. Sie wirft einen Blick auf meinen leeren Tisch und kommt zu mir.

»Hier, du kannst mein Buch benutzen, bis du ein eigenes bekommst.«

Ich bin dankbar, aber es ist mir so peinlich, dass meine Ohren knallrot werden.

Die erste Stunde vergeht wie im Flug, und schon stehe ich wieder auf dem beigen Teppichboden, der nach Gummi und neuer Farbe riecht. Verlegen schlängle ich mich an den Gruppen von Schülern vorbei, die vor ihren Schließfächern stehen und lachend von ihren Sommerferien erzählen, während ich das nächste Klassenzimmer auf meinem Stundenplan suche. Ich habe nichts zu erzählen. Ich war noch nie im Urlaub. Habe die Sommer immer damit verbracht, meine Familie am Leben zu halten.

Es ist kurz vor Mittag, als die Glocke wieder klingelt und alle Kinder mit ihren Pausenbroten in die Sporthalle eilen. Ich betrete die Cafeteria und fühle mich verloren in dem wogenden Meer von Kindern, mit denen ich nichts gemeinsam habe und zu denen ich keinen Draht habe. Ich vermisse Patrick; wir hätten über all die seltsamen

Klamotten und Gewohnheiten getuschelt und gekichert – er hat immer die alberne Seite in mir hervorgebracht. Sogar bei Kindern aus der Family, die ich noch nicht kannte, war ich anfangs immer ein paar Minuten lang verlegen, aber dann taute ich schnell auf, weil wir ja eine ähnliche Lebensgeschichte hatten. Hier habe ich niemanden zum Reden, also halte ich den Mund und versuche, nicht im Weg zu stehen.

An dem Morgen haben meine Mom und ich in aller Frühe Pausenbrote für alle vorbereitet und fanden es lustig, etwas zu tun, das wir nur aus Filmen kannten. Jetzt reißt das knittrige braune Papier in meiner schwitzigen Hand. Der lange Weg über den glänzenden Hartholzboden des Basketballfelds fühlt sich endlos an; ich bin allem ausgesetzt und klein, und trotzdem riesig zugleich. Alle Kinder unterhalten sich in kleinen Grüppchen auf den Zuschauerbänken, und ich frage mich, wo ich mich hinsetzen soll. Ich spüre ihre Blicke auf mir, wie sie über meine Klamotten urteilen, über meinen Körper. *Was denken sie?* Ich trage ein langes, weites, grünkariertes Oberteil über einem schwarzen Stretch-Rock. Genau wie meine Mutter bin ich mir meines immer größer werdenden Hinterns bewusst.

Diskret beobachte ich meine Klassenkameraden, um zu lernen, wie sie sich kleiden. Die Mädchen tragen alle legere Hosen und Poloshirts, knallige Farben und auffällige Muster. Es ist so anders als in der Family, wo von Frauen erwartet wird, dass sie aufreizende, luftige Kleider anziehen. Dort ist erotisches Flirten erwünscht; hier kannst du Meldung erstatten, wenn ein Junge an deinem BH-Träger zupft.

Ich lausche ihren Gesprächen, als wollte ich eine Geheimsprache entziffern. Sie reden über Shopping und Fernsehserien. Keine tiefgründigen oder wichtigen Dinge wie die Rettung der Welt, Aufopferung, Lektionen, Kinderfürsorge, nicht einmal die Bibel. *Worüber kann ich mit ihnen reden?* Es gibt nichts in meiner Vergangenheit oder meinem Leben, über das ich sprechen kann; alles über die Family muss geheim bleiben, erinnert mich Mom unnötigerweise, sonst könnten wir von dieser christlichen Schule fliegen und unsere Stipendien verlieren.

Nach ein paar Wochen habe ich mich an den Stundenplan und die tägliche Routine nach der Schule gewöhnt. Ich treffe mich nicht mit meinen Klassenkameraden zum Spielen, denn ich muss nach Hause und mich um Jondy und Amy kümmern, weil meine Mom erst um sechs Uhr abends von ihrem Job im Callcenter nach Hause kommt.

Wir sollen Grandma nicht stören. Sie mag es ruhig in ihrem Haus, also ist es meine Aufgabe, ihr die Kinder vom Hals zu halten, wenn sie da ist. Sie ist fast den ganzen Tag auf der Arbeit, wo sie für die Durchführung der Bildungsprogramme von *Head Start* in Georgia zuständig ist, und wenn sie nach Hause kommt, lässt sie sich meist in den gemütlichen Sessel im Wohnzimmer fallen, schaut fern und isst zu Abend. Ich geselle mich gerne zu ihr und werde schnell süchtig nach *Raumschiff Enterprise: Das nächste Jahrhundert.*

Wochenenden sind eine neue Erfahrung für mich. Ich hatte noch nie frei von der täglichen Andacht und meinen häuslichen Pflichten, höchstens wenn ich krank war, aber jetzt kommen wir neben der Schule nicht mehr so regelmäßig dazu, Andacht zu halten. An ihrem ersten freien Tag legt sich Mom in ihrem Zimmer hin, zu müde, um etwas mit uns zu unternehmen. Nachdem Jondy und Amy den ganzen Morgen im Haus eingepfercht waren, wird ihnen langweilig, und sie beginnen, sich auf dem Boden vor dem Fernseher zu zanken. Grandma legt genervt ihre Stricksachen nieder.

»Faithy, lass uns mit den Kleinen in die Bücherei gehen«, sagt Grandma. »Wir können ein paar Bilderbücher holen, um sie zu beschäftigen.«

Ich zerre Amy und Jondy von der *Familie Feuerstein* weg und stecke sie ins Auto, froh, aus dem Haus zu kommen. Ich war noch nie in einer Bücherei. Ich muss an die wenigen Romane denken, die ich auf der Farm ergattert habe, und frage mich, wie es da wohl ist.

Das alte Backsteingebäude mit kolonialen Säulen liegt nicht weit von Grandmas Haus entfernt. Beim Eintreten strömt mir der eigenartige Geruch nach altem Papier und neuem Teppich entgegen. Ich starre auf die Regale voller Bücher, mehr als ich je in meinem Leben gesehen habe. *Wie kommt es, dass es so viele Bücher gibt, in denen es nicht um die Bibel geht? Wie konnten Menschen so viele Geschichten erfinden?*

»Faithy, ich gehe mit Jondy und Amy zu den Kinderbüchern«, sagt Grandma. »Du kannst da rübergehen und dir selbst ein paar Bücher aussuchen.« Sie deutet auf den Bereich unter einem Schild, auf dem »Jugendbücher« steht.

Ich streife fasziniert durch die Gänge, streiche mit den Fingerspitzen über die Buchrücken und lese die unbekannten Titel. Mein ganzes Leben lang durfte ich keine System-Bücher lesen – ist das jetzt anders, wo wir in den USA sind? *Welche Bücher wird mir meine Mom erlauben zu lesen? Was auch immer ich mir aussuche, es muss etwas sein, was ich gut begründen kann.*

Ich gehe auf und ab und noch mal auf und ab. Mir wird schwindlig bei all den Möglichkeiten. Plötzlich wird mir klar, dass ich keine Ahnung habe, wie ich ein Buch für mich selbst auswählen soll. Auf der Farm habe ich jeden Roman gelesen, den ich überhaupt in die Finger bekam, also musste ich sie mir gar nicht aussuchen. Die Namen, die Titel, die Autoren sagen mir alle nichts. Wie soll ich da die richtige Entscheidung treffen?

In dem Augenblick entdecke ich *Black Beauty*, einen alten Freund in einem Meer von Unbekannten. Auch wenn ich das Buch nie gelesen habe, kenne ich den Film sehr gut. Pferdefilme hat uns Dad immer erlaubt, weil wir ja selbst Pferde hatten: *Black Beauty*, *Der schwarze Hengst*, *Kleines Mädchen, großes Herz*. Da merke ich, das ist die Lösung. Mom kann mir diese Bücher nicht verbieten, wenn die Family die Filme bereits gutgeheißen hat.

Als ich nach dem Buch greife, fällt mir auf, dass das ganze Regal voller Bücher ist, auf denen *Black Beauty* steht. Ich schnappe überrascht nach Luft. *Was? Black Beauty hat noch mehr Teile! Warum hat mir das niemand gesagt?*

Ich zucke zusammen, als Grandma mich vom Tresen aus ruft. Schnell packe ich das Buch und eile zu ihr, bevor ich den Mut verliere. Als sie mich mit dem einen Buch in der Hand sieht, sagt sie: »Ist das alles, was du willst?«

»Wie viele darf ich denn mitnehmen?« Fast traue ich mich nicht zu fragen. Ich will nicht gierig wirken.

»So viele, wie dich die Bücherei ausleihen lässt. Es kostet nichts. Du musst sie nur vor Ablauf der Frist zurückgeben, also nimm nur so viele, wie du in drei Wochen lesen kannst.«

Ich habe keine Ahnung, wie viele ich in drei Wochen lesen kann, aber so eine Chance lasse ich mir nicht entgehen.

Ich laufe zurück, hole noch fünf weitere Pferdebücher und eile damit zum Tresen. *Ist das wirklich in Ordnung? Wird sie mir gleich wieder jemand wegnehmen?* Für einen Augenblick fühle ich mich zurückversetzt auf den stickigen, heißen Dachboden der Farm, wo ich in *Der geheime Garten* zum ersten Mal eine neue Welt entdeckte. Sogar nachdem das Buch beschlagnahmt wurde, blieb ich noch monatelang dort auf dem englischen Landsitz und erfand meine eigenen Geschichten dazu.

Grandma wirft einen Blick auf meine Auswahl und nickt, dann leihen wir sie aus. Siegessicher spaziere ich mit meinem Schatz hinaus. Als Nächstes muss ich meine Mutter überreden, sie mir nicht wegzunehmen.

Als wir zu Hause ankommen, liegt Mom im Dunkeln in ihrem Zimmer. Ich öffne langsam die Tür, und sie winkt mich zu sich.

»Mom«, beginne ich zögerlich. »Wir waren heute in der Bücherei. Grandma hat uns erlaubt, ein paar Bücher auszuleihen.«

»Bring sie her«, seufzt sie und macht das Licht an. »Ich muss sie vorher prüfen, damit ich sicher sein kann, dass sie keinen schlechten Einfluss auf dich haben.«

Ich reiche ihr den Bücherstapel. »Ich habe Pferdebücher ausgeliehen. Ich bin sicher, dass sie keinen schlechten Einfluss auf mich haben.«

Mom kneift die Augen zusammen, nimmt ein Buch und liest sich den Klappentext genau durch. Sie nickt, als sie es erkennt, reicht es mir zurück und greift nach dem nächsten. Als sie mit dem Stapel durch ist, lässt sie den Kopf wieder aufs Kissen fallen.

»Okay, die sehen in Ordnung aus. Pass nur auf, dass du erst deine Hausaufgaben machst und in der Bibel liest, bevor du mit denen hier anfängst.«

»Ja, Mom!«, rufe ich erfreut, und mein Herz pocht vor Aufregung.

Ich mache eilig meine Hausaufgaben und versuche, den Stapel Geschichten zu ignorieren, die nur wenige Meter entfernt nach mir rufen. Sobald ich mit der letzten Aufgabe zur schriftlichen Division fertig bin, greife ich nach *Black Beauty*. Der Rücken knackt, als ich das Buch aufschlage. Ich passe auf, es nicht zu weit aufzuklappen. Denn ich weiß, dass das dem Buch schaden kann. Der würzige Geruch von muffigem Papier, das schon hunderte andere Leser in der Hand hatten, kitzelt mich in der Nase. Ich atme ihn tief ein. »*Der erste Ort, an den ich mich erinnern kann, ist eine große, behagliche Wiese, in deren Mitte ein Teich mit klarem Wasser lag. Am Ufer des Teichs standen einige Bäume, und an seinem tiefen Ende wuchsen Schilfgras und Seerosen. …*«

Ich höre nicht auf zu lesen.

Graues Licht fällt durchs Fenster; Vögel zwitschern in den Büschen. Es ist Morgen. Mein Herz zuckt unangenehm in meiner Brust. *Wie konnte ich nur die ganze Nacht aufbleiben?!* In einer Stunde beginnt die Schule. Aber nicht einmal diese Sorge kann dem Gefühl von Wohlbefinden im Weg stehen, das mich durchströmt, als ich noch für ein paar Minuten die Augen schließe, bevor meine Mutter an der Tür klopft: »Aufstehen!«

Obwohl ich die Augen kaum offen halten kann, verliere ich kein Wort darüber, dass ich müde bin. Ich weiß, ich werde in der Schule dafür bezahlen, aber das ist mir egal.

Das nächtliche Lesen wird zu einer Gewohnheit. Ich verliebe mich in die *Dune*-Reihe, die ich unter meinem Bett verstecke. Mom erlaubt mir vielleicht die Pferdebücher, aber Science-Fiction ist zu weit außerhalb ihrer Family-Komfortzone. Die Geschichten von Monstern und Helden geben mir Kraft, um die fremde Welt der Schule zu überstehen. Wenn ich von einer Klasse zur nächsten gehe, wiederhole ich still das Mantra gegen Angst: *Die Angst tötet den Geist … Ich werde mich meiner Angst stellen. Ich werde sie über mich hinweg und durch mich hindurch lassen.* An dem Tag nicke ich wieder einmal im Unterricht über die Geschichte von Georgia ein.

Ich werde wach, als die Lehrerin auf meinen Tisch klopft und mir ein Blatt Papier mit einem großen roten »D« darauf reicht. Mein erster

Test. Ich weiß nicht viel über die Schule, aber ich weiß, dass ein »D« schlecht ist, sehr schlecht. Ich kann kaum schlucken. Wie konnte das passieren? Ich lese das Kapitel noch einmal. Woher sollte ich wissen, dass ich die wichtigsten Ländereien der Kolonie kennen muss? Das kam mir beim Lernen so unwichtig vor.

Ich bin entschlossen herauszufinden, was schiefgelaufen ist, also vergleiche ich die Kapitel im Lehrbuch mit den Testfragen. Ich möchte verstehen, was die Lehrerin von mir will. Ich achte darauf, was sie im Unterricht besonders hervorhebt, und stelle Fragen. Ich lese nicht mehr nächtelang durch.

Bei meiner nächsten Prüfung bin ich vorbereitet; als ich den Test zurückbekomme, steht darunter ein großes, rotes »A«. Das ist also Schule? Ein System, in dem sie dir die Antworten vorgeben und dich belohnen, wenn du sie gut nachplappern kannst? Dann läuft das ja genau wie in der Family, nur mit anderen Themen. *Das kriege ich hin.*

Jetzt, wo ich die Spielregeln kenne, kann mich nichts mehr aufhalten.

In der Pause fragt mich Katie, ein kleines, brünettes Mädchen mit Pony und Brille, ob ich mich zu ihr und ihren Freundinnen setzen möchte. Sie interessiert sich brennend für Geschichten aus meinem Leben als Missionarin in Übersee. Ich erzähle kleine Häppchen und versuche, in Echtzeit zu entscheiden, was »sicher« ist und was *Selah*. Ich bleibe bei den Geschichten über unsere Tiere und chinesische Bräuche. Aber wenn sie und ihre Freundinnen von den Pfadfindern und ihrer Fußballmannschaft erzählen, kann ich nicht mitreden.

Nach fünf Monaten in Marietta habe ich den Bogen endlich raus. Ich bekomme lauter »As« und verschlinge so viele Bibliotheksbücher wie möglich. Meine Lehrer lieben mich, und ich fühle mich endlich wahrgenommen. Aber zu Hause wird die Stimmung immer angespannter. Grandma hatte uns angeboten, dass wir sechs Monate bleiben könnten, damit sie uns von den Steuern absetzen und Mom sich wieder fangen kann, aber jetzt will sie, dass wir gehen. Wir haben keinen Plan, und Mom hat Angst.

Eines Tages Anfang November stapfe ich unwillig von der Schule nach Hause, wohl wissend, dass ich dort nicht willkommen bin. Aber zu meiner Überraschung begrüßt mich Mom mit einer freudigen Energie, die ich seit unserem Einzug bei Grandma nicht mehr an ihr gesehen habe. Sie schickt mich ins Wohnzimmer, wo Amy und Jondy warten, und erzählt, dass sie eine Überraschung für uns hat. Wir sitzen auf dem Sofa, nicht sicher, was uns erwartet. Das letzte Mal, als Mom eine Überraschung für uns hatte, kam sie mit einem Camper daher.

Aber jetzt spaziert unser Vater mit breitem Grinsen herein. Als er mich in den Arm nimmt, habe ich das Gefühl, mein Herz könnte platzen. Amy wirft sich auf ihn, und er zieht sie auf den Boden von Grandmas Wohnzimmer und kitzelt sie unter den Achseln. Der dreijährige Jondy starrt ihn ehrfürchtig an. »Ist das mein Daddy?«, fragt er. Unser Vater ist weggegangen, als er einen Monat alt war, und er hat keine Erinnerung an ihn, kennt lediglich die Fotos, die Mom ihm gezeigt hat.

Meine Eltern führen lange Unterhaltungen hinter verschlossenen Türen. Ich erschließe mir, dass er in Japan einschneidende Erlebnisse hatte. Er ist von dort nur weggegangen, um seine Nichte Mene von Macau zu Mother Eve nach Houston, Texas, zu bringen. Anschließend fuhr er mit einem Greyhound Bus nach Atlanta, um zu sehen, ob er und meine Mom sich versöhnen und wieder zusammenkommen könnten.

Zwei Tage nach der Ankunft meines Vaters verkünden meine Eltern, dass wir nach Macau zurückkehren werden, sobald das Schulhalbjahr vorbei ist. Dad verspricht, dass alles so wird wie früher.

Mom, die monatelang niedergeschlagen war, hat ihren Elan zurück, aber ich bin hin- und hergerissen. Die meiste Zeit freue ich mich für meine Mutter, weil sie einfach so glücklich über die Rückkehr meines Vaters ist. Doch auch wenn ich froh bin, ihn wiederzusehen, ändert es nichts daran, dass er drei Jahre weg war und immer noch eine distanzierte, etwas Furcht einflößende Persönlichkeit ist. Aber seine Rückkehr bedeutet vielleicht, dass ich mich nicht mehr so sehr anstrengen muss, den Überblick zu behalten und die Rolle der zweiten »Erwachsenen« in unserer kleinen Familie einzunehmen.

Ich habe schöne Erinnerungen an unser Leben auf der Farm, mit den Tieren, meinen Freunden und Brüdern und den vielen neuen Leuten und Aktivitäten. Seit wir die Farm verlassen haben, war alles ganz schön schrecklich – die Tortur in Thailand, der Rausschmiss aus der Family und der damit verbundene Verlust der einzigen Sicherheit und Gemeinschaft, die wir je kannten, die Anstrengungen, genug Geld zum Überleben zusammenzukratzen, die unsichere Wohnsituation, sogar der große Kulturschock in den USA. Ich sehne mich nach Sicherheit und einem eigenen Zuhause, aus dem uns niemand rauswirft. In Macau wissen wir, wie wir überleben können. Wir haben Freunde und Unterstützer. Und ich werde nicht wieder auf Parkplätzen betteln müssen. Allerdings werde ich auch nicht mehr zur Schule gehen, was mir mittlerweile Spaß macht, oder Zugang zu einer öffentlichen Bibliothek haben, aus der ich stapelweise Bücher mit nach Hause nehmen kann. Und ich werde den Geschirrspüler vermissen, den Wäschetrockner, den Backofen und den Fernseher.

Grandma findet es nicht gut, dass wir nach Macau und zur Family zurückkehren, aber sie hat klar gesagt, dass wir nicht länger bei ihr bleiben können, also haben wir keine andere Wahl.

Während wir einen Weg suchen, wie wir unsere Reise zurück zur Farm bezahlen können, bittet Grandma meine Mutter um ein Gespräch. Es stellt sich heraus, dass Grandmas Vater, Warren Smadbeck, Mom Geld in Immobilienwerten hinterlassen hat. Er und sein Bruder, Arthur Smadbeck, waren Immobilienunternehmer und haben zusammen Wohnungsbauprojekte im ganzen Land umgesetzt. Sie hatten einen guten Sinn fürs Geschäft. Jemand nannte sie einmal die Henry Fords der Immobilienbranche. Als sie einmal ein neues Bauprojekt vollendet hatten, nahmen die Brüder eine der großen Draisinen, die zur Reparatur von Eisenbahnschienen benutzt wurden, beluden sie mit einem Bierfass und rollten mit ihr auf Schienen durch die Innenstadt von New York. Wenn Leute aufsprangen, fuhren sie mit ihnen zu den neuen Sandsteinhäusern in Queens und verkauften ihnen die Immobilien – Marketing zu Beginn des zwanzigsten Jahrhunderts. Meinem Urgroßvater gehörte außerdem das El Presidente Hotel in

Havanna, Kuba, das meine Mutter im Alter von sieben Jahren einmal besuchte, kurz bevor es von Castros Revolutionsregierung verstaatlicht wurde.

Ich bin schockiert von der Neuigkeit, dass meine Familie reich war, und nicht nur ein bisschen reich – sondern nationale-Immobilienunternehmer-, New-Yorker-Hochhausbesitzer-reich. Wie kann das sein? Ich musste mein Leben lang jeden Cent zweimal umdrehen und kenne nichts anderes.

Bevor ich mich zu sehr freue, macht Grandma uns ein weiteres Geständnis. Ganz nach der guten alten Tradition von alten Männern, die junge Frauen heiraten, ging das meiste Geld in andere Hände. Nachdem meine jüdische Urgroßmutter Madeline gestorben war, heiratete Warren die viel jüngere Violeta, und der Großteil des Familienvermögens wurde an sie und ihre Kinder vererbt. Das erinnert mich an Grandpa und Mama Maria, und ich werde diesen unlauteren Gedanken nur allmählich wieder los.

Trotzdem war für jedes von Warrens Enkelkindern ein Treuhandkonto angelegt worden, und meine Mutter besitzt ein paar Anteile am Dakota Building in New York City. Auf das Konto gehen jedes Jahr Dividenden von Mietzahlungen ein. Aber weil meine Mom der Family beitrat, erzählte Grandma ihr nie davon. Stattdessen kaufte sie sich von dem Geld ein Auto und griff ihren anderen beiden Töchtern finanziell unter die Arme.

Mom regt sich furchtbar auf, als sie davon erfährt, und ich auch, als ich an unsere prekäre Situation denke und das ganze Leid, das wir im letzten Jahr durchgemacht haben.

»Wenn ich es dir gegeben hätte, hättest du einfach alles an die Family weitergereicht«, sagt Grandma zur Rechtfertigung. Das stimmt.

Es sind noch 2000 Dollar an Dividenden auf dem Konto, auf das ihre Anteile jedes Quartal eingehen, und wir kaufen uns dafür Flugtickets nach Macau.

Ich mache Freudensprünge, sobald ich an die Farm denke, die Tiere und meine Freunde. Auch wenn ich meine Schulkameraden immer besser kennengelernt habe, werde ich niemanden wirklich vermissen.

Vielleicht hätte ich Freunde gefunden, wenn ich ein wenig länger geblieben wäre, denke ich wehmütig.

Als ich meinen Lehrern davon erzähle, sehen sie mich besorgt an. »Versprich uns, dass du einen Weg finden wirst, deine schulische Bildung fortzusetzen«, sagen sie zu mir. Ich verspreche es und bin tatsächlich fest dazu entschlossen. In der Family sind alle Erfolge unmittelbar: eine Seele gerettet, ein Kühlschrank besorgt, der Boden gefegt. Aber wie der morgendliche Nebel verschwinden sie mit der aufgehenden Sonne und man fängt wieder von vorne an. Ich mag das Gefühl von messbaren Fortschritten auf ein langfristiges Ziel zu. Die Bestätigung. Mach die Aufgabe, lerne den Stoff, bekomme ein »A«. Das ist sehr gradlinig im Vergleich zu den verwirrenden Anforderungen für spirituelles Vorankommen – Breaking, Demütigung und Selbstaufgabe. Nach einem Halbjahr im traditionellen Schulsystem habe ich meine Liebe fürs Lernen entdeckt. Ich will das Gefühl nicht aufgeben.

Ich beschließe, nie zuzulassen, dass es mir eines Tages an Fähigkeiten oder Bildung mangelt wie meiner Mutter. In der Welt ist nichts sicher; Dinge passieren, für die man nichts kann, und man muss auf eigenen Beinen stehen können.

Innerhalb weniger Tage packen wir unsere kleinen Koffer und verabschieden uns.

Rechtzeitig zu Weihnachten werden wir zurück in Macau sein, zwanzig Monate nach unserer Abreise, aber es fühlt sich an, als wären wir ein ganzes Leben lang weggewesen.

17

ZÄHMUNG UND BREAKING

Die Räder knirschen auf dem Schotterweg, als das schwarze Taxi, das wir vom Hafen der Fähre zwischen Hongkong und Macau nehmen, zu unserem kleinen Dorf in Hac Sa abbiegt. Es ist still. Zu still, wie die Ruhe nach dem Sturm. *Wo sind die vielen Stimmen? Das Begrüßungskomitee meiner Freunde? Meine Brüder?*

»Sie sind alle weg«, erklärt Dad.

»Aaron, Mary, Caleb, Esther?«

»Die Schäfer haben alle nach Japan und Taiwan geschickt. Sie wollten alles schließen und einfach sich selbst überlassen, aber ich bin gerade noch rechtzeitig zurückgekommen.« Er erklärt nicht, warum der Führungskreis die Farm zumachen wollte, aber vermutlich war es immer schwieriger geworden, für so viele Leute Aufenthaltsbewilligungen zu bekommen, vor allem, da mein Dad nicht vor Ort war, um mit seinen Kontakten auszuhelfen.

Auntie Jeannie und Auntie Andy sind nach Taiwan gezogen. Aaron, Mary, Caleb, Josh und Esther sind zur HCS nach Japan gegangen. Nach fast drei Jahren Trennung von meinem Vater hatte Esther kein Interesse daran, ihre Beziehung wieder aufleben zu lassen. Eine offizielle Scheidung ist in der Family nicht nötig; wenn man jemanden als Partner beansprucht, gilt man als verheiratet, Papiere braucht man nicht. Grandpa sagt: »Wenn private Ehen die Verbindung zur Family und zu Gott stören, können sie jederzeit für die Ehre Gottes und das Wohl der Family aufgelöst werden!« Also passiert es relativ häufig, dass Paare sich trennen und andere Partner wählen.

»Und was ist mit Patrick?«

»Du hast ihn knapp verpasst«, sagt Dad, aber dadurch geht es mir nur noch schlechter. »Seine Familie ist nach Europa gezogen. Und die von Zacky Star und Hope auch.«

Ich fühle mich verlassen. Im Stich gelassen. Mir war nicht klar, wie sehr ich mich auf ein fröhliches Wiedersehen eingestellt hatte – Lachen und Umarmungen, sogar die viel zu festen, von einer Puderwolke begleiteten Umarmungen von Esther, die Möglichkeit, Patrick von all meinen Abenteuern und der richtigen Schule zu erzählen, die Ellenbogenhiebe und Rückenklapse meiner Brüder –, bis ich mit Stille empfangen wurde. All diese Erlebnisse konnte ich bisher mit niemandem teilen – sie nicht in Worte fassen und die komplexen Erfahrungen zu einer Geschichte verweben, um sie besser zu verstehen.

Ich laufe zum Stall, um unsere Tiere zu begrüßen. Auch hier ist es still.

In meiner Brust breitet sich ein tiefer Schmerz aus, während ich auf die leeren Verschläge starre. Wo sind die Kälber, die ich zu Kühen heranwachsen gesehen habe, die Ziegen, mit denen ich jeden Tag auf die Weide gegangen bin, wo Patrick und ich *Heaven's Girl* gespielt haben? Ein Dobermann springt mich an, und ich streichle ihn gedankenverloren – *Welcher ist das? Wo sind unsere Hühner?* Ich höre ein vertrautes Iah. *Mad Max ist noch da!*

Bis auf den Esel, das Pony und unsere drei Quarter Horses hatten die Schäfer schon alle Tiere weggeschafft, bevor Dad zurückkam und einschreiten konnte. Die Schäfer wussten ohnehin nicht, wohin sie sie hätten geben sollen, denn außer dem Jockey Club waren wir die Einzigen auf der Insel mit dem nötigen Equipment zur Versorgung der Pferde. Ich kann mir vorstellen, dass sie froh waren, sie wieder der Obhut meines Vaters zu überlassen.

Wie konnten sie alle Tiere verkaufen, ohne uns zu fragen? Ich weiß, dass wir keinen privaten Besitz haben, aber das geht mir sehr nahe. Die Schäfer haben die Weggefährten meiner Kindheit verhökert, ohne mit der Wimper zu zucken. Ich war ihnen völlig egal; mein Vater war ihnen völlig egal. Alles, was wir uns ein Jahrzehnt lang aufgebaut hatten, war für sie nur eine Unannehmlichkeit.

Meine Augen füllen sich mit Tränen, aber ich lasse sie nicht fließen. Ich straffe die Schultern und gehe auf das Haupthaus zu. Ich habe Angst zu sehen, was dort passiert ist.

Ich öffne die schwere Holztür und blicke in das leere Wohnzimmer. Überall Dreck. Staubpartikel fliegen durch die Luft. Ein Poster mit der Aufschrift *Jesus liebt mich* liegt achtlos weggeworfen auf dem Boden, ein matschiger Stiefelabdruck auf Jesu Gesicht.

Eine Ratte huscht durchs Wohnzimmer. Keine Maus. Eine dreißig Zentimeter lange, fette braune Ratte.

Wie sollen wir in diesem riesigen Haus leben, nur zu fünft?

Es ist so furchtbar einsam und leer ohne meine Brüder und all die Leute, die früher herumgeschwirrt sind, aber zumindest fühlen wir uns so sicher wie schon lange nicht mehr. Ich muss mir keine Sorgen machen, dass wir morgen keinen Platz zum Schlafen oder nichts mehr zu essen haben könnten. Ich denke an Thailand, an die Demütigung, die Breakings, das militärische Marschieren und das Putzen. Das habe ich überlebt, also werde ich auch das jetzt überleben.

Im Laufe der nächsten Wochen machen wir uns an den Wiederaufbau und ans Putzen. Oh, wie ich die Geschirrspüler, Teppiche, weichen Matratzen und unzähligen kleinen Luxusgüter vermisse, die in den USA so selbstverständlich waren. Ich war völlig verblüfft, als ich einen Teppich im Badezimmer meines Grandpas entdeckte, aber es war um Welten besser, als in langen Winternächten barfuß auf den kalten Fliesen zu stehen. Jetzt, wo ich weiß, wie es ist, in einem von professionellen Bauunternehmern errichteten Haus zu leben, fallen mir all die Macken unserer hingepfuschten Konstruktion auf – offene Rohre, leicht schräge Wände, schiefe Böden, unebene Fliesen im Badezimmer.

Mein Vater, unermüdlich optimistisch, wie er ist, sieht den Verlust der Tiere als eine Chance. Er nimmt Kontakt mit ein paar alten Bekannten im Jockey Club auf, und kurz darauf bekommen wir einige Vollblüter angeboten, die eine Altersresidenz brauchen.

Dad schickt mich wieder jeden Morgen zu den Ställen, um die Boxen auszumisten und die Pferde zu bewegen. Ich hatte vor Jahren auf unseren Ponys reiten gelernt, aber jetzt lerne ich im Crashkurs eine halbe Tonne Tier unter Kontrolle zu halten, Ausritte anzuführen, zu galoppieren und über Hindernisse zu springen.

»Lobet den Herrn. Wir eröffnen einen Pferdestall und eine Reitschule«, sagt Dad, »und verdienen Geld damit, die örtlichen Regierungsangestellten und ihre Kinder zu unterhalten.«

Unsere Reitschule eröffnet innerhalb eines Monats. Erst kommen nur wenige Leute, aber als es sich herumspricht, treffen ganze Gruppen ein, manchmal vierzig bis achtzig Leute pro Woche, einheimische Besucher aus Macau und Touristen aus Hongkong, die 100 Patacas (12 Dollar) für eine Stunde auf einem Pferd bezahlen. Ich bringe ihnen bei, richtig zu sitzen, die Zügel zu halten und das Pferd zu lenken, während die Sonne auf uns runterknallt und die hohe Luftfeuchtigkeit uns ins Schwitzen bringt.

In seinem Lieblings-Outfit – einem karierten Cowboyhemd, Jeans, einem Ledergürtel und Stiefeln – zeigt mir Dad, wie ich Eiswürfel in ein Handtuch wickeln und auf meinen Nacken legen kann, um einen Sonnenstich zu verhindern. Wenn ich mit den Pferden fertig bin, gehe ich ins Haus und helfe meiner Mutter beim Kochen und Putzen und passe auf meine kleinen Geschwister auf.

Nach den ganzen traumatischen Erlebnissen in Thailand und in den USA haben wir kein Problem damit, eine Randexistenz zu führen, fallen lieber nicht auf, als ausgeschlossen zu werden. Wir sind wieder Mitglieder der Family, aber meine Eltern akzeptieren nicht mehr alles als absolute Wahrheit, was die Führungsriege sagt. Es erfüllt uns nicht mehr mit Stolz, die engagiertesten Jünger zu sein. Unsere »versehentliche« Exkommunikation hat den Glauben meiner Mutter gebrochen, und das macht sich in unserem Alltag bemerkbar.

Wir halten immer noch tägliche Andachten ab, aber sie fallen viel kürzer aus, damit Dad sich wieder der Arbeit auf der Farm widmen kann. Wenn Leute zum Reiten auf die Farm kommen, geben wir ihnen immer noch Flyer und reden mit ihnen über Jesus. Wir nehmen mit den Pferden an Veranstaltungen und Feierlichkeiten teil, aber wir müssen nicht mehr jeden Tag bereit sein, auf die Bühne zu hüpfen und zu singen oder gar jede Woche Straßenmusik zu machen.

Wir lesen weiterhin die neuen Mo-Briefe, die in monatlichen Paketen eintreffen, und Dad erhält immer noch jeden Monat seine Bezüge in Höhe von 1000 Dollar von Grandpa. Dazu kommen die Einkünfte aus den Reitstunden. Davon leben wir, wobei Mom sich beschwert, dass Dad jeden Cent, den er durch den Reitunterricht einnimmt, wieder in Sättel und Reitbedarf steckt.

Aber noch mehr als die kleinen Annehmlichkeiten des amerikanischen Lebens vermisse ich meine Bücher. An meinem freien Tag gehe ich in die öffentliche Bibliothek in Macau, aber die einzigen englischsprachigen Bücher sind Englisch-Lehrbücher und vereinfachte Ausgaben von Klassikern für Kinder, wie *Charles Dickens in 35 Pages for an English Learner*. Ich habe kein Geld, um Bücher im Buchladen zu kaufen, und die meisten Geschäfte lassen die Plastikfolie um die Bücher, sodass ich mich auch nicht zum Lesen in einer Ladenecke verstecken kann.

Ich schreibe meiner Großmutter und bitte sie, mir Bücher zu schicken. Sieben Wochen später erreicht mich ein kleiner, ramponierter Karton. Meine Mutter schneidet das Klebeband auf und holt zehn Bücher heraus, und wieder einmal wittere ich Versuchung, Abenteuer, Entkommen und Entdeckungen. Ich warte und balle dabei die Hände zu Fäusten, um die Bücher nicht an mich zu reißen.

Mom streicht mit dem Daumen über die Buchrücken und sagt schließlich: »Ich werde sie zuerst lesen, und wenn ich sie für angemessen halte, gebe ich sie an dich weiter.« Erleichtert atme ich auf. Das wird zur Gewohnheit. Sie scheint die Regeln der Family inzwischen eher aus Reflex als aus begeisterter Hingabe zu befolgen.

Alle paar Monate trifft ein neuer Karton ein: *Moby Dick*, *Ivanhoe*, die Reihe *Anne auf Green Gables* und Romane von Jane Austen. Ich schnüffle herum, bis ich das Versteck für die Bücher finde, die sie noch nicht geprüft hat, und lese sie heimlich schon vor ihr. Auf diese Art und Weise kenne ich sie wenigstens schon, falls sie entscheidet, dass sie nicht angemessen für ein Mädchen in der Family sind.

Um gegen die Langeweile anzukämpfen, die entsteht, wenn man keine große Horde an Family-Kindern zum Spielen um sich herum hat, lebe ich in der Fantasiewelt meiner Bücher, stelle mir bei jeder Geschichte vor, ich wäre die Heldin. Als ich zum ersten Mal *Stolz und Vorurteil* ausgelesen habe, umklammere ich das Buch und drücke es mir an die Brust. Es ist fünf Uhr morgens. Wieder einmal war ich die ganze Nacht wach, und in mir breiten sich ein inniges Gefühl von Erfüllung und eine tiefe Traurigkeit aus, dass es vorbei ist.

Je mehr ich lese, desto mehr will ich wissen. Ich bin unersättlich. Jedes Buch in dem wachsenden Stapel unter meinem Bett verschlinge ich immer und immer wieder, aber auf das nächste Buchpaket muss ich oft monatelang warten.

In Dads altem Arbeitszimmer gibt es in einem der Räume eine Wand voller Videokassetten, nach drei Kategorien sortiert: Kinder, Teenager und Erwachsene. Das Betreten des Raums war immer verboten, und es lief ständig ein Luftentfeuchter, aber jetzt ist er unbewacht, und viele der Kassetten sind von weißem Schimmel überzogen. Seit ich in Amerika jeden Tag mit Grandma Serien geschaut habe, vermisse ich den Fernseher.

Nachts, wenn meine Eltern im Bett sind, gehe ich heimlich in den Raum und hole einen Film aus der Sammlung. Ich habe präventiv die Türen geölt, damit sie nicht quietschen, und bin heilfroh, dass wir einen Boden aus Beton und Linoleumfliesen haben und keine knarzenden Holzdielen. Ich schleiche mich zum Fernseher im Wohnzimmer, wische den Schimmel von der Kassette und stecke sie in den alten Videorekorder. Ein lautes Knirschen erklingt, als die Kassette eingezogen wird, und ich zucke zusammen, weil ich sicher bin, dass meine Eltern das gehört haben. Ich warte kurz und stelle dann die Lautstärke auf ein Prozent herunter, halte mein Ohr an den Lautsprecher und blicke nach oben, um die Bilder zu sehen.

Nacht für Nacht bleiben meine Aktivitäten unbemerkt. Mit der Zeit werde ich kühner. Ich sitze ein bisschen weiter zurückgelehnt;

drehe die Lautstärke eine Stufe höher. Ich blicke nicht mehr bei jedem Knarren über die Schulter und bleibe länger und länger auf. Als ich gerade *Overboard – Ein Goldfisch fällt ins Wasser* mit Goldie Hawn und Kurt Russell gucke, höre ich ein Geräusch. Mir rutscht das Herz in die Hose. Die Wohnzimmertür geht auf, ich drehe mich hastig um und schalte schnell den Fernseher aus, aber es ist zu spät. Dad ertappt mich auf frischer Tat.

Ich bereite mich auf die Standpauke vor, die Ohrfeige, den Stab Gottes. Ich weiß nicht, was passieren wird. Es ist Jahre her, seit ich das letzte Mal von Dad gemaßregelt wurde, aber die Angst davor ist immer noch frisch. Lügen, um Vergebung flehen und wegrennen, alles Möglichkeiten, die mir durch den Kopf gehen, aber keine davon ist gut genug. Ich stehe steif wie ein Brett da und warte darauf, dass mein Vater mir eine mit dem Gürtel verpasst. Mit vierzehn galt man in diesem Haus noch nie als zu alt für eine Tracht Prügel.

Er aber setzt sich aufs Sofa und bittet mich, neben ihm Platz zu nehmen. Dann fragt er leise, was ich hier mache. *Ist das eine Falle?*, frage ich mich. »Ich wollte einen Film sehen«, flüstere ich.

Er nickt. »Du weißt, dass du dich nachts nicht rumschleichen sollst, um Filme zu stibitzen, nicht wahr?«

»Ja.« Ich nicke und warte auf den großen Schlag, aber er rastet nicht aus. Er muss mein angsterfülltes Gesicht bemerken, denn er klopft mir nur sanft auf den Oberschenkel und sagt: »Ich werde dich nicht bestrafen, aber ich will nicht, dass du nachts heimlich fernsiehst. Sonst hast du am nächsten Tag nicht genug Energie für die Arbeit. Verstanden? Jetzt ab ins Bett.«

Ich starre einen Moment lang geschockt in die Luft, bevor ich die Kurve kratze. Seine Geduld trifft mich härter als der Stab Gottes. Ich fühle mich tatsächlich eher schuldig als gekränkt, was ich gewesen wäre, wenn er mich bestraft hätte.

Am nächsten Tag lädt er mich zu dem kleinen chinesischen Kiosk am Strand auf ein Eis ein. Ich bin überrascht. Bisher sind wir nur Eis essen gegangen, wenn es einen besonderen Anlass gab oder ich es »verdient« hatte.

Er wirkt nicht wütend, aber ich weiß, wie schnell seine Stimmung umschlagen kann. Auf dem Weg zum Kiosk beobachte ich ihn nervös aus dem Augenwinkel. Er versucht umständlich, mir persönliche Fragen zu stellen: »Wie läuft es so? Wie findest du es, wieder zurück zu sein? Liegt dir was auf dem Herzen?« Ich starre ihn ungläubig an.

»Ich will es wirklich wissen«, sagt er beharrlich. Dann wartet er geduldig darauf, dass ich spreche, statt einfach auf mich einzureden.

Wer ist dieser Mann?

»Nicht viel«, antworte ich. Ich bin nicht sicher, was er von mir hören will.

Er wartet. »Aber …?«

Ich bin gerührt, auch wenn ich mich nicht traue, ihm offen zu erzählen, was mich beschäftigt – dass ich wütend auf Mom bin, dass ich gerne einen Freund hätte, dass ich meine Bücher vermisse. Ich habe auf die harte Tour gelernt, besser nicht zu viel über die Dinge zu erzählen, die in der Family nicht als akzeptables Verhalten gelten, und das wird sich auch durch ein paar aufrichtige Versuche meines Vaters, eine Beziehung zu mir aufzubauen, nicht ändern. Aber während wir unser Eis essen, fühle ich mich langsam etwas wohler dabei, mich ihm zu öffnen. Diese Ausflüge werden zur Gewohnheit – und seit niemand mehr da ist, der bei der Führungsriege Meldung erstatten könnte, scheint sich Dad, wie Mom auch, nicht mehr ganz so viele Sorgen über das Übel von weißem Zucker zu machen.

Was auch immer die Family ihm in Japan angetan hat, es hat ihn verändert. Ich sehe eine *dritte* Seite von ihm. Er ist gemäßigter. Er redet *mit* mir und nicht nur auf mich ein. Er hat mich noch nie gefragt, wie es mir geht, und darauf gewartet, dass ich meine Gedanken sammle und spreche. Mein Vater redet nicht viel über sich selbst, aber mit der Zeit bekomme ich stückchenweise ein Bild von dem, was passiert ist.

Als mein Vater vor drei Jahren nach Japan ging, hatte er sich so gefreut. Er dachte, er dürfte endlich seinen Vater wiedersehen, nachdem er zehn Jahre von ihm getrennt war. Als er kurz nach meiner Geburt versucht hatte, seinen Vater zu besuchen, verweigerte ihm Mama

Maria den Zutritt. Sie erklärte ihm, sein Kommen wäre »unbefugt«, er hätte zuvor eine Genehmigung beantragen müssen und schickte ihn weg. Dad fühlte sich wie vor den Kopf gestoßen; er hatte davor noch nie eine Erlaubnis gebraucht, um seinen Vater zu sehen. Seitdem mussten die Besuche immer über Mama Maria laufen, und er hatte gehofft, diese Einladung würde die Beziehung etwas entspannen. Als er aber in Tokio ankam, stellte Dad fest, dass man ihn reingelegt hatte und eine neue Führung nach Macau geschickt worden war, die dort die Leitung übernehmen sollte. Dad wurde sechs Monate lang in einer kleinen Hütte auf dem Gelände der HSC isoliert und bekam Briefe zu lesen, die Leute über ihn geschrieben hatten – größtenteils Beschwerden über seinen Führungsstil, dass er zu dogmatisch wäre, selbstgerecht, diktatorisch, streng, übellaunig, ein brutaler Erzieher, der die Meinungen anderer nicht anhörte. Da dämmerte ihm, dass man ihn nur nach Japan eingeladen hatte, um ihn umzuschulen. Am schlimmsten war, dass Grandpa auf demselben Gelände lebte und er ihn nicht ein einziges Mal sehen durfte.

Für zweieinhalb lange Jahre war mein Vater völlig von uns abgeschnitten; er erhielt keinen unserer Briefe an ihn, und seine Briefe an uns wurden nie versandt. Er war so isoliert, dass er es nicht einmal mitbekam, als wir nach Thailand geschickt wurden oder in die USA zogen. Erst als er seine Zeit in Japan abgesessen hatte und die Schäfer beschlossen, dass er ausreichend gebrochen war, durfte er endlich seinen Vater sehen, der in der Zwischenzeit in ein Anwesen der Family auf den Philippinen gezogen war. Wahrscheinlich aufgrund von Grandpas immer schlechterem Gesundheitszustand durften mein Vater und seine Schwester, Aunt Faithy, einen Monat lang bei ihm bleiben.

Grandpa ist schon seit Langem Alkoholiker. Als der von Gott auserwählte Prophet muss er nicht dieselben Regeln befolgen wie der Rest von uns. »Große Männer haben oft große Schwächen«, sagte er über berühmte historische Persönlichkeiten mit Lastern. Bei Grandpa war es der Alkohol, auch wenn er behauptete, er würde nur in Maßen trinken. Aber bei seinem letzten Besuch war meinem Vater aufgefallen, dass Grandpas Trinkerei zur Abhängigkeit geworden war, und Mama Maria rationierte seinen täglichen Konsum von Wein und Sherry.

Da sie ohnehin dabei waren, die Farm zu schließen, sah die Führungsriege von Asien und den Pazifischen Inseln kein Problem darin, Dad zur Verlängerung seines Visums nach Macau fahren zu lassen statt nach Südkorea, wo sie ihn in den letzten zwei Jahren hingeschickt hatten. Sobald er aber auf der Farm eintraf, weigerte er sich, klein beizugeben. Er informierte Grandpa in einem Brief, dass er nicht nach Japan zurückgehen würde. Mit Ruthies Zustimmung würde er versuchen, die Familie wieder zusammenzubringen, und ein ruhiges Leben auf der Farm führen. Grandpa erlaubte ihm, uns zu holen.

Als mehr und mehr rauskommt, was mein Vater durchgemacht hat, tut er mir leid, und mit der Zeit verliere ich meine Angst vor ihm. Seit unserer Rückkehr auf die Farm haben wir eine neue Art von Beziehung aufgebaut. Es gab eine Zeit, in der ich tierisch Angst davor gehabt hätte, ihn »Dad« zu nennen; so eine lockere Anrede hätte als missbilligend und respektlos gegolten, und ich hätte mir eine Ohrfeige dafür eingefangen. Jetzt ist er nicht mehr »Sir« oder »Vater«, sondern einfach »Dad«.

Wenn wir die Pferde longieren, gibt er mir Geld, um Eisriegel vom Kiosk am Strand zu holen. Wir gehen sogar manchmal abends aus. An Freitagabenden fährt Dad mit uns in ein schönes Hotel, und wir dürfen Nachtisch bestellen.

Ich weiß nicht, ob mein Vater von der Family desillusioniert ist – er preist immer noch Gott, aber ich merke, dass sein Geist gebrochen ist. Zum ersten Mal wird mir klar, dass auch er nur ein Mensch ist. Ich versuche, ihm mit Mitgefühl und Liebe zu begegnen, aber bin auch nicht unkritisch. Er hat seine Fehler und versucht, seinen Weg zu finden, genau wie ich.

18

BILDUNG IST MACHT

Die größte Veränderung seit der Rückkehr auf die Farm ist, dass ich nicht mehr zur Schule gehe. Als ich Amerika verließ, wusste ich: Wenn ich eine Highschool-Ausbildung möchte, muss ich mich selbst darum kümmern. Zwar bietet die Family inzwischen mehr Bildungsmöglichkeiten als in meiner Kindheit, aber es gibt keine Materialien für die Highschool. Die Family lehnt Bildung über die Grundschule hinaus immer noch ab.

Ich erzähle meinen Eltern, dass ich vorhabe, einen Highschool-Abschluss zu machen. Ich habe einen Vorgeschmack auf Wissen bekommen, auf das Gefühl, gut in etwas zu sein, und ich will mehr. Zu meiner Überraschung hat Dad nichts dagegen, solange mir genug Zeit für die Farmarbeit bleibt, und Mom stellt sich voll hinter meinen Wunsch zu lernen.

Sie bestellt die Materialien für den CLE-Heimunterricht, die Christian Light Education der Mennoniten, die auch die amerikanischen Mädchen benutzt haben, mit denen wir im Camper unterwegs waren. Für jedes Fach gibt es ein Heft, das aussieht wie eine Zeitung und ausschließlich mit Zeichnungen von Mennoniten illustriert ist – ganz ohne Fotos. Man findet darin keine Spuren von weltlichem Einfluss. Diese Kinder leben noch eingeschränkter als wir.

Als ich die Materialien erhalte, wird mir klar, dass es sich nicht nur um Heimunterricht handelt; es ist ein Selbststudium. Ich muss die Disziplin aufbringen, jeden Tag mehrere Stunden allein zu lernen.

Morgens, wenn Mom Amy und Jondy unterrichtet, sitze ich mit dem Gesicht zur Wand an einem zerkratzten, grauen Metalltisch in unserem alten Wohnzimmer, das jetzt mein neues Klassenzimmer ist, und lerne. Ich lese die Unterrichtsmaterialien durch, mache die Übungen und dann den Test. Am Ende von jedem Heft gibt es eine Prüfung. Anfangs behält Mom die Antwortbögen für sich, bis ich mit der Prüfung fertig bin. Aber dann beschließt sie, dass das nicht notwendig ist. »Wir machen das jetzt auf Vertrauensbasis«, sagt sie und überreicht mir alle Bücher und Antwortbögen. Wenn ich lernen will, muss ich mich selbst darum kümmern.

In der Schule in Amerika hatte ich Lehrer, die meine Fragen beantworten konnten und mich darauf aufmerksam machten, wenn ich etwas übersah. Hier bin ich allein mit einem Buch und sehr spärlichen Erklärungen. So schwierig und ungewohnt es auch war, in Atlanta in ein traditionelles Schulumfeld geworfen zu werden und in Fächern aufholen zu müssen, von denen ich keine Ahnung hatte, habe ich es doch genossen, von Menschen unterrichtet zu werden, die sich in ihrem Bereich auskennen. Das Selbststudium ist so viel schwerer. Wenn ich etwas nicht verstehe oder noch ausführlicher über ein Konzept oder Fach sprechen will, gibt es niemanden, den ich fragen kann. Dad ist nie zur Highschool gegangen und Mom sagt, bei ihr sei es so lange her, dass sie sich kaum noch erinnere. Damals an der traditionellen Schule in Georgia kam außerdem noch der Druck durch die Mitschüler dazu, der Konkurrenzkampf, der mich befeuert hat.

Mit verbissener Entschlossenheit setze ich mich dennoch jeden Tag zum Lernen hin. Ich erinnere mich noch gut an Churchills Worte aus dem »Ich kann«-Training in meiner Kindheit: »Gib dich niemals geschlagen. Nie, nie, nie, nie …« *Solange ich lesen kann, kann ich mir selbst alles beibringen* – außer Algebra vielleicht.

Nicht selten wird mir langweilig, oder ich will aus Frust schreien, wenn ich eine knifflige Matheaufgabe nicht schaffe und das Übungsheft keine Erklärungen bietet außer der richtigen Antwort. Aber ein Ziel zu haben – jedes Arbeitsheft durchzuarbeiten – gibt mir ein Gefühl von Fortschritt und treibt mich an. Meine Mühen und schließlich auch die Erfolge erfüllen mich, und ich merke, dass ich sogar zu noch viel mehr fähig bin, als ich je gedacht hätte.

Seit ich den CLE-Kurs mache, setzt sich Mom vorsichtig innerhalb der Family dafür ein. Sie schreibt an Mama Maria und die WS, um diese externen Bücher für Kinder der Family zu empfehlen, wenn sie ihre Ausbildung fortsetzen wollen. Das *Childcare Handbook* ist unzureichend, erklärt sie, es sollte eine Option für Kinder geben, die vielleicht über die sechste Klasse hinaus lernen wollen. Sogar die CLE-Hefte für die zweite Klasse, mit denen sie Amy unterrichtet, könnten Familien helfen, ihren Lehrplan besser zu strukturieren. Mom bekommt von Mama Maria keine Antwort oder überhaupt ein Zeichen, dass ihre Nachricht angekommen ist, aber immerhin werden die CLE-Bücher innerhalb von zwei Jahren von der WS-Führung empfohlen und großflächig von Family-Mitgliedern beim Unterricht der Kinder eingesetzt.

Ich bin fünfzehn, aber fühle mich wie eine Erwachsene. Es wird zunehmend schwieriger, meiner Mutter gegenüber respektvoll zu sein. Wenn sie versucht, mich einzuschränken, wehre ich mich. Innerhalb der Family tragen Jugendliche gleich viel Verantwortung wie Erwachsene, werden jedoch weiterhin überwacht und zurechtgewiesen wie kleine Kinder. Auf der Farm habe ich nie erlebt, dass eine jüngere Person einem Erwachsenen gegenüber laut wird; wir wurden geschlagen, wenn wir Widerworte wagten. Aber in Amerika habe ich mitbekommen, wie die jugendlichen Mädchen, mit denen wir im Camper unterwegs waren, ihrer Mutter widersprachen, sie respektlos behandelten und sogar anschrien. Also probiere ich es selbst aus. *Glaubt Mom etwa, dass sie mich einfach wieder wie ein Kind behandeln kann, nachdem ich sie in Amerika so sehr unterstützt habe?*

Bald schreien Mom und ich uns an, wann immer sie mir etwas zu verbieten versucht, von dem ich beschlossen habe, dass es in Ordnung ist. Ich weiß es besser als sie, und ich kann meinen Standpunkt belegen.

Wenn sie mich in der Öffentlichkeit bis auf die Knochen blamiert, werde ich jedes Mal unglaublich wütend. Sie hat eine eigenwillige Art zu flirten, sobald sie gut aussehende Männer trifft, redet in öffentlichen Fahrstühlen laut über Sex und spricht unangemessen über andere Leute, auch über mich, nur um es mit einem unschuldigen Klein-Mädchen-Lächeln zu überspielen und zu sagen: »Ups, hab ich etwa zu viel verraten?«

Aber obwohl wir streiten, haben uns die beschwerlichen Umstände in Amerika einander nähergebracht.

Ein Jahr nach Beginn meines Selbststudiums ruft mich Mom zu sich. »Faith, ich will dir was zeigen.« Sie hält eine bunte Broschüre in der Hand. »Das ist die Thomas Edison State University. Dort kann ich Credit-Punkte für einen College-Abschluss sammeln, wenn ich Prüfungen im College Level Examination Program ablege und Nachweise für meine Kompetenzen und meine jahrelange berufliche Tätigkeit in der Family vorweise. Auf dem Weg kann ich über ein Fernstudium einen College-Abschluss machen!«

Ich freue mich, dass sie einen Weg gefunden hat, einen Abschluss zu machen, der ein Kompromiss zwischen ihrem Bedürfnis nach Sicherheit und den Werten der Family ist, und ich kann die unausgesprochene Angst nachempfinden, die bei aller Aufregung mitschwingt.

Sie glaubt zwar immer noch an Grandpa und seine Lehren, aber sie vertraut dem Führungskreis der Family nicht mehr. Nach Thailand will sie nicht wieder zulassen, dass Menschen eine solche Macht über sie haben, und will im Notfall auch ohne Unterstützung der Family für sich selbst und ihre Kinder sorgen können.

Ich umarme sie, und sie steckt die Broschüre weg. Wir befinden uns mit meiner Highschool-Ausbildung schon auf dünnem Eis, aber College ist als weltliche, sinnlose Zeitverschwendung streng verboten. Ich verliere zu niemandem ein Wort darüber. Dad weiß Bescheid, aber sie versteckt die Unterlagen, wenn wir Besuch von anderen Family-Mitgliedern bekommen.

Das ist nicht unser einziges Geheimnis.

Zwei Tage später fragt Mom, ob ich sie nach Hongkong begleiten möchte. Sie deutet den Grund der Reise nur vage an, aber ich ergreife sofort die Chance, von der Farm wegzukommen und wieder einmal in das hektische Stadtleben einzutauchen.

Auf der Fähre von Macau nach Hongkong gesteht sie mir, dass sie etwas Geld für Notfälle und für die College-Kurse gespart hat. Als wir das Hauptgebäude der HSBC-Bank betreten, flüstert sie: »Denk daran, niemand darf davon erfahren, nicht mal dein Vater.«

»Versprochen«, versichere ich.

Statt weiterhin vierteljährlich die kleinen Dividenden aus ihrem Fonds ausbezahlt zu bekommen, hat Mom ihre Anteile am Dakota-Building, ihr Erbe, für 25.000 Dollar an ihre Verwandten verkauft. Das ist viel weniger, als sie eigentlich wert sind, aber für uns eine Menge Geld.

»Ich werde ein paar Goldmünzen kaufen, damit wir ein bisschen Geld haben, wenn das Wirtschaftssystem zusammenbricht. Ich will, dass du weißt, wo es ist, falls mir mal was zustößt.« Grandpa predigt immer, dass die Wirtschaft in Amerika und der gesamten Welt bald kollabiert. »Ich könnte es nicht ertragen, noch mal so hilflos zu sein wie in den USA, als ich euch Kinder nicht versorgen konnte.«

Mir läuft es kalt über den Rücken, und ich verdränge den Gedanken an Dosenfraß und das Zusammenkratzen von Kleingeld für eine Portion Mac and Cheese.

Seitdem wir versehentlich aus der Family geflogen sind und gemerkt haben, dass wir es allein nicht schaffen, ist nichts mehr, wie es war. Ich bin da ganz bei ihr. Ich will nie wieder so schutzlos sein.

19

REGELN BRECHEN

Jetzt, wo alle von der Farm weggezogen sind, habe ich keine Freunde aus der Family mehr, denen ich mich anvertrauen kann und die mit mir in einem Boot sitzen. Ich versuche, mich mit ein paar der portugiesischen Jugendlichen anzufreunden, die unsere Reitschule besuchen, aber wie ich in Amerika gelernt habe, bauen Freundschaften auf geteilten Erfahrungen auf, und wir haben nichts gemeinsam.

Als könnte sie meine Gedanken lesen, kommt Mom eines morgens in meinen Lernraum, während ich gerade etwas über den amerikanischen Bürgerkrieg lese. »Stell dir vor!«, verkündet sie aufgeregt. »Wir erwarten ein paar Mädchen in deinem Alter! Die Schäfer haben uns mitgeteilt, dass sie zwei Mädchen zu uns schicken wollen, für die es in ihren Family Homes in Indien nicht so gut läuft.«

Großartig! Dann bin ich hier endlich nicht mehr allein! Ich kann Freunde in meinem Alter haben.

Mom teilt mir im Vertrauen mit, dass die beiden Neuen die Family verlassen wollen, aber dafür noch zu jung sind. »Die Eltern und Schäfer sind mit ihrem Latein am Ende. Sie hoffen, dass ein ruhigeres Umfeld wie auf der Farm und mit den Tieren vielleicht hilft, aber wenn sie ihr Leben hier nicht auf die Reihe kriegen, fliegen sie raus.«

Wow, Mädchen, die tatsächlich die Family verlassen wollen. Früher hätte man sie zu den Triumphatoren geschickt.

»Du musst ein gutes Vorbild für sie sein und darfst dich nicht durch Gruppenzwang vom rechten Weg abbringen lassen«, warnt Mom.

»Ja, natürlich«, sage ich. Man kennt mich doch als die Vernünftige und Verantwortungsbewusste in der Familie.

Die Neuankömmlinge sind Emily und Jen, fünfzehn und sechzehn Jahre alt. Alles an Em ist glatt und gerade: ihre kurzen, mausbraunen Haare mit Pony, der große, schlaksige Körper, das schmale Gesicht. Sie hat weder Brüste noch überhaupt irgendwelche Kurven und spricht kaum. Ich kann mir nicht vorstellen, wie sie überhaupt einen Mucks macht, geschweige denn den Wunsch ausdrückt, die Family zu verlassen.

Jen, Miss Rebellisch, ist das genaue Gegenteil – rund und laut. Sie lässt sich in eines der Betten fallen und verkündet: »Das ist jetzt meins.« Sie hat überall Kurven: dunkelblonde Locken, ein rundes Gesicht und Kulleraugen. Sie mustert uns beide und krönt sich selbst zur Anführerin.

Em und ich verstehen uns gut, und obwohl Jen älter ist, habe ich keinen Respekt vor ihr. Sie ist verrückt, finde ich. Und gemein. Ab und zu widerspreche ich ihr; schließlich ist es *meine* Farm. Doch meist lasse ich sie bestimmen, wo's langgeht. Sie heult und schreit, wenn die Dinge nicht so laufen, wie sie will. Aber obwohl sie rechthaberisch und laut ist, merke ich, dass sie nicht selbstbewusster ist als ich. Zum Beispiel hebt sie ein Bein und sagt: »Meine Oberschenkel sind so fett. Seht euch die mal an; und schaut, wie dünn ihr beide seid. Em, du könntest ein Strichmännchen sein. Ich hasse meinen Körper. Ich muss abnehmen.«

»Du bist wunderschön«, sagt Em.

»Ja«, stimme ich zu. Sie ist ein bisschen pummelig, aber immerhin hat sie einen Busen, denke ich.

Em hasst es, dass sie so spindeldürr ist. »Wie ein Insekt«, scherzt sie.

»Immerhin bist du groß. Ich bin klein, habe winzige Brüste, einen großen Hintern und« – daran besteht nach einem ausführlichen Blick in den Spiegel kein Zweifel – »nicht einen attraktiven, charakteristischen Gesichtszug. Ich bin ganz gewöhnlich.«

»Nein, bist du nicht!«

»Und ich habe komische Füße. Letztens meinte einer der portugiesischen Jungs, die zum Reiten kommen: ›Weißt du, was mir an dir als Allererstes aufgefallen ist? Dein zweiter Zeh ist länger als der große.‹«

»Was für ein Idiot. Du bist wunderschön.«

»Du auch.«

Wir liegen nebeneinander und trösten uns gegenseitig, sind aber trotzdem alle überzeugt, dass wir mit unserer Selbsteinschätzung richtigliegen.

Jen flirtet gerne ungeniert und fängt an, sich heimlich mit einem Systemer aus dem Jockey Club zu treffen. Sie drängt Em und mich, dass wir uns auch einen Freund suchen, aber ich bin immer noch zurückhaltend. Ich interessiere mich nicht für die Mitarbeiter des Jockey Clubs.

Jedes Jahr im Juli veranstaltet die Stadt das São-João-Festival am Strand von Hac Sa und es gibt Festzüge, Essen, Spielbuden, ein riesiges Lagerfeuer und Tanz. Wie jedes Jahr führen wir auch diesmal den Festzug mit den Pferden an und tragen dabei traditionelle portugiesische Kostüme in Rot und Grün, gepaart mit engen schwarzen Hosen und Stiefeln.

Als ich nach dem Festzug an eine Kiefer gelehnt Taurug beim Fressen zusehe, kommt Miguel breit grinsend auf mich zu. »Hey, weißt du noch, wer ich bin?«

Und ob! Ich habe ihn nicht gesehen, seit ich elf war, aber er ist noch genauso schön wie in meiner Erinnerung. Er ist ein Systemer, der fürs Bibelstudium auf die Farm kam, nur war ich damals zu jung, um ihm aufzufallen. Jetzt ist er Anfang zwanzig, und ich bin fünfzehn, fülle mittlerweile meine Reithose viel besser aus und schminke mich. Jen hat mir gezeigt, wie man Smokey Eyes macht, und obwohl mehr als ein Hauch von Make-up eigentlich verpönt ist, lassen meine Eltern es mir durchgehen.

Miguel und ich unterhalten uns und flirten unschuldig, während wir der lokalen portugiesischen Polizei dabei zusehen, wie sie Spritzpistolen mit Wein befüllen und sich beim riesigen Lagerfeuer bekriegen. Als er geht, lädt er Jen, Em und mich für den nächsten Samstag zu einer Party seiner Freunde am Strand von Hac Sa ein.

Am kommenden Wochenende kriechen wir alle drei durch das große Fenster unseres Schlafzimmers – ohne Licht, ohne Taschenlampe – und gehen zum Strand. Es ist eine kleine Party, ein Lagerfeuer, etwas Bier und eine Handvoll Leute, alle älter als ich. Nachdem wir ein bisschen geplaudert haben, führt mich Miguel ein wenig vom Feuer weg und lehnt sich an einen Felsen. Mir ist kalt, also schmiege ich mich an ihn. Er neigt sich hinunter und küsst mich. In meinem Bauch flattern Schmetterlinge.

Der süße Junge, in den ich als Kind verknallt war, steht auch auf mich!

Sex gehörte zwar schon immer zu meinem Leben, aber trotzdem bin ich schüchtern und verlegen, meinen jugendlichen Körper zum ersten Mal zu zeigen und einen Jungen meine Brüste berühren oder sehen zu lassen. Meine Zurückhaltung ergibt keinen Sinn, nicht einmal für mich.

Haben mich die paar Romanzen, die ich mit zwölf gelesen habe, vielleicht verzogen? Oder die Bücher meiner Großmutter aus dem viktorianischen Zeitalter?

Jungs haben es immer eilig. Ich will einen Kuss in aller Ruhe genießen. Zeit, ich will einfach Zeit. Zeit, bis ich mich wohlfühle. Zeit, ihn kennenzulernen, mich kennenzulernen. Als ich mich winde und seine Hände sanft von meinen kleinen Brüsten wegschiebe und dann von meiner Unterhose hochziehe, nimmt er schließlich meine Hand und legt sie auf seinen Schritt.

Okay, damit kann ich umgehen. Ich habe Jungs mit der Hand einen runtergeholt, seit ich zehn war, und bin ganz gut darin.

Auch wenn ich mich in meiner Haut nicht wohlfühle, mag ich Miguel wirklich sehr. Ich habe das Gefühl, ihn schon ewig zu kennen, also bin ich bereit, es mit ihm auszuprobieren.

Von da an schleichen die Mädels und ich uns jedes Wochenende raus, warten um Mitternacht im Dunkeln wie verabredet bei dem alten Feigenbaum darauf, dass die jungen Männer uns abholen kommen. Die Mädels fahren nach Taipa, in die Wohnungen ihrer beiden Freunde. Miguel und ich parken oben auf dem Hügel und verbringen einige Stunden im Auto mit Reden oder Rummachen.

Ich sitze auf der Motorhaube von Miguels Auto, er steht zwischen meinen Knien, und ich schmelze unter seinen Küssen und Liebkosungen dahin. Diesen Teil liebe ich. Aber wenn er mit seiner Hand unbeholfen an meinem Intimbereich rubbelt, tut es meist einfach nur weh, und ich drücke ihn weg. Ich habe früh gelernt, dass die Jungen zufrieden sind, wenn ich meine Hand auf ihren Schritt lege. Ich masturbiere, seit ich drei bin, als ich gemerkt habe, dass es sich gut anfühlt, wenn ich mich an einem Kissen reibe. Bisher ist kein Junge an ein Kissen herangekommen, wenn es darum geht, mich zum Orgasmus zu bringen.

Auch wenn ich mich als Kind während meiner Sexspiele selbst berührt habe, ist mein Jungfernhäutchen noch intakt. Mit fünfzehn bin ich ziemlich alt für eine Jungfrau. Ich kenne niemanden in meinem Alter, der noch keinen Sex hatte. Ganz im Gegenteil, die meisten Mädchen sind mit fünfzehn schwanger geworden. Ich will dieses Schandmal unbedingt loswerden, und Miguel hilft mir nur zu gerne. Mit einem Systemer zu schlafen, ist in der Family zwar streng verboten, aber seit wir zwischenzeitlich zu TRF-Unterstützern degradiert wurden, fühle ich mich ohnehin nicht mehr so richtig als Teil der Family oder moralisch an ihre Regeln gebunden; es geht nur darum, nicht erwischt zu werden. Und ich will mein erstes Mal mit jemandem haben, den ich mir selbst aussuche, mit jemandem, den ich mag.

Einen Monat lang knutschen wir heftig, doch als Miguels Eltern einmal über Nacht wegfahren, bietet sich uns die ideale Gelegenheit.

Ich schleiche mich lange nach meiner Schlafenszeit aus dem Zimmer und gehe die Straße runter, um auf Miguel zu warten. Als wir die kurze Strecke zum Haus seiner Eltern zurücklegen, werde ich ganz nervös und aufgeregt.

Während wir uns in seinem Bett küssen, beschließe ich, dass ich bereit bin – jetzt oder nie –, und klettere auf ihn. Es tut höllisch weh, aber es ist leichter auszuhalten, wenn ich den Druck selbst kontrolliere. Nachdem er eingedrungen ist, habe ich zu starke Schmerzen, um mich viel zu bewegen, und er kommt schnell. Ich freue mich, keine Jungfrau mehr zu sein, aber bin enttäuscht von der Erfahrung.

»Das nächste Mal wird besser«, sagt er. Ich denke nicht allzu lang über die gemischten Gefühle nach. Ich bin erschöpft von den Schmerzen, Miguel von seinem Orgasmus, und wir schlafen beide ein.

Als wir aufwachen, scheint die aufgehende Sonne durch den Schlafzimmervorhang wie ein Suchscheinwerfer, der meine Verdammung ankündigt. Verflucht. Ich bin spät dran! Jeden Morgen um sieben Uhr kommt meine Mutter in unser Schlafzimmer, um sicherzustellen, dass wir wach sind, also muss ich zurück in meinem Bett sein, bevor sie die Tür öffnet.

Wir rennen zum Auto, und Miguel fährt in einem Affentempo zurück. Während der zwanzigminütigen Fahrt bringe ich vor lauter Angst kaum ein Wort heraus. Als wir auf der Farm ankommen, sehe ich meinen Vater schon bei der Arbeit in den Ställen, also ducke ich mich beim Vorbeifahren. Miguel parkt hinter dem Haus, und ich renne zu unserem Schlafzimmerfenster. Ich klopfe an die Scheibe und sehe Jen und Em, die völlig ausflippen. Schnell öffnen sie mir den Riegel, und ich klettere hinein. In dem Moment, als ich die Decke über mich werfe, kommt meine Mutter herein und schreit: »Was machst du so spät noch im Bett?«

Unser Beinahe-Desaster hat Miguel einen Schrecken eingejagt. Am Tag darauf ruft er an, um mir zu sagen, dass er mich nicht mehr treffen kann. »Es tut mir leid. Es ist einfach zu stressig, wenn wir uns immer vor deinem Vater verstecken müssen.«

Wahrscheinlich denkt er, Dad wird ihn mit einer Machete jagen. Angesichts der vielen Gerüchte, die über uns kursieren, kann ich es ihm nicht wirklich verübeln. Aber direkt nach dem ersten Mal sitzen gelassen zu werden, tut weh. Ich lasse mir die Tränen in den Augen nicht anmerken und reiße mich zusammen. Wenn meine Eltern mitbekommen, dass ich Trübsal blase, ahnen sie sicherlich, dass etwas nicht stimmt, und ich kann ihnen ja nicht die Wahrheit sagen. *Es ist alles so unfair*. Jen und Em versuchen, mich aufzumuntern, indem sie mich mit ihren Freunden vom Jockey Club in eine Bar mitnehmen.

Einen Monat nach meinem knappen Entkommen rufen Mom und Dad uns drei – Jen, Em und mich – in den Unterrichtsraum. »Wir haben eine sehr ernstzunehmende Meldung erhalten, dass ihr dabei beobachtet wurdet, wie ihr euch mitten in der Nacht aus dem Haus geschlichen habt.«

Einer unserer chinesischen Nachbarn hat uns verpetzt.

Damit wir keine Möglichkeit haben, unsere Geschichten abzustimmen, befragen sie uns sogleich getrennt voneinander.

Ich folge meiner Mutter in ihr kleines Büro im Flur und setze mich ihr gegenüber an den schlichten, grauen Metalltisch. »Also, Schatz, hattest du einen Orgasmus?«

»Was?«, platzt es aus mir heraus.

»Hattest du einen Orgasmus mit dem Jungen, mit dem du unterwegs warst?« Sie sieht begeistert aus, zum Tratschen aufgelegt und nimmt automatisch an, dass ich Sex hatte, weil ich mich mit Jungs davongeschlichen habe.

»Ich … ich … nein, nicht wirklich.«

»Oh, das ist schade. Weißt du, ich habe die Erfahrung gemacht, wenn man beim Sex die Fersen ins Bett stemmt und sich hochdrückt, kann es helfen, einen Orgasmus zu bekommen.«

Ich starre sie an, als hätte sie den Verstand verloren. Sie hat gerade herausgefunden, dass ich mich davongeschlichen habe, um einen Typen zu treffen, und will nur wissen, ob ich einen Orgasmus hatte?

Sie seufzt, als sie merkt, dass ich nicht zum Plaudern aufgelegt bin.

»Du kannst mit mir reden. Ich liebe dich, egal was du getan hast. Weißt du, du kannst nichts tun, was ich nicht auch schon mal getan habe«, erinnert sie mich grinsend.

Sie lehnt sich in ihrem Stuhl zurück, und mit leuchtenden Augen lässt sie mich an der Geschichte von einer sexuellen Erfahrung mit einem Native American in einem Fluss im Jahr 1969 auf Woodstock teilhaben. Dann, genauso überraschend, lehnt sie sich wieder vor und wird ernst.

»Bist du sicher, dass alles in Ordnung ist? Ist was passiert?«, fragt sie mit einer Eindringlichkeit, die mich überrascht.

»Mir geht's gut«, versichere ich.

»Ich will nur, dass du da draußen auf dich aufpasst. Es ist nicht wie in der Family, wo alle sich lieben und aufeinander achten. Bevor ich zur Family kam, wurde ich in einem Fotostudio in New York vergewaltigt. Kurz danach wäre das fast noch einmal passiert, und ich wurde mit einem Messer bedroht. Der Angreifer hat mich durch die Tür des Gebäudes geschubst, in dem mein damaliger Freund gewohnt hat, und zum Glück konnte ich noch bei ihm klingeln und um Hilfe rufen. Er kam angerannt und hat den Typen verjagt«, erzählt sie im Plauderton.

»Tut mir leid, Mom …«

»Halb so schlimm«, sagt sie beschwingt. »Mir geht's gut. Es hat keine bleibenden emotionalen Schäden hinterlassen. Ich bin darüber hinweggekommen.«

Ich schaue sie komisch an, aber reite nicht darauf herum. Es ist nicht das erste Mal, dass sie mir von diesen Vergewaltigungen erzählt. Sie hat sie schon ein paarmal beiläufig erwähnt, wenn sie mir davon berichtet hat, wie sie zur Family gekommen ist, aber ich weiß diese Geschichten erst jetzt zu schätzen, wo ich selbst schon einmal Sex hatte. Soll ich mich um sie sorgen? Es scheint sie wirklich nicht zu beschäftigen. Auch Grandpa findet Vergewaltigungen nicht so schlimm. In einem Mo-Brief mit dem Titel *Rape* (*Vergewaltigung*) rät er Frauen, sich einfach zu unterwerfen und es hinter sich zu bringen, sogar zu versuchen, dem Vergewaltiger Gottes Liebe zu zeigen. Ich muss an *Heaven's Girl* denken, und es läuft mir kalt den Rücken runter.

Mom lächelt. »Vergewaltigt zu werden ist nichts, worüber du dir in der Family Sorgen machen musst, zum Glück.«

Ja, warum jemanden vergewaltigen, wenn Sex im Terminkalender steht?

Ich denke an all die Männer, mit denen meine Mutter über die Jahre schlafen musste, obwohl sie sich nicht zu ihnen hingezogen fühlte. Im Camper in den USA, im Home in Thailand, auf der Farm. Ich schüttle den Kopf. Das ist natürlich etwas anderes. Da geht es darum, Gottes Liebe zu verbreiten … oder?

»Na ja, FFing war tatsächlich nicht immer ganz ohne«, fährt sie fort, als könnte sie meine Gedanken lesen. »Ich erinnere mich an einen Fall in Libyen …« Sie verstummt kurz.

Der Satz bleibt in der Luft hängen, bis ich die Stille breche. »Was ist in Libyen passiert?« Mom liebt es, ein Publikum zu haben.

»Also«, sagt sie und seufzt theatralisch. »Ich weiß noch, als ich mit Aunt Faithy und deinem Vater nach Libyen eingeladen wurde. Ich habe mich so darauf gefreut, zum ersten Mal deinen Großvater zu treffen. Ich war schon durch die Mo-Briefe hin und weg von ihm. Jedenfalls hat einer von Gaddafis Männern, der uns während des Aufenthalts betreuen sollte, mich fast vergewaltigt, als ich mal mit ihm allein war. Ich habe mich krank gestellt, um ihn abzuwimmeln. Erst später habe ich erfahren, dass Mama Maria und Grandpa mich unter anderem auf die Reise mitgenommen hatten, damit ich mit diesem furchtbaren, schleimigen Mann schlafe, in der Hoffnung, dass er ein King – ein Unterstützer – der Family in Libyen wird. Sayyid hieß er. Sie wollten mich ihm als zweite Frau anbieten.« Sie verzog das Gesicht. »Aber bevor sie den Plan in die Tat umsetzen konnten, nahm Gaddafi ihn fest, weil er das Geld gestohlen hatte, das eigentlich für unsere Verpflegung gedacht war. Er ist im Gefängnis gelandet.«

Mom lacht über ihr knappes Entkommen, während ich sie ehrfürchtig und erschrocken anstarre.

»Bis auf dieses kleine Ärgernis fand ich Libyen toll! Dort hat Grandpa deinen Vater und mich zusammengebracht«, sagt sie und lächelt. *Ja, den Teil der Geschichte kenne ich.*

»Dort bin ich auch deinem Grandpa ganz nahegekommen«, gesteht sie mit einem verschmitzten Lächeln.

»Was?! Du hattest Sex mit Grandpa?« Das ist der größte Schock des Abends, des Jahres!

Sie hält sich die Hand vor den Mund wie ein kleines Mädchen. »Mama Maria hat mich in sein Schlafzimmer gebracht, damit ich mit ihm schlafe«, platzt es aus ihr heraus. »Es war etwas seltsam, aber eine große Ehre.«

Seit ich denken kann, hat mich meine Mutter eher wie eine Gleichaltrige behandelt als wie eine Tochter. Aber obwohl sie nicht wirklich ein Blatt vor den Mund genommen hat, ist diese Enthüllung ein

Knüller. Meine Mutter hatte Sex mit dem Propheten! Es ist in der Tat eine große Ehre. *Warum hat sie das noch nie erwähnt?*

»Und?«, frage ich nach.

»Na ja … Grandpa konnte keine Erektion bekommen, also haben wir nur für eine Stunde oder so gekuschelt. Mama Maria war die ganze Zeit dabei, hat in der Ecke was getippt«, erinnert sich Mom.

Ah, vielleicht hat sie aus Scham nie etwas gesagt, weil er bei ihr keinen hochbekommen hat. Diese Information schmälert jedenfalls sein Image vom sexuellen Durchhaltevermögen und der Lust, wie sie in den Mo-Briefen beschrieben werden.

Es ist allseits bekannt, dass Grandpa kein Problem mit Inzest hat, solange nahe Blutsverwandte keine Kinder zusammen zeugen (um Missbildungen zu vermeiden), also wäre Moms Erlebnis mit Grandpa eigentlich auch nichts Ungewöhnliches. Wahrscheinlich liegt es daran, dass mich das System in den letzten Jahren stark beeinflusst hat, denn der Gedanke daran, dass Mom beinahe Sex mit meinem Großvater hatte, bevor sie meinen Vater heiratete, ist mir unangenehm.

»Wie auch immer.« Mom lässt Vergangenes vergangen sein. »Eigentlich geht es um dich und deine sexuellen Erfahrungen!«

Ein Geständnis verdient ein anderes, denke ich mir. Außerdem haben mich meine Dating-Erfahrungen enttäuscht, und ich bin es leid, mich heimlich rauszuschleichen. Vielleicht ist das Gottes Art einzugreifen.

Ich starre in ihr hoffnungsvolles Gesicht. Sie will mehr hören. Na gut, ich kann es ja mal probieren.

»Ja«, gestehe ich. »Ich schleiche mich seit Monaten mit Em und Jen raus.«

Meine Mom hält ihr Wort und regt sich nicht auf, sie schimpft nicht einmal. Aber sie erzählt es meinem Vater, und der meldet uns den Schäfern in Japan – den namenlosen, gesichtslosen Leuten am anderen Ende der Telefonleitung, die unser Leben steuern.

Wenn es nur das abendliche Herumschleichen gewesen wäre, hätten mein Vater und sie es als Familie geregelt. Aber da Emily und Jen auch dabei waren, Teenager, die von der Family in ihre Obhut gegeben wurden, mussten sie es melden, und sie konnten auch nicht nur die beiden verraten und mich nicht. Letztendlich wäre es über die Mädchen herausgekommen, dass ich ebenfalls beteiligt war, und mit einem solche Vertuschungsversuch würden meine Eltern noch viel schlechter dastehen.

Eigentlich bin ich nicht wirklich überrascht. Schließlich wurden wir dazu konditioniert, die anderen zu verpetzen.

Innerhalb weniger Tage erreicht uns ein Machtwort von oben. Es gibt keine dritten Chancen. Em und Jen werden in die USA geschickt und exkommuniziert. Die Schäfer kaufen die Tickets, und mein Vater bringt sie zum Flughafen. Wir wissen nicht, was aus ihnen wird oder wohin sie gehen, und ich höre nie mehr etwas von ihnen.

Ich habe die Wahl: Ich kann in ein Home für Teenager in Japan ziehen oder exkommuniziert werden wie die Mädchen. Schon der Gedanke an Exkommunikation macht mir Angst; wir hätten es fast nicht überlebt, als wir in den USA von der Family abgeschnitten waren. Ich bin zwar jetzt sechzehn, aber ich weiß, dass ich auf eigenen Füßen nicht überleben könnte.

Ein paar Wochen später kommt Auntie Crystal aus Japan zu uns, um mich davon zu überzeugen, in das Teen Home zu ziehen, das sie und Uncle Michael dort leiten. Sie ist voller Verständnis und lieber Worte: »Ich weiß, dass du hier vereinsamt bist, ganz ohne Freunde in deinem Alter oder gute Schäfer. Wir haben eine tolle Gruppe mit fünfzehn Teenagern. Es gibt eine Singgruppe, und wir machen lauter lustige Sachen. Es wird dir gefallen. Und du kannst wieder mit deinen Geschwistern zusammen sein.«

Ich ziehe Japan einer Exkommunikation vor. Die Entscheidung fällt mir nicht schwer, ich gehe den einzig akzeptablen Weg. Japan ist die Nummer eins unter den Teen Communities, und ich habe seit Jahren darüber in den F*amily News* gelesen. Alle meine älteren Geschwister sind mit sechzehn nach Japan gegangen, und ich werde sie endlich wiedersehen. Zumindest manche von ihnen. Josh wohnt mittlerweile mit seiner neuen Frau Laura in Taiwan; Nehi und Hobo sind nach Brasilien gezogen; aber Aaron und Mary sind immer noch in Japan. Esther ist in einer der WS verschwunden, niemand weiß, wo genau.

Ich freue mich darauf, von meinen Eltern wegzukommen, erwachsen zu werden. Wahrscheinlich werde ich meinen Vater, die neue Version, mehr vermissen als meine Mutter, aber vor allem werden mir Jondy und Amy fehlen, meine Babys.

Nach Japan zu gehen fühlt sich an, als würde ich endlich wieder mit dem normalen Strom schwimmen. Aber ich bin auch nervös: *Kann ich mich wieder an die strengen Regeln der Family gewöhnen?* Auf der Farm habe ich mich in letzter Zeit mit sehr vielen weltlichen Dingen beschäftigt: für die Highschool lernen, Romane lesen, Reitunterricht geben, Zeit mit portugiesischen Teenagern verbringen und mich aus dem Haus schleichen, um meinen System-Freund zu treffen.

Zwar haben wir immer noch die Bibel und die Mo-Briefe gelesen und jeden Tag gebetet, aber mein Leben hat sich seit Jahren nicht mehr ums Missionieren gedreht. *Werde ich es schaffen, mich wieder voll und ganz in den Dienst Gottes und der Mission der Family zu stellen?*

Während meiner letzten Wochen auf der Farm lege ich mich richtig ins Zeug, um mein Highschool-Curriculum fertig durchzuarbeiten. Ich weiß, dass ich es – oder meine Bücher – nicht mitnehmen kann. Ich fahre direkt ins Zentrum der Family.

20

ALLE FÜR EINEN, ALSO NIEMAND FÜR DICH

Die Ankunft in Japan ist ein unerwarteter Kulturschock. Japan ist das exakte Gegenteil zu China. Alles ist picobello sauber und geordnet. Es gibt Automaten für alles, was man sich wünschen könnte. Dinge sind *kawaii*, niedlich, wenn sie klein sind. *Vielleicht werde ich endlich irgendwo reinpassen?*

Auntie Crystal und Uncle Michael holen mich vom Flughafen ab. Uncle Michael lächelt mir auf die vertraute, warme Art zu und nimmt mich fest in den Arm. Es ist schön, ihn zu sehen. Auf der Fahrt vom Flughafen träume ich davon, meine Geschwister zu treffen und auf die berühmte Heavenly City School zu gehen.

»Ich weiß nicht, wann du zu ihnen kannst«, antwortet Auntie Crystal eingeschnappt, als ich frage, wann ich meine Familie sehen kann. »Sie leben in einem anderen Landesteil, Stunden entfernt.« *Moment mal. Hatte sie mir nicht erzählt, ich könnte sie bald wiedersehen?* Wir fahren durch weites, offenes grünes Farmland. Als wir endlich ankommen, befinden wir uns in der Nähe von Fukuoka, einer Stadt im Süden Japans, neunzig Flugminuten von der HCS in Tateyama entfernt. Vor uns steht ein traditionelles japanisches Gebäude.

Uncle Michael führt mich durchs Haus. Etwa fünfzig Leute leben in diesem umgebauten zweistöckigen japanischen Gästehaus, darunter eine Teenager-Gruppe. Mädchen und Jungs schlafen in getrennten Räumen auf Futons auf dem Boden. In den Badezimmern sind Plumpsklos – also ohne Spülung –, die einmal pro Woche vom »Honey-Truck« geleert werden.

Ich werde in das Wohnzimmer der Teenager gebracht. Uncle Michael und Auntie Crystal nehmen ihre Plätze im Raum ein, und die Jugendlichen versammeln sich im Halbkreis um sie. Meine neue Gruppe.

So ziemlich alle wissen, wer ich bin. Seit Jahren kennen sie meine Familie und unser Leben auf der Farm aus den Berichten in den *Family News*. Aber ich zucke nur die Schultern, wenn die Leute mir Fragen dazu stellen. Es käme »stolz« rüber, wenn ich über meine Verbindung zu Grandpa sprechen würde. »Du bist hier nichts Besonderes, du bist wie alle anderen«, wurde mir und meinen Geschwistern jahrelang von den Schäfern eingeredet. In Wahrheit meide ich das Thema. Es lässt Gefühle aufkommen, mit denen ich mich lieber nicht auseinandersetzen will: Gefühle von Ärger und Scham, dass Grandpa uns, seine eigenen Enkelkinder, nie auf einen Besuch eingeladen hat – vor allem jetzt, nach meiner Zeit in den USA, wo ich erlebt habe, wie es ist, Großeltern zu haben.

Diese strenge und distanzierte Miene hatte Auntie Crystal nicht aufgesetzt, als sie mich überredet hat, nach Japan zu kommen. Ich weiß noch genau, dass sie und Uncle Michael die Schäfer waren, die damals die Triumphatoren im Steinhaus beaufsichtigten, dem schlimmsten Ort, an den man geschickt werden konnte. Ich bekomme ein mulmiges Gefühl im Bauch.

»Das ist Faith«, sagt sie zur Gruppe. »Sie kommt aus Macau zur Umschulung. Sie ist bis auf Weiteres auf Bewährung.«

Die Blicke der Teenager durchbohren mich wie kleine Pfeile, und ich werde rot vor Scham. *Ich wurde reingelegt.* Ich bin nicht in Japan, um wieder bei Gleichaltrigen und meiner Familie zu sein. Ich bin zur Bestrafung hier.

Bewährung ist eine Strafe für alles, wofür man bei wiederholtem Vergehen exkommuniziert werden kann, wie Sex mit Systemern und, seit der Family-Richtlinie von 1989, Sex als Erwachsener mit einem minderjährigen Kind. Aber ein Schäfer kann sie nach eigenem Ermessen auch für eine schlechte Grundeinstellung verhängen, wenn man zu kritisch ist oder zweifelt, zu oft widerspricht, sich aus dem Haus schleicht oder Alkohol kauft. Also für so ziemlich alles, was ihnen nicht in den Kram passt.

Ich kann nicht fassen, dass Auntie Crystal sich gegen mich gerichtet hat. Bei ihrem Besuch war sie durch und durch freundlich, gab sich richtig Mühe, alle möglichen Zweifel meinerseits auszuräumen. Sie war so einfühlsam, erzählte mir, es sei unter den gegebenen Umständen völlig verständlich, dass ich mich rausgeschlichen habe, um einen Systemer zu treffen. Sie hat mich verraten.

Mom hat mich verraten.

Und ich habe mich selbst verraten.

Der Ärger, den ich bis in die Fingerspitzen spüre, vergeht langsam wieder. Ich kann niemandem die Schuld geben außer mir selbst. Das muss ich nun allein durchstehen. Ich habe die Tat begangen und muss dafür büßen.

Ich schaffe es nicht, mich sechzehn vorwurfsvollen Blicken auszusetzen, starre stattdessen auf meine nackten Zehen und nehme den Stapel Mo-Briefe der Grundausbildung von Auntie Crystal entgegen. »Die wirst du in den nächsten drei Monaten morgens in Eigenregie zusätzlich zu den zwei Stunden Andacht lesen«, erklärt sie mir. Ich bin ganz unten angekommen. Nach einer schlaflosen Nacht fühle ich mich so allein wie seit Thailand nicht mehr. Ich krieche aus dem Bett und mache mich bereit für die strikten Abläufe im Home. Gerade erst habe ich mich zum Frühstück hingesetzt, da werden mir schon die schlimmsten Aufgaben zugeteilt, und ich erfahre, dass ich alles tun muss, was mir befohlen wird, von wem auch immer – sogar von den jüngeren Teenagern.

Aus Tagen werden Wochen, und ab und zu empfinde ich auch Freude an den neuen Erfahrungen in einem neuen Land, aber meist geht es mir alles andere als gut. Die Mo-Briefe der Grundausbildung, die ich schon hundert Mal gelesen habe, langweilen mich. Früher war es Gewohnheit, doch jetzt kämpfe ich mit dem ständigen Gehorsam, dem Missionieren, dem CD-Verkauf von Tür zu Tür und damit, Badezimmer von fünfzig Leuten zu putzen. Ich vermisse das Lernen, meine Bücher, die Pferde. Ich bitte Gott um Hilfe, damit ich mich wieder an das kommunale Family-Leben gewöhne.

Zum Glück antwortet Er. Er schickt mir eine neue Freundin.

Joy, eine große, schlaksige Halb-Mexikanerin, Halb-Amerikanerin mit langen, dunklen Haaren, tritt schüchtern an mich heran. Wir unterhalten uns immer wieder, und schon bald darauf sitzen wir bei jedem Essen nebeneinander. Zusammen finden wir Dinge, über die wir lachen können, wie unsere Missionierungs-Uniformen: selbstgenähte, kurze Miniröcke aus einem lila Stoff mit Blumenmuster, zu denen wir elastische Shorts und Tops tragen, bei denen der Bauch hervorblitzt.

Joy passt auch nicht wirklich dazu, das haben wir gemeinsam; sie ist zu groß und ernst für ein Land voller lächelnder Puppen. Ich sage ihr, dass sie schön ist, aber ihr Selbstbewusstsein ist eher dürftig, und ich glaube ihr auch nicht, als sie das Kompliment zurückgibt. Wir wünschten beide, wir könnten zu den coolen Jugendlichen gehören: zu den hübschen Mädchen oder den selbstbewussten Mädchen, die sich für hübsch halten, zu den Sängerinnen und Tänzerinnen – den Cheerleadern der Family.

So halten Joy und ich stattdessen am Rande der Gesellschaft fest zusammen, und mir wird klar, dass sie meine erste richtige Freundin ist, seit ich als Zehnjährige mit Patrick zusammen auf der Farm gespielt habe. Wir unterhalten uns bis spät in die Nacht darüber, wie schwer wir es haben. Ich erzähle ihr alles, von meinen Büchern, meinem Selbststudium und den System-Jungs, mit denen ich mich getroffen habe.

Wir sorgen dafür, dass wir zusammen Missionieren gehen dürfen. In jedem Laden überreichen wir den Inhabern unsere bunten Poster, auf deren Rückseite Infos über die Endzeit und den Antichristen und Jesu Liebe stehen, sprechen mit ihnen über Jesus und bitten um eine Spende.

Frische Herbstwinde wehen bereits, und die Blätter an den Bäumen färben sich rot und golden. Solche Farben bekamen wir in Macau nicht zu sehen. Nach einem langen Tag des Missionierens gehen Joy und ich in einen 7-Eleven, um uns aufzuwärmen. Der Duft nach Fleischspießen strömt mir in die Nase. Ich habe Hunger, aber ich wage es nicht, das gesammelte Geld auszugeben und mit leeren Händen zurückzukehren. Schließlich bekommen wir etwas zu essen, wenn wir in ein paar Stunden fertig sind. Ich blättere durch herumliegende Zeitschriften, um mich von meinem knurrenden Magen abzulenken, und auch, um so auszusehen, als würde ich nicht nur Wärme schnorren.

»Widerlich«, sage ich zu Joy, und der brutale Comic fällt mir vor Schreck fast aus der Hand. Darin würgt ein Mann eine Frau, während er sie vergewaltigt. Sie schreit und Tränen strömen über ihr Gesicht. »Das ist ja schrecklich!«

Ich nehme einen anderen Comic und klappe ihn genauso schnell wieder zu. Noch mehr Gewalt und Horror. »Wie können sie diese entwürdigenden Comics einfach so rumliegen lassen, wo jedes Kind sie sehen könnte?!«

»Das ist hier normal.« Joy zuckt mit den Schultern. »Alle Comics sind so. Es gibt sogar Automaten, wo Männer benutzte Unterwäsche von Schulmädchen kaufen können.«

Ich kann die Sittenlosigkeit kaum fassen. Von da an weiche ich meiner Buddy nicht von der Seite. Zwar tue ich immer so, als könnte ich jede Gefahr abwehren, aber ich bin überaus wachsam und blicke bei jedem Windstoß oder unerwartetem Schatten über die Schulter. Japan erschien mir so sicher, wie eine saubere, perfekte, präzise, gut gewartete Maschine. Die Japaner bleiben brav an einer roten Ampel auf einer geraden Straße stehen, wo weit und breit kein Auto zu sehen ist. Aber je genauer ich hinschaue, desto düsterer wird es. Wenn man an der Oberfläche zu kratzen beginnt, ist darunter etwas faulig. Zum Glück sind wir in der Family vor so etwas sicher.

Ein paar Monate lang versuche ich, mich auf das neue Home einzustellen – wie auch auf ein neues Land und ein neues Leben –, doch eines Tages ruft mich Auntie Crystal kochend vor Wut in das leere Tanzstudio. Ich hatte mich geweigert, etwas zu tun, das mir eine jüngere Jugendliche befohlen hatte. Auntie Crystal schreit mich an, dass ich das Letzte sei, ein Nichts und ein Niemand. Keiner schere sich um mich. Keiner möge mich. Keiner stehe auf meiner Seite.

Joy schon, denke ich mir und lasse mich von ihr nicht runtermachen.

Sie lacht, als könnte sie meine Gedanken lesen. Sie lehnt sich vor, sodass ihr Gesicht nur wenige Zentimeter von meinem entfernt ist. »Ich habe Joy gebeten, sich mit dir anzufreunden. Sie hat die ganze Zeit für mich spioniert.«

Ich zucke zusammen, und das nicht nur, weil ihre Spucke auf meinem Gesicht landet. Das ist der fieseste aller Schläge, und das weiß sie genau. Es bricht mir das Herz. Ich schaffe es nicht, Auntie Crystal in die Augen zu sehen. Vor langer Zeit habe ich gelernt, Erwachsenen nicht zu trauen, nicht einmal meinen Eltern, aber Joy? Wir haben über alles gesprochen. Sie hat mich unterstützt, wenn ich am schwächsten war. War die Einzige, auf die ich mich verlassen habe, und jetzt hat auch sie mich verraten.

Am nächsten Tag zwinge ich mich aus dem Bett. Ich zwinge mich zum Frühstück. Ich zwinge mich, nicht wegzurennen, als Joy sich im leeren Tanzstudio neben mich setzt. Mit kalter und versteinerter Miene wiederhole ich alles, was Auntie Crystal mir am Abend zuvor erzählt hat. Die Worte brennen mir in der Kehle.

Als ich fertig bin, greift Joy nach meiner Hand, aber ich ziehe sie weg. Sie atmet tief ein, und dann platzen die Worte aus ihr heraus. »Ja, es stimmt. Sie hat mir befohlen, mich mit dir anzufreunden, um ihr zu berichten. Aber das war nur am Anfang so!« Sie fleht mich mit Tränen in den Augen an. »Dann sind wir richtige Freundinnen geworden. Du bist meine beste Freundin! Ich würde dich nie verraten. Ich habe kein Wort von dem erzählt, worüber wir uns unterhalten haben. Versprochen! Wenn sie nach dir fragt, erzähle ich nur harmlose Sachen, um sie zufriedenzustellen.«

Mein Mund schnappt zu wie eine Mausefalle. Ich weiß nicht, was ich sagen soll. Sie hat mich schon einmal verraten – macht sie es gerade wieder? Ich beobachte, wie aus ihrem Schniefen ein Schluchzen wird, ihre Augen rot werden, die Nase läuft. Wir sitzen da, ich wie eine Statue, sie wie ein Sack Kartoffeln. Fünf oder zehn oder dreißig Minuten später löst sich die Spannung in meinem Kiefer. Ich weiß, wie es in der Family läuft. Joy bestimmt genauso wenig über ihr Leben wie meine Eltern. Die Treue zur Family und zu Gott stehen an erster Stelle. Sie kannte mich nicht, als sie zugestimmt hat, mich auszuspionieren; und zu Auntie Crystal hätte sie ohnehin nicht Nein sagen können. Denn die ist giftig wie eine Klapperschlange und besitzt die völlige Kontrolle über unsere Leben.

Ich lege meine Hand auf die von Joy und sage ihr, dass alles in Ordnung ist. Es tut immer noch weh, fühlt sich an wie ein kleiner Stich ins Herz, aber ich glaube ihr. Freundschaften sind ein zu wertvoller Schatz, um sie einfach so wegzuwerfen.

Der Vorfall mit Joy hat mich gelehrt, dass ich niemandem außer Gott wirklich vertrauen kann. Er ist die einzige Konstante, die nicht einmal die Schäfer kontrollieren können. Auf verzweifelter Suche nach einer Bindung, die mir niemand nehmen kann, entwickle ich eine persönliche Beziehung zu Gott. Ich knie in einem leeren Raum auf dem mit Tatami-Matten ausgelegten Boden und flehe Gott an, mir zu helfen. Ich muss an Thailand denken. »Bitte, Gott«, weine ich. »Hilf mir bitte, gib mir Kraft, gib mir Herzensfrieden, mache mich Deinem Willen ergeben. Ich werde alles tun, was Du von mir verlangst. Bitte hilf mir jetzt. Du bist bei mir, auch wenn ich alleine bin.«

Ich verpflichte mich voll und ganz einer direkten Beziehung zu Jesus, egal wie ungerecht ich die Schäfer finde. Im Psalm 27,10 heißt es: »Denn mein Vater und meine Mutter verlassen mich, aber der HERR nimmt mich auf.« *Das ist die Antwort*, sage ich mir innerlich, *und niemand in der Family kann mich dafür bestrafen.*

Kürzlich haben die WS begonnen, die Mama-Briefe zu veröffentlichen – Mama Marias eigene Briefe zu Themen wie dem Gebet und Gottes Stimme. Ich habe das Gefühl, sie endlich zu verstehen und den Weg der Briefe und der Bibel zu gehen – sie nicht mehr nur zu lesen, weil ich muss. Durch sie habe ich eine Verbindung zu Gott, sie trösten mich und sind mein einziger Ausweg. *Schmerz und Demütigung sind zu meinem Besten*, rede ich mir ein, so wie es mir beigebracht wurde.

Ich lese die Bibel mit neuen Augen, und obwohl ich sie schon oft von vorne bis hinten durchgearbeitet habe, viele Abschnitte schon hunderte Male studiert habe und Dutzende Kapitel auswendig kann, werfen mein neuer Fokus und die Analyse mehr Fragen auf. Vor allem über das Gesetz der Liebe.

Während der Andacht hebe ich die Hand. »Uncle Michael, ich kenne die Bibel, und Grandpa lehrt uns, dass Gottes einziges Gebot Liebe ist und dass die zehn Gebote, vor allem das zum Ehebruch, nicht mehr gelten.«

»Ja. Matthäus 22,37–40: ›Es gibt nur noch zwei Gebote: Liebe Gott, und liebe deinen Nächsten‹«, sagt Uncle Michael und gibt die Stelle in seinen eigenen Worten wieder.

»Aber, ›Die ganze Schrift ist von Gottes Geist gegeben und von ihm erfüllt‹, 2. Timotheusbrief 3,16. Und in der Bibel steht: ›Himmel und Erde werden vergehen, aber meine Worte vergehen nie‹, Matthäus 24,35. Wie können die Zehn Gebote nicht mehr gelten?«

»Sie sind immer noch ein guter Leitfaden für Menschen, die nicht erlöst sind«, antwortet Uncle Michael. »Aber im Galaterbrief 3,24–25 steht: ›So führte das Gesetz uns wie ein streng ermahnender Erzieher zu Christus, damit wir durch den Glauben von Gott als gerecht anerkannt würden. Nachdem nun der Glaube gekommen ist, stehen wir nicht mehr unter einem Erzieher.‹«

Ein paar Minuten später geht meine Hand wieder hoch.

»Ja, Faith.« Er klingt leicht genervt, also muss ich aufpassen.

Ich lenke ein. »Natürlich glaube ich an das Gesetz der Liebe. Ich will nur sichergehen, dass ich es richtig verstanden habe, damit ich beim Missionieren alle Fragen der Systemer beantworten kann.«

Sein Gesichtsausdruck entspannt sich ein wenig.

»Was ist mit der Stelle im Matthäus-Evangelium, wo Jesus sagt: ›Ihr wisst, dass es heißt: Du sollst die Ehe nicht brechen! Ich aber sage euch: Wer die Frau eines anderen begehrlich ansieht, hat in seinem Herzen schon Ehebruch mit ihr begangen.‹«

»Tja, Faith, an der Stelle hat Jesus den Pharisäern gezeigt, dass man die Zehn Gebote unmöglich einhalten kann, wenn sogar eine Frau begehrlich anzusehen Ehebruch bedeutet. Er hat aufgezeigt, dass die Gnade jetzt im Vordergrund stehen muss.«

»Das ergibt Sinn«, antworte ich. »Aber was ist mit dem, was Paulus sagt: ›Menschen, die in sexueller Unmoral und fortwährendem Ehebruch leben, wird Gott richten‹?« (Hebräer 13,4)

»Es ist gut nachzufragen, um zu lernen, aber wir müssen aufpassen, dass wir mit unseren Fragen nicht die Grenze zum Zweifel überschreiten.« Uncle Michaels scharfer Blick und sein Vorwurf des Zweifelns bringen mich sofort zum Schweigen; an Gottes Wort zu »zweifeln«, beschert einem eine Strafe, eh man sichs versieht.

»Jetzt zu deiner Frage«, fährt Uncle Michael gereizt fort, »Paulus hing seine Zeit als Pharisäer immer noch nach. Gott hat Grandpa das neue und eingegebene Wort übermittelt, in dem neue Wahrheiten und Auffassungen der Bibel offenbart werden, jetzt wo wir, Gottes Armee der Endzeit, bereit sind, sie zu empfangen.«

Ich hebe wieder die Hand, aber Uncle Michael sieht mich von seinem Platz am Kopf des Tisches aus streng an und fragt mit seiner autoritären Stimme: »Glaubst du daran, dass Grandpa Gottes Prophet ist?«

»Ja, natürlich. Tut mir leid. Ich will es nur verstehen«, sage ich mit gesenktem Blick.

Natürlich hat Grandpa recht, alles andere wäre Ketzerei, also versuche ich, den Gedanken auszublenden. Aber ich verstehe es trotzdem noch nicht. Und insgeheim glaube ich, die Erwachsenen tun es auch nicht, zumindest nicht diejenigen, die ich dazu befragt habe. *Meint Uncle Michael, dass die gesamte Bibel göttlich inspiriert ist, nur die Lehren des Paulus nicht? Aber wir zitieren Paulus ständig. Vielleicht stimmt nur ein Teil von dem, was Paulus sagt. Aber wie kann dann die gesamte Bibel das Wort Gottes sein?*

Verwirrt schiebe ich diese gefährlichen Überlegungen in den Hinterkopf und lagere sie in einer Schublade mit der Aufschrift »ungeklärte Fragen für später«.

Ein paar Tage nach meiner Konfrontation mit Uncle Michael erfahre ich zu meiner großen Freude, dass er und Auntie Crystal von Gott gerufen wurden, ein Teen Home in einem anderen Land zu eröffnen, was bedeutet, dass die Gruppe der Jugendlichen aufgelöst und auf andere Homes verteilt wird.

Joy und ich flehen darum, ins selbe Home geschickt zu werden, wohin auch immer, und zu unserer eigenen Überraschung und Freude wird unser Wunsch erfüllt.

Unser neues Home ist in Komae, einem Vorort von Tokio. Es befindet sich in einem umgebauten zweistöckigen Gästehaus mit vielen kleinen Zimmern und einer zentralen Küche – perfekt geeignet als Family Home für sechs Familien und acht Teenager. Fünf von uns Mädchen aus Fukuoka schlafen in einem Zimmer, und ich versuche, mich so unsichtbar wie möglich zu machen, um meine fast überstandene Bewährungszeit nicht weiter auszudehnen.

Aber beim Abendessen höre ich eine tiefe Stimme meinen Namen rufen. Erschrocken drehe ich mich um und sehe meinen Bruder Josh neben seiner Frau Laura und ihren zwei kleinen Kindern stehen. Ich war nicht auf ihrer Hochzeit, genauso wenig wie auf der von Nehi, David und Mary. In der Family sind das kleine, einfache Zeremonien zu Hause oder draußen in der Natur und meist durchgeführt vom Schäfer des Homes. Wir können Gottes Geld nicht für egoistische Reisen ausgeben, und dazu zählen auch Hochzeiten, Wiedersehenstreffen oder Weihnachtsfeiern.

Ich laufe zu Josh und umarme ihn. Es spielt keine Rolle, dass Josh nicht mein Lieblingsbruder ist oder dass er mich als Kind geärgert und bei den Erwachsenen verpetzt hat, wenn Patrick und ich *Heaven's Girl* gespielt und so getan haben, als wäre Josh der Antichrist. Josh ist ein Blutsverwandter.

»Hey, kleine Faithy, du bist ja groß geworden!«, sagt er mit einem schiefen Lächeln.

»Du auch, Brüderchen«, erwidere ich und gebe ihm einen Klaps auf den Arm.

Er hatte schon immer einen Hang zum Sarkasmus, und anscheinend hat sich daran nichts geändert.

Laura umarmt mich etwas aufrichtiger, und ich freue mich, sie nach all den Jahren wiederzutreffen. »Du siehst genauso aus wie früher«, sage ich.

Sie ist ein schlankes, zurückhaltendes Mädchen mit dunkelblonden Haaren. Ihre erste Schwangerschaft habe ich nicht mitbekommen, weil ich in den USA war, aber hier steht sie vor mir mit zwei gesunden kleinen Kindern.

Laura mag zwar zerbrechlich wirken, aber sie ist meine Rettung, als sie mit ihrer nüchternen Art daherkommt und mir beibringt, Curry für fünfzig Leute aus den Nahrungsmitteln zu kochen, die beim Spendensammeln zusammengekommen sind. Ich bin neuerdings in der Küche eingeteilt und habe keine Ahnung, wo ich überhaupt anfangen soll.

Dann, eine Woche später, bekomme ich einen kurzen, aber erfreulichen Besuch von Aaron. Er und Mary leben in der Heavenly City School, ein paar Stunden entfernt, aber ein Auftritt beim Weihnachtskonzert der HCS-Tanzgruppe, der er kurz nach seiner Ankunft in Japan beigetreten ist, bringt ihn nach Tokio. Mary kümmert sich um die Kinder, also verreist sie nur selten.

Ich entdecke ihn aus der Ferne in der Lobby des Veranstaltungssaals, den die Family für die Show gemietet hat, und er begrüßt mich mit einer festen Umarmung. »Hey, kleine Schwester! Du bist ja inzwischen ganz schön erwachsen.«

»Und sieh dich mal einer an, endlich erfüllt sich dein Traum vom großen Ruhm!« Ich sauge seinen Anblick förmlich auf. Seine Überschwänglichkeit hat mir gefehlt.

»Wie geht's dir? Hast du was von den anderen gehört?«, frage ich.

Nehi und Hobo haben es gut in Brasilien, sie leben dort jeweils mit ihren Frauen und ein paar Kindern.

Ich wünschte, wir könnten in aller Ruhe reden, aber die Show fängt gleich an. Also gehen wir in den Saal und setzen uns auf unsere Plätze. Als die Lichter ausgehen, raubt die Show mir sofort den Atem. Die Truppe zaubert ein Spektakel mit professioneller Beleuchtung, Kostümen und Tanzeinlagen auf die Bühne. In keiner Weise vergleichbar mit unseren bescheidenen Kinderaufführungen. Und mittendrin Aaron, der über beide Ohren grinst. Ich bin stolz auf ihn und ein bisschen neidisch.

Am Weihnachtstag bin ich dankbar, die erlaubten drei Minuten mit meiner Mom sprechen zu dürfen. Ferngespräche sind nicht gern gesehen, weil sie eine Verschwendung von Gottes Ressourcen sind. Ein internationales Telefonat von ein paar Minuten kann bis zu 30 Dollar kosten, also bekommt man höchstens einmal im Jahr die Erlaubnis, wenn man Glück hat. Ansonsten läuft die Kommunikation per Post. Nicht alle Schäfer kennen sich wie meine Eltern mit den komplizierten E-Mails aus, aber in mehr und mehr Homes gibt es mittlerweile zumindest einen Computer.

»Hast du die Weihnachtskarte bekommen, die ich dir geschickt habe?«, fragt sie und kann ihre Begeisterung kaum zügeln.

»Ja.«

»Und das, was ich hineingesteckt habe?«, sagt sie beinahe im Flüsterton.

»Ja, danke.«

Ihre Karte traf vor einer Woche ein, mit einem aufgeklebten Foto unserer Familie. Ich habe mich an ihre Worte beim Abschied in Macau erinnert – dass ich immer hinter dem Foto nachsehen soll –, also habe ich das Klebeband abgezogen und einen Zehn-Dollar-Schein gefunden.

Die Schäfer lesen all unsere Post und es wird erwartet, dass alles Geld aus unserem Besitz ins Home fließt. Mom ist ziemlich stolz darauf, einen Trick gefunden zu haben, die Kontrollen zu umgehen.

Natürlich gebe ich das Geschenk nicht aus. Das tue ich nie. Ich stecke jeden kleinen Geldbetrag, den ich zum Geburtstag bekomme, in einen roten chinesischen Neujahrsumschlag, den ich wiederum in einer aufgerollten Socke aufbewahre, in der Hoffnung, dass er selbst bei Taschenkontrollen nicht entdeckt wird. Wenn der Antichrist wirklich kommt und wir fliehen müssen, bin ich möglicherweise auf mich allein gestellt, ohne den Schutz eines Homes.

Das nächste Telefonat mit meinen Eltern findet erst an Weihnachten im Jahr darauf statt, 1993. Es ist viel passiert, seit ich die Farm verlassen habe. Etwa sechs Monate nach meiner Abreise wurde ihnen ein Ultimatum gestellt: Entweder sie ziehen in ein vollwertiges Home oder werden aus der Family rausgeworfen. Für meinen Vater hätte das bedeutet, dass er die monatlichen Bezüge verliert, auf die er angewiesen ist. Er und meine Mutter müssten dann vom Spendensammeln leben, worin sie nie wirklich gut waren, und den Reitstunden, die gerade mal die Kosten für die Pferde deckten. Also willigten sie ein, sich wieder voll der Family anzuschließen. Meine Eltern verkauften die Pferde und zogen mit meinen kleinen Geschwistern in einen großen Combo in Taiwan.

Kurz vor Ablauf meines Japan-Visums werde ich nach Taiwan geschickt und darf sie für ein paar Tage besuchen. Ich freue mich sehr, nach all der Zeit wieder bei ihnen zu sein, aber ich mache mir auch Sorgen um sie. Dad hat immer sein eigenes Ding durchgezogen, was in Family Homes nicht so gern gesehen ist; und Mom hat ihre eigenen Geheimnisse. Sie erzählen mir von ihrem Plan, für ihre nächste Visa-Reise in drei Monaten in die USA zu fliegen, um ein paar rechtliche Sachen zu klären. Dad und Esther wollen offiziell die Scheidungspapiere einreichen; auch wenn es innerhalb der Family keine Rolle spielt, erleichtert eine Scheidung die Art von System-Bürokratie, für die man eine Unterschrift des Ehepartners braucht, vor allem wenn der Ehepartner in einem anderen Land lebt. Wenn alle Formalitäten erledigt sind, wird Mom die einzige Ehefrau meines Vaters sein.

Ich bin nicht sicher, was ich sagen soll; ich wusste nicht, dass mein Vater und Esther noch offiziell verheiratet waren, denn in der Family waren sie geschieden und lebten seit Jahren getrennt. Ich bekomme gar nicht die Gelegenheit, weitere Fragen zu stellen, und verliere ohnehin den Faden, als sie mich einladen, mit ihnen zu kommen.

»Ja!«, platzt es aus mir heraus, und ich springe auf. Es ist eine völlig unerwartete Gelegenheit, meinen Highschool-Abschluss zu machen. Ich habe alle Pflichtübungen absolviert, bevor ich Macau verlassen habe – in zwei statt der üblichen vier Jahre, weil ich die Arbeitsbücher in meinem eigenen Tempo durcharbeiten konnte –, aber für das Zeugnis muss ich die Abschlussprüfung ablegen. Die Prüfung muss von einem lizensierten, amerikanischen Pädagogen abgenommen werden.

Mein Herz hüpft auf und ab vor Freude. Das könnte meine einzige Chance sein.

Ich bitte den für die Teenager zuständigen Schäfer um Erlaubnis und darf für meine nächste Visa-Reise zusammen mit meinen Eltern in die USA fliegen. Ich freue mich schon so auf die Bücher, Waschmaschinen, Fernseher und vor allem auf Grandad und Barbara.

Der Herbst in Indiana ist wunderschön, die Bäume leuchten rot und golden, in der Einfahrt knistert das Laub, und es duftet nach Barbaras frischgebackenem Pumpkin Pie. Wir setzen uns gemeinsam zum Essen an den Tisch, der immer noch gleich aussieht, in einem Raum, der immer noch gleich aussieht, umgeben von den immer noch gleichen Bildern, als stünde in dem Haus die Zeit still. Es ist sowohl seltsam als auch tröstlich. Nichts in meinem Leben ist je für längere Zeit gleich geblieben.

Ich lecke mir die Schlagsahne von den Fingern und gehe sofort wieder zurück in mein Zimmer, um zu lernen. Seit ich die Erlaubnis für die Reise erhalten habe, gehe ich die Fächer des üblichen Highschool-Lehrplans noch einmal durch, vor allem Mathe. Ich will bestmöglich vorbereitet sein.

Barbara hat in die Wege geleitet, dass ich die Prüfung in einem leeren Klassenzimmer in ihrer Schule ablegen kann. Während ich an den weißen Wänden voller bunter Plakate vorbeigehe, muss ich an die Zeit zurückdenken, als ich in Atlanta zum ersten Mal eine öffentliche Schule besuchte. Ich spüre die altbekannte Anspannung, als ich meine HB-Bleistifte auspacke, und das altbekannte gelassene Selbstvertrauen beim Ausfüllen des Tests. Die Zeit vergeht wie im Flug, und ich merke gar nicht, dass zwei Stunden vorüber sind, als plötzlich der Buzzer ertönt. Es gab auf jeden Fall Aufgaben, die ich nicht lösen konnte, aber ich weiß, dass ich bestehen werde. Die Frage ist nur: Wie gut war ich?

Mein Ergebnis beschert mir in Englisch einen Platz im Spitzenfeld. In Mathe lief es nicht ganz so gut, aber das überrascht mich nicht. Und eigentlich ist es auch egal. Ich habe die Anforderungen für einen Highschool-Abschluss erfüllt, und zwei Wochen später kommt das Diplom per Post an. Meine Mutter überreicht es mir, als wäre es ein königliches Edikt, und Grandad und Barbara jubeln und klatschen. Als ich das dünne Blatt Papier in den Händen halte, durchströmt mich eine Kraft – von den Fingern die Arme hinauf bis in die rot glühenden Ohrläppchen. Ich habe die Highschool abgeschlossen, mit siebzehn Jahren und nach gerade mal sechs Monaten traditioneller Schulbildung. Obwohl meine Bildung in der Family als Hobby nebenbei angesehen wird und ich außer mir keine Teenager kenne, die den gleichen Weg gegangen sind, und obwohl die Family den Nutzen eines Highschool-Abschlusses nicht erkennt und auch nur darüber zu reden als »weltlich« verschrien wäre, stehe ich erhobenen Hauptes da in der Gewissheit, einen Plan B zu haben.

Im Oktober 1994, kurz vor meinem Rückflug nach Japan, mache ich einen Zwischenstopp in einem Family Home in Los Angeles. Nach dem Essen unterhalte ich mich gerade mit ein paar Teenagern, als alle ins Wohnzimmer gerufen werden. Ich zwänge mich auf die Ecke eines abgenutzten, braunen Cordsofas und warte mit dreißig anderen darauf, den neuen Brief von Mama Maria zu hören. Die Luft ist schwer. Der Schäfer des Homes versucht, seine Tränen zurückzuhalten, als er anfängt zu lesen.

»Gott hat unseren Propheten für seine himmlische Belohnung zu sich gerufen.« Die Worte wollen mir nur schwer in den Kopf. Mein Großvater Moses David ist im Alter von fünfundsiebzig Jahren verstorben.

21

LANG LEBE DER PROPHET

Mama Maria sendet eine Pressemitteilung aus, und Zeitungen in aller Welt drucken die Neuigkeit: »Gründer der *Children of God* laut Angaben der Sekte verstorben«, heißt es in der Schlagzeile der *Los Angeles Times*.

Grandpas Tod trifft die Family hart. Wir wussten alle, dass er seit der Kindheit Probleme mit dem Herzen hatte und irgendwann auch Speiseröhrenkrebs diagnostiziert wurde. Über die Jahre wurden wir immer wieder aufgefordert, für ihn zu beten, und er hat mehrfach betont, dass Mama Maria im Fall seines Todes die Leitung der Family übernehmen würde. *»Maria ist bereits jetzt meine Managerin und sagt mir, was ich tun soll«*, gab er zu. Sie und Davidito sollten die beiden Endzeitzeugen aus dem Buch der Offenbarung werden. Aber er war derjenige, der immer alle um sich geschart hatte; sein Tod scheint unmöglich.

Wenn Grandpa der Endzeitprophet war, wie konnte er vor der Ankunft des Antichristen sterben? Was ist mit all seinen Prophezeiungen?

Grandpa hatte ursprünglich vorhergesagt, dass Jesus 1993 zur Entrückung wiederkehren würde, nach den letzten sieben Jahren der Großen Trübsal, einer Zeit, in der alle Religionen auf wahrlich schreckliche Weise vom Antichristen verfolgt würden. In den späten Achtzigerjahren, als wir nicht mehr Verfolgung als zuvor erlebten, und den Antichristen nicht unter den Weltherrschern festmachen konnten, behauptete Grandpa, der Antichrist hätte sich heimlich erhoben und herrsche hinter den Kulissen; er würde erst in den letzten dreieinhalb Jahren der schlimmsten Verfolgungen an die Öffentlichkeit treten und der Welt das »Malzeichen des Tieres« auferlegen. Das hat uns zwar auf Trab gehalten, aber ich dachte immer, die Endzeit würde etwas offensichtlicher sein, mit eingesperrten und hingerichteten Christen, so wie in *Heaven's Girl*.

1991 behauptete Grandpa, die Entrückung würde womöglich doch nicht 1993 stattfinden, so wie er ursprünglich geweissagt hatte. Weil wir so gute Arbeit leisteten, gab Gott uns mehr Zeit, um Seelen für sein Königreich zu retten. Gott hätte das Recht, seine Meinung zu ändern. Aber wir dürften nicht selbstgefällig werden, wie in der Parabel der fünf gedankenlosen Brautjungfern (Matthäus 25,1–13), da wir uns mit Sicherheit bereits in der Endzeit befänden. All unsere Mühen, unser Schmerz, unsere Opfer seien nur vorübergehend. Schon in wenigen Jahren würde alles vorbei sein, wenn Jesus wiederkehrte, und dann würden wir reichlich belohnt werden. Wir müssten uns ins Zeug legen und in der kurzen Zeit, die uns noch blieb, so viele Seelen wie möglich retten.

Während der Schäfer tapfer, aber mit zittriger Stimme versucht, den gesamten Inhalt von Mama Marias Brief vorzutragen, erklingt leises Schluchzen. Die Nachricht ist fast zu gewaltig, um sie zu verarbeiten. Wir rücken enger zusammen, und der Schäfer liest Seite um Seite von Prophezeiungen, in denen Grandpa gepriesen und in seine himmlische Belohnung entsandt und Mama Maria an seiner Stelle zu unserer neuen Anführerin ernannt wird. Wir erfahren nichts über die Hintergründe seines Todes, das genaue Datum, wo es passiert ist, die Todesursache oder überhaupt irgendetwas, von dem man Rückschlüsse ziehen könnte, wo er sich versteckt hatte, und folglich, wo sich Mama Maria gerade aufhält.

Als der Schäfer fertig ist, brechen alle in Tränen aus und fragen sich: *Was jetzt?*

Ich kann nicht weinen. Ich bin traurig, aber auch sehr wütend. *Warum durfte ich Grandpa nie treffen? Warum hat er mich sein Leben lang ignoriert?*

Tiefe Bestürztheit und Zorn kämpfen um den ersten Platz in meinem Herzen. Alles umsonst. Alles zu spät.

Während alle zusammensitzen, suche ich ein Telefon und rufe meine Mutter an, die immer noch mit Dad zusammen in Texas ist, um den Papierkram zu erledigen. Wir sprechen ein paar Minuten über diese schreckliche Wendung. Mom hat keine weiteren Informationen für mich. Es gibt nicht viel zu sagen. Tot ist tot. Ich frage, ob ich mit meinem Vater sprechen kann, aber das bringt auch nichts; er scheint dem Ableben seines Vaters gleichgültig gegenüberzustehen.

Jetzt bleibt uns nur noch, was Grandpa hinterlassen hat: seine vielen Schriften und mehr als dreitausend Mo-Briefe.

Vier Monate nach Grandpas Tod feiern wir zum ersten Mal seinen Geburtstag ohne ihn. Normalerweise hat die gesamte Family um dieses Datum herum drei Tage lang gefastet und für seine Gesundheit gebetet. Dieses Jahr ruft Mama Maria statt des Fastens ein Fest aus, aber sie führt die Tradition fort, dass alle ihre Arbeit unterbrechen und für drei Tage zusammensitzen sollen, um zu beten und die *neuen* Offenbarungen des Himmels zu lesen, die Mama-Briefe – Prophezeiungen, die Mama Maria und ihre Leute von Grandpa und Jesus erhalten haben. Zwar werden die Mama-Briefe schon früh verschickt, aber wir dürfen sie erst am 18. Februar öffnen – unserem Festtag.

Fast niemand traut sich, etwas gegen Mama Maria zu sagen, denn auch nur ein Hauch von Zweifel an ihrer Rolle als Grandpas auserwählte Nachfolgerin wäre Blasphemie. Doch obwohl wir voller Tatendrang ohne Grandpa weitermachen, bemerke ich vage Hinweise auf Unstimmigkeiten unter den Altgedienten, die von Beginn an in der Family waren. Manche beschweren sich, dass die Briefe ohne Grandpas feurige Verkündungen und verrückten Träume langweilig geworden sind. Sie bestehen fast nur noch aus Prophezeiungen, die Mama Maria von Grandpa und Jesus erhält. Die waghalsigeren Jünger meckern, dass sie der Family wegen Moses David beigetreten sind, nicht wegen Mama Maria.

Für uns in der jüngeren Generation, die wir sowohl mit Briefen von Grandpa als auch von Mama Maria aufgewachsen sind, macht es kaum einen Unterschied. Wir vermissen alle Grandpas Hang zum

Bizarren, aber das war's auch schon. Von Davidito haben wir ohnehin nicht viel gehört, seit er ein Teenager ist. Mir kommen Gerüchte zu Ohren, dass er möglicherweise an der HCS ist, aber niemand weiß es genau. Ich frage mich, wie er mit all dem umgeht.

Als ich nach Tokio zurückkehre, bin ich immer noch etwas aufgewühlt, doch ich verdränge meine Gefühle, als die Schäfer mir eine Beförderung anbieten. Mit siebzehn werde ich gebeten, sechs Schüler im Alter von sieben bis dreizehn Jahren Vollzeit zu Hause zu unterrichten. Ich halte mich an das CLE-Curriculum, das Mama Maria offiziell zur Bildung der Kinder genehmigt hat. Da ich die Einzige bin, die mit diesem Studienplan einen Highschool-Abschluss gemacht hat, habe ich den anderen Lehrern etwas voraus.

Meine Schüler halten mich auf Trab, aber es entgeht mir nicht, dass die Teenager um mich herum sich Partner suchen oder schon gefunden haben. Seit Miguel in Macau hatte ich keinen Freund mehr. Ich habe zu oft erlebt, dass Typen mit mir rummachen und dann abhauen, also lasse ich sie mittlerweile so lange zappeln, bis ich merke, ob ihr Interesse echt ist. Ich suche jemanden, dem ich vertrauen kann, den ich bewundere, aber ich bin es auch satt, allein zu sein. Vor allem seit ich meine einzige Freundin Joy verloren habe. Ihre Eltern haben um ihre Rückkehr nach Mexiko gebeten, nachdem klar war, dass die japanische Einwanderungsbehörde ihr Visum nicht weiter verlängern würde. Wir schreiben einander lange Briefe, nehmen sogar Sprachnachrichten auf Kassette auf, aber es ist nicht das Gleiche.

Der Schäfer des Homes redet ein ernstes Wörtchen mit mir und teilt mir unter vier Augen mit, dass ich zu »wählerisch« bin. Also zwinge ich mich, bei unseren Teen Fellowships (den Zusammenkünften von Jugendlichen der fünf Family Homes in Tokio und Umgebung) die alleinstehenden Jungs kennenzulernen, aber ich bringe keine Gefühle für irgendetwas oder irgendjemanden mehr auf. Immer wieder laufe ich allerdings einem jungen Mann namens Chris über den Weg, den ich noch von früher aus Macau kenne. Er war damals ziemlich albern, doch jetzt, sechs Jahre später, ist er groß geworden und überragt mich mit seinen eins dreiundneunzig. Er ist nett, spricht die lokale Sprache und ist richtig gut im Spendensammeln. Aber er ist auch tollpatschig und übergewichtig und immer, wenn wir allein sind, finde ich eine Ausrede, um den Raum zu verlassen.

Nachdem ich seine beharrlichen Annäherungsversuche fast ein Jahr lang ignoriert habe, lasse ich mich überreden. Ich rede mir ein, dass er wirklich lieb ist, und die Tatsache, dass er bereit war, so lange auf mich zu warten, muss ein Zeichen für wahre Liebe sein; und dass ich in Bezug auf sein Aussehen zu oberflächlich bin. Wir fangen an, »miteinander zu gehen«, und er kommt mich an den Wochenenden in Komae besuchen. Er schwebt im siebten Himmel, und ich weiß, dass es mir eigentlich genauso gehen sollte.

Alle in der Family freuen sich sehr für uns – und sind froh, dass ich endlich mit einem Jungen aus der Family zusammen bin –, dass sich ihre und meine Interessen überschneiden. Aber egal wie sehr ich mich bemühe, sein Körpergewicht ist ein Problem für mich. Ich mache Bemerkungen über Abnehmen und Sport, in der Hoffnung, dass ihn das attraktiver macht und ich mit ihm zusammenbleiben kann. Aber ich weiß, es ist mehr als das.

Chris ist ein Inspirierter, ein Anführer der Teenager-Gruppe mit einer großen, lauten Persönlichkeit. Die Schäfer lieben ihn, aber ich kenne die Wahrheit: Er zweifelt an der Family, am Wort und an Gott. Den meisten Menschen macht er was vor. Ich weiß, dass er meinetwegen in der Family bleibt, und ich habe das Gefühl, mich selbst und ihn aufzuhalten.

Sehr schnell – zu schnell – befehlen die Schäfer uns, zusammenzuziehen. »Ihr seid schon ein paar Monate zusammen«, sagen sie. »Es ist Zeit.« Also teilen wir fortan im Haus ein siebeneinhalb Quadratmeter großes Zimmer mit einer Matratze auf dem Boden.

Einige weitere Monate später fragen sie uns, wann wir unsere Verlobung verkünden. Chris ist bereit dazu, aber ich zögere. Schließlich bin ich gerade erst achtzehn geworden. Ich will nicht ungefügig sein, aber ich weiß mit absoluter Sicherheit, dass ich Chris nicht heiraten will. Ich wünschte, ich hätte jemanden, dem ich mich in dieser Sache anvertrauen kann. Aber ich habe auf die harte Tour gelernt, nicht vollends darauf zu vertrauen, dass andere Family-Mitglieder mich und meine Zweifel nicht verraten, obwohl sie immer behaupten, sie wollten nur das Beste für mich.

Ich brauche einen Ausweg. Unter Mama Marias »liebevoller« Führung soll die Family niemanden mehr zur Hochzeit zwingen, aber ich weiß, dass es als ein weiteres Zeichen meines Ungehorsams gelten wird, wenn ich mich weigere, und schlussendlich eine Strafe nach sich ziehen wird.

Als der Druck weiter steigt, zeigt mir Gott einen Ausweg – eine neue Missionierungs-Initiative der Family. Die neuesten Mama-Briefe enthalten Prophezeiungen von Jesus, der Missionare nach Russland ruft, um dort Seelen zu retten, die seit Jahrzehnten in der Dunkelheit verloren waren. Seit dem Fall der Sowjetunion ist die Wirtschaft zusammengebrochen und hat das Land in die Armut katapultiert. Die Leute brauchen dringend humanitäre Hilfe, und seit Neuestem sind Missionare willkommen.

Ich lese Seite für Seite der Prophezeiung und bin zutiefst berührt. Zum ersten Mal habe ich das Gefühl, Gottes Ruf zu hören, etwas, worüber die Erwachsenen immer geredet haben, eine starke Anziehungskraft. Statt mir in Japan die Luft abzuschnüren, öffnet Gott mir ein Fenster zur Freiheit, einen Ausweg. Ich will losziehen und helfen.

Ich erfahre von Josh, dass Nehi und Caleb zusammen mit Aunt Faithy nach Russland gezogen sind, die dort die humanitäre Hilfe koordinieren soll. Sie arbeitet sogar mit USAID zusammen, um Nahrungsmittel bis in die letzten Ecken Sibiriens zu bringen. Sie ist viel fähiger als alle, die dort bereits angestellt sind, die Lieferungen an Bestechung und Korruption vorbei tatsächlich an ihr Ziel zu bringen. Es scheint wie ein weiteres Zeichen; mein Entschluss steht fest.

Chris verzweifelt fast, als ich ihm davon erzähle, und fleht mich an, nicht zu gehen. »Ich muss Gottes Ruf folgen«, erkläre ich ihm.

Dagegen kann er nichts sagen, aber er geht davon aus, dass ich nur ein paar Monate wegbleibe. »Ich warte hier auf dich«, versichert er mir.

Feige lasse ich ihn in dem Glauben, dass ich zurückkomme. Vielleicht werde ich das auch, nachdem ich es ausprobiert habe.

Sobald meine Entscheidung gefallen ist, läuft alles wie von selbst – noch ein Zeichen, dass Gott es so will. Caleb wird mir über seine Kontakte in Sibirien mit dem Visum helfen. Nur meine Reise nach Russland muss ich selbst organisieren. Als die Eltern von drei meiner Schülerinnen anbieten, meinen Flug zu bezahlen, als Dank für den Fortschritt, den ihre Mädchen gemacht haben, fühle ich mich geschmeichelt.

Wo auch immer Gott dich hinführt, wird Er für dich sorgen!

22

TREFFEN MIT DEM PRINZEN

Als ich in Russland lande, merke ich sofort den krassen Kontrast zu Japan. Ich hatte mich an die Sterilität und Ordnung gewöhnt, aber hier ist sogar am Flughafen alles dreckig. Selbst in der Luft fliegt Schmutz herum. Staubpartikel dringen mir in die Nase, und ich wünschte fast, ich hätte einen japanischen Mund-Nasenschutz. Das Flughafengebäude hat Risse; die Aufzüge funktionieren nicht; die Farbe ist undefinierbar. Nichts ist neu.

Ich blicke aus dem Fenster. Die sowjetischen Bauwerke sind riesig und stehen viel weiter auseinander als in Japan; die Straßen sind dreimal so breit und voller Lärm. Moskau sieht nach Chaos aus.

Im Trubel der Ankunftshalle erwartet mich mein ältester Bruder Nehi, die vertraute Kameratasche über die Schulter geworfen. Wir umarmen uns zum ersten Mal seit acht Jahren. Er bringt mich zu seinem Van, und auf dem Weg zum Home versucht er, mich darauf vorzubereiten, was mich hier erwartet.

Dinge dauern ewig, sagt er. Irgendwie wartet man immer auf etwas. Aber das ist in Russland normal. Leute wären überrascht, wenn irgendwas – Flugzeuge, Schiffe, Busse, Züge – mal pünktlich wäre.

Die Einstellung der Arbeiter – in Geschäften, an Ticketschaltern oder von Flugbegleitern – ist auch nicht gerade serviceorientiert. Sie sind oft barsch und haben die Haltung: »Du kannst einfach mal abwarten, bis ich fertig bin, was auch immer ich mache, und dann kümmere ich mich vielleicht um dein Anliegen.« Nehi erzählt mir, er habe sogar schon davon gehört, dass ein Straßenbahnfahrer auch mal

Haltestellen auslässt, wenn er gleich Pause hat und lieber direkt zu der Station fahren würde, wo er sich einen Burger kaufen kann.

Als wir in eine Wohngegend kommen, flüstert er mir mit einem Augenzwinkern zu, dass wir erst noch zu dem Home fahren, wo Davidito sich aufhält. Er und ein paar andere von den WS sind in den letzten zwei Monaten durch Russland gereist und haben unter strengster Geheimhaltung die Homes der neuen Missionierungs-Initiative besucht, um Davidito einen Eindruck davon zu geben, wie der Rest der Family so lebt. Moskau ist die Endstation seiner Reise, bald kehrt er zu Mama Marias Home zurück, wo auch immer das ist.

Nehi parkt den Van vor einem unscheinbaren sowjetischen Wohnblock. Mit weit aufgerissenen Augen blicke ich in jedes Gesicht, als wir die schlicht eingerichtete Wohnung betreten. Ich erkenne niemanden, der wie Davidito aussieht, aber ich höre jemanden sagen, dass die Gruppe in Kürze zum Flughafen fahren wird. Meine innere Spannung steigt. Ich kann nicht so nah dran sein und ihn dann verpassen! Eilig gehe ich durch die große Wohnung, werfe in jedes der Zimmer einen Blick und klopfe an verschlossene Türen. Normalerweise würde ich so etwas nicht machen, aber ich bin fest entschlossen, den Jungen zu treffen, von dem ich mein Leben lang gelesen habe – den Jungen, der uns den Platz in Grandpas Herzen und Leben weggenommen hat.

An der letzten Tür angekommen, klopfe ich leise. Als niemand antwortet, öffne ich vorsichtig die Tür in der Erwartung einer weiteren Enttäuschung. Hinter dem Bett sehe ich einen dunkelhaarigen Mann am Fenster stehen, der hinaus in das grelle Sonnenlicht starrt, das vom Asphalt der Straßen reflektiert wird.

»Hi«, traue ich mich zu sagen.

Der Mann dreht sich um. Vielleicht habe ich die falsche Person erwischt; er sieht kein bisschen aus wie der Junge in den *Kidz True Komics*. Er scheint etwa in meinem Alter zu sein aber er ist nicht so gut aussehend wie der Junge in den Zeichnungen. Seit ein paar Jahren wird er nicht mehr in den Briefen erwähnt, also weiß ich im Grunde nichts darüber, was in seinem Leben gerade so los ist.

»Ich bin Faith«, versuche ich es noch mal. »Die Tochter von Ho.«

Sein Gesicht leuchtet auf, und er erkennt mich. »Ich bin David.«

Wir lächeln uns kurz an.

Dann dreht er sich wieder zum Fenster und starrt hinaus. Ich gehe auf ihn zu und stelle mich neben ihn – fühle mich wie ein Eindringling. Er strahlt Schmerz und Schwermut aus.

»Was geht dir durch den Kopf?«, frage ich leise.

»Ich will nicht nach Hause«, platzt es aus ihm heraus.

Die Aussage schockiert mich. In den *Komics* wirkt Grandpas Zuhause wie der Himmel auf Erden.

»Es war so schön, während der Reise in den letzten Monaten andere junge Leute zu treffen«, fährt er im Flüsterton fort.

Plötzlich sehe ich sein Leben mit anderen Augen. Gefangen. In einem Home mit wenig Kontakt nach außen. Ich leide mit ihm; er wirkt so verloren. Aber keiner von uns beiden kann etwas tun. Mama Maria hat ihn nach Hause gerufen, und er muss gehorchen. Er sieht mich aus dem Augenwinkel an. »Ich war immer neidisch auf euch.«

Ich blinzle fassungslos; nur so kann ich verhindern, dass mein Mund aufklappt. Mein ganzes Leben lang habe ich Davidito für seinen Status innerhalb der Family beneidet, weil er Grandpas auserwählter Nachfolger ist. Wie kann es sein, dass er neidisch auf uns ist, auf meine Geschwister und mich auf der Farm? Ich durfte Grandpa nicht einmal treffen.

»Ich habe immer die Geschichten über die Farm in Macau und all die Tiere gelesen und meine Eltern angefleht, dass ich euch besuchen darf. Aber sie haben immer Nein gesagt.« Jetzt sieht er sogar noch bedrückter aus, sein Blick weiter starr aufs Fenster gerichtet.

»Ich habe eine Idee!«, sage ich fröhlich. »Warum erzähle ich dir nicht ein paar Geschichten vom Leben auf der Farm, bevor du gehen musst?«

Mit interessiert aufleuchtenden Augen sieht Davidito mich an. Wir setzen uns nebeneinander aufs Bett, dem einzigen Möbelstück im Zimmer irgendeines Fremden. Als ich mit Beschreibungen der Farm loslege, schließt er die Augen, als würde er es sich genau vorstellen wollen. Eine Aura der Traurigkeit umhüllt ihn wie eine Decke. Ich will sie durchbrechen. Ich habe keine Ahnung, woher ich das weiß, aber er braucht Trost, eine Berührung, so wie Jondy manchmal, als er noch ein Baby war.

Ich lehne mich an die Wand. »Komm, leg deinen Kopf in meinen Schoß.«

Er sieht mich kurz zögernd an, folgt dann aber meiner Aufforderung. Auch wenn wir uns noch nie begegnet sind, wissen wir durch die Veröffentlichungen viel voneinander; es ist, als würden wir uns schon ewig kennen. Er gehört zur Familie.

Ich streiche ihm sanft über das Haar, als würde ich ein Kind trösten, und erzähle lustige Geschichten von unserem bissigen, gefährlichen Esel Mad Max, von Guaven-Kriegen und Wasserschlachten mit meinen Brüdern. Er lacht, und ich spüre, wie er sich entspannt und die Traurigkeit weicht. Es ist ein seltsamer Moment, den ich mir so nie vorgestellt habe.

Viel zu früh steckt sein WS-Reisebegleiter den Kopf durch die Tür und kündigt ihre Abreise an. Die kleine Stunde des Glücks ist vorbei. »Danke«, sagt Davidito aufrichtig und sieht mir in die Augen. Ich umarme ihn fest und hoffe, einen Teil meines Trostes und meiner Stärke auf seinen schlanken Körper zu übertragen.

Auf der Fahrt zu meinem neuen Home mit Nehi schweige ich. Was für eine seltsame Erfahrung. Ich bin traurig und freudig erregt zugleich. *Er hat uns beneidet!,* denke ich ungläubig.

Ich bin erst seit ein paar Wochen in Moskau, als Nehi mir mitteilt, dass die alte russische Bürokratin, die mir bei meinem Jahresvisum für Sibirien helfen sollte, die Bearbeitung verweigert. Alle sind schockiert: Seit einem Jahr erhalten Mitglieder der Family ihre Visa über dieses Büro. *Warum stellt sich die Frau jetzt quer?* Keiner weiß es, aber sie bleibt hartnäckig.

In ein paar Wochen werde ich mich illegal in diesem Land aufhalten – eine gefährliche Lage für eine Ausländerin. Wir müssen einen Weg finden, wie ich an ein Visum komme, oder ich muss zurück nach Japan. Nehi kommt zögernd auf mich zu. »Ich habe gerade diese

Anzeige im *Family News Bulletin* gesehen – ein Home in Kasachstan bittet um Hilfe. Sie haben Kontakte zur Regierung und können dir ein Visum beschaffen. Wie findest du das?«

Ich weiß nicht wirklich, was ich davon halten soll. In Russland habe ich Nehi und Caleb. Und jetzt soll ich über die Option nachdenken, in ein Home zu ziehen, wo ich niemanden kenne, in einem Land, von dem ich noch nie gehört habe. Die letzten zwei Jahre habe ich mich daran gehalten, auf Gott zu hören und Seinem Willen ergeben zu folgen. Er ist die einzige Konstante in einem Leben, in dem ich ständig umziehen und oft das Zuhause und die Familie von einem Tag auf den anderen zurücklassen muss. An dem Abend bete ich und bitte Gott, mich zu führen.

Mein Lieblingsvers, den ich wie eine Litanei aufsage, wenn mir die Dinge zu schmerzhaft und beängstigend werden, lautet: »Das eine aber wissen wir: Wer Gott liebt, dem dient alles, was geschieht, zum Guten. Dies gilt für alle, die Gott nach seinem Plan und Willen zum neuen Leben erwählt hat. (Römer 8,28).« Ich habe nicht den geringsten Zweifel an meiner Liebe zu Gott, was auch immer also passiert, Er wird darin etwas Gutes für mich bewirken.

Gott hat eine Tür zugemacht und öffnet eine andere. Wer bin ich, mich Seinem Willen zu widersetzen?

»Ja, ich gehe«, sage ich zu Nehi.

Da ahne ich noch nicht, wie oft ich diesen Vers im kommenden Jahr noch brauchen werde.

23

DAS BREAKING

Am 5. November 1995 steige ich ohne Begleitung in einen Flieger von Moskau nach Kasachstan. Die uralte Aeroflot-Maschine ruckelt und bebt beim Abheben, ich halte mich an den Armlehnen fest und muss an einen Satz aus den *Meditation Moments* meiner Urgroßmutter denken: *Wenn du Gott vertraust, musst du nicht den ganzen Weg vor dir sehen, um den nächsten Schritt zu tun.*

Um zehn Uhr abends komme ich in der Hauptstadt Almaty an. Almaty liegt mitten in der Wüste, ist aber dennoch Handelszentrum und die größte Stadt Kasachstans, und der Flughafen ist bei Weitem nicht so ausgestorben, wie ich dachte. Ich umklammere meine beiden Koffer, passiere die Pass- und Zollkontrolle, und mir fällt ein Stein vom Herzen, als ich sehe, dass zwei Mitglieder der Family mir breit lächelnd zuwinken.

Sie stellen sich als Peter und Esther vor und bringen mich zu ihrem Auto. Während der Fahrt auf einer dunklen Schnellstraße erfahre ich, dass sie verheiratet sind. Esthers mongolische Abstammung ist an ihren Gesichtszügen und dem dunklen Haar klar erkennbar, und sie spricht zwar nicht viel, aber was sie sagt, ist – ganz auf sowjetische Art – direkt auf den Punkt. Wir erreichen einen Komplex identischer gelber Gebäude sowjetischer Bauart in der Nähe des Botanischen Gartens, und an der Tür werde ich mit herzlichen Umarmungen begrüßt. Ein altvertrautes Lächeln begegnet mir. Es ist Benji, einer meiner Freunde aus der Kindheit. Seine Familie hat einmal einen Zwischenstopp in Macau gemacht, und auch wenn sie nur kurz auf der Farm waren, erinnern wir uns gut aneinander.

Ich starre ihn erstaunt an. Als ich ihn das letzte Mal gesehen habe, waren wir erst fünf! Aus dem kleinen, kugelrunden Jungen ist eine ein Meter achtzig große Bohnenstange geworden. Er hebt mich hoch und wirbelt mich herum, während ich vor Freude jauchze.

»Wie bist du denn hier gelandet?!«, rufe ich.

»Ich bin vor einem Jahr nach Russland gezogen und jetzt seit etwa sechs Monaten in Kasachstan«, antwortet er.

»Ich freue mich so, dich zu sehen!« Ich atme erleichtert auf. Ein bekanntes Gesicht in diesem komischen neuen Land, und schon fühle ich mich ein kleines bisschen besser.

Das schummrige, gelbliche Flurlicht beleuchtet die anderen Bewohner des Homes, die sich für meine Begrüßung versammeln. Ich erfahre, dass zehn Leute gemeinsam in dieser einen Wohnung leben.

»Willkommen in unserem Zuhause!«, ruft Frankie. Er ist einer der Schäfer, ein kleiner, stämmiger, italienisch aussehender Mann mit grau melierten Haaren.

Seine Frau Anna, die andere Schäferin, ist die weibliche Ausgabe von ihm. »Wir sind so froh, dass du gekommen bist! Das ist unsere älteste Tochter Stephanie, sie ist fünfzehn. Unsere Dreijährige, Emily, um die du dich kümmern wirst, schläft gerade. Ihr werdet euch morgen früh kennenlernen.«

Während nacheinander alle nach vorne kommen, um sich vorzustellen, verschaffe ich mir einen Überblick über die Lage: drei FGAs (First-Generation Adults), alle über vierzig, die der Family in ihren Anfängen beigetreten sind. Vier SGAs (Second-Generation Adults), die in die Family hineingeboren wurden, aber mittlerweile über sechzehn sind und laut der neuesten Mama-Briefe bereits als Erwachsene gelten. Außerdem fünf Anhänger, die in den letzten Jahren aus Ländern der ehemaligen Sowjetunion dazugekommen sind: Tim und Dana aus Polen, Yana aus Litauen und Peter und Esther, die mich vom Flughafen abgeholt haben, alle in ihren Zwanzigern. Sogar nach Grandpas Tod wächst die Family weiter, wenn auch nicht mehr so schnell wie in früheren Jahren.

Jetzt, wo ich achtzehn bin, habe ich die Schwelle zum Erwachsensein endgültig überschritten und muss die anderen Erwachsenen nicht mehr Auntie und Uncle nennen. Aber ich weiß, dass ich es trotzdem tun werde.

Schließlich führt mich Anna den dämmrigen Flur entlang. »Hier wirst du zusammen mit Steph und Yana wohnen.« Ich stelle mein Gepäck im Mädchenzimmer ab, einem neun Quadratmeter kleinen Raum für uns drei alleinstehende Mädchen. Ich nehme ein Stockbett wahr, aber viel mehr auch nicht, bevor ich meinen Koffer darunter schiebe, mich ausziehe und erschöpft auf die Matratze fallen lasse.

Am nächsten Morgen wache ich fröstelnd auf. Yana lächelt mir von ihrem Einzelbett an der Wand aus zu. »Wie hast du geschlafen?«, fragt sie mit starkem litauischem Akzent.

»Ganz okay, würde ich sagen. Etwas kalt hier«, sage ich zitternd.

Yana lacht und verzieht gleichzeitig das Gesicht. »Die Heizung in unserem Zimmer funktioniert nicht, also nehmen wir diese Kochplatte.«

Ich nicke verwirrt und sehe die kleine elektrische Kochplatte auf dem Boden. *Da sollte ich wohl besser nicht drauftreten.*

Steph schwingt sich vom Stockbett über meinem Kopf herunter. »Komm mit. In der Küche ist es wärmer.«

Ich schlüpfe in eine Jeans und einen Pullover, die wärmsten Klamotten, die ich dabeihabe, und eile in die Küche. Ich erwarte, wie üblich mit Rührei, Brot und Milch begrüßt zu werden. Stattdessen liegt ein kleiner, graubrauner eckiger Fladen auf meinem Teller.

»Das ist ein Haferflockenkuchen«, teilt Yana mir mit.

»Kuchen« scheint etwas verherrlichend für die zähe Scheibe auf meinem Teller, aber ich beiße mutig hinein.

»Manchmal sind sie hart wie Ziegelsteine«, flüstert sie. »Und wenn der Koch verschläft, sind sie halb gar und klebrig. Aber wenn Anna sie macht, sind sie weich und fluffig.«

Offensichtlich hat Anna heute keinen Küchendienst, denke ich mir, während ich seifige Brocken Backpulver ausspucke.

»Das essen wir jeden Tag zum Frühstück, außer an den Wochenenden«, fährt Yana fort. »Sonntags bekommen wir jeder zwei Eier! Aber das Home kann sie sich nicht jeden Tag leisten. Ich mache aus meinen gerne Pancakes, andere nehmen ihre zwei Eier für French Toast oder backen einen Kuchen damit.«

Mittags essen wir *Tvarok*, eine Art trockenen Hüttenkäse, der am besten als Salat mit geriebenen Karotten und ein paar Rosinen schmeckt. Zum Abendessen gibt es ein Stück Fleisch oder Innereien mit Kartoffeln und Roter Bete, Kohl und Karotten. Ich hasse Rote Bete und Kohl, also meide ich sie am ersten Abend diskret. Und am nächsten Abend auch. Nach fünf Abenden wird mir klar, dass ich wahrscheinlich Skorbut bekomme, wenn ich nur dann Gemüse esse, sobald es Karotten gibt. *Zeit, erwachsen zu werden und nicht so verwöhnt zu sein*, sage ich mir und schaufle etwas von der schleimigen, gekochten Roten Bete auf meinen Teller.

Langsam wird mir klar, wie einfach sie hier in Kasachstan leben. Normalerweise können Family Homes Geld verdienen, indem sie um Spenden bitten und CDs verkaufen, aber Kasachstan ist so arm, dass wir das hier nicht machen können. Ich erfahre, dass Anna und Frankie einen Unterstützer in Europa haben, der ihnen jeden Monat tausend Dollar schickt. Dieser Betrag ist die Haupteinnahmequelle, also ist das Geld sehr knapp.

An meinem ersten Wochenende in Almaty gehe ich mit Yana auf den großen Markt. Was wir nicht durch Spenden bekommen, müssen wir kaufen. Es ist völlig anders als alle meine bisherigen Einkaufserlebnisse. Auf dem Markt bieten Hunderte Leute unter einem bewölkten, grauen Himmel ihre Ware an. Auf dem kalten, festgetretenen Boden haben sie Decken ausgebreitet und darauf liegen große gestreifte Taschen mit noch mehr Ware. An den schickeren Ständen haben die Händler statt Decken kleine Tische aufgebaut.

Zwar hat es noch nicht geschneit, aber der Winter liegt bereits in der Luft. Yana und ich suchen zusammen nach warmen Stiefeln für mich. Sie hilft mir beim Übersetzen und Verhandeln. Obwohl ich jeden Tag in meinem kleinen russischen Sprachführer lese, habe ich noch nicht genug gelernt, um mich zu unterhalten.

Einige Schuhe hat Yana bereits abgelehnt. Sie müssen robust sein und mit Fell gefüttert, beharrt sie. Ich habe auch schon gemerkt, warum. Meine Füße fühlen sich an, als würde ich auf Nadeln treten, so kalt sind sie. Und es ist erst November.

Endlich finden wir schwarze Lederstiefel mit einer dicken Gummisohle und einem Fellfutter. Sie sind zwei Nummern zu groß, also kann ich zusätzlich einige Wollsocken darin tragen. Yana verhandelt streng, geht ein paarmal empört weg. Ich sage nichts, um mich nicht als Ausländerin zu entlarven und damit einen guten Preis aufs Spiel zu setzen. Ich kenne diese Feilscherei auf Chinesisch, aber nicht auf Russisch.

Als Yana endlich zufrieden ist, ziehe ich die Stiefel sofort über meine eiskalten Füße.

»Jetzt müssen wir dir noch Handschuhe besorgen«, sagt sie und beäugt meine nackten Hände.

Die Stiefel waren teurer als erwartet, also habe ich kein Geld mehr für Handschuhe.

»Hier.« Sie drückt mir ein Paar Handschuhe in die eisigen Hände. »Nimm die. Ich habe noch ein anderes Paar.«

Ich bin voller Dankbarkeit. Yana ist anders als alle Mädchen, die ich bisher in der Family kennengelernt habe. Mit fünfundzwanzig ist sie zwar älter als ich, aber da sie eine neue Anhängerin ist und ich schon mein ganzes Leben in der Family war, gelte ich als die Ältere. Sie ist stämmig und burschikos und trägt braune Cordhosen und Arbeitsstiefel sowie eintönige Sweater und keine Spur von Make-up; ihre Haare in einem undefinierbaren Braunton hat sie immer zu einem lockeren Pferdeschwanz zusammengebunden. Sie unterscheidet sich so sehr von den Teenagern der Family in Japan, die so viel Wert auf Make-up und sexy Outfits legen; schließlich geht es darum, von Teen-Jungs bemerkt zu werden, cool zu sein und aufzufallen. Aber Yana scheint sich nicht um ihr Aussehen zu kümmern.

Sie blinzelt in die untergehende Sonne. Es wird langsam spät. Yana führt mich wieder zu dem riesigen Parkplatz und winkt einem Auto zu.

Kennt sie den Fahrer?, frage ich mich.

Nachdem sie ein paar Minuten mit ihm diskutiert hat, befiehlt sie mir einzusteigen.

»Hier ist jedes Auto ein Taxi. Seit dem Fall der Sowjetunion haben viele gar kein Gehalt mehr bekommen, oder es wurde ihnen in Form von Wodkaflaschen ausbezahlt«, erklärt sie.

Ich schlüpfe ins Auto und ziehe die Handschuhe aus, um warme Luft auf meine Hände zu pusten. Durch das Fenster sehe ich eine zitternde alte Frau am Straßenrand. Sie hält ein Paar braune Wollsocken in einer, eine Packung Zigaretten in der anderen Hand.

»Sie will nur ein bisschen Geld für etwas zu essen«, sagt Yana, die meinem Blick gefolgt ist.

Ich frage Yana, ob wir etwas für sie übrig haben, aber Yana schüttelt den Kopf. »Wenn wir allen was geben, an denen wir vorbeifahren, landen wir bald selbst auf der Straße.«

Während meiner zweiten Woche in Kasachstan nehmen Benji und Yana mich mit ins Säuglingsheim. Wir sind beladen mit Spenden, die wir mithilfe lokaler Geschäftsleute und europäischer Spender zusammenkratzen konnten, Freunden von Frankie und Anna, die uns manchmal Sachen schicken. Wir bringen ihnen zehn Laufgestelle für Babys, Kinderwagen und einen Kühlschrank für Muttterersatzmilch.

Im Säuglingsheim kommen Kinder im Alter von null bis drei Jahren unter. In dem baufälligen öffentlichen Gebäude gibt es keine Möglichkeit für die Babys, ihre Gitterbetten zu verlassen, und es fehlt an Personal, um ihnen regelmäßig bei der Bewegung ihrer kleinen Gliedmaßen zu helfen, sodass die normale Entwicklung gehemmt ist. Obwohl die Frau des kasachischen Präsidenten angeblich in der Stiftung für Kinderwohl involviert ist, unterstützt keiner diese Institutionen. Die Mitarbeiterinnen haben seit sechs Monaten kein Gehalt bekommen, aber die dort angestellten Frauen lieben die Kinder und kommen trotzdem zur Arbeit.

Als die Leiterin unsere Geschenke sieht, beginnt sie zu weinen und segnet uns. Wir erfahren, dass gerade erst heute drei weitere Babys eingetroffen sind, die von den Mitarbeiterinnen auf ihrem täglichen Gang zum Friedhof und der anliegenden Müllhalde gefunden wurden.

In der Woche darauf besuchen wir ein Waisenhaus für ältere Kinder. Nichts hätte mich auf das vorbereiten können, was mich dort erwartet. Die kleinen Kinder haben aufgeblähte Bäuche und verkrusteten Dreck im Gesicht. Hier sind die Mitarbeiter nicht so gewissenhaft. Die Kinder haben kaum etwas an, selbst mitten im Winter.

Als wir die mitgebrachten Kleiderspenden verteilen, reichen sie nicht für alle, also müssen sich die Mädchen und Jungs zwischen Ober- und Unterteilen entscheiden, für beides ist nicht genug da. Die halb angezogenen Kinder rennen auf mich zu und umarmen mich. Ich drücke sie und flechte den kleinen Mädchen die Haare. Das Herz schmerzt mir in der Brust, und Tränen sammeln sich in meinen Augen. Ich reiße mich zusammen und löse ihre kleinen Hände von meinem Oberteil und meinen Beinen, als wir gehen müssen.

Weinend greifen sie mit ihren dreckigen Armen nach mir und bitten mich dazubleiben.

Ich verstehe, was Anna gemeint hat, als sie sagte, dass Missionare es hier nicht lange aushalten. Es ist zu deprimierend. Aber zum ersten Mal seit Jahren habe ich das Gefühl, dass mein persönliches Zurückstecken sich lohnt. Ich spüre einen tieferen Sinn. Diese Arbeit zählt – wir bringen Leuten in Not Essen und Kleidung und verdienen uns nicht nur ein paar Groschen damit, anderen in einem exotischen, reichen Land etwas vorzuträllern.

Alle paar Wochen besuchen wir die Waisenhäuser. Wenn wir keine Spenden mitbringen können, singen und spielen wir mit den Kindern oder verkleiden uns als Clowns und führen alberne Sketche auf, um sie zum Lachen zu bringen.

Zurück im Home versuche ich, die Wut und den Schmerz zu verdrängen, die ich bei ihrem Leid verspüre, sonst könnte ich mich nicht auf meine alltäglichen Arbeiten konzentrieren. Ich rede mir ein, dass wir ja immerhin versuchen zu helfen, anders als die meisten Leute. Aber ich hasse es, dass ich nichts machen kann. Lieder und Spiele werden ihr Leben nicht verändern, doch ich kann die wirtschaftliche oder die politische Lage nicht verbessern. Zum ersten Mal wird mir klar, dass es letztendlich genau das bräuchte, um diesen Leuten grundlegend und nachhaltig zu helfen.

Ich bin schon einige Monate in Kasachstan, als Anna mich eines Tages auf ihr Zimmer ruft. Während ich durch den engen Flur gehe und meine nackten Füße am Linoleum kleben, spüre ich die Anspannung in der Luft. *Ist was mit ihrer Tochter Emily?*, frage ich mich. Ich habe ihr Lesen und Schreiben und einfache Additionen beigebracht. Sie ist ruhiger als bei meiner Ankunft und bekommt keine Wutanfälle mehr.

Als ich an Annas Tür klopfe, bittet sie mich rein. »Setz dich doch da aufs Bett.«

Misstrauisch nehme ich Platz.

»Wie läuft es bei dir? Bist du glücklich hier?«

»Ja«, antworte ich, keine andere Antwort wäre akzeptabel.

»Wie findest du Benji?«

»Er ist ein netter Junge. Ein toller Typ, wie ein Bruder für mich.«

Sie nickt abwesend und fährt fort: »Wärst du möglicherweise bereit, mit ihm Liebe zu teilen?«

Ich stehe wie ein Kaninchen vor der Schlange. Abgesehen von den FGA-Männern, die so alt sind wie meine Eltern, wäre er der Letzte, mit dem ich hier Liebe teilen würde. *Das wäre wie Sex mit meinem kleinen Bruder*, denke ich zitternd. Ich suche einen höflichen Ausweg.

»Was ist mit Yana?«, schlage ich vor. »Ich weiß, dass sie ihn wirklich mag.«

Anna nickt und denkt kurz darüber nach, winkt dann aber ab. »Na ja, denk mal darüber nach. Wir müssen darauf achten, dass alle unsere jungen Männer versorgt sind.«

Nein, danke, denke ich und flüchte. Ich hoffe wirklich, dass es mit Yana klappt. Sie hat mir erzählt, dass sie auf Benji steht, aber er bisher nicht auf sie zugegangen ist. Vielleicht lässt er sich von den Arbeitsstiefeln und Cordhosen abschrecken?

Ich konzentriere mich weiterhin auf Emily und meine häuslichen Pflichten und hoffe, dass die Sache wieder in Vergessenheit gerät. Aber ein paar Wochen später, als ich an meinem üblichen Platz im

Wohnzimmer sitze und wir alle zur Andacht zusammenkommen, liest Frankie aus einem Mo-Brief über die Gefahr, sich nicht zu beugen. Der Brief ist schon alt. *Warum lesen sie jetzt den und nicht einen der neuen Briefe?*

Als Frankie fertig ist, sieht Anna mich an.

»Wir wissen alle, wie wichtig es ist, sich Gottes Willen zu beugen«, fährt Frankie fort. »Widerstand und Egoismus dürfen nicht zwischen uns und Gott stehen.«

Wir nicken alle zustimmend.

»Faith«, sagt Anna.

Zehn Paar Augen landen auf mir, und ich erstarre zur Salzsäule.

»Frankie und ich haben letzte Nacht für dich gebetet und eine Prophezeiung erhalten. Ich werde sie vorlesen.«

Ich beiße mir in die Wange. *Nicht gut. Gar nicht gut.*

»›Das Kind fügt sich nicht meinem Wort. Sie weigert sich, meine Liebe mit denen zu teilen, die sie brauchen. Sie hört meine sanften Hinweise nicht. Jetzt muss sie sich auf den Stein werfen und gebrochen werden, bevor der Stein auf sie fällt und sie zu Staub zermalmt.‹«

Was habe ich getan? Auf welche Weise war ich unbeugsam? Verzweifelt denke ich nach. Dabei habe ich mich so bemüht, alles richtig zu machen. Ich beschwere mich nicht über das Essen oder die Kälte oder meine lumpige Matratze oder darüber, dass ich den lieben langen Tag mit einer Dreijährigen verbringen muss. Ja, mir wurde gesagt, ich müsse mehr lächeln, weil mein ernster Gesichtsausdruck Gottes Liebe nicht widerspiegelt. Das kann ich tun. Ich kann mehr lächeln.

Als Anna die seitenlange Prophezeiung fertig gelesen hat, fragt sie: »Willst du dich Gott gefügiger zeigen?«

Ich nicke stumm, aller Augen sind auf mich gerichtet, als das altbekannte stechende Gefühl von Demütigung mir Tränen in die Augen treibt.

»Knie dich in die Mitte des Raums.«

Ich knie mit gesenktem Kopf auf dem grauen Boden nieder.

Alle versammeln sich um mich. Das Gewicht von zwanzig Händen lastet auf meinem Kopf, meinen Schultern, meinem Rücken. Ich

schließe die Augen, um die Tränen zurückzuhalten, obwohl die langen Haare mein Gesicht verdecken.

»Halleluja. Danke Dir, Jesus. Gelobt sei Dein Name. Wir preisen Dich, Jesus. Halleluja. Gelobt seist Du, Jesus«, wiederholen alle über mir.

Als das Lobpreisen verstummt, beginnt Frankie: »Lieber Jesus, wir bringen hier Deine Tochter zu Dir. Sie will von ihrer Unfolgsamkeit befreit werden. Erlöse sie vom Geist des Stolzes und der Rebellion. Mache sie gefügig und bereit, Deinem Willen nachzugeben, egal zu welchem Preis. Erlöse sie von ihrem egoistischen Geist …«

Das Gebet hört nicht auf, und mein Rücken tut weh vom Gewicht der vielen Hände. »Lasst uns jetzt sehen, was der Herr ihr in der Prophezeiung mitteilen will.«

Alle verstummen und lauschen.

»Wen ich liebe, tadle und züchtige ich«, sagt Dana.

»Ich habe eine Vision von dem Töpfer bekommen, der das kaputte Gefäß zerstört und aus dem Ton ein wunderschönes neues macht«, fügt Tim hinzu.

Nach einer halben Stunde voller Aussagen und Prophezeiungen stehe ich mühsam wieder auf. Meine Beine sind ganz taub vom langen Knien. Meine Augen sind rot, und ich brauche mehrere Taschentücher, um den Schnodder von meinem Gesicht zu wischen. Alle umarmen mich. Benommen gehe ich in mein Zimmer und kauere mich an die kalte Wand neben meinem Stockbett. Anna folgt mir.

Ihr schwerer Körper drückt die Matratze nach unten, und sie legt mir eine Hand aufs Knie. »Gelobt sei der Herr für diese Prophezeiungen. Denk daran, Gott will, dass du dich ihm hingibst. Wir müssen bereit sein, Gottes Liebe über unsere Körper zu teilen.«

Ich kann kaum den Kopf heben. Mir fehlt die Kraft.

»Ich will, dass du dir ein bisschen Zeit zum Beten nimmst und selbst Prophezeiungen bekommst, damit du verstehst, worum Gott dich bittet«, fährt sie fort. »Ich habe das Gefühl, der Herr will vielleicht, dass du deinen Namen änderst, um dich als neuen Menschen zu kennzeichnen und um dich an dein Versprechen zu erinnern, Ihm gegenüber gefügig zu sein.«

Ich verspüre einen leichten Drang, mich zu widersetzen, aber er vergeht, als Anna mich allein im Dunkeln zurücklässt.

Die nächsten paar Nächte, wenn alle anderen im Bett sind, bete ich an dem mit Plastik überzogenen Küchentisch. Ich neige den Kopf. »Lieber Gott, sprich mit mir. Ich muss Deinen Willen erfahren. Vergib mir, dass ich ungefügig war. Mach mich zu einem besseren Gefäß Deiner Liebe. Ich bin hier, um zuzuhören. Sprich mit mir. Was soll ich tun?«

Meine Gedanken schwirren umher, und ich erinnere mich an Grandpas Worte: »Gehe sicher, dass das, was du hörst, von Gott kommt. Wenn es nicht wie die Mo-Briefe oder die Bibel klingt, könnte es ein böser Geist sein, der dich täuschen will.« Ich versuche, einen klaren Kopf zu bekommen, bis ich nur noch Worte aus der Bibel höre. Ich nehme meinen Stift und schreibe sie in mein kleines Notizbuch mit den Prophezeiungen: »Wen Gott liebt, den tadelt und züchtigt Er. Dieses Zermürben und Brechen geschieht nur, um dich stärker zu machen, wie ein Stück Kohle, das zu einem wunderschönen Juwel zerdrückt und gepresst wird. Wenn du Meinem Willen nachgibst, verwandelst du dich in ein wunderschönes Juwel.«

Die Schäfer hatten mir eine Kopie der Prophezeiung gegeben, die sie über mich bekommen und bei der Andacht vorgelesen hatten. In der letzten Zeile heißt es: »Ich habe dich Jewel genannt.« Ich verstehe diese zwei Prophezeiungen als Bestätigung für Gottes Willen, mich in Jewel, also Juwel, umzubenennen. Schon jetzt hasse ich den Namen. Er ist peinlich und wirkt so überheblich, aber mehr als alles andere will ich Gott zufriedenstellen. Ich lasse die Schultern sinken und gebe nach, das letzte bisschen meines Widerstands weicht. Ich werde mich Jewel nennen.

Bei der Andacht am Tag darauf ergreife ich das Wort. »Letzte Nacht habe ich gebetet, und Gott hat mir mitgeteilt, dass ich mich Jewel nennen soll, als Zeichen dafür, dass ich ein neues, gefügigeres Gefäß seiner Liebe geworden bin.« Es ist mir so peinlich, dass es mir kalt den Rücken runterläuft.

»Gelobt sei der Herr!«, sagen Anna und Frankie im Einklang. »Danke, dass du Seinem Willen folgst.«

Im Laufe der folgenden Tage führen Anna und Frankie ihre Kampagne für mehr Teilen von Liebe im Home fort. Sie lesen allerlei Briefe über das Gesetz der Liebe, darunter einen mit Mama Marias neuesten Prophezeiungen mit dem Titel *Go for the Gold* (*Ran an das Gold*). Darin wird die Haltung der Family zum Thema Verhütung wiederholt: Die Goldmedaille steht für Sex ohne Kondom, Silber für das Herausziehen des Penis vor dem Samenerguss und Bronze gibt es für Sex mit Kondom. *»Jede eigene Maßnahme, die eine Schwangerschaft verhindern soll, ist gegen Gottes Wort. Dadurch teilt man Gott mit, dass man besser als Er weiß, was gut für einen ist; dass man selbst Kontrolle über sein Leben haben will, anstatt sich Seinem Willen zu ergeben und darauf zu vertrauen, dass* Er *weiß, was am besten für einen ist.«*

Als wir den Brief zu Ende gelesen haben, spüre ich, wie sich mein Hals zuschnürt und mir die Luft wegbleibt. Früher hätte ich kein Problem damit gehabt, auf Silber oder Bronze abzuzielen. Aber jetzt, wo ich mich verpflichtet habe, in jeder Hinsicht Gottes Willen ergeben zu sein, habe ich keine Wahl. Ich packe meinen Mantel und renne nach draußen, die Stiefel knirschen im verkrusteten dreckigen Schnee. An einer bröckeligen Wand hinter unserem riesigen Wohnblock sinke ich zu Boden, weit und breit ist kein Mensch zu sehen, und ich beiße mir in die Hand, um einen Klagelaut zu unterdrücken, aber ich kann die Tränen nicht aufhalten. Ich habe Angst.

Chris und ich waren in Japan immer extrem vorsichtig, wie viele andere Teenager auch, haben rausgezogen oder Kondome benutzt (wenn wir an welche rankamen). Doch jetzt würden alle, mit denen ich schlafe, mich als ungefügig hinstellen. Aber das ist nicht alles, denn ich möchte vor allem Gott zufriedenstellen und auf Ihn hören, nicht außerhalb Seiner Schutzhülle leben. Meine gesamte Existenz hat sich immer um Gott gedreht, darum, Ihm zu dienen und Ihn zu lieben, aber ich habe schreckliche Angst, als alleinerziehende Mutter zu enden oder zur Heirat mit jemandem gezwungen zu werden, den ich nicht ausstehen kann, weil ich nach dem Liebe teilen schwanger geworden bin.

Ich denke zurück an die Farm, wo die älteren Mädchen, damals vierzehn, fünfzehn und sechzehn Jahre alt, sich darüber unterhielten, wie

man eine Fehlgeburt hervorrufen kann. Ich weiß noch, wie ich nachts entsetzt wach lag und im Kopf durchging, was ich tun würde, wenn es dazu käme. *Ich kann gut Seilhüpfen. Ich könnte stundenlang hüpfen, um das Baby loszuwerden.* Jetzt holen mich all diese Gedanken ein, und ich überlege, was ich tun würde, sollte ich hier schwanger werden.

Als ich meine Hände nicht mehr spüre, meine Füße, mein Herz, stehe ich auf und gehe wieder hinein. Gerade erst habe ich Gott versprochen, dass ich tun werde, was Er will. Ich kann jetzt keinen Rückzieher machen. Ich kann Seinem Willen, wie er mir von Seinem Gesandten mitgeteilt wurde, nicht den Rücken zukehren.

Ein paar Tage später höre ich Annas Stimme. »Jewel …«

Nach einem kurzen Moment fällt mir ein, dass sie mich meint. Schnell versuche ich, mein Zögern zu vertuschen, und folge ihr in ihr Zimmer.

»Bist du bereit, dich Gott zu fügen?«, fragt sie.

Ich nicke.

»Benji hat gestanden, dass er dich sehr mag.«

Ich blinzle.

»So kannst du Gott zeigen, dass du bereit bist, dich Seinem Willen zu beugen. Freitagabend sollte passen. Was denkst du?«

Ich nicke wieder.

»Ich weiß, es ist schwer, mit jemandem Liebe zu teilen, zu dem du dich nicht hingezogen fühlst. Ich musste es schon oft tun. Momentan teile ich mit Tom und mit meinem Mann, weil ich die einzige weibliche FGA im Home bin.«

Das ist nicht das Gleiche, denke ich. *Du bist Schäferin, du hast dir das ausgesucht, du tust es seit Jahren, du bist schon verheiratet und hast Kinder! Du wirst keine alleinerziehende Mutter sein.* Aber ich sage nichts.

»Du wirst Benji fragen müssen. Er ist zu schüchtern und soll nicht mitbekommen, dass wir dir davon erzählt haben. Gib ihm das Gefühl, dass du es auch willst. Er ist sehr sensibel.«

Ja, denke ich, *er wäre entsetzt, wenn er wüsste, dass mir befohlen wurde, mit ihm zu schlafen, und wie schlimm ich den Gedanken finde.*

»Tu es im Namen der Liebe«, fügt Anna noch hinzu, bevor sie mich entlässt.

Mein erster Instinkt ist, zu Benji zu rennen und ihm alles zu erzählen. Er ist so sensibel und großzügig, er würde mir sein letztes Hemd geben. Aber ich weiß, wenn ich mich Benji anvertraue, würden die Schäfer davon erfahren und ich müsste vielleicht wieder auf Bewährung. Benji, unschuldiger Welpe, der er ist, kann kein Geheimnis für sich behalten.

Vielleicht hatte ich die winzige Hoffnung, dass die Namensänderung, mein enthusiastischeres und aufopfernderes Verhalten und der Einsatz im Haushalt reichen würden. Aber dem ist nicht so. Ich weiß, wie schnell der Status einer Person innerhalb des Homes am seidenen Faden hängen kann. Man könnte mich ganz einfach wegschicken. Und wenn mir nachgesagt wird, ich wäre ungefügig, könnte ich auf einmal ohne Home dastehen und erneut aus der Family geworfen werden.

Ich liege im Bett und kann nicht aufhören zu zittern. *Wie albern*, sagt eine leise Stimme in meinem Kopf. *Tu es einfach. Beiß die Zähne zusammen und tu es. Du machst aus einer Mücke einen Elefanten.* Ich ekle mich vor mir selbst. *Was ist los mit mir? Warum ist das so schwer?* In Japan habe ich mit einigen Typen geschlafen, darunter Chris. Aber ich bin vorsichtiger geworden, denn in Japan habe ich gelernt, dass es meine Pflicht ist, einen Typen »zu versorgen« und zum Orgasmus zu bringen, wenn ich ihn mit Küssen erregt habe. Weigert sich ein Mädchen, liegt das Problem nicht nur darin, dass sie ihn erst aufgeilt und anschließend abblitzen lässt; sie rebelliert auch mit ihrem Verhalten gegen Jesus und die Family. Aber wenn ich bei einem Jungen landete, den ich nicht mochte, konnte ich ihm immer noch mit der Hand einen runterholen oder ihm einen blasen. Selbst die Male, bei denen ich mich dafür hasste, dass ich weiter ging, als ich eigentlich wollte, war zu Beginn zumindest eine winzige Anziehung, ein kleiner Funke zwischen uns vorhanden. Jetzt soll ich mit jemandem schlafen, von dem ich mich körperlich abgestoßen fühle, ihn in meinen Körper lassen, und das ohne Kondom.

Ich will nur einen einzigen Mann, einen Mann, den ich liebe, schreie ich innerlich gequält. *Das gibt es nur in Liebesromanen*, rüge ich mich und ringe nach Luft, meine Augen und mein Kopf rot und schmerzend. Vielleicht wurde ich von weltlichen Idealen wie Romantik und Monogamie verdorben, anstatt Sex als Opfer für das Wohl anderer zu sehen.

Am Freitagabend mache ich mich bereit für mein Date mit Benji, das im Wohnzimmer stattfinden soll. Es ist der einzige Raum in der Wohnung, der nicht auch mehreren Leuten als Schlafzimmer dient. Ich ziehe mein Nachthemd an und durchquere den Flur im dumpfen orangefarbenen Licht der Lampe. *Ich kann das, ich kann das*, wiederhole ich immer und immer wieder. *Ich muss nichts tun. Ich werde nichts tun*, denke ich zugleich.

Meine Füße wollen nicht kooperieren. Im Wohnzimmer ist es dunkel; lediglich ein schwaches Licht scheint auf die Matratze auf dem Boden. Es fällt mir schwer, in Benjis hoffnungsvolles, erwartungsvolles Gesicht zu sehen. Bisher habe ich seine Freundschaft genossen und zu schätzen gewusst. Aber ich weiß, dass dieser erzwungene Sex mit ihm alles verändern wird. Er umarmt mich, und ich gebe mir Mühe, nicht zusammenzuzucken. Verlegen sitzen wir nebeneinander auf der Matratze. Ich habe nicht vor, ihm zu helfen.

Er küsst mich. Ich lasse es zu. *Das ist für Gott*, sage ich mir immer und immer wieder in Gedanken. *Bitte, Gott, hilf mir!*

Benjis Hände erkunden meine Brüste unter dem Nachthemd. *Gott, wie lange wird das dauern?* Ich ziehe das Nachthemd über den Kopf und lege mich ausgestreckt auf die Matratze. Dann küsse ich ihn, versuche, die Geräusche, Gerüche und Gefühle abzustellen. Ich verlasse meinen Körper und tue so, als wäre es nicht meiner. *Das bin nicht ich.* Schnell zieht auch er sich aus. Gott sei Dank ist es dunkel, sodass er meinen Gesichtsausdruck nicht erkennen kann. Eigentlich ist an ihm nichts auszusetzen. Er ist weder hässlich noch alt. *Was ist also mein Problem?*

Benji liegt auf mir, wir fummeln ein wenig herum. Es tut weh, als er eindringt, aber das tut es immer. Eine Minute später ist er fertig. *Gott sei Dank.*

Ich umarme und küsse ihn, froh, dass es vorbei ist. Dann ziehe ich mein Nachthemd an und eile ins Badezimmer. Ich dusche, schrubbe mich wieder und wieder, innen und außen.

Meine Freude an Benjis sonniger, offener Art ist vergangen. Er wirkt sehr verwirrt, dass nach unserem Liebe teilen nichts mehr passiert. Obwohl wir im selben Haus leben, finde ich Wege, nicht mit ihm allein zu sein, und er ist die meiste Zeit des Tages ohnehin beim Witnessing unterwegs. Ich bin froh um meine abgeschlossene, kleine Welt mit Emily, die meine ganze Aufmerksamkeit auf sich zieht, sodass ich nicht zu viel über die Dinge nachdenke. Nur um zwei Uhr nachts kann ich dem Grauen nicht entkommen und schrecke auf. Die Toilette und ich haben regelmäßige Begegnungen mit Gott, wenn ich auf den kalten schwarz-weißen Fliesen knie und flehe: *Bitte, bitte, bitte, lieber Jesus, bitte, lass mich nicht schwanger werden.*

Und ich kann das Land nicht verlassen, ohne die Schäfer zu bitten, mir ein Flugticket zu kaufen – nicht, dass ich das ernsthaft überlege. Gott hat mich hierhergebracht. Ich bin selbst an meinem Leid schuld. Ich war nicht unterwürfig genug. Ich muss härter daran arbeiten, meinen eigenen Willen zu unterdrücken, damit ich wahrlich das gefügige Gefäß sein kann, von dem Grandpa spricht.

Einige Wochen später ruft Anna mich im Flur zu sich. »Ich muss mit dir über etwas Ernstes sprechen, das uns aufgefallen ist.« Fast bleibt mir das Herz stehen. *Ich habe doch schon mit Benji geschlafen. Was soll ich sonst noch tun? Bitte, zwingt mich nicht noch einmal*, will ich schreien. Aber ich folge ihr wieder in ihr Zimmer.

»Wir brauchen deine Hilfe. Ist dir aufgefallen, dass Steph und Matthew viel Zeit miteinander verbringen?«

O nein, denke ich. *Nicht gut.*

Ich hatte Matthew in Moskau getroffen, als ein paar Teenager aus unterschiedlichen Homes im Park zusammen Völkerball spielten. Er dachte offensichtlich, dass alle Mädchen auf ihn stehen. Groß und schlank, mit welligen schwarzen Haaren und blauen Augen stolzierte er lässig und selbstbewusst herum. Ich beachtete ihn nicht. Aus Erfahrung weiß ich, dass man mit solchen Typen nur Ärger hat.

Obwohl wir kaum miteinander gesprochen haben, war es anscheinend genug. Er hielt mich für stolz und hochnäsig und ich ihn für einen arroganten Dummkopf. Erst etwa einen Monat nach meiner Ankunft erfuhr ich, dass er auch in Annas Home lebt; denn er war zwei Monate lang zum Witnessing quer durch Kasachstan gereist. Unsere gegenseitige Ablehnung bei der ersten Begegnung hatte im Laufe des Zusammenlebens etwas abgenommen, aber nicht viel. Im Rahmen meiner Bemühungen, demütiger zu sein, hatte ich versucht, die unterschwelligen Sticheleien sein zu lassen, aber er hatte da keine Skrupel.

»Wir machen uns Sorgen«, fährt Anna fort. »Steph ist erst fünfzehn und er sechzehn. Wie du weißt, dürfen Leute unter sechzehn mittlerweile nicht mehr Sex mit über Sechzehnjährigen haben.«

Ich nicke. Die Regeln haben sich wieder mal geändert. Die Altersgrenze für Geschlechtsverkehr ist jetzt sechzehn. Sechzehn- oder Siebzehnjährige dürfen nur Sex mit anderen unter einundzwanzig haben, und Achtzehn- bis Zwanzigjährige nur mit jemandem, der bis zu sieben Jahre älter ist als sie selbst. Ab dem einundzwanzigsten Geburtstag ist man Freiwild für die älteren FGAs.

Diese Sexregeln zu brechen, bedeutet nicht nur für die Teenager eine Strafe, sondern auch für ihre Eltern. Also kann ich verstehen, warum Anna so verzweifelt aussieht. Ein Vergehen wie dieses könnte das ganze Home betreffen, wenn die Gebiets-Schäfer davon erfahren.

»Matthew hat Liebeskummer. Er hat mit seiner Freundin in Russland Schluss gemacht«, erklärt Anna. »Er sucht Trost, aber ich habe Angst, dass mehr zwischen ihnen passiert, wenn Steph weiter mit ihm Zeit verbringt und ihn aufheitert.«

Ich nicke wieder, nicht sicher, worauf das Gespräch hinausläuft.

»Sprich bitte mit ihm. Lenke ihn von unserer Tochter ab. Hab ein offenes Ohr für ihn.«

»Mache ich«, verspreche ich und bin froh, dass sie mich nicht bittet, mit ihm zu schlafen. Matthews Gesellschaft kann ich aushalten, solange es nicht mehr sein muss.

Am nächsten Abend sehe ich, wie Steph sich am Esstisch mit Matthew unterhält. Sie lehnt sich zu ihm vor, berührt ihn am Arm, aber er schreckt zurück, als er mich bemerkt.

»Steph.« Ich lächle sie wie eine große Schwester an. »Deine Mutter möchte, dass du langsam ins Bett gehst.«

»Du solltest auch ins Bett!«, schnauzt sie.

»Ich komme gleich.«

Steph geht beleidigt weg und Matthew, enttäuscht, sein Publikum zu verlieren, sieht auch so aus, als wäre er zum Gehen bereit.

»Ich mache Tee. Willst du einen?«

»Gern«, sagt er und nickt.

Ich versuche, mich wie eine Erwachsene zu benehmen. »Hör mal, wir hatten einen schlechten Start, aber ich arbeite daran, demütiger zu sein, also können wir vielleicht noch mal von vorne anfangen?«

Er sieht mich misstrauisch an, nicht sicher, was ich vorhabe.

Ich setze das Wasser auf und nehme ihm gegenüber am Tisch Platz. *Worüber soll ich bloß mit ihm reden?* Ich überlege verzweifelt. »Und, wie fandest du Russland?«

»Es war okay.«

»Ich habe damals meinen Freund in Japan zurückgelassen, als ich hierhergekommen bin«, sage ich in dem Versuch, das Gespräch in die entsprechende Richtung zu lenken.

Er sieht überrascht aus. »Ja, das muss schwer gewesen sein. Meine Freundin ist in Moskau geblieben.«

Ich lehne mich zurück und höre zu, frage ab und zu ermutigend dazwischen, während er sich öffnet und mir über die Trennung von der Liebe seines Lebens berichtet. Anscheinend war sie sich nicht so sicher wie er, dass sie füreinander bestimmt waren, und lehnte seinen Antrag ab. Sie war zudem ein paar Jahre älter als er. Er erzählt von ihr, dem Inbegriff von Schönheit und Tugend, und gute Anhängerin wie ich bin, unterdrücke ich meinen Brechreiz und versuche, eine gute Freundin zu sein. Zumindest kann ich seinen Schmerz nachvollziehen.

Als der Teekessel pfeift, gieße ich für ihn Wasser über einen Teebeutel und für mich lediglich heißes Wasser in eine Tasse. Er macht sich lustig über mich, aber nur ein bisschen.

Ich verteidige die Gewohnheit und sage: »Hey, in China trinkt man das so.«

Von da an treffen Matthew und ich uns ein paarmal pro Woche abends in der Küche, wenn er nicht gerade in anderen Städten zum Witnessing unterwegs ist. Ich erzähle ihm von Hac Sa, der Farm, den Tieren. Wir reden über unsere früheren Beziehungen. Was uns bedrückt und wie wir die Mo-Briefe auffassen.

Entsteht hier gerade eine unwahrscheinliche Freundschaft?

Mit der Zeit freue ich mich auf die Treffen und verspüre ein kleines bisschen Aufregung im Bauch, wenn ich meinen Morgenmantel anziehe und zwanglos in die Küche schlendere, um meine nächtliche Tasse heißes Wasser zu trinken.

Nach einem Monat verändern sich unsere spätabendlichen Küchengespräche. Matthew redet kaum mehr über seine Ex-Freundin. Stattdessen unterhalten wir uns über Gott und Prophezeiungen, und er spielt mir auf der Gitarre seine selbstgeschriebenen Songs vor. Dann sagen wir uns Gute Nacht, umarmen uns und gehen jeweils in unser eigenes Zimmer.

Die Routine ist tröstlich, einfach und sicher, bis ich eines Abends, als wir uns wie immer umarmen, etwas länger verweile. Seine Arme bleiben um mich geschlungen. Als ich mit einem Fuß wegrutsche, lande ich auf seinem Schoß. Wir lachen kurz. Aber keiner von uns bewegt sich. Ich bleibe auf seinem Schoß sitzen, und auf einmal berühren sich unsere Lippen. Wir schrecken beide zurück. Ich weiß nicht, ob ich ihn geküsst habe oder er mich, aber mir wird klar, dass es mir egal ist. Mit ihm Zeit zu verbringen, ist für mich mittlerweile so selbstverständlich.

Matthew zu küssen wird zur Gewohnheit – und zum ersten Mal fühlt sich eine Beziehung besonders und schön und *richtig* an. Ich lächle mehr, und nicht einmal die Haferflockenkuchen am Morgen können meine Laune trüben. Eines Abends, als ich durch den Flur schwebe, ruft Anna meinen Namen. Jemand ist am Telefon.

Ich erwarte keinen Anruf. Mit meinen Eltern habe ich erst letzte Woche an Weihnachten gesprochen, und keiner kann sich einfach aus einer Laune heraus ein Ferngespräch leisten. Ich nehme den Hörer auf.

»Faith.« Die vertraute Stimme von Chris dringt in mein Ohr. »Wann kommst du wieder zurück? Du fehlst mir.«

Beinahe fällt mir der Hörer aus der Hand. Seit Monaten habe ich kaum mehr an Chris gedacht. Wir haben uns ab und zu Briefe geschrieben, aber das war's. Ich kann nicht glauben, dass er die Erlaubnis – und das Geld – bekommen hat, um anzurufen.

»Faith?«, sagt er noch mal.

Der Schmerz in seiner Stimme tut mir im Herzen weh. Aber ich muss ehrlich sein. Es bringt nichts, ihm Hoffnungen zu machen. »Ich komme nicht zurück, Chris. Gott will, dass ich Ihm hier diene.«

»Soll ich zu dir kommen?«

»Nein«, sage ich und brauche all meine Kraft, um das kleine Wort aus mir herauszubringen. »Ich liebe dich und werde es immer tun, aber ich denke nicht, dass wir füreinander bestimmt sind. Tut mir leid.«

Ich höre das Klicken, als er das Gespräch beendet, und alle aufgestauten Gefühle brechen an die Oberfläche. Ich weine – um ihn und um mich. Chris ist der einzige Mensch, bei dem ich mir sicher bin, dass er mich aufrichtig liebt und mich heiraten will, und das habe ich gerade zerstört. Aber ich kann ihn nicht so lieben, wie er es gerne hätte.

* * *

Nach ein paar Monaten eisiger Kälte schmilzt der Schnee, und grüne Triebe sprießen genau wie meine Gefühle für Matthew. Das ist mehr als Freundschaft. *Bin ich verliebt?* Mir wird zu meinem eigenen Schreck klar, dass ich das letzte Mal mit zehn so für jemanden empfunden habe, als ich meine Gefühle in einem Gedicht für Michael niederschrieb, meiner ersten Liebe. Allmählich hatte ich mich schon gefragt, ob ich jemals wieder so etwas empfinden könnte, habe mir Sorgen gemacht, der Teil von mir wäre zerbrochen.

Immer wenn Matthew vom Witnessing zurückkommt, fühle ich eine Leichtigkeit in der Brust. Ich warte darauf, dass seine Hand die meine findet, dass ich seine Wärme spüre. Ich freue mich, wenn sein Atem an meinem Hals kitzelt, sobald wir es schaffen, einen Moment allein zu sein, und auf den Klang seines Lachens, der mich durch den Flur in mein Zimmer begleitet. Wir entfliehen der engen Wohnung und lieben uns unter dem freien Sommerhimmel in einer versteckten Ecke des in der Nähe gelegenen verlassenen Botanischen Gartens.

Eines Tages kehre ich vom Waisenhaus zurück und eile ins Zimmer der Jungs, um Matthew von meinen Erlebnissen zu erzählen, aber die Geschichte bleibt mir im Hals stecken. Ein Koffer liegt offen auf seinem Bett.

Matthew kommt auf mich zu und nimmt meine Hand. Er muss weggehen, sagt er so leise, dass er fast nicht zu hören ist. Ihm wurde von den Gebiets-Schäfern mitgeteilt, dass er wieder zurück nach Moskau muss, um eine Strafe aufgrund eines Fehltritts in einem früheren Home zu verbüßen, der ihn erst jetzt einholt.

Nein, Gott, bitte. Ich lege meine Arme um seine Hüften und drücke ihn, während er mich sanft festhält. Ich will ihn niemals loslassen, aber ich weiß, dass ich das Unvermeidliche akzeptieren muss. Ein paar Minuten später löse ich mich aus der Umarmung und helfe ihm, seine Hemden zusammenzulegen.

Abends weine ich leise in mein Kissen, wiederhole immer und immer wieder die Römerbriefe 8,28. *Was soll an dieser Sache gut sein?* Als mein Schniefen nachlässt, stelle ich mir eine Zukunft vor, in der die Schmerzen weniger stechend sind. Das einzig »Gute«, das mir einfällt, ist das: *Zumindest kann ich jetzt mehr Mitgefühl zeigen, wenn andere Liebeskummer haben, und werde sie trösten können.* An diesen Funken Hoffnung klammere ich mich, als ich einschlafe.

Nach seiner Abreise verfolgt Matthew mich. Jedes Mal, wenn ich durch eine Tür gehe oder um eine Ecke biege, erwarte ich, sein freches Lächeln zu sehen. Jede Enttäuschung hält den Schmerz frisch, aber ich muss mich trotzdem zu einem glücklichen Gesichtsausdruck zwingen – traurig auszusehen ist eigensinnig und lieblos gegenüber anderen.

Matthew und ich schreiben uns ein paar lange Liebesbriefe, doch zwei Monate nach seiner Abreise erhalte ich seine letzte Nachricht. *»Ich habe mich mit meiner Ex-Freundin getroffen«*, steht da. *»Sie hat viel durchgemacht. Wie sich herausstellt, liebt sie mich doch, und wir sind wieder zusammen.«*

Ich schließe mich im Badezimmer ein, dem einzigen Ort, wo ich allein sein kann, sitze auf der Toilette und umklammere den Brief, während Tränen über meine Wangen strömen. Ich höre Yana an die Tür klopfen, aber ich blende das Geräusch aus. Ich blende alles aus. Ich wende mich an die einzige Hilfe, die ich kenne – Gott.

Zusammengekauert schreibe ich nachts im Bett in mein Tagebuch, während Tränen die Buchstaben verwischen.

Lieber Gott, nimm dies wertlose, eigennützige Leben
Und beende mein leeres Streben.
Lass uns verschmelzen, ich bin Dein.
Nur dann kann ich frei sein.

Frei von Kummer, frei von Leid,
Das sich zum Eigensinn reiht.
Frei, mich selbst aufzugeben,
In dem Wissen, dass Dein ist mein Leben.

Ich gebe Dir mein ganzes Selbst. Tu damit, was Du willst. Ich gebe Dir mein Ehegelübde als meinem Mann. Ich verspreche, Dich zu lieben und zu ehren, Dir zu gehorchen und zu folgen und Dir treu zu dienen, bis dass der Tod uns endgültig vereint.
Amen.

Der Gedanke, noch einen Winter an diesem Ort zu verbringen, ist viel zu trostlos, also bitte ich nicht um eine Verlängerung, als am Ende des Jahres mein Visum ausläuft.

Eine neue Missionierungswelle wird angekündigt: *Pioneer Mainland China for Jesus*, die den Weg für Jesus in China bereiten soll. Es ist ein Aufruf an alle Family-Mitglieder, die bereit sind, verdeckt in China zu missionieren. Meine Eltern sind bereits nach Xiamen gezogen, einer Universitätsstadt auf dem chinesischen Festland, die direkt auf der anderen Seite der Meerenge von Taiwan liegt. Ich bitte um eine Versetzung zu ihnen. Frankie und Anna willigen aus Dank für meine Arbeit mit Emily ein, mein Flugticket zu bezahlen.

Als ich Kasachstan verlasse, lasse ich auch den Namen Jewel zurück. Er hat nie zu mir gepasst – egal wie sehr ich versucht habe, ihn zu akzeptieren, zu überleben, so zu sein, wie sie mich haben wollten. Ich bin froh, den Namen loszuwerden, eine Haut abzuwerfen, die mir zu eng geworden ist.

Es ist Zeit, an einem neuen Ort als neue Faith neu anzufangen.

24

VORTÄUSCHEN IST DER ERSTE SCHRITT

Ich lande in Hongkong und eine Welle der Vertrautheit rollt über mich hinweg. Schön, wieder hier zu sein.

Mom unterrichtet Englisch an der Universität von Xiamen, und Dad übt mit Geschäftsleuten englische Umgangssprache und kümmert sich um Jondy und Amy, wenn Mom an der Uni ist. Ich werde ihrem geheimen Missionierungs-Home als Chinesisch-Studentin an der Universität mit einem studentischen Visum beitreten. Die Studiengebühren betragen nur 700 Dollar im Jahr, was wir durch Englischunterricht stemmen können. Die Gelegenheit fühlt sich an wie ein Geschenk Gottes.

Mithilfe einer Anleitung, die mir Mom geschickt hat, fahre ich erst mit der U-Bahn vom Flughafen zum Grenzübergang am chinesischen Festland in Shenzhen. Von da aus nehme ich über Nacht einen Fernbus nach Xiamen. Die orangen Plastiksitze sind eigentlich Einzelbetten, in denen zwei Leute der Länge nach eng zusammenliegen, ein harter, rechteckiger Block beim Kopf soll als Kissen dienen. Zu meinem Glück teile ich das Bett mit einer jungen chinesischen Frau und ihrem sechs Monate alten Baby. Wir lächeln einander vorsichtig zu. Es ist besser, als mit dem ruppigen, vor sich hin paffenden Mann auf der anderen Seite des Ganges zusammengesteckt zu werden, der dreist das »Rauchen verboten«-Schild über ihm ignoriert. Oder seinem Kumpel, der unbekümmert die Schalen von Sonnenblumenkernen auf den Gang spuckt.

Während der Bus über die unebene Straße rumpelt, versuche ich, mein Unbehagen zu verdrängen, indem ich den winzigen Mandarin-Sprachführer lese, den ich in Hongkong von meinem für Hygieneartikel gedachten Taschengeld gekauft habe. Ich spreche kein Wort Mandarin. Die offizielle Sprache des chinesischen Festlands, auch bekannt als Volksrepublik China, unterscheidet sich stark von Kantonesisch, dem Dialekt, mit dem ich in Macau und Hongkong aufgewachsen bin. Zugegebenermaßen habe ich mir als Kind nicht viel Mühe gegeben, mir abgesehen von den Missionierungssprüchen ordentlich Kantonesisch anzueignen. Aber jetzt muss ich Chinesisch lernen, um zu überleben.

Ich bin kaum mit den Zahlen von eins bis hundert durch, als der Bus fürs Abendessen an einem kleinen Gasthaus am Straßenrand anhält. Die metallenen Tische und Hocker glänzen im kalten Neonlicht, sodass sich meine müden Augen nach der schummrigen Beleuchtung im verrauchten Bus erst daran gewöhnen müssen. So weit ab vom Schuss spricht keiner ein Wort Englisch. Mandarin kann ich zwar noch nicht, doch was chinesisches Essen angeht, bin ich kein Dummkopf. Ich sitze mit meinen Mitreisenden an einem riesigen runden Tisch und warte darauf, dass die gestresste Kellnerin sich mir zuwendet. Ich begehe nicht den Anfängerfehler, wahllos auf chinesische Zeichen in der Speisekarte zu zeigen, denn dadurch könnten Fadenschnecken oder Innereien auf meinem Teller landen. Stattdessen atme ich tief ein und muhe laut.

Sie starrt mich verblüfft an, so wie alle anderen im Restaurant auch. Es ist mir etwas peinlich, aber eigentlich auch egal, also muhe ich noch einmal und halte die Zeigefinger zu Hörnern an den Kopf. Sie kichert und nickt. *»Niu rou!«*

Ermutigt probiere ich es erneut. »Gock, gock, gock, gock«, sage ich und wedle mit den Armen, um dem Ganzen noch Nachdruck zu verleihen.

Ah, sie schnallt es. *»Ji rou!«*

Der ganze Tisch schmeißt sich weg vor Lachen, und alle raten wild durcheinander. Ein paar Minuten später bekomme ich zu meiner

Freude einen wundervollen Teller Rindfleisch mit Brokkoli und gebratenem Huhn mit Reis serviert. Für gute Kommunikation braucht es manchmal keine Worte.

Nach weiteren sechs Stunden Fahrt hält der Bus in der frühmorgendlichen Dämmerung an einem dreckigen Busbahnhof voller Menschen. Dort entdecke ich meinen Vater, so dünn wie eh und je, der ungeduldig von einem Fuß auf den anderen tritt, bis ich aussteige. Er schnappt sich meine beiden Koffer und bringt mich zu einem Stadtbus Richtung Universität. Während er ohne Unterlass redet, frage ich mich, wie es wohl sein wird, nach drei Jahren Trennung und so wenig Kontakt wieder mit meinen Eltern zusammenzuleben. Als ich in Kasachstan war, habe ich das ganze Jahr über nur einmal an Weihnachten für drei Minuten mit ihnen telefoniert.

Gespannt lausche ich, während er im Schnelldurchlauf von meinen anderen Geschwistern berichtet. Josh, Aaron und Mary leben alle mit ihren Familien in Taiwan. Aaron hat eine nette australische SGA-Frau geheiratet (ironischerweise heißt sie Jewel), als er noch in Japan war; jetzt haben sie vier kleine Kinder. Nehi ist geschieden (seine Frau ist aus der Family ausgestiegen und mit den Kindern nach Schweden zurückgekehrt) und befindet sich irgendwo im kriegsgebeutelten Bosnien, wo er die Hilfsaktionen der Family und anderer NGOs fotografisch dokumentiert. Caleb, der letzte Junggeselle unserer Familie, ist in Polen oder vielleicht auch Ungarn. Hobo wohnt mit seiner Familie in Großbritannien, aber er schreibt nie. Esther ist nach vier Jahren bei den WS wieder aufgetaucht, lebt angeblich auch irgendwo in China und unterrichtet ebenfalls Englisch.

»Und rate mal, wer in der Nähe wohnt?«, fragt Dad fröhlich und beobachtet meine Reaktion. »Daniel und Grace mit Familie!«

»Patrick!«, rufe ich. Nach all den Jahren wieder vereint!

»Ja, und Sophie. Du erinnerst dich doch noch an die Tochter von Uncle Ben?«

»Typhoon 10! Wie könnte ich das vergessen!« Sophie hat mit ihrer Familie für ein paar Jahre bei uns in Macau gelebt. Schon mit zwei Jahren hatte sie den Spitznamen »Typhoon 10« bekommen. Wenn man sie auch nur fünf Minuten unbeaufsichtigt in einem Raum ließ, lagen die Inhalte aller Schubladen und Regale in einem Haufen auf dem Boden.

»Sie ist jetzt siebzehn, und Ching-Ching, die Tochter von Zacky und Hope, wohnt inzwischen auch bei uns. Sie ist vor ein paar Tagen angekommen.«

Juhu! Die alte Gang aus der Kindheit ist wieder beisammen. Ich habe weder von ihnen gehört noch einen von ihnen getroffen, seit ich vor fast zehn Jahre nach Thailand abgereist bin. *Wie sehen sie jetzt aus? Wie klingen sie? Werden wir uns immer noch gut verstehen?*

»Weißt du, China öffnet sich zwar und erlaubt immer mehr Ausländern einzureisen, aber Missionsarbeit und Witnessing sind weiterhin streng verboten.«

»Ich weiß, Dad«, sage ich und blicke mich nervös um, aber er geht anscheinend nicht davon aus, dass in einem öffentlichen Bus jemand Englisch spricht. Für den Fall einer Zollkontrolle habe ich meine Bibel und die Mo-Briefe sorgfältig ganz unten in meinen Koffern versteckt.

Ein harter Ruck im Bus lässt meinen Kopf gegen den Sitz prallen, und ein paar Passagiere, die stehen mussten, fallen hin. Durch die Frontscheibe erkenne ich, dass eine alte Frau die Straße überquert, ohne den fluchenden Fahrer auch nur eines Blickes zu würdigen. *Ah, China.*

Als wir endlich bei unserer Zielhaltestelle ankommen und rausklettern, führt Dad mich zu einem Hügel und deutet auf ein kleines Haus. »Los, rauf!« Schwer atmend erklimme ich die hundertfünfzig Stufen. Ein paarmal bleibe ich schnaufend stehen. *Gib dich niemals geschlagen. Nie, nie, nie, nie,* zitiere ich im Stillen, während ich keuche. Mom wartet an der Tür und begrüßt mich mit offenen Armen. Erschöpft lasse ich mich hineinfallen.

Sie hat sich kaum verändert, auch wenn sie in einer schlankeren Phase ihrer ständigen Gewichtsschwankungen ist, und ihr Gesicht strahlt vor Energie. Sie scheucht mich rein ins Haus und Dad folgt uns vergnügt mit meinem schweren Gepäck. Wenn wir in ein anderes Land ziehen, dürfen wir nur das behalten, was wir im Flugzeug mitnehmen können, also sind meine Koffer zum Bersten vollgepackt.

Im Flur pralle ich fast mit Ching-Ching zusammen und wir lachen und umarmen uns. Ihr Gesicht sieht genauso aus wie früher, aber sie ist kräftig geworden. Vom Gewichtheben, bekennt sie.

Sie führt mich durch das neue Zuhause meiner Eltern, ein einfaches, einstöckiges chinesisches Haus mit einem Wohnzimmer, drei kleinen Schlafzimmern und einer typischen ein mal zwei Meter winzigen chinesischen Küche mit daumengroßen weißen Fliesen. Mom bittet uns zum Esstisch, der fast das gesamte kleine Wohnzimmer einnimmt, und bei einer Tasse Jasmintee geben Mom und Dad einen Überblick über die Lage.

»Es geht hier in Südchina zum Glück etwas lockerer zu als in Peking«, sagt Mom.

»Ja«, stimmt mein Vater ihr zu. »Ich habe noch nie bemerkt, dass uns jemand gefolgt wäre, aber wir müssen trotzdem davon ausgehen, dass unsere Telefone abgehört werden und unsere Post bereits mit Wasserdampf geöffnet und gelesen wurde, bevor sie ankommt. Pass also gut auf, was du sagst und schreibst.«

»Ich weiß, Dad.«

Ich bekomme Magenkrämpfe bei der altbekannten Angst, entdeckt zu werden.

Dad erklärt, dass China zwar langsam mehr Ausländern die Einreise als Lehrer erlaubt, diese Nachsicht aber neu ist. Wenn wir erwischt werden, schieben sie uns ab. Für unsere chinesischen Freunde wäre es allerdings noch viel gefährlicher. Sie würden auf jeden Fall verhört werden oder, noch schlimmer, in Straflager geschickt. Wir können keine Flyer verteilen, Straßenmusik machen oder offen über Jesus sprechen.

»Wenn wir auf Menschen treffen, die wir als mögliche Schafe einschätzen, können wir sie aber für individuelle Bibelstunden hierher nach Hause einladen.«

In diesen Bibelstunden müssen wir jeder Person genau auf den

Zahn fühlen, denn manche »Schafe« könnten von der Regierung geschickt worden sein, um uns auszuspionieren. Er erklärt, dass wir mit einfachen Bibelversen anfangen müssen – und kein Wort über die krasseren Lehren über Sex verlieren sowie definitiv nichts über die Family erzählen dürfen. Wir müssen wie normale System-Christen wirken, die gekommen sind, um Chinesisch zu lernen.

Ich lenke das Gespräch darauf, was meine Eltern in den letzten Monaten so in China getrieben haben. Sie erzählen mir von den Freundschaften, die sie geschlossen haben, und sogar noch etwas mehr Tratsch über meine Geschwister, die Kinder wie am Fließband zeugen. Dad prahlt damit, dass er bald zwanzig Enkel hat. Als er aufsteht, um sich ein Erdnussbuttersandwich zu machen, zwinkert mir Mom auffällig zu und sagt: »Patrick ist ein sehr attraktiver junger Mann geworden.« Ich verkneife es mir, die Augen zu verdrehen. Sie ist nie wirklich erwachsen geworden.

Mom erzählt, dass seine Familie auf Gulangyu lebt, einer nahegelegenen autofreien Insel vor der Küste Xiamens. »Wir besuchen sie oft zum Abendessen und freuen uns über die nette Gesellschaft! Wer weiß, was zwischen euch entsteht, jetzt, wo ihr älter seid?«

Ich zucke gleichgültig mit den Schultern. Mom liebt nichts mehr, als mich aufzuziehen, also versuche ich, ihr keinen Stoff zu geben, aber ich kann die Schmetterlinge in meinem Bauch nicht ignorieren. *Wird sich endlich herausstellen, dass der Junge, den ich seit der Kindheit kenne, die Liebe meines Lebens ist, genau wie Gilbert in* Anne auf Green Gables*?*

Mom zieht vielsagend eine Augenbraue hoch. Ich lächle und entschuldige mich, um mein neues Schlafzimmer zu beziehen, das ich mit Ching-Ching und Sophia teile. Auch wenn ich mich freue, meine Mutter wiederzusehen, bin ich auch ein wenig unruhig. Unsere Beziehung war schon immer etwas schwierig, vor allem in meinen frühen Jugendjahren. Aber mit fast zwanzig bin ich jetzt eine Erwachsene und bereit, die Kindheit hinter mir zu lassen. Ich hoffe nur, dass sie mich wie eine weitere erwachsene Mitbewohnerin des Homes behandeln kann.

Am nächsten Nachmittag sitze ich auf meinem Einzelbett und lese einen neuen Mama-Brief, als Mom mir vom Wohnzimmer aus zuruft: »Auntie Grace hat gerade angerufen und gesagt, dass Patrick auf dem Weg hierher ist. Er sollte in einer halben Stunde da sein!«

Schnell ziehe ich mir ein hübsches Kleid an, werfe Dutzende Blicke in den Spiegel, und nachdem ich schließlich aufgegeben habe, meine langen Haare immer wieder neu zu flechten, eile ich vor die Tür. Da kommt er die Treppen rauf, ein großer, attraktiver Mann mit hellbraunen Haaren. Sein rundes, sommersprossiges Gesicht ist einem starken, kantigen Kiefer gewichen und durch das dünne T-Shirt kann ich sehen, dass sein Körper schlank und schön definiert ist.

Als er spricht, klingt sein Akzent wie der meiner Brüder. Die erwartungsvolle Spannung legt sich. »Wie kommt's, dass du genauso redest wie meine Brüder?!«, frage ich lachend. Durch das Aufwachsen mit uns konnte er dem irischen Singsang seiner Eltern entgehen.

Wir lachen beide, und die angestaute Aufregung verfliegt.

»Ich habe gehört, dass du hier bist, und musste es mit eigenen Augen sehen«, beginnt er, und ehe ich michs versehe, fühlt es sich an, als wären wir wieder auf der Farm. »Weißt du noch, das eine Mal …«, und schon läuft das Gespräch.

Der alberne Junge, den ich so liebhatte, steckt immer noch in dem jungen Mann, der versucht, ernst zu sein. Wir spazieren eine Stunde lang auf dem nahegelegenen schattigen Uni-Campus herum, bevor er losmuss. Er hat ein paar Sachen für seine Eltern in der Stadt zu erledigen, Einkäufe für die große Familie, die man auf der Insel nicht tätigen kann.

»Ich fasse es nicht, dass deine Eltern jetzt zehn Kinder haben!«, sage ich.

»Sie wollten deine Familie einholen, und jetzt ziehen sie an euch vorbei!«, erwidert er, und wir lachen beide. Als sich unsere Wege am Fuße des Hügels trennen, umarmen wir uns fest zum Abschied.

Nach dem langen Aufstieg betrete ich keuchend den gefliesten Eingang meines neuen Homes, wo Mom mich wieder einmal in der Tür erwartet. »Und, wie lief's?« Ihre Augen leuchten erwartungsvoll.

»Patrick ist wie ein Bruder für mich. Keine Funken.«

Sie wirkt niedergeschlagen. Auch ich bin enttäuscht. Ich greife auf einen ihrer alten französischen Sprüche zurück: »*C'est la vie.*«

Bei der Andacht am nächsten Morgen erklärt Mom Ching-Ching und mir: »Was die Führung des Homes anbelangt, sind wir hier nicht die Anführer oder Schäfer. Wir erwarten, dass ihr als junge Erwachsene für euch selbst sorgt. Und wir bilden alle den Home Council, was bedeutet, dass wir bei Entscheidungen, die das Home betreffen, gemeinsam abstimmen.«

Mit der Zeit reiße ich die Mauern der Demut und Unterwerfung nieder, die ich in Kasachstan sorgsam um mich aufgebaut habe. Meine Eltern werden mich nicht zum Liebe teilen zwingen oder versuchen, mich als Strafe für zu viel eigene Meinung zu brechen. Sie sind sich ihrer eigenen kleinen Ungehorsamkeiten nur zu sehr bewusst. Ich merke schnell, dass meine Eltern am liebsten in Ruhe ihr Ding machen, ähnlich wie in Macau, wogegen ich nichts einzuwenden habe.

Meine Mutter interessiert sich mehr für ihren Job an der Uni als für die neuesten Prophezeiungen von Mama Maria, und mein Vater liest uns bei der Andacht zwar immer noch die Briefe vor, aber er hat auch eine neue Faszination für Hudson Taylor entwickelt, einen enthusiastischen britischen Protestanten, der von 1854 bis zu seinem Tod 1905 als Missionar in China tätig war. Weil die Kurse an der Uni um acht Uhr morgens beginnen, halten wir nur an den Wochenenden gemeinsame Andachten ab. Wir befolgen im Großen und Ganzen die Regeln der Family, haben einen festen Tagesablauf und gehen sicherheitshalber nur zu zweit raus, aber der ständige Druck, eine perfekte Anhängerin zu sein, ist ein bisschen erträglicher geworden. Zum ersten Mal, seit ich vor fünf Jahren die Farm verlassen habe, kann ich durchatmen, genieße den Duft der Akeleien gemischt mit den Abgasen der Autos, und ohne dass ich es richtig mitbekomme, entspannt sich mein Körper ein wenig.

Doch da meine Eltern einen Großteil der Kontrolle abgegeben haben, tragen Ching-Ching und ich einen Teil der Verantwortung dafür, dass alles rund und nach Family-Regeln läuft, was bedeutet, dass wir kochen, putzen und uns um Jondy und Amy kümmern müssen, die jetzt acht und elf sind.

Unter hundert ausländischen Studenten an der Mandarin-Sprachschule der Universität von Xiamen befinden sich nur zwei Amerikanerinnen: Ching-Ching und ich (Sophia ist Kanadierin). Die meisten sind Auslands-Chinesen, die hier ihre Muttersprache lernen wollen, und außerdem gibt es noch ein paar Europäer.

Es ist Jahre her, dass mir ein schulisches Umfeld jeglicher Art vergönnt war, und die Freude am Lernen und zielgerichteten Arbeiten hat mir gefehlt. Ich bin auch gespannt, mehr über meine System-Kommilitonen zu erfahren, alles junge Leute in meinem Alter.

Unsere drei Kurse am Morgen finden in kleinen Klassenzimmern statt, eingerichtet mit den typischen Tisch-Bank-Kombinationen, die man sonst eher aus Grundschulen kennt. Mr. Cheng ist unser Dozent für chinesische Schrift. Er spricht im Unterricht ausschließlich Chinesisch, obwohl in unseren Lehrbüchern englische Übersetzungen neben den chinesischen Wörtern stehen.

Patrick, Ching-Ching, Sophia und ich essen in der riesigen Mensa zusammen zu Mittag. Wir versuchen, die Hühnerfüße, das Schweinefleisch und die Innereien zu meiden. Gebratenes Hähnchen oder Rind mit ein wenig Pak Choy oder gebratenem Chinakohl in einem Meer aus Öl und Knoblauch sind die bessere Wahl. Lebensmittel sind so billig, dass ein Gericht weniger als umgerechnet einen Dollar kostet, also können sogar *wir* es uns leisten, jeden Tag hier zu essen.

Unsere Konversationsdozentin Ms. Shin spricht fließend Englisch mit einer deutlichen Singsang-Stimme. Mit ihrem festen Haarknoten, dem Zeigestock für die Tafel und der aufrechten Haltung wirkt sie sehr korrekt.

Heute lernen wir das Wort »Liebe«, geschrieben »ai« und mit fallender Stimme ausgesprochen. *Ai ren* = Partner, *wo ai ni* = ich liebe dich.

Sophia versucht, einen Satz zu bilden: »*Zou ai.*«

Ms. Shin dreht sich schockiert um und wendet sich wieder der Tafel zu, um ein Lachen zu unterdrücken. »Sagen Sie sowas nicht«, stottert sie.

Als sie sich weigert, uns zu verraten, was das bedeutet, lehnt sich ein anderer Student zu uns herüber und flüstert »Liebe machen«. Wir feiern Sophia dafür.

Ich stecke all meine Energie in den Sprachunterricht und blühe in einer traditionellen schulischen Umgebung mit Lehrern und Kommilitonen voll auf. Damals mit zwölf in den USA waren die Dinge so schwierig – Moms schwankende Laune, unsere prekären Lebensumstände und mein eigenes starkes Selbstbewusstsein. Also hatte ich erst gegen Ende des ersten Halbjahres in der achten Klasse das Gefühl, angekommen zu sein, und konnte das Lernen auch genießen. Es tut mir so gut, jeden Tag den eigenen Fortschritt zu sehen, wie damals in Macau, als ich mir im Selbststudium das Highschool-Curriculum aneignete. Mir war nicht bewusst, wie sehr ich es vermisst habe.

Nach dem morgendlichen Unterricht gehen Ching-Ching und ich wieder nach Hause, halten zu zweit eine Andacht ab, machen unsere Hausaufgaben, für die wir chinesische Zeichen abschreiben, leiten Bibelstudien für interessierte chinesische Studenten und wechseln uns damit ab, zu kochen und uns um Amy und Jondy zu kümmern.

Am Ende des ersten Semesters verkündet Ms. Shin: »Es wird eine Party für alle ausländischen Studierenden geben. Dabei ist es Tradition, dass alle von Ihnen ein Lied oder einen Sketch aufführen. Vergessen Sie also nicht, etwas vorzubereiten; man wird sie auf die Bühne rufen.« Ching-Ching, Sophia und ich werfen uns Blicke zu und verdrehen die Augen.

»Klingt so, als wollten sie nur, dass Ausländer sich vor ihnen zum Affen machen«, flüstere ich. Wir sind unsere gesamte Kindheit zusammen vor Leuten aufgetreten, also brauchen wir nur wenige Stunden, um ein Lied einzustudieren.

Die Party findet im Club neben dem Campus statt. Als wir dran sind, klopft Ching-Ching auf die Gitarre – »Eins, zwei, drei« –, und Sophia und ich heben an: »Para bailar la bamba«, und tanzen eine einfache Choreografie. Am Ende wirbeln wir rote Halstücher im blinkenden Disco-Licht über den Köpfen und unsere Kommilitonen pfeifen und jubeln.

Unsere Freude am erfolgreichen Auftritt bei der Party lässt nach, als der Dekan uns von da an bei jeder größeren universitären oder kulturellen Veranstaltung vor der gesamten Universität auftreten lässt.

Die Uni führt uns wie ausländische Zirkusaffen vor, ein lokaler Fernsehsender will ein Interview mit uns und chinesische Studenten rufen laut unsere Namen aus den Fenstern der Studentenheime, wenn wir über den Campus gehen.

Das war's dann wohl damit, eine unauffällige christliche Familie zu bleiben.

Obwohl wir nicht so unbemerkt leben wie eigentlich geplant, stellt sich heraus, dass es durchaus Vorteile hat, eine kleine Berühmtheit zu sein. Meine chinesischen Kommilitonen bestehen darauf, mich herumzuführen. Sie gehen mit mir tanzen, in Restaurants und Untergrund-Kinos (dort sitzen die Studenten in einem dunklen Raum auf Bänken vor einem großen Fernseher), wo man für fünfundzwanzig Cent die neuesten amerikanischen Filme sehen kann.

Ich habe das Gefühl, in einem System-Teenie-Film zu leben: Ich trage eine kleine Tasche mit etwas Geld bei mir, das ich durch echte System-Jobs verdient habe: modeln für chinesische Werbespots und Englischunterricht für die Führungskräfte bei Tetra Pak. Normalerweise wäre das verboten, aber da wir hier »undercover« bleiben müssen, dürfen wir auch auf anderen Wegen als mit CD-Verkäufen und Spendensammeln Geld verdienen. Wie sich herausstellt, ist echte Arbeit lukrativer, als mit Sammelbüchsen herumzulaufen.

Als gemeinsame Home-Leiter beschließen meine Eltern, Ching-Ching und ich, dass wir nur die Hälfte unserer Einnahmen zum Budget des Homes beisteuern müssen und den Rest behalten dürfen. Ich schaffe es, etwa hundert Dollar pro Monat für mich zurückzulegen, sodass ich mit Kommilitonen essengehen und Entscheidungen treffen kann, ohne meine Eltern bei jeder Kleinigkeit um Erlaubnis bitten zu müssen.

Im Unterreicht bringt uns Mr. Lee, mein Dozent für Hörverständnis, bei, wie man auf Chinesisch »Hongkongs erfreuliche Rückkehr zum Mutterland« sagt. Denn schon in einem Monat, am 1. Juli 1997, gibt Großbritannien die Staatshoheit über Hongkong an China zurück. Überall in der Stadt hängen Plakate, und eine riesige Digitaluhr zählt seit Monaten den Countdown runter. Eines Nachmittags hebe ich die Hand und spreche sehr vorsichtig an, dass die Einwohner Hongkongs vielleicht nicht allzu erfreut sind, wieder zu China zu gehören.

»Die Einwohner Hongkongs sind natürlich begeistert! Warum sollten sie nicht willig sein, die kolonialen Unterdrücker loszuwerden und wieder zum Mutterland zurückzukehren?«, antwortet er schockiert.

Jeder andere Standpunkt zu diesem Thema ist jenseits seiner Vorstellungskraft. Da merke ich, dass sogar Menschen, die sich selbst für fortschrittlich, modern und kritisch gegenüber dem politischen System und der Geschichte halten, immer noch sehr ideologisch gedrillt sind und das nicht so einfach ablegen können. Ich setze nicht weiter nach.

Mir ist klar, wie prekär unsere Lage hier ist, auch wenn wir das Gefühl haben, uns gut einzuleben und Freunde zu finden. Immer wieder höre ich ein Klicken in der Telefonleitung – ein Hinweis darauf, dass wir abgehört werden –, und wenn wir Briefe bekommen, kann ich erkennen, dass sie hastig wieder zugeklebt wurden. Ich nehme es nicht persönlich; die chinesischen Behörden überwachen alle Ausländer.

Trotz der ständigen staatlichen Beobachtung genieße ich die Freiheit und Unabhängigkeit in China, die ich so noch nie erlebt habe. Und im Zuge der neuen Welle an Internet-Cafés lege ich meinen ersten Hotmail-Account an und kann jetzt mit Leuten kommunizieren, ohne es mit den Schäfern des Homes abklären zu müssen. Die E-Mail löst zwei meiner Probleme: Sie ist viel billiger als internationale Telefonate und man kann die Adresse auch bei einem Umzug behalten, was bei der Family schon immer ein Problem war, weil sich unsere Adressen und Telefonnummern ständig ändern.

Mom kauft sich von ihren Einkünften einen neuen Laptop und überlässt mir ihren alten, grauen Toshiba. Mein erster Computer! Er ist fünf Zentimeter dick und wiegt viereinhalb Kilo, also ist er nicht wirklich portabel, aber ich bin froh, dass ich jetzt Prophezeiungen transkribieren und Briefe schreiben kann, ohne den Computer des Homes zu benutzen, wo jemand meine privaten Dateien sehen könnte.

Mom kommt spät von dem jährlichen Dinner des Dekans für ausländische Dozenten nach Hause. Sie sprudelt vor Aufregung. »Das glaubst du nie!«, quiekt sie fast. »Meine Studenten haben landesweit die drittbesten Noten im Essay-Teil der standardisierten Englisch-Tests bekommen. Der Dekan hat eine Rede gehalten und mir vor allen anderen Dozenten gratuliert!«

Ich freue mich sehr über ihren Erfolg. Sie hat hart mit ihren Studierenden gearbeitet, und sie verdient die Anerkennung.

Genau wie ich findet sie langsam heraus, wozu sie fähig ist, dass sie Dinge gut kann, und zum ersten Mal überhaupt verdient sie genug Geld, um auf eigenen Beinen zu stehen. Ihre neu entdeckte Unabhängigkeit bewirkt auch ein paar Veränderungen zu Hause. Mir fällt auf, dass sie die Beziehung zu meinem Vater mehr oder weniger hinter sich gelassen hat, aber ich bin trotzdem überrascht, als ich ein Telefonat mit ihrer Mutter belausche, in dem sie um Rat fragt. Dank des Internet-Telefon-Services von VocalTec kann sie endlich ohne die horrenden Kosten internationale Anrufe tätigen.

In der Hoffnung, die Ehe noch retten zu können, liest Dad Bücher von John Gray. Bei unseren Ausflügen zum Markt berichtet er von den erstaunlichen Erkenntnissen aus *Männer sind vom Mars, Frauen von der Venus*. Er versucht, die Ratschläge zu befolgen. Mehr zuzuhören. Meiner Mutter jede Woche Blumen zu kaufen, wie sie es sich immer gewünscht hat.

Doch es ist zu spät.

»Ich habe deinen Vater über zwanzig Jahre lang leidenschaftlich geliebt«, vertraut mir Mom an. »Aber er hat nie verstanden, dass ich etwas Romantik brauche, Blumen, mal was Schönes, egal wie oft ich es angesprochen habe. Das erste Geschenk, das er mir je gemacht hat, war ein schwarzer Regenschirm, damals in Paris. Dann hat er mir einen Staubsauger gekauft. Ich habe ihn immer damit genervt, aber es hat sich nie etwas geändert. Schließlich habe ich aufgegeben.«

Ich bin gefangen in der Mitte, sehe beide Seiten und beide tun mir leid. Ich weiß, dass ich es nicht so lange mit meinem Vater ausgehalten hätte wie sie. Aber ihn so verloren und voller Hoffnung zu sehen – bemüht, die Dinge auf seine schusselige, optimistische Art zu klären und letztendlich doch zu verlieren – tut weh. Ich bin gezwungen, die Stimme der Vernunft zu spielen und zwischen ihnen zu vermitteln – und für meine jüngeren Geschwister wie Mutter und Vater zugleich zu sein.

Mir fällt auf, dass Mom viel Zeit mit Ivan verbringt, einem der Russisch-Dozenten an der Uni. Wir heißen ihn als mögliches Schaf willkommen und laden ihn oft zu uns zum Essen ein. An diesen Abenden merke ich, dass Mom sich mehr Mühe mit ihrem Make-up und Outfit gibt, aber wenn ich sie dafür rüge, dass sie mit ihm flirtet, winkt sie ab. »Wir sind nur Freunde.«

Während die Ehe meiner Eltern in die Brüche geht, fangen Patrick und Sophia an, rumzukuscheln und sich verliebt in die Augen zu schauen. Ich bin nicht überrascht, als sie die Verlobung verkünden. Wir feiern, indem wir zusammen Dim Sum essen gehen. Aber meine Freude ist von Selbstmitleid getrübt; ihr Pärchenglück erinnert mich daran, was ich nicht habe.

Seit meiner Rückkehr nach China bin ich abstinent gewesen. Ich bin gerade einundzwanzig geworden, was bedeutet, dass die Altersgrenzen zwischen mir und FGA-Männern aufgehoben sind, aber es gibt in der Gegend nur wenige Family-Männer und viel mehr Frauen, also werde ich zum ersten Mal in meinem Leben nicht gedrängt, mit jemandem zu schlafen. Nach Kasachstan ist das eine Erleichterung, aber ich würde trotzdem gerne mal romantisch essen gehen und unter den Sternen tanzen.

Seit einigen Monaten habe ich ein Auge auf meinen europäischen Studienkollegen Eric geworfen. Doch egal wie viel Spielraum wir haben, die Family würde eine Beziehung zu einem Jungen des Systems nicht tolerieren, also unterdrücke ich meine Impulse und fange stattdessen an, mit Eric über Jesus zu sprechen. Er interessiert sich für Buddhismus, also verbringen wir danach nicht mehr viel Zeit miteinander. Ich bin enttäuscht, aber auch erleichtert. Zumindest habe ich der Versuchung widerstanden.

Gegen Ende des Semesters erhalte ich eine unerwartete Einladung. Meine Großmutter träumt davon, die größten Sehenswürdigkeiten Europas zu besuchen, aber sie ist schon über siebzig und nicht mehr so mobil. Also soll ich sie begleiten.

»Wenn Faith nicht mitkommt, kann ich nicht fahren«, erklärt sie meinen Eltern, um ihnen ein schlechtes Gewissen zu machen. Normalerweise würden die Schäfer von so einer Reise abraten oder sie sogar verbieten; zu viele weltliche Einflüsse und niemand, der aufpasst, dass ich nicht gegen die Regeln der Family verstoße. Aber hier gibt es keine Schäfer.

Ich falte die Hände und mache mich bereit zu flehen. Die Chance, das Europa aus meinen Romanen des 19. Jahrhunderts zu sehen, werde ich mir auf keinen Fall entgehen lassen. Bevor ich überhaupt anfange, meine Argumente aufzuzählen, geben meine Eltern die Erlaubnis. Keine Ahnung warum, aber ich will ihre Gründe nicht hinterfragen.

Ich fliege nach Rom, um Grandma zu treffen. September ist die ideale Jahreszeit für eine zweiwöchige Rentner-Busreise durch Europa. Obwohl es nicht ganz der Grand Tour meiner Romane entspricht, bin ich hin und weg. Ich bestaune die Aquädukte in Rom, die noch aus der Zeit von Jesus stammen. Ich streune durch die Ruinen von Pompeji und denke an die Filmreihe aus dem Jahr 1984, die ich schon oft gesehen habe. Die wunderschöne Architektur und die leeren Straßen von Brüssel und Genf sind ein krasser Gegensatz zu der lauten, dreckigen Dynamik von Asiens Menschenmengen, wie eine vornehme alte Dame statt einem chaotischen, schnell wachsenden Kleinkind.

Wir beenden unsere Reise in England. Grandma reist einen Tag vor mir ab, also verabschieden wir uns am Flughafen. Ich bin froh, vor meinem Rückflug nach China am nächsten Morgen noch ein bisschen Zeit für mich zu haben. Die Nacht verbringe ich in einem Family Home in London. Nach dem Abendessen helfe ich beim Aufräumen, und während ich den Boden wische, ziehen mich zwei der jüngeren Family-Jungs damit auf, wie »hilfsbereit« ich bin.

»Haltet die Klappe. Lasst sie in Ruhe«, sagt ein attraktiver junger Mann. Er sieht aus wie ein Gott aus der griechischen Mythologie. Ich unterhalte mich mit ihm und erfahre, dass er nicht in der Family ist, aber seit Jahren mit den Leuten hier befreundet ist. Er erzählt mir, dass er oft im Home übernachtet, wenn er sich in der Stadt aufhält. *Komisch*, denke ich. *Normalerweise übernachten Systemer nicht in Family Homes, auch wenn sie von woanders herkommen, aber vielleicht unterscheiden sich darin die Homes in Missionierungsländern von denen in Heimatländern wie Großbritannien und den USA.*

»Ist es für dich in Ordnung, wenn wir uns das Gästezimmer teilen?«, fragt er.

Ich schaue zu den anderen hinüber, und ihre Blicke geben mir zu verstehen, dass an seiner Bitte nichts abwegig ist.

»Okay«, sage ich zögerlich. Ich bin hier auch nur Gast – also welches Recht habe ich, es ihm zu verbieten?

Während wir uns bettfertig machen, unterhalten wir uns und flirten, kriechen dann jedoch in unser jeweils eigenes Bett. Aber er will bis in die Nacht hinein weiterplaudern.

»Es ist spät. Ich muss jetzt schlafen«, sage ich schließlich.

»Verstehe. Krieg ich noch eine Gute-Nacht-Umarmung?«

»Klar«, sage ich und zucke mit den Schultern. Wir in der Family sind herzliche Leute, die sich ständig umarmen.

Ich stehe auf, um ihn zu umarmen, aber er zieht mich zu sich ins Bett und rollt sich auf mich. Ich denke, dass er nur witzig sein will, also lache ich und erlaube ihm, sich für ein paar Minuten an mich zu kuscheln. Dann sage ich: »Okay, jetzt muss ich aber wirklich ins Bett.« Doch er lässt nicht los.

»Du gehst nirgendwohin«, sagt er leise. »Ich weiß, dass du das genauso sehr willst wie ich.«

»Nein«, sage ich bestimmt und versuche, mich aus seinen Armen zu befreien. »Will ich nicht. Ich finde dich attraktiv, aber ich werde nicht mit dir schlafen. Es ist gegen die Regeln. Ich will nicht, dass du Ärger bekommst.«

»Niemand wird davon erfahren.«

»Ich werde es erfahren«, schnauze ich, und mein Ärger wächst. »Ich meine es ernst. Lass mich los.« Ich stoße ihn, so fest ich kann. Er weicht keinen Zentimeter zurück.

Gedanken schwirren wild durch meinen Kopf. *Ich bin stark. Ich habe mich als Kind immer mit meinen Brüdern geprügelt. Ich kann ihm entkommen.* Also wehre und winde ich mich, versuche, die Beine freizubekommen, um ihn wegzutreten, probiere sogar, ihn zu täuschen. Ich wende jeden Selbstverteidigungstrick an, den ich kenne, aber er hält mich an den Handgelenken fest, und mit seinem Körper presst er sich gegen meine Beine.

Ich bekomme kaum noch Luft und verdränge den Schmerz, der von meinen Händen die Arme hochwandert. Meine Stimme klingt kratzig, aber bestimmt: »Es gibt hier nichts falsch zu verstehen. Ich will auf keinen Fall mit dir Sex haben. Ich bin nicht schüchtern oder tue so, als wäre ich schwer zu kriegen. Das ist ein klares *Nein!*«

Seine Zähne blitzen in einem humorlosen Lachen, und er greift noch fester zu. Ich zapple mit dem ganzen Körper, doch er bewegt sich kein Stück. Nach scheinbar stundenlangem Winden und Treten fühlt sich mein gesamter Körper wund und zerquetscht an. Mir fehlt die Kraft, mich weiterzuwehren. Ich lasse meinen Körper erschlaffen. Erschöpft, wütend und hilflos verdränge ich alle Gedanken außer einem: *Bring es hinter dich.*

Als er mich endlich loslässt, renne ich ins Bad. Am liebsten würde ich mit der Faust den Spiegel einschlagen. Ich habe Nein gesagt! Ich habe mit all meiner Kraft gekämpft. Aber ich konnte mich trotzdem nicht wehren.

Als ich aus dem Bad zurückkomme, schläft er tief und fest. Ich rolle mich auf meinem Bett zu einer kleinen Kugel zusammen und warte den Morgen ab. Dann verschwinde ich, ohne etwas zu sagen.

Während des langen Flugs über den Pazifik frage ich mich: *Was hätte ich gegen ihn tun können? Warum habe ich nicht geschrien, bis die Wände einbrechen?* Angst und Scham. Angst, dass ich Ärger bekomme, wenn man mich mit einem Systemer im Bett erwischt und die Schäfer davon erfahren. Angst, dass die Bewohner des Hauses sich auf seine Seite stellen und mir nicht glauben. Scham, zu schreien und einen Aufstand zu machen. Die Demütigung und das Gefühl, dass es irgendwie meine Schuld ist und ich dafür verantwortlich gemacht werde, wenn ich um Hilfe rufe, ließen mich still weiterkämpfen. Ich war allein. Ich konnte nicht darauf vertrauen, dass sie zu mir halten und mich beschützen.

Die Erinnerung haftet an meiner Haut und begleitet mich bis nach Xiamen, bis nach Hause, bis in mein Zimmer, bis in mein Bett. Nachts, im Dunkeln, schreibe ich in mein Tagebuch:

Allein

Was ist Einsamkeit
Keine Berührung, kein Geräusch
Kein Gefühl, Anblick oder Geruch
Viel eher das Nichtvorhandensein
Das Nichtvorhandensein des oben Genannten, aber … auch,
wenn du das alles hast, bist du vielleicht allein …
Verstehst du mich? Natürlich nicht.
Du bist nicht ich und wirst es nie sein.
Woher solltest du wissen, wie es ist, in diese Haut zu passen?
Wie konnte ich dich jemals reinlassen?

Am nächsten Tag lese ich das Gedicht. Gott, wie peinlich. Zumindest wird nie jemand meinen dummen Tagebucheintrag zu Gesicht kriegen. Ich glaube nicht an Selbstmitleid. *Das kommt davon, wenn man als Kind so stark sein will wie die großen Brüder*, denke ich ironisch. *Der Schmerz ist nur körperlich*, versuche ich rational zu begründen, *wie wenn einem ein Pferd in den Magen tritt.* Seit meinem ersten Breaking in Thailand bin ich emotional so geschädigt, dass ich den Schmerz gewohnt bin. Ignorieren und weitermachen. Ich kann nicht einmal mit meiner Mutter oder einer Freundin über das sprechen, was passiert ist, aus Angst, sie könnten es einem Schäfer melden und ich daraufhin bestraft werden. Also stecke ich die Erinnerung in eine Box und mache den Deckel zu.

Mit der sommerlichen Hitze stellen sich auch ein paar Veränderungen ein. Patrick und Sophia feiern zu Hause eine bescheidene Hochzeit und ziehen zu Patricks Eltern nach Gulangyu. Ching-Ching geht nach Qingdao, eine Hafenstadt in der Provinz Shandong, mit ein paar anderen jungen Leuten aus der Family. Mom plant für den Sommer eine Reise. Aber ich bekomme nicht aus ihr heraus, wohin sie genau fahren will. In letzter Zeit ist sie immer geheimnistuerischer geworden; es scheint, als würden wir es beide vermeiden, uns gegenseitig das Herz auszuschütten.

Was sich ursprünglich wie eine Herausforderung angefühlt hat, wirkt jetzt nach zwei Jahren in China erdrückend. Auch ich bin bereit für etwas Neues. Aber ich weiß nicht, wohin ich gehen will. Ich bin gerade zweiundzwanzig geworden und immer noch nicht verheiratet, eine alte Jungfer nach dem Maßstab der Family, und hier habe ich keine Aussichten.

Ich vermisse es, mit anderen jungen Leuten in meinem Alter Zeit zu verbringen, vor denen ich meine Identität nicht verstecken muss. Als eine Gruppe Family-Teenager aus Taiwan auf Besuch kommt, freue ich mich also, dass ich sie als Übersetzerin auf der zwei Tage langen Zugfahrt nach Peking begleiten darf. Ich spreche mittlerweile fließend Mandarin und finde mich gut in den Städten zurecht.

Bei einem Ausflug zur Verbotenen Stadt in Peking entdecke ich ein bekanntes Gesicht in einer anderen Gruppe fotografierender Ausländer. Es ist mein ehemaliger europäischer Kommilitone von der Uni in Xiamen, Eric. Kaum zu glauben, dass ich ihm hier in der Millionenstadt Peking einfach so über den Weg laufe.

Ich springe auf und winke, bis er mich sieht. Er grinst breit, und ehe ich michs versehe, steht er neben mir und erzählt mir, dass gerade eine strapaziöse, zweimonatige Fahrradtour fast fünftausend Kilometer die Küste Chinas entlang hinter ihm liegt.

Als die Teen-Gruppe abreist, überredet er mich, noch ein paar Tage in Peking zu bleiben und mit ihm die Stadt zu erkunden. *Wer soll das schon rausbekommen?* Alle sind irgendwohin verreist. Es ist nicht verwerflich, ein paar Tage durch die Stadt zu radeln und als Freunde die

Sehenswürdigkeiten anzusehen, rechtfertige ich meine Einwilligung zu bleiben vor mir selbst.

Der Gedanke daran, mit ihm allein zu sein, macht mich ganz kribbelig. In den zwei Jahren in China war der Unterschied zwischen einem Systemer und einem Freund im täglichen Kontakt verschwindend gering.

Zwei Tage lang fahren wir mit dem Fahrrad durch Peking, erkunden den Sommerpalast und andere Stätten und sitzen dann erschöpft auf dem Dach des billigen chinesischen Hotels beisammen, wo wir beide ein eigenes Zimmer haben. Wir blicken auf die hellen Lichter der Stadt, lauschen dem Hupen der Autos und genießen den Duft nach gebratenem Schweinefleisch und Knoblauch. Wir rücken immer näher zusammen, bis wir schließlich kuscheln und er sich hinunterbeugt. Unsere Lippen berühren sich. Ich sollte zurückweichen, aber ich will nicht, dass es aufhört. Wir erkunden sanft den Mund des anderen, und das Herz pocht mir in der Brust. Wir küssen uns so leidenschaftlich, dass es nur noch einen nächsten Schritt gibt, doch ich halte mich zurück, stehe auf und gehe ins Bett. Den Schritt werde ich nicht gehen. Wir versprechen einander, in Kontakt zu bleiben, aber ich bezweifle, dass ich ihn jemals wiedersehen werde. Er geht zurück nach Europa und ich zurück zur Family.

Mein Herz und meine Gedanken sind hin- und hergerissen. *Was habe ich getan? Niemand darf davon erfahren. Was soll ich tun?* Diese Fragen stelle ich mir während der zweitägigen Zugfahrt von Peking nach Xiamen immer wieder. Auch zwei Wochen nach meiner Rückkehr nach Hause beschäftigen sie mich noch. *Gott, zeig mir bitte, was ich tun soll!* Ich habe eine der schlimmsten Sünden begangen, die man in der Family begehen kann – sexueller Kontakt mit einem Systemer. Die Zeiten des FFing sind längst vorbei, und in den Mama-Briefen werden wir ständig an die Konsequenzen solcher Vergehen erinnert.

Seit meiner rebellischen Phase in Macau, als ich mich mit sechzehn aus dem Haus geschlichen habe, um meinen portugiesischen Freund zu treffen, habe ich mich wieder voll und ganz Gott und der Family verpflichtet. Manchmal habe ich beim Missionieren Jungs getroffen, die mir gefielen. Dann habe ich versucht, ihnen über Jesus Frieden und Glückseligkeit zu bescheren. Manche verstanden meine Aufmerksamkeit anders, als sie gemeint war, aber bei ein paar von ihnen war die Zuneigung echt – und die Anziehung auch. Aber selbst wenn einige leidenschaftliche Briefe schrieben, in denen sie mir alles zwischen Himmel und Erde versprachen, konnte ich der Versuchung immer widerstehen. Ich denke an Erics Lippen auf meinen und ärgere mich, dass ich so schwach war.

Ich bin eine treue Gläubige. Hier in China genieße ich zwar einen etwas entspannteren Lebensstil, aber ich lese immer noch jeden Tag die Bibel und die Briefe. Ich achte darauf, dass meine jüngeren Geschwister die Regeln der Family befolgen. Ich bete und lausche nach einer göttlichen Prophezeiung, die mich leitet.

Seit der Kindheit wurde mir eingetrichtert, wie gefährlich Betrug ist – dass Gott mich nicht hören wird, wenn ich nicht gehorche oder eine Sünde unter den Teppich kehre. Über die Jahre hinweg war Gott meine einzige Konstante. Nur auf Ihn kann ich mich verlassen, nur Er kümmert sich um mich, beschützt mich und tröstet mich. Ich will nicht, dass etwas zwischen uns steht. Es geht nicht um die Schäfer. Es geht um mich und Gott.

Also stelle ich mich.

Ich schreibe einen kurzen Brief, in dem ich die Fakten offenlege – dass ich einen System-Jungen von der Uni geküsst habe –, und schicke ihn an die Gebiets-Schäfer in Taiwan, die für die wenigen kleinen Homes auf dem chinesischen Festland verantwortlich sind.

Sie reagieren schnell.

Wenige Tage später bekomme ich eine Antwort. Ich soll zu dem größeren Combo Home in Taipei fahren und sofort mit meiner Rehabilitierung beginnen. Mom ist immer noch weg, also muss ich mich ihr nicht erklären und es bleibt nur Dad. Ich treffe ihn in der Küche an und atme einmal tief durch, bevor ich loslege.

Er ist ungewöhnlich verständnisvoll. »Wir waren dir in letzter Zeit keine besonders guten Vorbilder, bei allem, was deine Mutter und ich so durchmachen. Vielleicht haben wir dir zu viele Freiheiten gelassen.«

»Nein«, sage ich, »es ist meine Schuld. Ich bin erwachsen und selbst dafür verantwortlich, die Regeln zu befolgen.«

Er umarmt mich und sagt, dass er stolz darauf ist, wie ehrlich ich bin. Da ist er mit seiner Meinung allein. *Alle anderen halten mich für verrückt, weil ich mich selbst verpetzt habe.*

Ich lehne an der Informationstheke aus rotem Granit im Flughafen von Taipeh und halte Ausschau nach dem ausgedünnten, hellblonden Schopf von Josh. Armer Junge, er hat den frühen Haarausfall unseres Vaters geerbt. In dem Moment, als ich meinen Bruder erblicke, gerät die Theke unter meinem Arm in Bewegung. Ich blicke verwirrt auf und sehe die drei Reihen von großen Bildschirmen an der Decke der Ankunftshalle hin- und herschwingen.

»Hey, Sis, willkommen in Taiwan!« Josh lächelt und hat richtig Spaß an meinen aufgerissenen Augen und dem offenen Mund. »An die Erdbeben gewöhnst du dich noch.«

25

DIE GROSSE ENTSCHEIDUNG

In Taiwan bekomme ich die üblichen drei Monate Bewährung. Mir wird ein winziges Zimmer in einem zweistöckigen Home für dreißig Personen zugeteilt und ich erhalte den Auftrag, die hundert Mo-Briefe der Grundausbildung noch einmal zu lesen, darf keinen Alkohol trinken, nicht an den Filmabenden teilnehmen und kriege die nervigsten Aufgaben zugeteilt. Obwohl ich den System-Jungen nur geküsst habe, muss ich einen Aidstest machen. Er ist negativ, und ich bin erleichtert, aber ich muss trotzdem in sechs Monaten einen weiteren über mich ergehen lassen. Bis ich einen zweiten negativen Test habe, darf ich niemanden auch nur küssen.

Die Strafe ist extrem, aber ich akzeptiere sie bereitwillig. Ich habe kein Problem mit dem zusätzlichen Aids-Test; bin sogar froh darüber, denn ich hatte ja Sex mit einem Systemer. Die Erinnerung an die Vergewaltigung in England steigt immer wieder in mir auf, wie der Gestank von etwas Verwesendem. Ich versuche, sie zu verdrängen. Es ist vorbei. *Was geschehen ist, ist geschehen*, höre ich meine Mutter sagen.

Ich habe niemandem von der Vergewaltigung erzählt. Es fällt mir sogar schwer, sie im geschützten Raum meiner Gedanken als solche zu bezeichnen. Ich schäme mich, als wäre ich selbst schuld daran. Doch vor Gott habe ich ein reines Gewissen. Ich wollte das nicht, also verdiene ich keine Strafe dafür. Darum habe ich mich auch nicht gestellt. Aber es ist eine Sorge mehr, während ich auf die zweite Runde des Bluttests warte. In der Zwischenzeit betäube ich meine Gefühle, indem ich die alten Mo-Briefe lese, immer und immer wieder.

Ich habe erst die Hälfte meiner dreimonatigen Bewährung abgeleistet, als Josh aus Hsinchu, einer Stadt zwischen Taipeh und Taichung, zu Besuch kommt. Er hat eine Bitte an mich: Laura, deren Schwangerschaften immer schwierig verlaufen, ist zu schwach, um im Haushalt mitzuhelfen. Sie haben mittlerweile fünf Kinder, alle unter sechs Jahren alt, und anstatt mit anderen Familien zusammenzuleben, führen sie ihr eigenes Leben, jetzt, wo innerhalb der Family statt Einheit und Kontrolle wieder etwas mehr Eigenständigkeit erlaubt ist. Er fragt, ob ich ihnen zu Hilfe kommen kann.

Ich hole die Erlaubnis der Schäfer ein – die froh sind, dass sich jemand freiwillig für die unbeliebte Aufgabe meldet, und werde in die Rolle einer Mutter, Köchin, Lehrerin und Putzfrau für vier kleine Kinder geworfen, während Laura sich um ihr Neugeborenes kümmert. Bisher musste ich noch nie alles alleine machen; Verantwortungen sind im Home normalerweise verteilt. Tagsüber ist Josh meist unterwegs zum Missionieren und Spendenbeschaffen, oder er geht auf die Müllhalde. Er durchsucht sie nach brauchbaren Möbeln, Fernsehern oder anderen Geräten, die Leute wegwerfen, wenn sie mehr Geld als gesunden Menschenverstand haben. Elektrogeräte kann er meist reparieren und verkaufen, um die Familie durchzufüttern. Er hat nie eine richtige Schule von innen gesehen, aber er konnte schon immer Computer auseinandernehmen und sie reparieren und wieder zusammenbauen – das hat er sich alles selbst beigebracht.

Ein paar Wochen nach meiner Ankunft gibt es nachts ein lautes, eindringliches Geräusch.

Bumm!

Erschrocken setze ich mich auf, die Matratze schwankt unter mir. In Japan habe ich viele Erdbeben erlebt, kurze Erschütterungen, aber das hier ist anders. Das gesamte Haus knirscht, Welle für Welle wird an seinem Fundament geruckelt.

Ich springe aus dem Bett und kämpfe mich mit Mühe und Not zur Tür. Der Boden wankt zu sehr, um normal zu gehen. Endlich ist es vorbei, und ich werde sofort aktiv. Ich treffe meinen Bruder im Flur, der zu den Kinderzimmern führt, wir jagen die Kinder aus ihren

Betten, drei Etagen die Treppen hinunter, und stecken sie in den Minivan.

»Bleibt hier! Rührt euch nicht vom Fleck!«, schreit Josh seinen noch halb schlafenden Kindern zu und wendet sich dann an mich: »Ich hole Laura!«

Sie taumelt jedoch bereits mit ihrem Baby die Treppen runter, und er bringt sie schnell zum Auto.

Voller Panik fahren wir zur nächsten Freifläche – einem Park beim Fluss –, während das größte Erdbeben der jüngeren Geschichte die winzige Insel erschüttert. Gebäude und Brücken stürzen in sich zusammen, innerhalb kürzester Zeit entstehen Hügel und Seen und Hunderttausende von Menschen verlieren ihr Zuhause. Noch nie hat es ein derartiges Ausmaß an Schäden in diesem Land gegeben, wo alle Gebäude eigentlich so konstruiert sind, dass sie einem Erdbeben standhalten sollten.

Das Gebiet um Taichung trifft es am schlimmsten. Die Telefonverbindung ist unterbrochen, aber schließlich erfahren wir, dass es den Familien von Aaron und Mary gut geht und sie aus ihren zerstörten Häusern in Zeltlager gebracht wurden, die die Regierung für Betroffene errichtet hat.

In den nächsten Wochen rollen jede halbe Stunde Nachbeben an. Wenn der Boden erzittert, lassen wir alles stehen und liegen und erstarren wie die Hasen vor dem Gewehrlauf. Warten ab. Sobald es vorbei ist, atmen wir erleichtert die Luft aus, die wir unbewusst angehalten haben. *Nur ein kleines Beben. Langsam gewöhne ich mich daran, dass mir der Boden unter den Füßen weggezogen wird*, denke ich im Schock.

In Krisensituationen läuft die Family zur Höchstform auf. Alle körperlich fähigen Mitglieder begeben sich in das am schlimmsten betroffene Gebiet und packen mit an. Josh hilft mit seinem Van, Lebensmittel und Wasser in die abgelegenen Bergdörfer zu bringen und Verletzte mit zurückzubringen, die medizinisch versorgt werden müssen. Die Disziplin und Arbeitsmoral, die uns seit der frühen Kindheit anerzogen wurde, macht aus Family-Mitgliedern innerhalb kürzester Zeit effektive Hilfseinsatztruppen.

Im Laufe der nächsten Monate beobachte ich mit Staunen, wie das Land zusammenhält und Unternehmen Millionen Dollar für Versorgungsgüter und Lebensmittel spenden. Bis Weihnachten ist das Schlimmste überstanden, und auch Laura ist wieder fit.

Nachdem meine Bewährung vorbei und der zweite Aidstest ebenfalls negativ ist, erhalte ich eine Einladung von einem Home für junge Erwachsene in Taipeh. Dort leben fünf Paare, alle ungefähr in meinem Alter, und lediglich zwei FGA-Paare, von denen eins das gesamte taiwanesische Gebiet leitet, JB und Sweetie. In dieser Konstellation sollen wir jungen Leute, SGAs, die Möglichkeit bekommen, ein eigenes Home zu betreiben, statt in einem zu leben, wo ältere Erwachsene alles entscheiden. Mama Maria hat unser Bedürfnis nach mehr Selbstbestimmung innerhalb der Struktur und der Regeln der Family erkannt.

Anfangs bin ich froh, unter Gleichaltrigen zu sein, aber ich scheitere beim Versuch, neue Freundschaften zu schließen. Das Haus ist groß und hat zehn Schlafzimmer, aber Paare und Familien belegen die größeren Zimmer, und ich teile mir einen winzigen Raum mit einem achtzehnjährigen Mädchen, der einzigen anderen Alleinstehenden im Home. Mit meinen zweiundzwanzig Jahren bin ich immer noch nicht verheiratet, was mich in der Family schon fast zu einer alten Jungfer macht. Gegen das Stigma kann ich nichts tun, aber ich stecke die Selbstzweifel weg und gebe mein Bestes, mich gut einzufügen. Doch egal wie viel ich auch lächle, ich habe immer das Gefühl, dass die anderen auf subtile und dennoch allgegenwärtige Art eifersüchtig auf mich sind und mir misstrauen.

Bald darauf erfahre ich, dass die Schäfer den verheirateten Männern nahegelegt haben, Gottes Liebe mit uns alleinstehenden Mädchen zu teilen. Angeblich macht es den Ehefrauen nichts aus, was aber einfach nicht stimmt. Als sich mir einer der verheirateten Männer nähert, zeigt mir seine Frau die kalte Schulter. Ich weise ihn ab, doch er bleibt hartnäckig und will großzügig seine Liebe mit mir teilen. In der Situation war ich schon einmal, und ich will ein weiteres Breaking vermeiden. Anstatt mich zu widersetzen und zu rebellieren, unterwerfe ich mich daher – einmal – und passe anschließend auf, dass er mich nicht alleine antrifft, damit er nicht erneut »anfragen« kann.

Ich achte darauf, dass es nur zum Liebe teilen kommt, wenn ich gerade meine Tage habe, damit ich nicht so leicht schwanger werden kann. Nachdem ich die meisten männlichen Family-Mitglieder der Gegend kennengelernt habe, gibt es immer noch niemanden, mit dem ich mir eine Ehe vorstellen könnte. Und ich mache mir kaum Hoffnung, dass ich bald jemanden finde.

Meine Angst brennt auf kleiner Flamme weiter, während ich versuche, ein fröhliches Gesicht aufzusetzen. Die einzige Person, die sich dafür zu interessieren scheint, wie es mir geht, ist James, einer der älteren Männer im Haus. Alles an ihm wirkt vertrauenswürdig, beständig, zuverlässig. Er nimmt mich oft mit, wenn er Missionieren geht oder sonst etwas zu erledigen hat.

Er ermutigt mich, meine Gedanken auszusprechen, also erzähle ich ihm, wie einsam ich bin, berichte von meinen Zweifeln und Ängsten und der Langeweile. Aber das Schlimmste behalte ich für mich. Wenn ich ihn und die anderen Erwachsenen zwischen vierzig und sechzig ansehe, dann liegt mein Leben vor mir wie eine lange, eintönige Gerade. Ich fühle mich wie ein abgestorbener Baum, der sich nicht entwickelt oder wächst, dessen Äste schlaff herabhängen und der langsam verrottet. Nachts liege ich wach, gequält von Fragen. *Was macht die Family eigentlich?* Wir ziehen von Land zu Land, bringen ein paar Kisten mit Kleidung oder Hilfsgütern vorbei und tragen unser Märtyrertum zur Schau.

In diesem Home leisten wir nicht einmal humanitäre Hilfe, so wie in Kasachstan. Als die Krise nach dem Erdbeben größtenteils überstanden ist, kehrt wieder Normalität ein, was bedeutet, dass wir CDs verkaufen, um Geld zu verdienen, und dabei Bilder von der guten Arbeit zeigen, die wir in der Vergangenheit verrichtet haben. Mein Alltag besteht aus der üblichen Dauerschleife von Andacht, Putzen, Spendensammeln und noch mehr Putzen. Einmal pro Woche darf ich mich über einen Filmabend und ein Glas Wein freuen. Zur Andacht lesen wir immer und immer wieder unterschiedliche Varianten derselben

Inhalte, es gibt keine neuen Ideen. Ich hätte nicht gedacht, dass mir die ständige Repetition beim Schreiben von chinesischen Schriftzeichen fehlen würde, aber ich will etwas lernen, etwas Neues, irgendwas.

Die Sinnlosigkeit setzt mir stark zu. Es war mir immer wichtig, widerstandsfähig zu sein, positiv zu denken, wenn es trostlos für mich aussah, oder mich zumindest nach einem Tag oder zwei wieder zu fangen. Ich weine fast nie, höchstens ein paarmal im Jahr, und darauf bin ich stolz. *Was ist also nur los mit mir?* Warum habe ich ständig das Gefühl, ich könnte jeden Moment losheulen, von morgens bis abends? Immer wieder merke ich, wie mir die Tränen in die Augen steigen, und ich versuche, sie unauffällig wegzuwischen und mich zusammenzureißen.

Nur an einem Ort kann ich den Gefühlen freien Lauf lassen – in meinem Tagebuch.

Manchmal, so wie jetzt gerade, fühle ich mich so schlecht, so nutzlos, als wäre ich ein Nichts. Als würde und könnte ich nichts Bemerkenswertes erreichen, nichts von Wert. Warum also leben?

Wenn ich trotz meiner Versuche und Bemühungen in der Family nichts Lohnenswertes leiste, warum gehe ich dann nicht einfach und lebe allein? Hier fühle ich mich, als würde ich unentwegt versuchen, Gott zufriedenzustellen, aber ich werde den spirituellen Anforderungen einfach nicht gerecht, bin nie gut genug, nicht selbstlos genug. Was mache ich überhaupt, wenn ich nicht einmal das Kleinste bewirke?

Ich will LEBEN. Ich will MACHEN. Ich will BEWEGEN. Ich will AUFRÜTTELN. Ich will VERÄNDERN …

Nachdem ich in China einen kleinen Vorgeschmack auf die Freiheit bekommen habe, verstehe ich nicht, warum ich so viele Opfer bringen musste. Dinge, die ich als selbstverständlich hingenommen habe, kommen mir jetzt unerträglich vor. Ich verstehe nicht, wieso ich kein Geld haben darf oder eine Erlaubnis und Begleitung brauche, um zum Supermarkt zu gehen. Ich will Gott weiter dienen, aber ich weiß nicht, wie viel Elend ich noch ertragen kann. Ich spüre eine tiefe Sehnsucht, irgendwo anders zu sein als da, wo ich bin. In China war mir der Gedanke flüchtig gekommen, doch jetzt überlege ich zum ersten Mal ernsthaft, die Family zu verlassen.

Ich habe Gerüchte gehört, dass einige junge Leute in den letzten sechs Jahren seit Grandpas Tod ausgestiegen sind, entweder aus Protest gegen die strengen Regeln und die ständige Überwachung oder um die Vorzüge des weltlichen Lebens zu genießen. Manche FGAs schieben die Schuld für die sich häufenden Austritte aufs Internet und seine weltliche Beeinflussung.

Ich habe keinen Kontakt zu den Abtrünnigen. Wenn jemand einmal weg ist, bekommen wir seine neue Adresse nicht, also ist es beinahe unmöglich, jemanden nach dem Austritt zu kontaktieren. Verschwiegenheit liegt uns im Blut. Neue Anhänger verwenden nie ihre echten Namen; man kennt sie nur unter den biblischen Namen, die sie beim Eintritt annehmen. Selbst diejenigen, die in die Family hineingeboren wurden, ändern oft ihren Namen, wenn sie älter werden, so wie ich mich für eine Weile Jewel nannte. Das macht es noch schwerer, Leute wiederzufinden. Auf diese Weise kann auch niemand nach einem unfreiwilligen Austritt Namen an die Behörden weitergeben. Aber obwohl ich nicht weiß, wie die Leute austreten oder wohin sie gehen, kennen wir alle die Geschichten, was mit ihnen passiert – düstere, schlimme Berichte darüber, dass Menschen, die Gott ablehnen, als Drogensüchtige enden oder als Stripper oder im Gefängnis.

Das soll mir nicht passieren.

Also kontaktiere ich die einzige mir bekannte Person, die aus der Family ausgetreten ist – Chris. Das letzte Mal mit ihm gesprochen habe ich in Kasachstan, als ich am Telefon mit ihm Schluss machte. Irgendwann habe ich mitbekommen, dass er die Family ein paar Monate nach unserem Telefonat verließ und nach Taiwan zog, wo er ursprünglich aufgewachsen ist. Ich frage bei ein paar gemeinsamen Freunden nach und finde heraus, dass einer von ihnen heimlich immer noch mit ihm in Kontakt steht und mir seine Nummer geben kann. Chris und ich unterhalten uns kurz am Telefon und vereinbaren dann ein Treffen in einem nahegelegenen Park.

Der Mann, der dort auftaucht, sieht ganz anders aus als in meiner Erinnerung. Chris besteht fast nur noch aus Haut und Knochen; er hat beinahe die Hälfte seines Körpergewichts verloren und sieht ausgemergelt, gezeichnet und kränklich aus. Wir gehen eine Runde nach der anderen über die Wiesen. Chris erzählt, dass er nach unserer Trennung magersüchtig geworden ist, wohl ausgelöst durch meine Bemerkungen über sein Gewicht, und dass er aufgrund von gesundheitlichen Problemen infolge von illegalem Drogenkonsum immer wieder im Krankenhaus war. Er berichtet, dass er ein-, zweimal verhaftet wurde, für Dummheiten, die er begangen hat, als er high oder betrunken war. Ich fühle mich verantwortlich, und das Gefühl gefällt mir nicht.

Bei unserer fünften Runde um den Park bricht das Eis. Er ist so scharfsinnig und sarkastisch wie eh und je, und bald lachen wir über die verrückte Zeit damals. Ich ermahne ihn sanft, mehr auf sich selbst zu achten, doch insgeheim bin ich verunsichert. Seine Lebensentscheidungen scheinen zu bestätigen, was die Schäfer uns immer eingetrichtert haben: dass wir drogensüchtig werden oder im Gefängnis enden, wenn wir die Family verlassen. Wir verabschieden uns schließlich mit einer langen Umarmung.

Am Ende drückt er mich noch einmal richtig fest, küsst mich auf die Haare und flüstert: »Niemand hat mich je so verstanden wie du.« Der Gedanke an sein Leid bricht mir das Herz.

»Pass bitte besser auf dich auf«, flehe ich ihn an.

Als ich Chris das nächste Mal sehe, liegt er im Krankenhaus. Infolge einer Überdosis ist seine Lunge kollabiert.

Ich verspreche mir eins: Wenn ich die Family verlasse, werde ich studieren. Ich werde keine Drogen nehmen oder etwas Dummes machen, nur weil es vorher verboten war. Aber die Erinnerung an Chris und sein Schicksal kann ich nicht so einfach vergessen. Ich weiß, dass ich stark bin, dass ich tun kann, was ich tun muss, wenn ich mich darauf konzentriere. Aber da ist immer noch diese Unsicherheit – ein Unterton von Grandpas Warnungen, dass der Teufel diejenigen angreift, die sich nicht an den Willen Gottes halten.

In den folgenden Monaten kämpfe ich mit Schuldgefühlen. Meine Verzweiflung lässt nicht nach, egal wie viele Prophezeiungen ich aufliste oder wie viel ich bete. Mein ganzes Leben lang wurde mir eingetrichtert, dass ein Studium eine egoistische Zeitverschwendung ist, aber neuerdings ist aus dem fernen Traum, irgendwann zu studieren, eine überwältigende Sehnsucht geworden.

Die Monate vergehen, und ich bete zu Gott, dass sich meine Wünsche und Gefühle wieder ändern. Dieser depressive Zustand ist nicht normal für mich. Aber ich sehe keine Zukunft innerhalb der Family, die für mich erträglich wäre, und ich werde nicht zulassen, dass ich eines Tages verbittert und wütend auf Gott ende, weil ich das Gefühl habe, keine Entscheidungsfreiheit gehabt zu haben. Ich werde nicht zulassen, dass ich eines Tages sage: *»Hätte ich doch nur …«*

Vielleicht ist diese Depression ein Zeichen? Vielleicht ist das Gottes Weg, mir mitzuteilen, dass ich gehen soll?

Ich weigere mich, in meinem Elend gefangen zu sein. Lieber würde ich alles, was ich je gekannt habe – Freunde, Familie, Struktur, Einkommen, *alles* –, hinter mir lassen, als später etwas zu bereuen.

Da fasse ich endlich einen Entschluss. Ich. Bin. Durch.

Ich werde mein Leben selbst in die Hand nehmen.

Nur wenige Minuten zuvor hat sich das noch wie ein unmöglicher Schritt angefühlt, aber sobald ich die Entscheidung getroffen habe, die Family zu verlassen und zu studieren, verfliegt die Depression.

Zum ersten Mal in meinem Leben handle ich nach meinen eigenen Wünschen und Vorstellungen.

26

LEID IST NIEMALS GOTTGEFÄLLIG

Jetzt, wo die Entscheidung getroffen ist, muss ich mit den Schäfern sprechen. Ich stehe vor der schlichten Holztür zum Schlafzimmer von JB und Sweetie und hebe den Arm, um zu klopfen. Mein Herz rast. Ich bin kurz davor, den größten und folgenschwersten Entschluss meines Lebens in die Tat umzusetzen. Wenn ich einmal ausgesprochen habe, was ich sagen will, gibt es kein Zurück mehr, auch nicht, wenn ich meine Meinung noch einmal ändern sollte. Man wird mir in der Family nie wieder vertrauen. Aber ich bin nicht bereit, weiter in diesem unendlichen Schleier aus Traurigkeit vor mich hinzuleben. Ich atme tief durch, spanne meine Muskeln an und klopfe.

Uncle JB macht auf. »Hi, Faith«, sagt er sanft. »Wie geht es dir? Was kann ich für dich tun?«

JB wirkt immer freundlich. Ich mag ihn, aber ich vertraue ihm nicht. Ich vertraue niemandem von ihnen mehr. Die Freundlichkeit ist ein Mittel, um etwas aus mir herauszulocken, das sie später gegen mich verwenden können.

»Können wir bitte reden?«, frage ich leise. »Vielleicht eine Runde spazieren gehen?«

»Natürlich«, sagt er und holt seine Sonnenbrille. Er merkt, dass es sich um etwas Ernstes handelt.

JB geht mit mir zu einem naheliegenden Park. Die Blicke starr auf den Asphaltweg vor uns gerichtet, schlendern wir schweigend nebeneinanderher. Als ich die Spannung in mir nicht mehr aushalte, platzt es aus mir heraus: »Ich will studieren.«

Nachdem die Bombe einmal abgeworfen ist, zähle ich schnell alle Gründe auf, die ich sorgfältig überlegt habe.

Er hört schweigend zu und führt mich dann zu einer Parkbank, auf die wir uns setzen. Dann greift er auf die üblichen Argumente zurück. »Du wirst Gott enttäuschen, wenn du Seinen Weg verlässt. Wie willst du für dich sorgen?«

Ich höre nicht zu. Mein Entschluss steht fest. Ich werde studieren, und zwar in den USA. Von meinen Großeltern weiß ich, dass die Unis in Amerika die besten sind und man als amerikanische Staatsbürgerin Stipendien bekommen kann. Als JB mich weiter unter Druck setzt, sage ich ihm, dass ich vorhabe, nach meinem Abschluss zur Family zurückzukehren. Aber ich muss das jetzt machen. Ich habe Monate gebraucht, um zu dieser Entscheidung zu kommen.

Er versucht noch ein paarmal mehr, mich zu überreden, aber es bringt nichts. Wir wissen beide, dass er mich nicht zum Bleiben zwingen kann. Ich bin über einundzwanzig, und die Zeiten, in denen Leute eingesperrt und mit Gewalt zum Verbleib in der Family gezwungen wurden, sind vorbei.

Wieder zu Hause erklärt mir Sweetie, dass ich einen anderen Weg als Spendensammeln oder Witnessing finden muss, um das nötige Geld für den Austritt aufzutreiben. Ich werde mit dem auskommen müssen, was ich habe. Mit gesenktem Blick akzeptiere ich die Entscheidung. Dann gehe ich schnell auf mein Zimmer, mache die Tür zu und suche unter der Matratze nach der Socke, in der ich seit Jahren das Geld verstecke, das ich verdient oder geschenkt bekommen habe. Ich sortiere die verschiedenen Scheine; es sind ein paar Hundert Dollar in unterschiedlichen Währungen. Bei Weitem nicht genug für ein Flugticket in die USA. Ich habe kein Geld. Ich muss einen Weg finden, für mich selbst zu sorgen … Bevor die Angst überhandnehmen kann, beiße ich die Zähne zusammen. *Gib dich niemals geschlagen. Nie, nie, nie, nie …* Ich werde eine Lösung finden.

Ich beschließe, meine Eltern zu kontaktieren und zu fragen, ob sie mich vielleicht finanziell unterstützen können. Seit meiner Abreise aus China vor einem Jahr habe ich nicht mit ihnen gesprochen. Ich weiß nicht, wie sie auf meinen Entschluss reagieren werden, aber ich bin schon lange erwachsen und das ist einzig und allein meine Entscheidung. Ich bin fest entschlossen, es durchzuziehen, auch wenn meine Eltern vielleicht nicht einverstanden sind.

Mit einer kurzen Mail an meinen Vater möchte ich herausfinden, wo sie sind. Am nächsten Tag warte ich ungeduldig, bis sein Name endlich in meinem Posteingang erscheint. Er berichtet mir, was es Neues gibt: Einen Monat, nachdem ich von Xiamen weggegangen war, zog meine Mutter mit dem mittlerweile elfjährigen Jondy aus und verließ meinen Vater für Ivan, mit dem sie sich die ganze Zeit heimlich getroffen hatte. Ein paar Monate später flogen meine Eltern zusammen in die USA, um Verwandte zu besuchen. Mein Vater sah die Reise als Chance, Mom von Ivan wegzubekommen und ihre Ehe zu retten. Aber in Amerika angekommen, trennten sich ihre Wege. Dad fuhr zu seiner Mutter nach Houston und Mom flog nach Oregon, wo sie und Jondy zehn Monate lang bei ihrer Tante Virginia wohnten; Amy, mittlerweile fünfzehn, blieb in einem Family Home. Inzwischen ist Mom nach Russland zurückgekehrt, um Ivan zu heiraten, und hat Jondy bei Dad gelassen.

Die Neuigkeiten schwirren mir durch den Kopf. Über zwanzig Jahre Ehe, und jetzt ist alles vorbei. Offiziell waren sie nie verheiratet und haben auch keinerlei Besitz, also ist die Trennung relativ einfach. Ich wusste zwar, dass sie Probleme hatten, aber es schockiert mich trotzdem zu hören. Andererseits kann ich es verstehen. In Ivan fand meine Mutter einen gebildeten Mann, mit dem sie sich über Bücher und ihre neuen Interessen unterhalten konnte. Mir wird klar, dass sie seit Jahren nach einem Ausweg aus der Family gesucht hat, aber nur mit einem anderen Mann an ihrer Seite den Mut zu diesem Schritt aufbringen konnte.

Dad scheint über die Trennung hinweg zu sein. Er befindet sich immer noch in Texas, zusammen mit Maria, einer jungen mexikanischen Anhängerin, die etwa in meinem Alter ist und mit der er in einem Van herumreist und versucht, das Geld für die Rückreise nach China aufzutreiben.

Da ich jetzt seine Nummer habe, beschließe ich, ihn anzurufen. So wird es einfacher sein, ihm meine Entscheidung mitzuteilen. Um den Frieden zu bewahren, erzähle ich ihm und allen anderen – und beinahe hätte ich es selbst geglaubt –, dass ich die Family nur vorübergehend verlasse, nur kurz mal weg bin. Es sei eine Möglichkeit, mich weiterzubilden, bevor ich zurückkehre, um weiter dem Herrn zu dienen. Nach einer langen Tirade darüber, wie wichtig missionarische Arbeit ist und wie wenig akademische Bildung bringt, sieht Dad ein, dass er mich nicht umstimmen kann.

So viele Jahre lang habe ich mich nach seiner Bestätigung, seiner Anerkennung gesehnt. Damals im Stausee wollte ich, dass er meine Fortschritte beim Schwimmen lobt, als wir nach Thailand geschickt wurden, stellte ich mir vor, dass er uns retten kommt, und ich war dankbar, als er uns von Atlanta zurück zur Farm brachte. Aber nach allem, was ich mittlerweile über ihn weiß, macht es mir nichts mehr aus, wenn er von mir enttäuscht ist und meine Entscheidungen nicht gutheißt.

Nach dem Telefonat schreibe ich meiner Mutter, aber ich rechne nicht damit, rechtzeitig von ihr zu hören. Dad meinte, sie schaue nur alle paar Wochen in ihre Mails.

Dann rufe ich meine Großeltern an. Mein Großvater bietet an, mir ein paar Hundert Dollar zu schicken, aber das reicht noch lange nicht für ein Ticket und die sonstigen Kosten. Grandma erklärt, dass sie meiner Mutter bereits Geld schicke und sich mehr nicht leisten könne. Ich will nicht verarmt bei ihr aufkreuzen wie beim letzten Mal. Also muss ich selbst einen Weg finden.

Daraufhin wende ich mich wieder an Dad. Geld hat er keines für mich, er kommt selbst nur knapp über die Runden, aber vielleicht kennt er jemand anderen, der mir weiterhelfen kann. »Erinnerst du dich noch an Adriano, unseren Fisch von damals?«, sagt er in seinem breiten Südstaatenakzent. »Er eröffnet in Macau ein neues Casino. Ich frag mal, ob er nicht einen Job für dich hat.«

»Ja, bitte«, sage ich dankbar.

Die paar Geldscheine in meiner Socke kommen mir sehr wenig vor.

Aber ich habe genug Geld für eine Reise von Taiwan nach Macau, das inzwischen endlich seinen eigenen Flughafen hat!

Drei Tage später steckt mein ganzer Besitz in zwei Koffern, und ich habe ein Flugticket für den nächsten Morgen. Nach dem Abendessen will ich mich erschöpft ins Bett fallen lassen, als Uncle James plötzlich im Türrahmen meines Schlafzimmers lehnt. Er lächelt bedrückt und fragt, ob er mich ein letztes Mal auf ein Eis einladen darf.

»Klar«, sage ich, denn wir waren beim Missionieren immer zusammen unterwegs, und er war mein Verbündeter in dem gefühlskalten, kleinen Home.

Wir klettern in seinen Van, aber statt zum Eisladen abzubiegen, fährt er einfach geradeaus. Ich lache und mache eine Bemerkung darüber, dass er ohne mich aufgeschmissen sein wird. Er lächelt, kehrt aber nicht um. Stattdessen fährt er zu einem Stundenmotel.

Als ich frage, was wir hier machen, antwortet er: »Ich muss nach einem Schaf sehen.« Er erklärt mir, dass drinnen jemand unsere Hilfe braucht, und er mit der Person sprechen möchte, bevor wir zum Eisladen fahren. Ob ich mitkommen könnte?

Am Empfangstisch holt er einen Schlüssel. Dann folge ich ihm durch einen öden, grauen Flur. *Warum hat er ein Motelzimmer gebucht, nur um sich mit einem Schaf zu treffen?* Eine leise Ahnung beschleicht mich, aber mein Herz will die Widersprüchlichkeit in seinen Worten noch nicht wahrhaben.

Ich gehe hinter ihm her, als wäre alles in bester Ordnung. Der Schlüssel klackt im Schloss. Wir gehen ins Zimmer, doch der Raum ist leer. Hinter mir fällt die Tür zu. Ich stehe in einem dunklen Raum mit einem Doppelbett und komme um die Frage nicht herum.

»Uncle James, was geht hier vor? Wo ist das Schaf, das wir treffen wollen?« Meine Stimme klingt schrill und blechern in meinen Ohren.

»Gott hat mir mitgeteilt, dass ich seine Liebe mit dir teilen muss, bevor du gehst«, sagt er.

Echte Panik steigt in mir auf, aber ich versuche, so zu tun, als wäre es ein Witz oder ein großes Missverständnis, das ich noch aufklären kann, indem ich ihm erkläre, dass es wirklich nicht nötig ist und dass ich Gottes Liebe nicht teilen will.

Doch dann nimmt er meine Hand. Mir schnürt es die Kehle zu, und ich bekomme kein Wort mehr heraus, während er mich zum Bett führt.

Ich wurde dazu abgerichtet, mich nicht zu widersetzen, Älteren zu gehorchen, sodass mir für einen Protest die Worte fehlen. Ich will einfach nur weglaufen, aber ich habe weder Auto noch Telefon oder Geld. Es gibt keinen Ausweg. Mir fallen keine anderen Optionen ein. Ich bin gefangen. Gefangen in meiner eigenen Denkweise, die darauf konditioniert ist, mich einem Uncle nicht zu verweigern.

Die Matratze gibt unter meinem Gewicht nach, und innerlich schreie ich vor Hilflosigkeit.

Er drückt mich auf den Rücken und zieht mich aus. Ich starre an die Decke und versuche, an gar nichts zu denken, während ich mich voll und ganz auf die kleinen LED-Lichter konzentriere. Sie sehen aus wie winzige Sterne, und ich fliege davon, in sie hinein, um vor dem zu flüchten, was mit meinem Körper passiert.

Uncle James meint, er wolle, dass es gut für mich ist. Ich sage nichts, bin starr wie eine Schaufensterpuppe. Ich hasse, dass er so tut, als hätte die Sache irgendetwas mit mir oder meiner Lust zu tun. Ich hasse, dass er es vor sich als ein Zeichen von Liebe rechtfertigt. Ich bin sicher, er ist davon überzeugt, dass ich mich nach dem Sex mit ihm geliebt oder befriedigt fühle und in der Family bleiben will.

Aber er weiß, dass ich das hier nicht will. Während unseres Zusammenlebens in den letzten Monaten hat er bereits angeboten, mit mir Liebe zu teilen, einmal hat er sogar seine Frau zu mir geschickt, um mir auszurichten, dass sie nichts dagegen hat. Ich habe seine Angebote so höflich wie möglich abgelehnt und dachte, als verständnisvoller Freund meldet er meine Verweigerung vielleicht nicht. Aber jetzt finde ich keinen Ausweg.

Er ignoriert meinen schwachen Protest, und ich kann mich weder wehren noch den Mund aufmachen, ich muss einfach daliegen und es über mich ergehen lassen. Ich könnte schreien, aber diese Zimmer sind schalldicht. Ich könnte kämpfen, aber er ist viel größer als ich. Das Schlimmste ist, dass ich sogar überlege, ob er vielleicht schneller fertig wird, wenn ich so tue, als genieße ich es ein wenig, aber das kann ich nicht. Ich will, dass es so schnell wie möglich vorbei ist, während ich versuche, mich von den Geschehnissen zu distanzieren.

Eine Übelkeit überkommt mich, als ich mich zwinge, wieder nur an die Lichter zu denken.

Ich hasse ihn. Und ich hasse ihn sogar noch mehr, weil ich ihn mochte. Ich habe ihm vertraut. Ich dachte, er wäre mein Freund.

Als er fertig ist, bleibe ich starr auf dem Rücken liegen. Der körperliche und seelische Schmerz macht mir eines klar: Ich komme nie mehr wieder zurück.

27

AUF MICH ALLEIN GESTELLT

Es ist komisch, wieder in Macau zu sein, vor allem da ich ganz allein bin. Die vertrauten Orte, das Grand Lisboa Hotel und die pinken und gelben Kolonialgebäude um den Brunnen am Platz des Leal Sendado, haben eine beruhigende Wirkung, während ich versuche, mich in einer auf den Kopf gestellten Welt zurechtzufinden. Es ist Mai im Jahr 2000, und die Stadt wirkt kleiner als in meiner Erinnerung. Aber ohne Buddy bin ich ständig auf der Hut.

Dads alter Freund Adriano hat mich für den Sommer angestellt, um den hundertfünfzig neuen Mitarbeitern seines privaten Casinos, das bald eröffnen wird, Englischunterricht zu geben. Der Legend Club befindet sich im Zentrum Macaus beim Landmark Plaza, nur wenige Minuten vom Terminal der Fähre zwischen Hongkong und Macau entfernt, um all die Spieler abzufangen, die an den Wochenenden nach Macau strömen.

Ich habe mein ganzes Geld für das Ticket ausgegeben, also bleibt mir nichts mehr für eine Wohnung oder ein Hotelzimmer, doch Adriano stellt den Kontakt zu einer Witwe her, die gerne ein Schlafzimmer in ihrer kleinen Wohnung für etwa hundert Dollar im Monat vermieten würde. In dem winzigen Zimmer steht nur ein hartes Doppelbett, aber sie ist bereit, auf die Miete zu warten, bis ich mein erstes Gehalt bekomme.

An meinem ersten Tag im Legend Club teile ich meine hundertfünfzig Schüler je nach Job und Vorkenntnissen in Gruppen auf. Manche beherrschen die Sprache bereits gut genug, um einfache

Unterhaltungen zu führen, aber andere sprechen kein Wort Englisch. *Das wird eine große Herausforderung*, merke ich, *aber ich muss es schaffen.* Es ist die einzige Möglichkeit, an Geld zu kommen. Zumindest die einzige Möglichkeit, die ich in Erwägung ziehe.

Ich verbringe Tage damit, den Unterricht so zu planen, dass er für alle passt, und bin fest entschlossen, allen Mitarbeitern genau die Wörter und Phrasen beizubringen, die sie vom ersten Tag an bei der Interaktion mit den Casinobesuchern brauchen werden. Mithilfe einiger Schulbücher erstelle ich zehn verschiedene Lehrpläne. Es ist eine steile Lernkurve – für sie und für mich.

Zwei Monate lang arbeite ich mit ihnen an Vokabeln und einfachen Sätzen, und sie machen schnell Fortschritte.

Ich freue mich die ganze Woche über auf das Wochenende, auch wenn die Hitze im Juli unerträglich ist und die Wohnung im Gegensatz zum Club keine Klimaanlage hat. Eines Morgens gehe ich früh auf den Markt, und auf meinem anderthalb Kilometer langen Marsch nach Hause knallt die Sonne auf mich herab. Zurück in der Wohnung, tun mir die Arme vom Schleppen der Einkäufe weh. Schweiß tropft von meinen Armen und läuft in kleinen Bächen über meine Beine. Ich lasse mich auf den nächstgelegenen Stuhl fallen, und als ich es nicht mehr länger in meinem eigenen Schweiß aushalte, gehe ich ins Zimmer der Vermieterin und leihe mir einen Ventilator.

Als sie nach Hause kommt, knurrt sie die übliche Begrüßung und geht in ihr Zimmer, nur um kurz darauf schreiend und wild gestikulierend wieder rauszukommen. Ich bekomme Angst und verstehe nicht, was passiert ist. Sie belehrt mich über »Privatsphäre«, »Eigentum anderer« und »Diebstahl«. Ich verstehe überhaupt nichts, bis es mir dämmert. *Der Ventilator*. Ich weiß nicht, was ich sagen soll.

In der Family leihen und verleihen wir Dinge, ohne nachzufragen, und niemand regt sich auf, wenn man das Zimmer von jemand anderem betritt. Alles wird aus Prinzip geteilt und privater Besitz ist verpönt. Ich versuche, sie zu beruhigen, aber ich weiß nicht, was ich tun soll. Außer bei meinem Vater habe ich noch nie erlebt, dass sich jemand so aufregt. In der Family gilt Schreien als verabscheuungswürdig. Was auch immer vorgefallen ist, es wird von uns erwartet, die Dinge in liebevollem Umgang zu klären.

Während ich nach den richtigen Worten suche, brüllt sie mich an: »Ich will, dass du von hier verschwindest!«, und stürmt aus der Wohnung.

Benommen gehe ich in mein Zimmer, setze mich aufs Bett und starre auf meine zitternden Hände. *Mit Systemern zusammenzuleben, ist schrecklich.*

Als sie ein paar Stunden später zurückkommt, versichere ich ihr noch einmal, wie leid es mir tut, und kann sie davon überzeugen, mich bei ihr wohnen zu lassen. Aber ich sitze auf glühenden Kohlen. Sie will mich nicht hierhaben und ich will nicht hier sein. Sie vermietet das Zimmer nur wegen des Geldes, aber eigentlich will sie die Wohnung mit niemandem teilen. Zum Glück sind es nur noch ein paar Wochen, bis ich meine Arbeit im Legend Club geschafft und genug Geld für den Flug in die USA beisammenhabe.

An einem Montag gegen Ende meiner Anstellung wache ich mit Halsschmerzen auf. Am nächsten Tag ist es noch schlimmer. Am Donnerstag kann ich kaum unterrichten, am Freitagmorgen gesellt sich noch hohes Fieber dazu, und beim Schlucken fühlt es sich an, als hätte ich Glasscherben im Hals. Ich schleppe mich ins Badezimmer, aber mir ist so schwindlig, dass ich es fast nicht bis dorthin schaffe. Also muss ich mich krankmelden.

Drei besonders heiße Tage lang liege ich mit hohem Fieber im Bett und schwebe in einem Zustand zwischen Wachsein und Delirium. Ich kann niemanden anrufen, und meine Vermieterin ignoriert mich völlig. Mir wird klar, dass ich hier sterben könnte, in diesem Bett, und niemand wäre da, um mir zu helfen.

Wie immer bete ich erst einmal. *Ich weiß, dass ich die Family und Deinen Dienst verlassen habe. Aber ich weiß auch, dass Du mich weiterhin liebst. Ich bin immer noch Dein Kind. Bitte heile mich und hilf mir wieder auf die Beine.*

Ich nehme schlückchenweise Wasser zu mir, und am vierten Tag geht mein Fieber so weit zurück, dass ich mich aus dem Bett kämpfen und zur Straße runterwanken kann, wo ich in ein Taxi steige und den Fahrer bitte, mich zum Krankenhaus zu bringen. Es ist der letzte Ausweg. Bestimmt kann ich es mir nicht leisten, und ich habe kaum Erfahrungen mit Krankenhäusern.

Der Arzt teilt mir mit, dass ich eine schlimme Halsentzündung habe, und verschreibt mir Antibiotika. Innerhalb einer Woche bin ich wieder gesund. Ich bin überrascht, wie wenig es kostet; das Gesundheitssystem ist subventioniert.

Ich bin froh, dass es mir besser geht, aber die Erfahrung hat mir einen Schrecken eingejagt. In der Family hätte jemand Tee und Suppe für mich gekocht und alle paar Stunden nach mir gesehen; ich hätte keine Angst haben müssen, aus der Wohnung geworfen zu werden, wenn ich meinen Job verlieren sollte oder Streit mit Mitbewohnern habe. Ich hätte nicht einmal einen Job gebraucht. Hier bin ich so vollkommen auf mich allein gestellt, wie ich es noch nie zuvor erlebt habe. Meine Eltern können mir nicht helfen. Außerdem leben sie in anderen Ländern und ändern ständig ihre Adressen und Telefonnummern. Auch wenn ich von einem Internetcafé aus eine E-Mail schicke, würden sie erst Tage später reagieren, wenn überhaupt.

Leben oder sterben. Ich bin für mich selbst verantwortlich.

Ich habe kein Sicherheitsnetz.

Scheitern ist keine Option.

Als ich in den Flieger nach Houston steige, bin ich froh, dass der Sommer vorbei ist, dass ich die Arbeit gemeistert und genug Geld für die Reise in die USA angespart habe. Meine Schüler haben innerhalb weniger Monate beeindruckende Fortschritte gemacht, und ich bin stolz auf sie und auf mich selbst.

Ich richte mich auf meinem Sitz ein und denke an Amerika, an den Kulturschock, den ich mit zwölf erlebt habe, als ich zum ersten Mal dorthin reiste. Diesmal weiß ich, was mich erwartet, und ich habe einen Plan. Na ja, zumindest einen Plan, wie ich einen Plan machen kann. Ich habe ein Rundreise-Ticket gekauft, um meine Verwandten in drei verschiedenen Bundesstaaten zu besuchen. Dort möchte ich mir jeweils die besten Unis ansehen und entscheiden, wo ich studieren will, und mich dann um ein Stipendium und einen Job kümmern. »Plan« ist also vielleicht etwas übertrieben, aber genug, um in den Flieger zu steigen.

Als die Triebwerke zum Abflug aufheulen, klammere ich mich an die Worte meiner Urgroßmutter Virginia, die mich seit meinem Auszug von Zuhause begleitet haben: »Glaube bedeutet, von einer Klippe zu springen und darauf zu vertrauen, dass Gott Trittbretter unter deine Füße legen wird.«

Ich bin nicht mehr derselbe Mensch wie bei meiner ersten Reise nach Amerika. Nun bin ich erwachsen und war drei Monate lang völlig auf mich allein gestellt, habe Vollzeit gearbeitet, mein eigenes Geld verdient und ein eigenes Konto eröffnet. Ich habe auch ein paar schreckliche sexuelle Erfahrungen hinter mir, war krank, depressiv, angsterfüllt und allein – und ich habe überlebt. Ich bin immer noch hier.

Mir wurde immer beigebracht, dass Gottes Family wie eine richtige Familie ist, aber in dem Moment, als ich die Gruppe verlassen habe, sind alle Verbindungsstricke gerissen, so wie damals, als ich zwölf war und mit meiner Mutter, Jondy und Amy in Amerika gestrandet bin. Nicht die Family hat uns gerettet, sondern die System-Verwandten, sogar die, die uns nicht mochten oder uns nicht in allem zustimmten. Wenn es hart auf hart kommt, ist Blut stärker als Glaube.

Die erste Station meiner Reise ist Houston, wo ich meinen Vater und meine Großmutter Eve besuche. Houston ist ein Tummelplatz von Family-Mitgliedern und ehemaligen Family-Mitgliedern, und mir wird schnell klar, dass das kein gutes Umfeld für mich ist. Zu viele Leute, die sich über die Family unterhalten oder mich auf die Seite des Fundamentalismus ziehen wollen. Die Familie von Mother Eve und Steven arbeitet seit ihrem Austritt aus der Family mit Koreanischen Kirchen zusammen und versucht, mich von einer kirchlichen Veranstaltung zur nächsten zu schleppen. Alle wollen, dass ich ihre Auffassung von Jesus teile, aber ich brauche erst einmal ein wenig Abstand, um herauszufinden, wer ich selbst bin.

An Thanksgiving besuche ich meine Großeltern Gene und Barbara in Indianapolis. Mein Großvater hatte versprochen, mich beim Studium zu unterstützen, sollte ich mich je dazu entschließen, also willigt er ein, mir mit hundert Dollar im Monat für Essen auszuhelfen. Ich hatte mir einiges mehr erhofft, aber ich lasse mir die Enttäuschung nicht anmerken und bedanke mich mit einer dicken Umarmung. Ich weiß, dass er mich liebt; wahrscheinlich hat er einfach vergessen, dass man mit hundert Dollar nicht mehr so weit kommt wie in seinen jungen Jahren. Barbara drückt meine Schulter und sagt mir, wie stolz sie auf mich ist, aber ich habe das Gefühl, ich sollte sie nicht zu lange beim Genießen ihrer Rente stören. Ich habe ohnehin kein Interesse daran, einen Winter im tief verschneiten Indiana zu verbringen.

Also reise ich zu meiner anderen Großmutter, die inzwischen in einer Einzimmerwohnung in einem betreuten Wohnheim in Georgia lebt. Bei ihr wurde Parkinson diagnostiziert, also kann sie nicht mehr allein leben und sitzt meist im Rollstuhl. Ich bin schockiert – und so dankbar für die Zeit, die wir vor ein paar Jahren in Europa zusammen verbringen konnten. *Wusste sie damals schon von der Krankheit? Hat sie deshalb so darauf gepocht, dass ich mitkomme?* Ich versuche, sie aufzuheitern, indem ich ihr von meinen Zukunftsplänen erzähle. Sie ist begeistert, dass ich studieren will, aber mehr als Enthusiasmus kann sie mir nicht anbieten. Es ist klar, dass ich hier nicht bleiben kann.

Als Letztes reise ich zu meiner Tante mütterlicherseits, Madeline, die mit ihrer Familie vor ein paar Jahren von Georgia nach Monterey in Kalifornien gezogen ist. Ich atme erleichtert auf, als ich sehe, dass mein Onkel Rick am Flughafen in San Francisco mit einem Lächeln auf mich wartet. Die Angst, am Flughafen im Stich gelassen zu werden wie damals in Miami, sitzt immer noch tief.

Nach einer Umarmung zur Begrüßung lädt er meine Koffer in seinen SUV. Dann grinst er mich schelmisch an. »Möchtest du zu einer Weinverkostung mitkommen?«, fragt er.

»Klingt super!«, rufe ich aus. »Was ist eine Weinverkostung?«

Er lacht. »Das wirst du gleich sehen.«

Was für ein toller Start ins kalifornische Leben!

Wir fahren zum San Francisco Marriott Hotel und betreten einen riesigen Saal mit Dutzenden langen Tischen, auf denen Weinflaschen stehen. So etwas habe ich noch nie gesehen. Das hat nicht viel mit dem einen Glas Billigwein aus einer Box gemein, das in der Family einmal pro Woche erlaubt war.

»Ich bin Weinhändler«, erklärt Onkel Rick. »Meine Aufgabe ist es, die Küste rauf- und runterzufahren und auf Veranstaltungen wie dieser verschiedene Weine zu probieren. Versuch mal den hier.« Er reicht mir ein Glas. »Schwenke den Wein im Mund und spucke ihn dann in diesen silbernen Eimer am Ende des Tisches. Nicht runterschlucken, sonst wirst du ziemlich schnell betrunken.«

Was für ein seltsamer Anblick. Lauter Experten in Anzügen, die in Eimer spucken. Ich lasse mich auf den Spaß ein, und ein Teil meiner Sorge über das potenzielle neue Zuhause vergeht, bevor wir uns auf die zweistündige Fahrt nach Süden ins Carmel Valley machen.

Wir fahren zu einem wunderschönen gelben Haus im spanischen Stil mit Garten. Es ist atemberaubend. Tante Madeline begrüßt mich mit einer festen Umarmung. Trotzdem bin ich nervös. Vorfreudig und müde, aber nervös. *Werden sie mich mögen? Darf ich bei ihnen bleiben?*

»Erika und Erin!«, rufe ich, als ich meine zwölf- und fünfzehnjährigen Cousinen sehe. »Ich erkenne euch ja fast nicht wieder! Ihr seid so groß geworden, seit wir uns das letzte Mal gesehen haben!«

»Du siehst noch genau gleich aus«, sagt Erin lächelnd.

Erika hält sich schüchtern zurück.

»Erika, zeig Faith doch dein Zimmer!«, ruft Madeline.

Rick trägt meine Koffer ins Gästehaus, das ich mir mit Erika teilen werde. Es ist ein Anbau am Haupthaus mit eigenem Eingang und besteht aus einem großen Zimmer mit zwei Einzelbetten, ein paar Kommoden und einem kleinen Badezimmer.

»Ist das in Ordnung?« Rick sieht besorgt aus.

»Das ist super!«, versichere ich. »Ich bin es gewohnt, mir ein Zimmer zu teilen. Vielen Dank, dass ich bei euch unterkommen kann.«

Nachts liege ich in meinem Einzelbett unter einer weiß-gelben Steppdecke und starre auf ein riesiges Ölgemälde von einer lila Blume an der Wand. *Danke, Gott, dass du mich hierhergebracht hast, an einen Ort, wo ich sicher schlafen kann.* Es ist vielleicht nicht der große Traum einer jungen Frau, sich ein Zimmer mit ihrer zwölfjährigen Cousine zu teilen, aber ich weiß, dass ich froh sein kann, ein Dach über dem Kopf zu haben.

Als ich Tante Madeline meine Situation erkläre, lädt sie mich ein, umsonst bei ihnen zu wohnen, bis ich auf eigenen Füßen stehen kann, solange ich ihr beim Putzen helfe. Putzen bin ich gewöhnt und in Kalifornien gibt es tolle Universitäten. Bingo.

Die Uni ist mein einziges Ziel, und ich will sicherstellen, dass ich auf die beste gehe, die mich annimmt. Auch wenn es in der Family nicht gern gesehen ist, habe ich mich schon immer gern mit anderen gemessen. *Das kommt davon, wenn man mit fünf älteren Brüdern aufwächst.* Ich informiere mich im *U.S. News & World Report* über die Ranglisten der verschiedenen Institutionen und kontaktiere die Zulassungsstellen der besten Universitäten des Landes. Die Antworten lauten immer gleich: »Sie klingen zwar wie eine interessante Bewerberin, aber Sie haben keine akademischen Zeugnisse, die wir anerkennen können.«

Ich versuche zu erklären: »Meine Eltern haben in Übersee als Missionare gearbeitet, also wurde ich zu Hause unterrichtet. Hier sind die Noten meiner Highschool-Abschlussprüfung, die ich in den USA abgelegt habe. Ich gehörte zu den besten zehn Prozent.«

Von der Zulassungsberatung der Rice University höre ich: »Ja, aber ohne offizielle Zeugnisse der vier Highschool-Jahre können wir Sie nicht mit anderen Schülerinnen und Schülern vergleichen. Unterlagen vom Hausunterricht erkennen wir nicht an. Ich würde Ihnen raten, ein Jahr lang ein Community College zu besuchen, gute Noten zu erzielen und akademische Zeugnisse zu sammeln. Dann können Sie es wieder versuchen.«

Fest entschlossen nicht aufzugeben, mache ich mich auf zum Community College in Monterey. Auch sie erkennen die Unterlagen vom Hausunterricht nicht an, aber sie akzeptieren das Zeugnis meiner Abschlussprüfung.

»Sie müssen einen Einstufungstest in Mathematik und Englisch absolvieren«, erfahre ich. »Haben Sie bereits einmal SAT- oder ACT-Prüfungen abgelegt? Wenn Sie in einer davon ausreichend gute Noten erzielen können, müssen sie keine Förderkurse in Englisch und Mathematik belegen.«

Okay, denke ich, *die Prüfung kann ich machen.*

Ich frage nach den Studiengebühren.

»Sie müssen ein Jahr in Kalifornien gelebt haben, bis Sie als Einwohnerin gelten, also betragen die Studiengebühren für Sie im ersten Jahr 3500 Dollar, im Gegensatz zu 300 Dollar für Kalifornier.«

Die Beraterin muss den Schock in meinem Gesicht gesehen haben. *Mit dem Geld würde ein ganzes Family Home monatelang auskommen!*

»Sie können sich auf ein Stipendium bewerben. Wenn Sie aus einer einkommensschwachen Familie stammen, erhalten Sie staatliche Unterstützung, die für die Studiengebühren ausreichen sollte.« Sie übergibt mir auch noch das Formular für das Stipendium.

Ich gehe in die Stadtbibliothek von Monterey, ein modernes zweistöckiges Gebäude an der Pacific Street im Zentrum der Stadt, und leihe mir die dort verfügbaren Arbeitsbücher für die Prüfungsvorbereitung aus. Manche Bücher sind schon veraltet, aber ich hoffe, dass sie aktuell genug sind, um mir zu einer guten Note zu verhelfen. Ich habe kein Geld für Vorbereitungskurse oder Nachhilfe, zwei Hilfsmöglichkeiten, die in den Büchern erwähnt werden.

Jeden Tag sitze ich am Küchentisch und abends im Bett und arbeite die Bücher durch. Es ist sechs Jahre her, dass ich mich mit diesen Fächern beschäftigt habe, also muss ich alles auffrischen. Beim Anblick der Trigonometrie- oder Geometrieaufgaben will ich am liebsten losheulen. Es gibt ganze Bereiche, mit denen ich mich noch nie beschäftigt habe. Ich muss auf Lücke lernen, beschließe ich schlussendlich, als mir klar wird, dass ich mir innerhalb von zwei Wochen nicht die gesamte Bandbreite der Mathematik erarbeiten kann. Ich rede mir ein, dass ein paar einzelne Fragen bei der Gesamtnote nicht ins Gewicht fallen werden. Jede Frage zählt nur einen Punkt. Ich konzentriere mich lieber auf die einfacheren Bereiche, die ich schaffen kann.

Bitte, Gott, bitte, bitte, bitte hilf mir, eine ausreichend gute Note zu bekommen, damit ich nicht diese ganzen Highschool-Kurse nachholen muss. Jedes zusätzliche Fach, das ich belegen muss, bedeutet mehr Studiengebühren, bevor ich die Kurse belegen kann, die tatsächlich für mein Studium zählen.

Die Ergebnisse meiner Prüfung treffen in einem dünnen Briefumschlag ein, und beim Öffnen habe ich ein flaues Gefühl im Magen. Ich bin unter den besten 1 % in Englisch! *Puh! Danke, lieber Gott!* Aber aufgrund der fehlenden Geometriekenntnisse schaffe ich es in Mathe nur unter die besten 18 %. Immer noch gut genug, um nicht in die Förderklasse zu müssen.

Jetzt muss ich nur noch irgendwie Geld verdienen.

»Während des Studiums jobbt man am besten als Barkeeper«, erklärt meine Tante. »Rick und ich haben das beide gemacht.«

Meine einzigen Erfahrungen mit Alkohol sind ein gelegentliches Glas Wein oder Bier – und die eine Weinverkostung. »Aber ich weiß gar nicht, wie man Cocktails mixt«, wende ich ein.

»Das ist nicht schwer«, sagt sie und winkt ab.

Es gibt nur eine Bar im Ort, eine schäbige Cowboy-Bar mit Imbiss namens Running Iron. Als ich die alte Holztür aufdrücke, steigt mir ein saurer Geruch in die Nase, den ich in Zukunft mit altem Bier und dreckigen Lappen in Verbindung bringen werde. Ich kneife die Augen zusammen und versuche, mich an das dämmrige Licht zu gewöhnen; ein paar Leuchtreklamen für Biermarken blinken müde in der Ecke. *Was?!* Erstaunt bemerke ich die braunen Cowboystiefel und verstaubten BHs, die an der Decke hängen. *Was für eine Verschwendung. Ich frage mich, ob auch Stiefel in meiner Größe darunter sind.*

Ein dicklicher weißer Mann ruft einer gestressten Kellnerin Bestellungen zu, während sie vorbeihetzt. »Was darf's sein?«, fragt er mich barsch, als ich auf die Theke zugehe.

Ich straffe die Schultern und bemühe mich, mit meinen eins fünfundfünfzig und den zweiundfünfzig Kilo selbstbewusst aufzutreten: »Ich will als Barkeeperin arbeiten.«

Abschätzig beäugt er meine Vorstellung eines professionellen Outfits für die Jobsuche – ein weiter schwarzer Rock, der bis zu meinen schwarzen Stiefeletten reicht, und ein hochgeschlossenes, langärmliges senffarbenes Hemd mit einer schwarzen Weste mit Knöpfen darüber.

»Wie alt bist du denn? Siehst aus wie fünfzehn.«

»Ich bin dreiundzwanzig«, sage ich bestimmt.

»Na ja«, sagt er gedehnt und macht eine kleine Pause, »meine eine Barkeeperin hört bald auf. Du kannst ihr ein paar Wochen über die Schulter schauen, die Grundlagen lernen – vorerst ohne Bezahlung. Aber sie wird dich einarbeiten. Wenn du dich gut anstellst, kannst du ihre Schichten übernehmen, sobald sie weg ist. Ich gebe dir 8 Dollar 25 die Stunde, und das Trinkgeld darfst du behalten. Wie klingt das?«

Ich bin begeistert. *Wer hätte gedacht, dass es so einfach geht!* »Super! Danke!«

Er lächelt, als hätte er etwas gewonnen. »Komm morgen Nachmittag um vier wieder, dann fangen wir gleich mit deiner Einarbeitung an.«

An meinem ersten Nachmittag gibt mir die Barkeeperin, deren Stelle ich übernehmen werde, einen Rat. »Geh niemals mit einem von denen hier aus. Das sind alles Schweine!«, sagt sie bissig und schaut rüber zu den Männern, die am Tresen sitzen und ihren Blicken bewusst ausweichen.

»Ich denke nicht, dass das ein Problem wird«, sage ich mit einem Blick auf die Kneipenhocker, alle locker über sechzig. Sie kommen jeden Tag auf den Schlag um fünf Uhr. Eine Woche später kenne ich ihre Lieblingsbiere – Coors, Bud Light, Budweiser, Sierra Nevada. Sie freuen sich über die junge Frau hinter der Bar, auch wenn ich unterhalb des Halses kein einziges bisschen Haut zeige.

Die Typen, die in die Bar kommen, lieben es, wenn ich mich mit ihnen unterhalte und Geschichten von fremden Ländern erzähle, aber ich merke schnell, dass meine Berichte eine Distanz zwischen uns schaffen. Wir haben keine Anknüpfungspunkte. Sie wissen nichts über die Orte, in denen ich mein ganzes Leben verbracht habe, und ich habe keine Ahnung von Sport, den örtlichen Highschools oder amerikanischen Fernsehserien und Bands. Ich spreche vier Sprachen, aber in amerikanischer Kultur bin ich nicht fließend. Noch nicht.

Wenn sie fragen, wo ich herkomme, weiß ich nicht so recht, was ich sagen soll. Sie könnten vieles damit meinen: Wo bist du geboren? Wo lebst du? Wo bist du aufgewachsen? Wo warst du, kurz bevor du hierhergekommen bist? Oder sogar: Was ist deine Abstammung und ethnische Zugehörigkeit? Ich überlege immer, ob ich Macau erwähnen soll oder besser einfach »Texas« sage, wo mein Vater herstammt.

Die Family erwähne ich allerdings mit keinem Wort; meine Standardantwort ist wahr und schwammig zugleich: »Ich bin auf einer Farm in Asien aufgewachsen. Meine Eltern waren Missionare und Lehrer.« Ich bin froh, dass ich nicht den Nachnamen meines Vaters trage, der überall bekannt ist – niemand, nicht einmal ehemalige oder aktuelle Family-Mitglieder würden meinen Nachnamen wiedererkennen oder mich finden. Ich hätte Angst, dass sie mich »outen« könnten und ich mein bisheriges Leben, das ich eigentlich hinter mir lassen will, lang und breit erklären müsste. Das wäre mir sehr unangenehm. Ich will einfach in Frieden meinen Weg gehen.

Ich würde so gerne neue Freunde finden, aber ich weiß nicht, wie ich das anstellen soll. In der Zeitung entdecke ich eine Anzeige für Zehn-Dollar-Tanzkurse. Also mache ich mich an einem Donnerstagabend um sechs Uhr auf den Weg zur Tanzschule von Monterey für den Anfängerkurs in Standardtänzen.

Zögerlich betrete ich das hell beleuchtete Tanzstudio und sehe eine Gruppe von fünfzehn Leuten, die für den Kurs zusammengekommen sind, die meisten über fünfzig. *Hm, vielleicht ist das nicht gerade der beste Ort, um Freunde zu finden.* Aber die Tanzlehrerin ist eine selbstbewusste, junge Frau in meinem Alter. Sie ruft mich auf, eine Schrittfolge mit ihr vorzutanzen. Unsere Bewegungen sind mühelos und flüssig. Ich verfüge zwar über keine professionelle Ausbildung, aber ich habe mein ganzes Leben lang auf Wohltätigkeitsveranstaltungen getanzt.

Wir lachen, als sie mich dreht, und ich spüre eine Verbindung zwischen zwei Seelen, die sich gut verstehen. Es ist der Beginn einer wundervollen Freundschaft. Ihr gefällt mein wildes Verlangen danach, alles zu erleben, was ich verpasst habe, zu lernen und mich weiterzuentwickeln. Und ich mag ihre freche, selbstbewusste Art, ihre tief verwurzelte Akzeptanz von sich selbst und anderen. Sie ist ein warmer, liebevoller Hafen, wo ich mich ausruhen kann. Wenn es ihr nicht gut geht, lasse ich sie an meinem Schwung und meinen Visionen teilhaben und muntere sie auf. Und wir lieben es beide, wild und frei zu tanzen, als sähe uns niemand dabei zu. Zwischen uns gibt es weder Eifersucht noch Konkurrenzkampf, anders als mit fast allen anderen Mädchen, die ich bisher kennengelernt habe. Wir können ganz wir selbst sein, auch wenn ich noch taumelnd dabei bin herauszufinden, wer ich eigentlich bin.

Aber nicht einmal mit ihr spreche ich über die Family.

Wer bin ich ohne die Family? Was sind meine eigenen Wünsche, wenn niemand mir sagt, wer ich sein oder was ich werden soll? Was will ich einmal machen?

Das alles sind schwierige Fragen für mich. Anders als die meisten Menschen um mich herum habe ich nie davon geträumt, zur Feuerwehr zu gehen oder Astronautin oder sonst irgendetwas zu werden. Ich hatte nie den Luxus, mir ausmalen zu können, was ich werden will, wenn ich groß bin. Mein Weg war vorbestimmt. Ich würde als Missionarin arbeiten und schließlich bei der Großen Trübsal eines Märtyrertodes sterben oder bei der Entrückung aufsteigen. Eine andere Zukunftsperspektive gab es ohnehin nicht. Außer den wenigen Dingen, die man in der Family beherrschen musste, wurde nicht von mir erwartet, irgendwelche anderen Fähigkeiten zu erlernen.

Also habe ich keine Ahnung, was mich interessiert oder worin ich vielleicht gut bin. Die Möglichkeiten sind überwältigend, und ich habe Angst, die falsche Wahl zu treffen und für immer unglücklich zu sein. Ich weiß, dass ich einen Beitrag leisten will, um die Welt besser zu machen, und dass ich dafür die nötigen Fähigkeiten erlernen muss. Ich könnte mir vorstellen, im Bereich der humanitären Hilfe tätig zu sein, aber in viel größerem Ausmaß als damals in Kasachstan; der einzige »Beruf«, den ich je kannte, ist die Missionarsarbeit. Ich mache einen Berufsorientierungstest und hoffe auf Rat, aber es bringt nichts.

Die Vorschläge reichen von Rechtsanwaltsfachangestellte *(was soll das sein?)* über Buchhalterin *(laaangweilig)* zu Lehrerin *(nein, danke)* und Stewardess *(ernsthaft?)*. Ich hoffe, ich finde es an der Uni heraus.

Mein Studium am Monterey Peninsula College beginnt. Die staatliche Förderung deckt einen Großteil der Studiengebühren ab, aber ich muss auch noch Versicherung, Bücher und Sprit bezahlen. Grandma gibt mir ein wenig Geld für ein billiges Auto. Es ist zwar eine richtige Schrottkiste, aber ich komme damit zum College und zurück.

Im College erwartet mich eine schriftliche Aufgabe nach der anderen. Ich hasse Schreiben, es erinnert mich an die schrecklichen Open-Heart-Reports meiner Jugend, und für diese Hausarbeiten gelten Mindestlängen und ungewohnte Regeln, was Inhalt, Grammatik und Aufbau anbelangt. Beim Hausunterricht für die Highschool musste ich zwar auch immer wieder Aufsätze verfassen, aber die hat meine Mutter korrigiert, und sie war nicht besonders kritisch.

Bei jeder Hausarbeit muss ich mich zum Schreiben zwingen. Ich kämpfe mit der anfangs leeren Seite, der Recherche, dem Sortieren der wirren Gedanken und, am allerschlimmsten, dem Überarbeiten. Ich mache lauter Fehler, weil ich nie gelernt habe, auf Rechtschreibung zu achten.

Ich erfahre von einem Schreibzentrum in der kleinen Bibliothek des Community College, wo ein paar Leute bereit sind, Studenten vor der Abgabe bei ihren Arbeiten zu helfen. Ich reiche dort alle meine Hausarbeiten ein, bekomme sie mit Kommentaren zurück und überarbeite sie. Mit der Zeit mache ich Fortschritte.

Die Kurse sind nicht so schwer wie erwartet; trotzdem muss ich viele Stunden Arbeit reinstecken, um den Stoff zu lernen und die Aufgaben zu erledigen. Am meisten Spaß macht mir Geologie, wo wir die verschiedenen Gesteinsarten kennenlernen: sedimentär, metamorph, vulkanisch. Ich bringe ständig neue Steine für meinen Professor zur Bestimmung mit, aber ich bin skeptisch, als er bei einer Exkursion erzählt, dass der Felsengrund vor uns im Laufe von Hunderten Millionen Jahren entstanden ist. Ich habe mich intensiv mit den christlichen

Argumenten zur Widerlegung der Evolutionstheorie beschäftigt und bin nicht bereit, seine »Fakten« einfach so zu schlucken.

»Sie wollen also sagen, dass dieses Sedimentgestein in vielen Millionen Jahren entstanden ist und sich das aus dem momentanen Tempo der Ablagerungen im Fluss schließen lässt. Kann es nicht sein, dass diese vielen Meter Sediment schneller abgelagert wurden, zum Beispiel bei einer riesigen Flutwelle?«

»Nun ja – das könnte schon sein.«

»Was macht Sie also sicher, dass es Millionen Jahre gedauert hat?«

»Hm, na ja …«

Ich bin zwar nicht mehr sicher, dass die Entstehungsgeschichte der Welt in sieben Tagen so stimmt, will aber nicht einfach eine neue Theorie akzeptieren, ohne genau nachzuforschen. Warum sollte ich einfach so die Meinung eines Professors als Fakt hinnehmen, wenn er es nicht einmal beweisen kann? Und sind das meine einzigen zwei Möglichkeiten? *Warum können Professoren nicht sagen: »Wir wissen es nicht genau. Das ist das beste Modell bisher, aber wir sehen ein paar Lücken, ein paar Stellen, wo die messbaren Beweise nicht ganz zusammenpassen; also lasst uns unvoreingenommen bleiben und offen für neue Erkenntnisse«?*

Ich brauche mehr Informationen, um herauszufinden, woran ich glauben will.

Ich hinterfrage alles und jeden, und es ist eine neue, befreiende Erfahrung. Das ist pure Freiheit: die Freiheit, einer anderen Meinung zu sein. Zum Glück machen unsere Debatten meinem Professor Spaß. Ich nehme an, er freut sich, dass eine Studentin sich aktiv einbringt und den Kurs nicht nur belegt, um die Credit-Punkte zu bekommen.

Langsam wird mir klar, dass mir beigebracht wurde, Dinge nicht zu hinterfragen, damit ich daran glaubte, was die Family behauptete, nicht, was sie tat. Denn uns wurde zwar weisgemacht, dass Männer und Frauen gleichwertig sind, aber wir wurden nicht gleich behandelt. Warum wurde von Frauen erwartet, dass sie sich aufopferten und gegen ihren Willen mit Männern schliefen, jedoch nicht umgekehrt? Warum mussten wir die Männer bedienen und alles für sie tun, während uns eingeredet wurde, dass wir ihnen ebenbürtig sind?

Nun erkenne ich, wie unfair die Erwartungen und Botschaften waren, mit denen ich erzogen wurde, dass eine gute Frau feminin sein muss, mütterlich, anderen eine Dienerin und dass es hochnäsig und unweiblich ist, wenn eine Frau sich eine Karriere wünscht, eine andere Rolle als die der Mutter, Köchin, Lehrerin, Sängerin oder Sekretärin.

Ich weiß nicht, wie ich mit den Fragen umgehen soll, oder wo ich Antworten bekommen kann. Auch weiß ich nicht, wie ich mich unter Gleichaltrigen verhalten soll; mir fehlt die Erfahrung für sichere Grenzen.

In der Zwischenzeit versuche ich, mich in der neuen Kultur zurechtzufinden. Es ist anders als damals mit zwölf, als ich keine Freunde hatte und ziemlich isoliert war. Jetzt bin ich erwachsen und stehe auf eigenen Beinen und bemühe mich, aus allem um mich herum schlau zu werden.

In der Bar schließe ich Freundschaft mit einem jungen Mann, und er stellt mich seinen Kumpels vor, vier Typen in ihren Zwanzigern, die für mich zu Ersatzbrüdern werden. Wir fahren in ihrem Pick-up durch die Gegend. Sie bringen mir kalifornische Slang-Ausdrücke bei – »phat« und »gnarly« – und wir hören ihre amerikanischen Lieblingsbands wie Pink Floyd, Dave Matthews und die Eagles. Wenn sie am Lagerfeuer sitzen und kiffen, tanze ich zu den schnellen Rhythmen ihrer Handtrommeln.

Oft trete ich in Fettnäpfchen und verstehe soziale Situationen falsch. Immer wenn ich nichtasiatischen Personen begegne, neige ich aufgrund meiner kulturellen Konditionierung dazu, sie auf beide Wangen zu küssen, wie es bei den Portugiesen in Macau üblich war, aber die meisten Amerikaner begrüßen sich lediglich mit Handschlag, also versuche ich, rechtzeitig daran zu denken und mich nicht für einen Kuss vorzubeugen.

Auch bin ich es gewohnt, Zuneigung so auszudrücken, wie es in der Family üblich ist, und umarme alle meine Freunde überschwänglich, was zum Teil unbeabsichtigte Folgen hat. Ich verstehe nicht, warum einer der Jungs nur wegen einer Umarmung glaubt, ich würde auf ihn stehen, und dann verwirrt ist, wenn ich gleich darauf einen anderen umarme und so weiter. Ich versuche klarzustellen, dass ich grundsätzlich alle umarme, ohne Unterschied.

Aber manchmal, wenn ich eine sarkastische Bemerkung über Männer loslasse, bekomme ich Antworten wie: »Wow, warum bist du so zynisch?« Eine Feindseligkeit, die mir nicht bewusst war, tritt langsam an die Oberfläche.

Bin ich zynisch, was Männer betrifft? Das will ich nicht sein. Mit fünf Brüdern und Patrick als bestem Kindheitsfreund hatte ich immer das Gefühl, Männer zu verstehen, kam sogar oft besser mit ihnen klar als mit Frauen. Aber ich werde das Gefühl nicht los, dass Männer alles von mir nehmen wollen, was sie kriegen können.

Auch die Wut werde ich nicht los.

Also verschanze ich mich. Lächeln und Umarmungen sind kein Problem, aber jemanden wirklich an mich heranzulassen, scheint unmöglich. Ich mache es Männern schwer, mir körperlich nahe zu kommen. Sogar hier bin ich von den wenigen Typen, mit denen ich ausgegangen bin, zu Sex gedrängt worden, weil ich in dem Moment nicht das Gefühl hatte, Nein sagen zu können. Ich habe weiter das gemacht, was mir in der Family beigebracht wurde. Danach war ich richtig wütend auf mich selbst und auf die Männer, die mich unter Druck gesetzt haben, dass ich Beziehungen fast lieber ganz aufgegeben hätte.

Trotz meiner innerlichen Zerrissenheit liebe ich die Freiheiten, die ich jetzt habe. Ich weiß, dass ich nie wieder zu dem restriktiven Family-Leben zurückkehren kann. Ich werde es hier schaffen.

Stundenlang sitze ich in der Bibliothek, recherchiere Universitäten und versuche zu ergründen, nach welchen Kriterien sie unter den Bewerbern auswählen: Leute mit Einser-Schnitt und Führungsqualitäten, die sich auch abseits des Unterrichts engagieren.

Also werde ich Vizepräsidentin der Studierendenschaft und achte darauf, nur Bestnoten zu schreiben.

Nach dem x-ten Freitagabend, den wir am Lagerfeuer und mit Herumfahren in unwegsamem Gelände verbringen, wird mir klar, dass meine neuen Freunde nicht dieselben Träume und Ziele haben wie ich. In Rauchwolken eingehüllt reden sie davon, das kleine Monterey hinter sich zu lassen, eigene Unternehmen zu gründen, zu reisen. Doch anstatt auf diese Ziele hinzuarbeiten, schaffen sie es gerade mal, sich zum Unterricht zu schleppen, wenn sie nicht gerade kellnern, kiffen oder abhängen.

Das wird mir nicht passieren, denke ich. Ich werde auf eine renommierte Universität gehen und mir selbst und allen anderen beweisen, was ich wert bin.

Ich reiche den Joint weiter, der gerade reihum geht. Soweit ich es beurteilen kann, hat Marihuana den Effekt, dass meine Freunde auf der Couch liegen und Chips essen wollen; es benebelt ihre Sinne. Ich will aber einen glasklaren Verstand, damit ich keinen Moment der neuen Erlebnisse verpasse, die ich jeden Tag mache. Ich will sie alle voll ausleben, um wettzumachen, was ich alles verpasst habe. Schließlich habe ich die Family nicht verlassen, um es mir bequem zu machen. Vielleicht bin ich kein Genie und habe auch kein Geld, aber ich möchte ausprobieren, wie weit ich komme. Ich bin ehrgeizig, auch wenn ich nicht genau weiß, warum.

Gegen Ende meines ersten Semesters am Community College muss ich nicht mehr ein paar Abende die Woche im Running Iron Bier ausschenken, sondern bin Managerin in einem beliebten italienischen Bistro namens Taste Café in Pacific Grove. Innerhalb kurzer Zeit kann ich es mir leisten, bei Tante Madeline auszuziehen und mit einer Freundin zusammen eine Zweizimmerwohnung anzumieten.

Im ersten Semester schreibe ich nur Bestnoten, also bewerbe ich mich bei den fünf besten Universitäten des Landes, darunter Harvard und Stanford, und noch ein paar kleineren geisteswissenschaftlich orientierten Colleges wie Claremont. Sie antworten alle mit der Bitte, dass ich mich noch einmal melde, sobald mir die Noten für das gesamte Jahr vorliegen. Aber als das Jahr vorbei ist und ich immer noch nur »A«s habe, beschließe ich, die ursprünglichen fünf sein zu lassen, und bewerbe mich nur an einer Uni: Georgetown University in Washington, D.C. Während meines Lebens in Übersee war mir Georgetown kein Begriff, Harvard und Yale kannte ich aus Filmen.

Aber wenn ich mit Leuten über das Studium spreche, höre ich immer und immer wieder: »Mit deinem internationalen Hintergrund solltest du nach Georgetown gehen.« Ich erfahre, dass es eines der besten privaten Jesuitenkollegs ist und dass die dortige School of Foreign Service mit ihrer Ausbildung für den Auswärtigen Dienst zur wettbewerbsfähigsten der Welt zählt.

Schließlich werde ich zu einem Vorstellungsgespräch mit einem Georgetown-Absolventen eingeladen, der in Monterey wohnt.

Ich bleibe bei der Strategie, mein neues Leben von der Vergangenheit getrennt zu halten. In der Bewerbung erwähne ich nicht, dass ich in der Family aufgewachsen bin, obwohl es mir vielleicht geholfen hätte. Stattdessen schreibe ich über transformatives Reisen und meine Erkenntnis in Kasachstan, dass humanitäre Hilfe nicht ausreicht; die Menschen brauchen ein neues Wirtschafts- und Rechtssystem, um sich selbst voranbringen zu können.

Mein Gesprächspartner findet meinen Lebenslauf beeindruckend. Er kann nicht glauben, dass ich mir den Stoff der Highschool allein im Fernunterricht angeeignet habe, und er findet es bemerkenswert, dass ich jahrelang in Kasachstan und Taiwan als Freiwillige gearbeitet und in China Mandarin gelernt habe. Am Ende teilt er mir mit, dass ich aufgrund meiner Lebenserfahrung eine viel interessantere und engagiertere Kandidatin als die meisten ihrer Bewerber bin.

Dann warte ich ab.

Währenddessen sage ich mir, dass ich mir nicht zu viel Hoffnung machen darf. Die Studienberaterin warnt mich vor, dass es beinahe unmöglich ist, vom Community College den Sprung zu einer Universität wie Georgetown zu schaffen. Wenn ich dort nicht reinkomme, kann ich aber sicherlich nach dem zweiten Jahr an ein 4-Jahres-College der University of California wechseln, denn die haben Verträge mit den staatlichen Community Colleges. Dennoch drücke ich mir innerlich mit aller Kraft die Daumen. Wenn ich noch ein Semester in diesem verschlafenen Städtchen verbringen muss, sterbe ich vor Langeweile. Meine Freunde und ich sagen im Scherz, dass Monterey nur etwas für frisch Verheiratete oder fast Tote ist.

Als der schwere kartonierte Umschlag mit dem Logo von Georgetown ankommt, spüre ich ein Kribbeln in den Armen. Ich reiße ihn auf und schreie fast: »Ich bin drin! Ich bin angenommen!«

Ich wurde nicht nur an der härtesten Fakultät der Georgetown University angenommen, der School of Foreign Service, sondern habe sogar ein Leistungsstipendium bekommen! Ich kann es kaum erwarten, meiner Familie davon zu erzählen!

Grandpa Gene, Grandma und Tante Madeline freuen sich riesig.

Ich besitze immer noch kein Handy, also habe ich in letzter Zeit nur alle paar Monate mit meinen Eltern gesprochen, obwohl sie beide in den USA leben. Mom ist endlich aus Russland zurück. Ivan und sie haben geheiratet und leben mit Jondy in Connecticut. Nach acht Jahren hat sie endlich ihren Bachelor-Abschluss von der Thomas Edison State University in der Tasche und macht aktuell ihren Master an der Wesleyan University, wo sie weniger Studiengebühren zahlen muss, weil Ivan dort als Gastlektor unterrichtet.

Mom freut sich genauso sehr wie ihre Eltern und schreit mir am Telefon förmlich ins Ohr, als ich es ihr erzähle. Sie sagt mir, wie stolz sie auf mich ist, und erinnert mich daran, dass sich die harte Arbeit und die Entschlossenheit gelohnt haben. Ich hatte es zwar keineswegs vergessen, aber es gibt mir ein gutes Gefühl, es noch einmal von ihr zu hören.

Dad lebt immer noch mit Maria in Texas. In der Zwischenzeit haben sie ebenfalls geheiratet und ein Baby bekommen. Als ich ihm die Neuigkeiten erzähle, wendet er ein: »Ich mache mir nur Sorgen, dass du deine Zeit verschwendest, wo deine wichtigste Aufgabe doch das Seelenretten ist. Willst du nicht weiterhin Gott als Missionarin dienen?« Schnell lege ich auf, als mir klar wird, dass eine Diskussion mit ihm nichts bringt.

Im August 2002 verabschiede ich mich von allen in Monterey und packe meine gesamten Habseligkeiten in einen gebrauchten rot-braunen Honda, den ich von meinem Verdienst als Barkeeperin gekauft habe. Eine große Steigerung im Vergleich zu meiner ersten Klapperkiste. Begleitet vom Gezwitscher der frühen Vögel am Morgen setze ich mich hinter das Steuer und mache mich bereit für eine Fahrt quer durchs Land. Dreitausend Meilen liegen zwischen mir und dem nächsten Schritt auf dem Weg zu meinem Ziel. Bei meinem Ausstieg aus der Family vor zwei Jahren hatte ich keine Ahnung, wohin es mich verschlagen würde. Jetzt weiß ich genau, dass ich da bin, wo ich hingehöre.

28

WISSEN UND WAHRHEIT

Es ist knallheiß, wenn man im Sommer in einem Auto ohne Klimaanlage die Wüste durchquert. Es ist eine trockene Hitze, anders als die feuchte Hitze, mit der ich aufgewachsen bin, aber sie brennt trotzdem, und ich weiß um ihre Gefahren. Menschen können am Hitzschlag sterben. Zum Glück erinnere ich mich an den alten Trick meines Vaters, als wir in der tropischen Hitze Pferde versorgen mussten. Also halte ich in Arizona, New Mexiko und Texas an Tankstellen an und fülle Eiswürfel in kleine Plastiktüten. Zurück im Auto wickle ich sie in ein Handtuch und halte es mir an den Kopf oder lege es in den Nacken, um meine Körpertemperatur zu senken.

Nach einer brutalen fünftägigen Fahrt erreiche ich die efeubewachsenen Bauten der Georgetown University. Ehrfürchtig spaziere ich über den gepflegten Campus, vorbei an der Healy Hall mit ihren grauen Wänden aus Stein und den spitzen Türmen aus dem neunzehnten Jahrhundert, und spüre die Geschichtsträchtigkeit dieses Ortes. Die prächtige Architektur und die holzverkleideten Innenräume erinnern mich an die majestätischen Gebäude, die ich mit meiner Großmutter in Europa gesehen habe. Ich kann kaum glauben, dass ich hier bin. *Ich habe es geschafft!* Mein Herz schlägt schneller und mir wird ganz heiß, bevor mir der nächste Gedanke kommt: *Ich bin eine Hochstaplerin; habe lauter Bestnoten bekommen, weil der einzige Vergleich ein paar Kids aus dem Community College waren.*

Doch ich spaziere weiter über den saftig grünen Rasen zu den großen, roten Backsteinen am Boden vor dem modernen Bunn Intercultural Center, einem neuen Gebäude zwischen den vielen alten. *Warum hat man sich zuletzt vor zweihundert Jahren Zeit für prachtvolle Architektur genommen? Sollten wir nicht mittlerweile besser darin geworden sein, nicht schlechter?*

Ich beobachte die neuen Studierenden mit ihren Eltern, wie sie von den Schlafsälen zu den Verwaltungsbüros und zurück eilen, und bin überwältigt und ein bisschen neidisch. Ich weiß nichts über diese elitäre Welt. Und ich bin ganz auf mich allein gestellt. *Wie soll ich nur mit den anderen Schritt halten?* Nachdem ich einmal tief durchgeatmet habe, richte ich mich kerzengerade auf und gehe zum Sekretariat, um zu sehen, welcher Schlafsaal mir zugeteilt wurde und wie mein Stundenplan aussehen wird.

Als Studienanfängerin, die nach Georgetown wechselt, habe ich Glück. Die Wohnheimlotterie meint es gut mit mir, und ich lande in einem der am heißesten begehrten Gebäude am Campus: einem kleinen Häuschen mit zwei Etagen, einem Schlafzimmer oben, einem Wohnzimmer im Erdgeschoß und im Keller die Küche. Meine Mitbewohnerin ist eine Palästinenserin, die mich zum Kennenlernen auf eine Campusparty mitnimmt und dann mit ihrer Freundin in eine Wohnung abseits des Campus zieht. Schon nach einer Woche habe ich das ganze Haus für mich. Ich bin fünfundzwanzig und lebe zum ersten Mal in meinem Leben allein.

Ich bin sechs oder sieben Jahre älter als die meisten meiner Kommilitonen, aber ich sehe aus wie achtzehn. Barkeeper prüfen immer ganz genau meinen Ausweis. Ein paar Kommilitonen verrate ich mein wahres Alter, und sie zucken schockiert zurück, also tue ich einfach so, als wäre ich so alt wie alle anderen in meinen Kursen. Sollen die Leute doch denken, was sie wollen. Ich möchte mich anpassen und nicht noch mehr Distanz schaffen. Ich bin ohnehin schon eine außenstehende Beobachterin.

Ich mag so aussehen und mich so anhören wie alle anderen – mein Akzent ist beinahe amerikanisch –, aber man sagt mir, dass ich anders spreche.

»Wenn du redest, klingt es irgendwie komisch«, bemerkt einer meiner Nachbarn aus dem Abschlussjahrgang. »Als würdest du aus einem Buch vorlesen. So … korrekt.«

Es ist etwas komisch an meiner Art zu reden? Wie kann ich das ändern, wenn ich den Unterschied selbst gar nicht höre?

Ich verbringe eher Zeit mit Kommilitonen, denen es genauso schwer wie mir zu fallen scheint, bei den Gesprächen über Sport und Highschool-Erfolge mitzureden. Komplexe Ausdrücke betone ich oft falsch, weil ich sie nie ausgesprochen gehört, sondern nur in Büchern gelesen habe. Die meisten Anspielungen auf Popstars, Bands, Fernsehserien, Sport und beliebte Produkte verstehe ich einfach nicht. Meine Ersatzbrüder in Monterey konnten mir nicht alles beibringen.

Auf meine erste Halloween-Party gehe ich als Rebecca aus dem Roman *Ivanhoe* in einem langen, roten Kleid, das Gesicht von einem schwarzen Netzschleier verhüllt.

Das wird nicht schwer zu erraten sein, finde ich und lache in mich hinein. Denkste. Nicht einer meiner Kommilitonen weiß, wen ich darstelle, nicht einmal, als ich es ihnen sage. *Die lesen doch sicher Walter Scott in der Schule?* Ich liege ein Jahrhundert daneben. Schließlich freunde ich mich mit ein paar nerdigen Mädchen an: Olga, eine schroffe Russin, die für die Highschool in die USA gekommen und fürs Studium geblieben ist, und Bridget, ein schüchternes, grobknochiges Mädchen aus Boston mit irisch-katholischen Wurzeln. Eine Kindheit wie meine hat den Vorteil, dass es mir leichtfällt, über soziale Konstrukte hinwegzusehen und die Leute so anzunehmen, wie sie wirklich sind. Unter anderen Ausländern oder Nerds, die in Gesellschaft noch unbeholfener sind als ich, fühle ich mich nicht ganz so fehl am Platz. In dieser kleinen Runde neuer Freunde hole ich ein bisschen was von dem Teenagerleben nach, das mir damals nicht vergönnt war – gehe auf Partys, habe Dates und bilde Lerngruppen. Aber wir nehmen alle das Studium sehr ernst. Ich bin nicht hier, nur um eine schöne Zeit zu haben.

Mein Studienstipendium deckt die Kosten für mein Wohnheimzimmer und die erforderliche Krankenversicherung mit einem Bundesdarlehen ab. Aber es reicht nicht für Lebensmittel und die Dinge des täglichen Bedarfs. Mit den monatlichen 100 Dollar von Grandpa kann ich mich mit Tiefkühlgerichten, Nudelpaketen und Äpfeln eindecken. Ich werde noch dünner, aber für alles nicht Lebensnotwendige habe ich kein Geld. Ich arbeite zwanzig Stunden pro Woche, was meine Nachmittage füllt, und belege gleichzeitig ein volles Pensum an Kursen, die viel anspruchsvoller sind als das Community College. Ich muss also intelligenter arbeiten, nicht länger.

An der Georgetown University bekomme ich einen neuen Blick auf die USA, der nicht von meinen festgefahrenen Vorurteilen geprägt ist. Als Kind habe ich gelernt, dass Amerika böse ist, die Hure Babylon, doch jetzt lerne ich all diese idealistischen jungen Leute kennen, die völlig aufrichtig die Welt verbessern wollen. Sie wollen später in die Politik gehen, haben starke Wertvorstellungen über Freiheit und Gerechtigkeit. Aber ich merke auch, dass sie keine Ahnung von dem Leben außerhalb Amerikas haben.

Trotz der Einschränkungen innerhalb der Family wissen wir aus erster Hand, wie es im Rest der Welt zugeht, was die meisten Amerikaner nie erfahren. Wir haben in diesen Ländern nicht in einer Parallelgesellschaft gelebt. Wir haben uns von dem billigsten einheimischen Essen ernährt, die einheimische Kleidung getragen und in ganz normalen Vierteln gewohnt, nicht in Ausländerenklaven. Wir haben uns die örtlichen Gewohnheiten und Sprechweisen angeeignet, um die Leute nicht zu verärgern und einen besseren Draht zu ihnen zu bekommen, wenn wir mit ihnen über die Botschaft Jesu sprachen. Wir haben uns über die Regierungen und das politische System informiert, um sicher durchs Leben zu kommen. Wir waren nicht abgehoben, haben den Armen und Entmächtigten geholfen. Und wir haben gesehen, welche Konflikte entstehen, wenn ausländische Hilfsorganisationen versuchen, ihre auf westlichen Wertvorstellungen basierenden Programme durchzusetzen.

Fast jeden Tag waren wir unterwegs und haben uns mit den verschiedensten Menschen, von Regierungsvertretern über Bettler bis hin zu Mafiabossen über die Alltagsprobleme und Herausforderungen unterhalten. Ich habe gesehen, dass alle leiden und alle sich Glückseligkeit, Liebe und das Wohl ihrer Familie wünschen.

Sogar die Professoren scheinen keinen Bezug zum echten Leben zu haben, wenn sie darüber reden, dass man alle Ausbeuterbetriebe in Asien dichtmachen sollte. Ich weiß, dass das Schließen solcher Betriebe junge Mädchen in vielen dieser Länder zur Prostitution zwingen würde. Schließlich habe ich die jungen Prostituierten auf den Straßen in Thailand gesehen, wo die Family gezielt versucht, minderjährige Sexsklavinnen zu missionieren. *Seien Sie nicht stolz darauf, wenn Sie einen Ausbeuterbetrieb von Nike zugemacht haben*, will ich dem Professor für Internationale Wirtschaft sagen. *Der bessere Weg wäre, die Ausbeuterbetriebe anzuspornen, humanere Arbeitsbedingungen zu schaffen.*

Aber auch wenn sie die Welt aus ihrer USA-orientierten Blase heraus wahrnehmen, haben sie das Herz am rechten Fleck. Diese Art von Idealismus und den Wunsch, die Welt besser zu machen, kenne ich nicht von jungen Leuten aus anderen Ländern, in denen ich bisher gelebt habe. *Das gehört zu dem, was Amerika auszeichnet, warum so viele Leute alles tun würden, um hierherzukommen*, wird mir klar, und ich bin dankbar, nun eine von ihnen zu sein.

Für einen Abschluss von der Georgetown School of Foreign Service muss man auch eine Fremdsprache erlernen, und ich wähle Mandarin. Außerdem hole ich Pflichtkurse in Geschichte nach und belege Politische Philosophie, was der einzige Kurs ist, den ich absolut nicht mag. Ich fange ehrgeizig an und lese alle Philosophen, nur um in der Woche drauf zu erfahren, warum sie falschlagen – Plato, Hobbes, Locke, Hume, Rousseau, Kant, Smith. *Wieso bringen sie uns was über all diese Typen bei, die sich geirrt haben? Wieso springen wir nicht ans Ende und lernen etwas über die, die auf den richtigen Ansatz gekommen sind?* Es ist etwas viel für eine wie mich, die von Geburt an darauf trainiert wurde, in festen Kategorien zu denken, und die immer von einer Autoritätsfigur die »richtigen« Antworten serviert bekam. Es dauert eine Weile, bis ich erkenne, warum es gut und nützlich ist, jede Theorie zu analysieren und zu versuchen, sie zu widerlegen.

Aber der wahre Schock kommt in einem Pflichtkurs namens »Das Problem Gott«. Ich habe von klein auf gelernt, dass die Bibel das eingegebene und exakte Wort Gottes ist, in jeder Hinsicht die wortwörtliche Wahrheit. Jetzt lese ich, dass mehrere kirchliche und politische Gremien, von denen Historiker behaupten, sie wären eher an politischer Macht interessiert gewesen als an Spiritualität, ausgewählt hätten, welche Schriften das »eingegebene Wort Gottes« darstellen und zur offiziellen Version der Bibel gehören und welche nicht – etwa alles, was von Frauen verfasst wurde.

Grandpa hat gesagt, Gott habe Sein Wort geschützt, sodass es nach ein paar Tausend Jahren unverändert zu uns gekommen ist. Aber das stimmt nicht mit dem überein, was ich über die Natur und die Lebensrealität der Menschen weiß. Eine Gruppe mächtiger Männer, Geistlicher, hat es angeblich geschafft, die Bibel fehlerfrei aus verschiedenen Sprachen ins Englische zu übersetzen, ohne auch nur eine einzige Bedeutungsebene falsch zu übertragen? Was ist mit den Männern, die noch vor der Übersetzung ins Englische aus dem Aramäischen ins Griechische übersetzt haben? Schon die englischen Übersetzungen der Bibel sind alle unterschiedlich! Grandpa hielt die King-James-Bibel immer für die korrekteste, die 1604 von Hunderten Priestern für die neue Church of England übersetzt wurde. *Aber woher wissen wir, dass sie alles richtig gemacht haben?*

Hat sich King James nie eingemischt oder Vorschläge gemacht, wie eine komplizierte Passage interpretiert werden sollte? Haben die frauenfeindliche Gesellschaft oder die Interessen der Kirche im Mittelalter nie die Auslegung beeinflusst?

Ich erfahre auch, dass die Bibelgeschichten erst lange nach den tatsächlichen Ereignissen niedergeschrieben wurden, manchmal viele Hundert Jahre später, und dass die Geschehnisse ursprünglich mündlich überliefert wurden. Ich kenne das Spiel »Stille Post«; ich weiß, wie sehr sich eine Geschichte schon nach einer Runde verändern kann. Mein logisch denkender Verstand kämpft gegen meine tiefsten, fundamentalsten Überzeugungen – die Widersprüche zerreißen mich innerlich. Die vertraute, geborgene Gewissheit ist plötzlich weg. *Was ist wahr?*, frage ich mich verzweifelt. *Und wie finde ich es heraus?*

Ich gebe mein Bestes, die Ungewissheit zu ignorieren. Ich habe jetzt keine Zeit für eine spirituelle Krise. Ich muss noch einen Aufsatz schreiben, noch einen Kurs abschließen. Das Community College war der reinste Urlaub im Vergleich zum Arbeitspensum an der Georgetown University. Also lege ich die Glaubensfragen erst einmal für einen späteren Zeitpunkt beiseite.

Um bei den anspruchsvollen Kursen nicht den Anschluss zu verlieren, sitze ich oft bis spät abends in der Bibliothek und verbringe viel Zeit damit, die Materialien immer wieder genau durchzulesen. Mein Engagement und der zielgerichtete Fokus machen sich bezahlt. Im ersten Semester bekomme ich in fast allen Kursen ein »A minus«, und nur in Politischer Philosophie ein »B plus« – ich vermute, der Professor hatte etwas gegen die *Star Trek*-Anspielung in meiner Abschlussarbeit, oder vielleicht liegt es auch daran, dass ich die Arbeit in einer Nacht runtergeschrieben habe, weil ich davor und danach zwei andere Prüfungen hatte. Mir war nicht klar, dass man eine Prüfung verschieben kann, wenn man mehr als zwei innerhalb von 48 Stunden absolvieren muss.

Diese Routine behalte ich das ganze Jahr über bei und mache im nächsten Jahr genauso weiter. Mitten in meinem dritten Studienjahr bittet mich eine der Dekaninnen zu sich in ihr Büro, um mir mitzuteilen, dass ich summa cum laude abschließen könnte, wenn ich mich anstrenge. Ich muss lediglich in den nächsten anderthalb Jahren nur Bestnoten schreiben. Mir verschlägt es die Sprache. Ich hätte nie gedacht, dass ich mit den anderen mithalten könnte, die an den besten Highschools des Landes waren und eine jahrelange Schulbildung hinter sich haben. Als mir klar wird, was alles möglich ist, hänge ich mich noch mehr rein und lege sogar einen Zahn zu. Ich verpasse keine einzige Unterrichtsstunde und mache mir detaillierte Notizen. Wenn die Abgaben und Prüfungen näher rücken, verbringe ich keine schlaflosen Nächte mehr in der Bibliothek, sondern gehe stattdessen die Literaturliste genau durch und gebe genau wieder, was die Professoren im Unterricht gesagt haben, was, wie sich herausstellt, genau das ist, was sie hören wollen, so wie damals während meiner flüchtigen Grundschulerfahrung. Sie geben einem die Antworten, man lernt sie auswendig und wird danach benotet, wie gut man sie ein klein wenig umformuliert wiederholen kann.

Ich habe herzlich wenig Zeit für Spaß, und manchmal nervt es mich, dass ich so viel härter arbeiten muss als viele meiner Kommilitonen. Sie fahren in den neuen Autos herum, die sie von ihren Eltern bekommen haben, und ich wünschte, ich hätte diese Unterstützung auch. Aber ich kriege mich schnell wieder ein. Denn ich habe etwas, was sie nicht haben. Ich weiß, warum ich hier bin, und ich weiß die Chance auf eine Art zu schätzen, die sie nicht nachvollziehen können. Ich studiere nicht, weil es von mir erwartet wird, sondern weil ich dafür gekämpft habe. Mir wird klar, dass meine Eltern mir etwas Wichtiges mitgegeben haben: Zwar war ich nicht auf einer Privatschule und habe noch nicht einmal einen Mensaausweis, aber ich kann mir für etwas den Arsch aufreißen. Wenn ich es geschafft habe, mit acht Jahren die Dorfstraßen zu fegen, bis ich Blasen an den Händen hatte, kann ich definitiv auch bis spät in die Nacht an einem Aufsatz basteln, bis er richtig gut ist. Auch diese Blasen an den Händen sind mir letztendlich zugutegekommen.

Das morgendliche Selbststudium am verbeulten Metalltisch als junge Teenagerin in Macau hat mich Selbstdisziplin gelehrt. Ich bin vielleicht nicht schlauer als sie oder habe ihren Vorsprung, aber wenn es darum geht, hart zu arbeiten, kann ich sie überholen, und das werde ich auch tun. Es ist diese letzte Anstrengung, wenn man schon völlig fertig ist, die am Ende zählt. »Störrischer Esel«, hat mich meine Mutter genannt; ich nenne es lieber »zielstrebig«.

Wie so vieles im Leben hängt es nur davon ab, in welchem Kontext man die Dinge betrachtet.

Meine einzige große Ablenkung ist Rob. Er ist beim Militär und studiert neben seinem Job im Justizministerium noch Jura. Ich lerne ihn eines Abends auf dem Weg zu einem Dinner des Institute for the Study of Diplomacy kennen. Erst unterhalten wir uns nur kurz, aber er ist beeindruckt, dass ich sowohl Mandarin als auch Russisch mit ihm sprechen kann, und findet über das Campusnetzwerk meine E-Mail-Adresse heraus. Nachdem er mich ein paarmal gefragt hat, willige ich endlich ein, mit ihm ins Sequoia essen zu gehen, einem eleganten Restaurant am Potomac. Beim Essen erfahre ich, dass er eine Art Wunderkind ist, der schon jung sehr beeindruckende Dinge erreicht hat. Rob ist noch keine dreißig Jahre alt und hat schon ein Buch geschrieben. Er spricht selbstbewusst über eine große Vielfalt an Themen und hat einen Job, fährt eine rote Corvette und hat eine eigene Wohnung. Wir könnten unterschiedlicher nicht sein, aber wir entdecken auch ein paar unerwartete Gemeinsamkeiten. Beide mussten wir schon als Kinder übergroße Verantwortung tragen, sind mit Pferden aufgewachsen, haben Missionierungserfahrung und verstehen den Wert harter Arbeit. Er ist süß – vom Aussehen her nicht ganz mein Typ, aber auf intellektueller Ebene habe ich einen Ebenbürtigen gefunden.

Nach anderthalb Monaten stetiger Bemühungen seinerseits und höflichem Ausweichen meinerseits fangen wir an, miteinander zu schlafen, aber ich habe jedes Mal starke Schmerzen. Wenn ich zusammenzucke, macht Rob nicht einfach weiter, wie ich es von Männern gewohnt bin; er hört auf und fragt, was los ist. Ich sage ihm, dass es schon okay ist, dass ich immer Schmerzen beim Sex habe, aber das will Rob nicht als Erklärung akzeptieren. Das ist nicht in Ordnung, sagt er mir. Das ist nicht normal.

Durch viel Geduld und Feingefühl seinerseits beginne ich, ein Gefühl für meinen Körper zu entwickeln. Mit der Zeit reagiere ich anders. Er führt mich in die wundervolle Welt des Cunnilingus ein, was Grandpa als schmutzig abgetan hat. Ich lerne, dass mein Körper das braucht, um gleitfähig zu werden, damit es mir nicht wehtut. Irgendwann kann ich Sex richtig genießen.

Rob wird mein Partner, Freund und Liebhaber, aber ich bin noch immer zurückhaltend. Nach etwa sechs Monaten Beziehung befragt er mich immer gezielter und beharrlicher zu meiner Vergangenheit.

Seine Eltern sind Siebenten-Tags-Adventisten und wollen mehr über die Frau wissen, mit der er zusammen ist. Ich will ihnen nicht ins Gesicht lügen; die meisten Leute sind mit meiner Standardantwort zufrieden: »Meine Eltern waren konfessionsungebundene christliche Missionare und Freiwillige.« Aber mir sind immer mal wieder Dinge rausgerutscht, also weiß er, dass das nicht die ganze Geschichte ist. Er ist mein Partner. Ich stehe ihm näher als allen anderen, die ich seit meinem Austritt aus der Family kennengelernt habe. *Vielleicht kann ich ihm die Wahrheit anvertrauen und das Geheimnis lüften, das ich seit drei Jahren mit mir herumtrage?*

Als ich ihm endlich davon erzähle, recherchiert Rob zu den Children of God und findet eine dicke Akte der Regierung mit verschiedenen Verschwörungstheorien, von denen ich noch nie gehört habe. Er ist Mitarbeiter des Justizministeriums, und als solcher rastet er aus. Er ist ohnehin leicht reizbar und verliert die Fassung, schreit mich an und wirft mir vor, seine Unbedenklichkeitsbescheinigung aufs Spiel zu setzen. Er fragt sich sogar, ob er und ich uns der Regierung stellen müssen. Ich weine, versuche ihn zu beruhigen, aber er hört nicht auf zu toben. Ich versichere ihm, dass ich nicht mehr in der Family bin. Dass ich schon vor drei Jahren ausgetreten bin. Dass ich weder von der Family in die Regierung eingeschleust wurde noch sonst was mit einer der Verschwörungstheorien zu tun habe. Je mehr er schreit, desto mehr schalte ich ab. Das Ende der Beziehung scheint unmittelbar bevorzustehen, und ich sacke ängstlich und wütend auf meinem Bett zusammen.

Als wir das nächste Mal voneinander hören, bin ich bereit für den Abschied, doch Rob tut etwas völlig Unerwartetes: Er zieht mich näher zu sich heran. Mal ist er ein Tyrann, mal ein Vertrauter, erst schiebt er mich weg, dann holt er mich wieder zu sich, lockt die Informationen aus mir heraus wie der militärisch ausgebildete Vernehmende, der er ist. Ich wurde dazu erzogen, alles über die nonkonformistischen Ansichten und sexuellen Praktiken der Family geheim zu halten, als ginge es dabei um mein Leben. Mir wurde beigebracht, dass teuflische Mächte mich umbringen oder die Regierung mich ins Gefängnis steckt, wenn ich mich verplappere. Auch wenn ich inzwischen weiß, dass das nicht stimmt, fühlt es sich trotzdem wie Verrat an, darüber zu sprechen. Ich kann die Angst und das, was mir als Kind eingetrichtert wurde, nicht so leicht hinter mir lassen. Aber mit der Zeit, nach und nach, kitzelt Rob die Einzelheiten aus mir heraus. Ich fange klein an, erzähle von meinen Kindheitserfahrungen mit Uncle Tom und Uncle Simon und gehe dann mehr in die Tiefe, offenbare ihm auch die Erlebnisse mit Benji und Uncle James. Ich weine, was furchtbar peinlich ist, und versuche, alles mit Witzen herunterzuspielen.

Rob regt sich statt meiner total auf. Seine Reaktion auf die Geschichten hilft mir zu verstehen, wie schlimm es tatsächlich war. Ich wusste, dass ich Dinge erlebt habe, bei denen ich ein schreckliches Gefühl hatte, aber ich dachte, ich wäre das Problem, weil ich nicht gefügig genug war und mich nicht genug für Gott aufgeopfert habe. Er versichert mir, dass es nicht meine Schuld war und ich mich nicht schämen muss.

Rob treibt mich dazu an, die Dinge aus einer neuen Perspektive zu betrachten. Die Siebenten-Tags-Adventisten denken, dass man sich an die Zehn Gebote halten und an Jesus glauben muss, um gerettet zu werden. Das ergibt für mich keinen Sinn; niemand ist perfekt.

Voller Überzeugung zeige ich Rob Vers für Vers das Gesetz der Liebe und das Ende der Zehn Gebote. Er macht mit anderen Versen deutlich, dass Moses' Gesetz durchaus weiter Gültigkeit hat. Die Gedanken schwirren mir wild durch den Kopf. *Vielleicht meinte Jesus gar nicht die Zehn Gebote, die Moses am Berg erhielt, als er vom »Ende des Gesetzes« sprach, sondern er meinte damit das Ende von Hunderten jüdischen Gesetzen des Alten Testaments?* Ich weiß es nicht.

Um die Theorie zu prüfen, verbringe ich die Sommerferien vor meinem letzten Studienjahr damit, alle Verse der Bibel zu recherchieren, in denen von dem »Gesetz« die Rede ist. Gab es in den ursprünglichen Versen ein anderes hebräisches oder griechisches Wort für »Gesetz«, je nachdem, ob es sich auf die Zehn Gebote oder das erweiterte Thora-Gesetz der Pharisäer bezog? Wie könnte ich herausfinden, ob ein Gesetz seine Gültigkeit verloren hat und ein anderes weiter bestehen bleibt? Es existieren so viele Widersprüche. Ich verbringe viele Tage mit einer Online-Bibel-CD und schlage Begriffe und Übersetzungen nach. Auch schaue ich mir alle Verse genau an, die in der Family benutzt wurden, um das Law of Love zu rechtfertigen. Ich lese die unterschiedlichen Übersetzungen im historischen Kontext und muss mir eingestehen, dass sie etwas ganz anderes bedeuten. *Aber was habe ich dann in der Family erlebt?*

Rob erklärt, dass es kein Zeichen der Liebe ist, wenn man dazu gedrängt wird, gegen den eigenen Willen mit Männern zu schlafen; es ist Vergewaltigung. Strafrechtlich gesehen muss es noch nicht einmal körperliches Bedrängen sein, um als Vergewaltigung zu gelten. Jemanden durch Nötigung und Angst vor Bestrafung zu Sex zu zwingen, wenn die Person es nicht will, ist ebenfalls Vergewaltigung.

Ich denke an die Family zurück. Ich hatte nie Angst, dass ein Mann in der Family mich mit Gewalt zu Sex zwingen würde. Er wäre exkommuniziert worden. Sex sollte immer einvernehmlich und aus Liebe heraus erfolgen. Aber kein Mann in der Family musste je Gewalt anwenden, weil die Frauen verpflichtet waren, mit ihm zu schlafen, wenn er sie fragte. Und auch ohne körperliches Drängen war es unglaublich schmerzhaft, aus Angst vor Bestrafung »freiwillig« mit einem Mann zu schlafen.

Aber – wurde ich jemals genötigt? Die Schäfer haben nie gesagt: »Willige ein, Sex zu haben, wenn du gefragt wirst, sonst wirst du bestraft.« Der Druck war subtiler, so wie damals in Kasachstan. Wenn ich nicht bereit war, meinen Körper zu opfern und mit jemandem zu schlafen, den ich nicht mochte, war es ein »Symptom« meiner fehlenden Hingabe zu Jesus und meiner unzureichenden Ergebenheit. Streng genommen wurde ich nie bestraft, weil ich keinen Sex haben wollte; wenn ich Sex verweigert habe, wurde ich dafür bestraft, nicht gefügig genug zu sein. *Aber ist das ein Unterschied?*

Ich denke an die schreckliche Erfahrung mit Uncle James zurück und merke, dass mir das Wort »Vergewaltigung« nie in den Sinn kam. Jetzt weiß ich, was es war. Auch wenn er mich nicht körperlich festgehalten hat, so hat er mich doch psychisch dazu gezwungen, mit ihm zu schlafen, obwohl ich nicht wollte, nachdem ich sogar abgelehnt hatte, also war es eine Vergewaltigung. Auch wenn ich so tun musste, als wäre ich gewillt, war es eine Vergewaltigung. Auch wenn ich erstarrt bin und keinen Ausweg finden konnte, war es eine Vergewaltigung. Ich habe nicht Nein geschrien und mich mit aller Kraft gewehrt, weil ich wie viele Frauen von Geburt an konditioniert wurde, unterwürfig, gefügig und gefällig zu sein.

Endlich wurden mir die Augen geöffnet und ich erkenne, dass die Nötigung, die ich erlebt habe, ein Verstoß gegen meinen Körper und Geist war, gerechtfertigt durch die Lüge, dass es »Gottes Wille« sei. Das Law of Love war ein Vorwand für sehr viel Missbrauch.

Ich habe das Gefühl, in ein schwarzes Loch zu fallen und dabei zuzusehen, wie sich alles in Luft auflöst, was ich zu wissen glaubte. Ich habe die Family nicht verlassen, weil ich dachte, sie läge falsch; vielmehr habe ich mich nach Unabhängigkeit gesehnt, und mein Geist dürstete nach Wissen, als wäre es Wasser in einer sonnenverbrannten Wüste.

Jetzt versuche ich, die Welt zu verstehen, obwohl sie auf dem Kopf steht, und meine Erinnerungen in neuem Kontext aufzuarbeiten.

Ich frage Rob um Rat. Er sagt mir, dass ich die Antworten, die ich suche, bei den Siebenten-Tags-Adventisten finden kann. Seine Familie ist streng gläubig und er auch. Ich höre zu, als er die Grundsätze erklärt, aber je mehr er mich belehrt, desto stärker erkenne ich eine altbekannte militante Haltung wieder, wenn auch in vielen Aspekten sehr anders als in der Family: Seine Glaubenslehre verbietet Schmuck und Make-up sowie den Verzehr von Fleisch und Alkohol, von Sex vor der Ehe ganz zu schweigen.

Er sagt, dass er mich gerne seinen Eltern vorstellen würde, um mir ein gutes Beispiel für eine gesunde, liebevolle Langzeitbeziehung zu zeigen. Da seine Eltern streng religiös sind, bittet er mich allerdings zu verheimlichen, dass wir Alkohol trinken und vorehelichen Sex haben, was ich beides nicht für moralisch verwerflich halte.

Erst mache ich mit und verstecke mich, sobald seine Eltern auftauchen, und versuche hektisch die Weinflaschen zu verbergen. Aber obwohl ein Teil von mir dazu abgerichtet wurde, fügsam zu sein, lernt ein anderer Teil von mir zu rebellieren. Ich will nicht wieder in eine Falle tappen. Ich liebe Rob, aber ist er nicht einfach eine weitere Person, die mir ihren Glauben aufzwingen will? Ich habe nicht für meine Unabhängigkeit gekämpft, um mich erneut zu verstecken und jemand anderen um Erlaubnis zu bitten. Ich ringe damit, dass mein Kopf eine Sache sagt und mein Herz eine andere. Aber ich fange an, auf meine innere Stimme zu hören und die Dinge, die sich nicht richtig anfühlen, zu hinterfragen, mich zu wehren.

Langsam wird mir klar, dass ich den typischen Fehler begangen habe, mit jemandem zusammenzukommen, der genauso ist wie mein Vater: ein Lehrer, Prediger, Wunderkind, jemand, der hart arbeitet, charismatisch ist, gut mit Leuten umgehen kann, mit Pferden aufgewachsen ist, selbstbewusst, kontrollierend und launisch ist. Sogar der Schmerz ist mir vertraut und angenehm. Je selbstbewusster ich werde, desto schwerer fällt es Rob, die Lehrerrolle abzulegen. Diese Selbstsicherheit und die intellektuelle Autorität, die ich an ihm attraktiv fand, fühlen sich nun an wie Schleifpapier auf nackter Haut. Weder Angst noch Liebe sind für mich Grund genug, um bei ihm zu bleiben. Letzten Endes beende ich unsere Liebesbeziehung und wir beschließen, Freunde zu bleiben.

29

NIEMALS AUFGEBEN

In den Weihnachtsferien fahre ich zurück nach Monterey. Nur sechs Monate nach meinem Umzug nach Washington hat Tante Madeline Grandma in ein Altersheim in ihrer Nähe geholt. Mom, Ivan und Jondy sind auch hingezogen, weil meine Mutter dort einen Job fand, und um näher bei Grandma zu sein, deren Gesundheit immer mehr nachlässt. Monterey ist also zu einem kleinen Zentrum geworden, was Familienbesuche leichter macht. Allerdings ist meine Schwester Amy nicht bei ihnen. Sie hat sich entschlossen, in der Family zu bleiben, und lebt in einem Home in Portland, Oregon. Meine Mom meint, dass sie mit sechzehn alt genug ist, ihre eigenen Entscheidungen zu treffen.

Seit ich zurück in den USA bin, habe ich mich sehr bemüht, die Verwandtschaft kennenzulernen. Ich brauche Wurzeln und will die verlorenen Jahre aufholen. Zu Thanksgiving fahre ich immer zu Grandad und Barbara und Weihnachten verbringe ich bei Tante Madeline in Monterey.

Bei einem Glas Wein erzähle ich meiner Mutter, dass ich mich mit den Heiligen Schriften in ihrem ursprünglichen Kontext beschäftigt habe und nicht mehr an Grandpas Lehren glaube, insbesondere dass wir Männern Sex erlauben müssen und dass Flirty Fishing in der Bibel gutgeheißen wird, weil »Gottes einziges Gesetz Liebe ist«. Ich warte auf eine Reaktion, aber ihr Gesichtsausdruck bleibt unverändert.

»Ja. Na ja, das war die Offenbarung, der neue Wein«, antwortet sie. »Zähes Fleisch ist für Erwachsene, Milch ist für Babys.«

Es ist eine Standardaussage in der Family und soll heißen, dass die leicht zugänglichen Bibelinterpretationen wie Milch für Babys sind, während schockierende, neue Offenbarungen Erwachsenen vorbehalten sind, die genügend Stärke zeigen, um Gottes Wort nicht anzuzweifeln.

Ich erzähle ihr, was ich gelernt habe; die Wahrheit über das, was mir in der Family widerfahren ist, dass es Vergewaltigung war, als ich mich gegen meinen Willen sexuell unterworfen habe. Das Gespräch wird ihr sichtlich unangenehm, sie hat die Augen weit aufgerissen und ist unruhig. Sie hat die Family zwar vor beinahe fünf Jahren verlassen, aber sie ist immer noch nicht bereit, den Traum von »Liebe ist alles; alles, was aus Liebe getan wird, ist in Gottes Augen rein und gut« aufzugeben.

»Die Botschaft war richtig; sie wurde nur schlecht umgesetzt«, argumentiert sie. Ich schließe die Augen, atme tief durch und unterdrücke einen innerlichen Aufschrei. Als ich mich wieder beruhigt habe, teile ich ihr klar und deutlich meine Gedankengänge mit. Je länger ich spreche, desto stärker verwandelt sich mein Ärger in Mitleid. Ich denke, *Wenn ich mein ganzes Erwachsenenleben alles für eine Sache gegeben hätte, die sich als Lüge herausstellt, würde ich den Tatsachen ins Auge sehen? Oder wäre es nicht einfacher, mir so lange wie möglich etwas vorzumachen?*

Ich mache ihr keinen Vorwurf oder bitte sie gar um eine Entschuldigung.

Ich erkläre meine Schlussfolgerung und belasse es dabei.

Als ich für das letzte Studienjahr nach Georgetown zurückkehre, beschließe ich, mit sechs anderen zusammen in ein jüdisches Studentenheim zu ziehen.

In Monterey habe ich erfahren, dass ich mütterlicherseits jüdische Wurzeln habe, die bis zu Rabbi Koppel in Polen im Jahr 1789 zurückreichen. Mein Ururgroßvater Louis Smadbeck kommt in einem Buch mit dem Titel *Jews of the West* vor, weil er eine Kupferschmelztechnik für die Minenarbeiter in Arizona erfand. Ich will mehr über meine

Herkunft und meine Wurzeln erfahren, also nehme ich am Schabbat teil und besuche an Jom Kippur eine Messe. Aber wie so oft zuvor bin ich eine Außenseiterin. Ich kenne die ganzen Bibelgeschichten, aber keine der überlieferten Lieder und Traditionen.

Und ich kämpfe immer noch mit den offenen Fragen meiner eigenen religiösen Erziehung. Nach meinen Recherchen und den Gesprächen mit Mom und Rob bin ich damit immer noch allein, habe einen Schwall an Informationen und finde dennoch keine Antworten. *Was war wahr und was war gelogen?*

Trotz allem merke ich, dass sich mein Geist immer noch gegen den letzten Schritt sträubt. Ich kann mich nicht von Grandpa distanzieren. *Okay*, versuche ich vernünftig zu begründen, *Grandpa lag also falsch. Viele Leute und Glaubensgemeinschaften haben die Bibel seit Anbeginn des Christentums fehlinterpretiert. Es macht sie nicht zu schlechten Menschen, sie haben nur nicht recht.*

Seit ich die Family verlassen habe, bin ich aktuellen und ehemaligen Family-Mitgliedern, abgesehen von meinen Blutsverwandten, bewusst aus dem Weg gegangen. Ich gehe nicht auf die Webseite für Ehemalige, trete keinen Online-Foren bei oder versuche gar, alte Freunde zu finden. Ich will nicht mit religiösen Argumenten in die Ecke gedrängt oder in eine Mischung aus Wut und Bitterkeit gezogen werden. Ich will einfach nur in meinem Leben etwas Gutes tun, und ich brauche all meine Energie dafür, mich auf das Positive zu konzentrieren und voranzukommen. Durch den gelegentlichen Kontakt mit meinen älteren Geschwistern, die noch in der Family sind, sickern aber doch immer wieder Neuigkeiten zu mir durch.

Ich habe Gerüchte gehört, dass Davidito – der Prinz, der Vorzeigejünger, von Grandpa als einer der Propheten der Endzeit bezeichnet, der, wie im Buch der Offenbarung beschrieben, Feuer auf den Antichristen fallen lassen wird – die Family verlassen hat. Aber nichts konnte mich auf die E-Mail vorbereiten, die ich am 16. Januar 2005 von Aaron bekomme: »Schau in die Nachrichten, Faith. Es geht um Davidito.«

Ich suche kurz online und lese, dass der neunundzwanzigjährige

Davidito seine ehemalige Nanny erstochen hat, bevor er eine Pistole auf sich selbst richtete.

Ich kann es nicht fassen. Die Family war immer stolz darauf, die besten jungen Leute der Welt hervorzubringen – gut angepasst, reif, glücklich und engagiert. »Ein guter Baum kann keine schlechten Früchte tragen und ein schlechter Baum keine guten«, steht in Matthäus 7,18. Die Brutalität scheint zu schrecklich, um wahr zu sein.

Aber die Geschichte ist überall in den Nachrichten. In einem Artikel der *New York Times* heißt es, dass Davidito seine ehemalige Nanny in Tucson, Arizona, zum Essen einlud. Nach dem Essen brachte er sie in seine Wohnung, wo er sie erstach. Danach fuhr er mit seinem Chevy in die kleine Wüstenstadt Blythe in Kalifornien und erschoss sich dort mit einer halbautomatischen Pistole. Zuvor drehte er jedoch noch ein Video und rief seine Frau an, um ihr zu erklären, was er getan hatte.

Damit die Family die Geschichte nicht in ihrem Sinne verdrehen kann, veröffentlichte er das Video vorab. Darin sieht man, wie er seine Waffen lädt und darüber spricht, warum seine Mutter, Mama Maria, aufgehalten werden müsse. Später erfahre ich, dass er eigentlich sie zum Essen eingeladen hatte, Mama Maria aber stattdessen die Nanny schickte. Da er sie alle für schuldig hielt, führte er den Angriff wie geplant aus.

Es ist mir unbegreiflich, wie jemand zu so etwas fähig sein kann, vor allem nicht Davidito, dessen Kindheit in *The Story of Davidito* und Hunderten *Komics* festgehalten wurde, mit denen wir alle aufgewachsen sind. *Wie konnte das passieren?*

In einem offenen Brief an die Family wirft er seiner Mutter und seinen Kindermädchen jahrelangen Missbrauch vor. »Gegen diese Kinderschänder muss etwas unternommen werden«, schreibt er. »Erst dann erleben wir auch nur einen Hauch von Gerechtigkeit.« Seine Worte treffen mich wie ein Schlag in die Magengrube.

Mir wurde schon als Kind beigebracht, Dinge, die Leute über Grandpa sagen, als die verbitterten Lügen von Abtrünnigen abzutun oder zu entschuldigen. Und ich fühle mich schrecklich, als ich merke, dass ich es noch immer mache. Aber wenn ich Daviditos Beschreibungen vom Leben in Grandpas Home in seinen eigenen Worten lese, höre ich eine Wahrheit heraus. Diese Geschichten kann man nicht leugnen, und ich merke, wie der Dunstschleier der Heiligkeit sich lichtet.

Hätten die Family und Grandpa tatsächlich recht gehabt, dann wäre so etwas nicht möglich gewesen. Ich weiß genau, was die Family sagen wird, als bekäme ich es aus einem erklärenden Mo-Brief vorgelesen: »Das ist ein Beispiel dafür, welch schreckliche Dinge passieren können, wenn jemand die Family verlässt und sich gegen Gott auflehnt. Es zeigt, dass niemand sicher ist, also lass dich nicht eine Sekunde lang vom Teufel zum Zweifel verleiten.« Aber mittlerweile klingt das nur noch nach heißer Luft.

Zum ersten Mal kann ich bewusst eingestehen, dass mein Großvater boshaft und pervers war. *Wie traumatisiert muss Davidito gewesen zu sein, um diesen Schritt als einzigen Ausweg zu sehen?* Den Mord kann ich nicht gutheißen, aber ich trauere um den bekümmerten, in die Ecke gedrängten jungen Mann, den ich vor einer halben Ewigkeit in einem Moskauer Apartment aufheitern wollte. Ich verspüre aufrichtiges Mitleid mit Davidito, sowohl mit dem kleinen Jungen, der nach jahrelangem Missbrauch so traumatisiert war, als auch mit dem jungen Mann, der im Tod den einzigen Ausweg aus einem andauernden Albtraum sah. Hätte ihm doch nur jemand eine andere Zukunftsoption zeigen können.

Diese neue und verstörende Perspektive wirft auch ein anderes Licht auf weitere Lebensgeschichten in meiner Erinnerung. Ich denke zurück an meine ersten sexuellen Erfahrungen. *War das Kindesmissbrauch?* Der gesellschaftlichen Definition nach auf jeden Fall. Aber wessen Moralvorstellung ist richtig? Grandpa wies zur Rechtfertigung seiner Ansichten auf Länder hin, in denen das Mündigkeitsalter bei zwölf liegt, aber als eine, die es am eigenen Leib erfahren hat, kann ich dem nicht zustimmen.

Wie hat es sich angefühlt, als es mir passiert ist? Ich nehme meine eigenen Erlebnisse unter die Lupe. Ich habe mich von der Offenheit meiner Mutter, was Sex betrifft, nicht traumatisiert gefühlt, es war mir nur unangenehm, obwohl ich mich mittlerweile definitiv frage, ob es meinem Alter angemessen war. Ich kann logisch nachvollziehen, dass Sex eine natürliche Funktion im Leben einnimmt, und Kindern das beizubringen, ohne ihnen das Gefühl zu geben, sie müssten sich für ihre Körper schämen, sollte richtig sein. Aber ich empfinde jetzt jede Erfahrung, wenn ein Erwachsener mich auf sexuelle Art berührt hat oder in meinen persönlichen Raum eingedrungen ist, jedes Mal, wenn ich, *egal in welchem Alter*, zu sexuellen Handlungen gedrängt wurde, als traumatisch. Das Gefühl hatte ich bei den harmlosen Sexspielen, die ich mit fünf Jahren während der Mittagsruhe mit Patrick gespielt habe, nie. Warum? Wo liegt der Unterschied?

Ich denke an meine Altersgenossen. Ich kenne kein Mädchen in meinem Alter, das nicht berichtet hat, sich vom Kontakt zwischen Erwachsenen und Kindern, dem wir ausgesetzt waren, traumatisiert zu fühlen, während die Jungs behaupteten, die frühen sexuellen Erfahrungen genossen zu haben. Ist das Verhältnis eines Jungen zu Sex so anders als das eines Mädchens? Ist es die simple biologische Tatsache, die den Unterschied macht – Penetration oder penetriert werden? Aber was, wenn gar keine Penetration stattfindet? Ich kenne Jungs, die von Männern vergewaltigt wurden, die dasselbe Trauma erlitten haben, aber ich habe auch schon Männer getroffen, die ziemliche Scham empfunden haben, wenn erwachsene Frauen sie in jungem Alter in sexuelle Handlungen eingebunden haben. Ab wann entwickelt man ein Trauma? Ich merke, dass man von individuellen Erfahrungen nicht auf eine allgemeine Gültigkeit schließen kann.

Aber wie können wir auch ohne präzise Antworten auf diese Fragen weiteren Missbrauch verhindern?

Dreiundzwanzig Jahre ideologischer Drill verschwinden nicht einfach so. In den letzten paar Jahren seit meinem Austritt aus der Family habe ich unbewusst ein völlig neues Bezugssystem für Verhalten, Moral und Wirklichkeit entwickelt – eine neue Denkweise, um die Welt völlig anders zu betrachten. Daviditos finaler Akt gibt mir die Möglichkeit, endlich alles zusammenzusetzen, zu verstehen, dass so viel von dem, was mir beigebracht wurde, Lügen waren. Dass ich meiner Kindheit beraubt und vergewaltigt wurde. Das enge Gefühl in der Brust wandert in meine Arme; ich will auf etwas einschlagen. Fest. Ich kann nicht verstehen, wie meine Eltern mir das antun konnten, wo sie doch beide in ihrer Kindheit etwas anderes erlebt haben.

Sind sie nicht in einer Welt aufgewachsen, in der sexuelle Handlungen mit Kindern als schrecklich und abnormal galten? Wie konnten sie einfach so mitmachen?

Aber mein Ärger lässt ein wenig nach, als ich erkenne, dass Lügen nicht immer vorsätzlich sind und dass man nicht bewusst etwas falsch machen muss, um falschzuliegen. Man kann voll und ganz von der Gerechtigkeit und Gottgefälligkeit des eigenen Handelns überzeugt und trotzdem auf schreckliche und gefährliche Art im Unrecht sein. Jemand, der eine andere Person misshandelt, kann tatsächlich glauben, es geschehe aus Liebe.

Zuwiderhandlungen und Manipulationen verstecken sich oft unter einem Deckmantel von Liebe, Freiheit und der Natur der Dinge.

Ich habe nun ein neues Verständnis der Welt und spüre eine innere Leere. *Wie kann ich je einem anderen Menschen oder gar mir selbst wieder vertrauen?*

Mir wurde beigebracht, dass das System die Matrix war und wir, die Family, in der Realität lebten; aber die Family war nur eine weitere Matrix mit eigenen Mythen.

Meine Welt steht kopf, aber sie dreht sich dennoch weiter. Abschlussprüfungen rücken in rasantem Tempo näher, und ich werde nicht zulassen, dass ein Trauma aus der Vergangenheit meine Zukunft zerstört. Ich habe fünf Jahre lang genau hierauf hingearbeitet. Seit anderthalb Jahren habe ich in all meinen Kursen ausschließlich Bestnoten bekommen. Es fehlt nur eine letzte Hürde, um zu erfahren, ob ich meinen Abschluss summa cum laude schaffe.

Die verbleibenden Wochen des Semesters verbringe ich in einem Schwebezustand zwischen Wut, Aufregung und Überwältigung, der in einer stressigen Woche der Abschlussprüfungen seinen Höhepunkt erreicht. Als die Noten bekanntgegeben werden sollen, eile ich auf mein Zimmer und klebe am Computer, klicke neu laden, neu laden, neu laden.

Ich checke noch einmal die Seite im Campus-Intranet, und da sehe ich es, ja, meine Noten sind da! Lauter »As« – und ein »A minus« in »Betriebsführung multinationaler Unternehmen«. Das Herz rutscht mir in die Hose, aber meine Enttäuschung wandelt sich unverzüglich in Tatendrang. Ich habe so hart dafür gearbeitet, summa cum laude abzuschließen. Ich werde mich jetzt *nicht* geschlagen geben.

Also marschiere ich zum Büro meines Professors und klopfe. Er öffnet die Tür, und ich verschwende keine Zeit und bringe sofort mein Anliegen vor: Er hat mir ein »A minus« gegeben, aber ich verdiene ein »A«.

Wir haben auch früher schon über seine Notenvergabe diskutiert. Er zieht gern halbe Punkte ab, wenn man seiner Ansicht nach Bindestriche falsch verwendet, und weigert sich, die Benotung zu ändern, auch wenn ich handfeste Beweise für eine alternative Schreibweise vorlege.

Der Professor seufzt und sagt: »Ich höre das ständig und habe noch nie bei jemandem die Note geändert, aber wenn es den Inhalt und nicht die Grammatik betrifft, dürfen Sie gerne versuchen, mich zu überzeugen.«

Ich drehe mich auf der Stelle um und gehe direkt auf mein Zimmer. An dem Abend arbeite ich alle meine alten Aufsätze und Klausuren durch. Ich suche jede strittige Note raus, die er mir je gegeben hat, und finde dann ein Zitat in der Pflichtlektüre, das mein Argument unterstützt. Wie Churchill *gebe ich mich niemals geschlagen.*

Ich gehe mit dem Beweis zurück zum Professor. Jetzt, wo ich meine Stimme gefunden habe, weigere ich mich, Ungerechtigkeit still zu akzeptieren. Ich zeige ihm die Stelle, wo er mir einen Fehler angestrichen hat, obwohl das, was ich geschrieben habe, im Arbeitsbuch stand. Seine Skepsis verwandelt sich in widerwillige Bewunderung, während er Punkt für Punkt einräumt, dass ich recht habe. Als er die kleinen

Veränderungen zusammengezählt hat, sieht er mich überrascht an. »Das hätte ich nie gedacht, aber Sie haben recht. Sie haben tatsächlich ein glattes ›A‹.«

Jubelnd verlasse ich das Büro. Ich habe es geschafft! Ich mache meinen Abschluss mit summa cum laude.

Grandad und Barbara fliegen für die Abschlussfeier aus Indiana ein, und Mom kommt aus Kalifornien. Ich freue mich von ganzem Herzen, diesen bedeutsamen Moment mit ihnen zusammen zu begehen. Während der ganzen Strapazen auf dem Weg habe ich mich so allein gefühlt. Ich bin froh, dass sie da sein werden, um den Erfolg mit mir zu teilen.

Am meisten überrascht es mich, dass mein Vater sich blicken lässt. Unsere wenigen Telefonate endeten immer damit, dass er mir riet, diese »Zeit- und Geldverschwendung« zu beenden und wieder Missionarin zu werden. Sein Erscheinen bedeutet mir mehr, als ich je zugeben würde, nicht einmal mir selbst gegenüber. Mein Vater lebt noch immer in Houston. Mittlerweile hat er vier Kinder mit Maria – wenn ich richtig zähle, habe ich väterlicherseits somit dreizehn Geschwister – und arbeitet mit chinesischen Kirchen zusammen, lebt oft von Almosen und jobbt manchmal auf Baustellen. Die Family gibt ihm kein Geld mehr – ohne Erklärung hat er irgendwann einfach keine monatlichen Bezüge mehr bekommen.

In der Hektik der vielen Abschlusszeremonien, zu denen ich gehen muss, finde ich kaum Zeit für ihn und den Rest der Familie, damit wir uns gegenseitig auf den neuesten Stand bringen können. Zugegebenermaßen versuche ich es auch nicht wirklich. Meine Erkenntnisse sind noch so frisch, und ich bin zu durcheinander, um mit meinen Eltern darüber zu diskutieren. Ich werde später mit ihnen sprechen, wenn ich sie besser verstanden habe.

Zusätzlich zu meinem Abschluss erhalte ich zahlreiche akademische Auszeichnungen, unter anderem eine Medaille für außergewöhnliche Leistungen in meinem Hauptfach, die laut der Dekanin nicht jedes Jahr vergeben wird, sondern nur, wenn das Komitee beschließt, dass jemand die Auszeichnung wirklich verdient hat.

Als mein Vater die verschiedenen Ehrungen miterlebt, wird ihm zum ersten Mal bewusst, dass ich etwas Großes erreicht habe. Er wirft sich in die Brust, stolz wie ein Pfau, und gibt überall mit mir an. Es ist schön zu hören, aber ich habe seine Anerkennung nicht mehr nötig. Ich wusste schon vorher, wofür ich kämpfe.

30

DIE WAHRHEIT WIRD DICH ERLÖSEN

Ich habe nicht viel Zeit, um meinen Erfolg zu genießen. Nach der Abschlussfeier packe ich alles in einen Umzugswagen und fahre wieder quer durchs Land nach Berkeley in Kalifornien, wo ich an der Berkeley School of Law, einer Fakultät der University of California, angenommen wurde. Es gibt keine Stipendien, aber ich kann zumindest einen Studienkredit aufnehmen.

Ein Jurastudium ist nicht gerade mein großer Traum. Es ist eine rationale Entscheidung, hinter der Selbstschutz steckt und nicht eine Erkenntnis, was ich am liebsten mit meinem Leben machen würde. Meine größte Angst als Teenager war es, als alleinerziehende Mutter zu enden, mittellos zu sein und nicht für ein Baby sorgen zu können. Ich dachte immer, wenn man studiert hat, könnte so etwas nie passieren, doch mitten in meinem letzten Studienjahr am College wurde mir zwar spät, aber rechtzeitig klar, dass ein Abschluss nicht automatisch einen gut bezahlten Job bedeutet. Noch schlimmer war, dass ich auch nach vier Jahren nicht wusste, welcher Job zu mir passt. Mir war lediglich klar, dass ich keine Lehrerin sein wollte. *Das brauche ich nicht noch einmal.* Also fiel das weg. Bei einem Master of Business Administration schien es mir mehr ums Netzwerken als ums Lernen zu gehen, und auch da gab es am Ende keine Garantie für einen Job. Daher kam mir das auch nicht besonders sicher vor.

Nachdem ich schließlich unzählige Berufsratgeber gelesen und mir mehrere weiterführende Studiengänge angesehen habe, entscheide ich mich für Jura. Eine Anwältin muss bestimmte Fähigkeiten mitbringen, genau wie ein Klempner auch. Mit einem Jura-Abschluss würde ich mich immer selbstständig machen und für mich sorgen können, unabhängig davon, wo ich einmal lande. Meine Entscheidung beruht also auf Überlebenswillen, nicht auf Leidenschaft.

Ich bin begeistert von dem Gemeinschaftsgeist unter meinen neuen Kommilitonen. Ich nehme mir vor, weiterhin viel zu lernen, aber mich nicht länger für jede Note verrückt zu machen wie in Georgetown. Stattdessen möchte ich das Leben mehr genießen, etwas trinken gehen, wenn ich eingeladen werde, und als Ausgleich zum Studium Spaß haben. Einfach ein bisschen jünger sein.

Meine Erkenntnis beginnt in einem Seminar über Verträge, wo ich wertschätzen lerne, dass das Gesetz alle Bereiche unseres Lebens regelt, von Parktickets über Hausbesitz bis hin zu Eheschließungen.

Der Professor paukt uns fünf Prinzipien von rechtswirksamen Verträgen oder Vereinbarungen ein.

1. Ein Angebot mit klarem Ziel – die Parteien müssen die Bedingungen des Vertrags verstehen.
2. Die Vertragsannahme.
3. Abgrenzung zum Gefälligkeitsverhältnis: Beide Seiten müssen wirtschaftliche Interessen vertreten, ansonsten ist es ein Geschenk, kein Vertrag.
4. Geschäftsfähigkeit – Kinder und Menschen mit krankhafter Störung der Geistestätigkeit können keine Verträge abschließen, denn sie müssen die Konsequenzen ihrer Einwilligung verstehen können.
5. Kein unangemessener Druck – jemanden durch Druck zu etwas zu zwingen ist Erpressung.

Die Inhalte, von denen ich dachte, dass sie mich langweilen würden, finde ich faszinierend, weil sie praktisch anwendbar sind; so funktioniert die Welt. *Wie können normale Leute ihr Leben leben, ohne zu wissen, wie das läuft? Man könnte sie täglich über den Tisch ziehen.*

Das Gesetz verändert von Grund auf, wie ich die Welt sehe. Und ich lerne nicht nur die Gesetze an sich, sondern eigne mir darüber hinaus die Denkweise einer Anwältin an sowie die Grundlagen von kritischem und analytischem Denken – wie man die richtigen Argumente auswählt, sie mit Fakten untermauert und die Fakten so präsentiert, dass sie zu einer Theorie passen. Es hilft mir dabei zu verstehen, wie Anführer, Gruppen und Gesellschaften Ideologien entwickeln und ihren Standpunkt rechtfertigen.

Während des Jurastudiums werde ich dreißig Jahre alt, aber die meisten Leute in meinem Umfeld erfahren nichts davon. Ich fühle mich und sehe so aus, als wäre ich Anfang zwanzig, wie die meisten meiner Kommilitonen. Und genau wie beim Studium in Georgetown spreche ich nie über die Family. Das Seltsame daran ist: Je mehr ich so tue, als würde ich dazugehören, desto mehr stellt sich auch das tatsächliche Gefühl ein. Meine Kommilitonen und ich erleben alle zum ersten Mal diese vielen neuen Dinge, und in manchen Bereichen bin ich deutlich reifer als sie, in anderen ahnungsloser. Wir stressen uns alle wegen der Noten, diskutieren die moralischen Aspekte gerichtlicher Urteile und reißen uns um Sommerpraktika in Anwaltskanzleien. Auch wenn an der Berkeley Law School sogar noch weniger Bewerber angenommen werden als an der Harvard Law School, gibt es nicht diese Ellenbogenmentalität, wie man sie von den Universitäten der Westküste kennt. Wir bilden Lerngruppen, teilen unsere Notizen miteinander und gehen nach Prüfungen zusammen Bier trinken. Ich habe nicht wie normale Schulkinder jahrelang einen Rucksack getragen, und mir fehlt die Kraft in den Schultern, also beginne ich, die schweren Jurabücher in Rollkoffern zu transportieren. Anfangs lachen mich alle aus, aber ab dem zweiten Semester wird es zum Trend.

Ich vertiefe mich in ein Seminar über die Entstehung des chinesischen Justizsystems und organisiere die erste Delegationsreise von Jurastudenten zum Nationalen Volkskongress in Peking. Aber mein Highlight erlebe ich im letzten Semester, als ich als Hansard Fellow und Praktikantin im British Parliament in London arbeite. Anschließend schreibe ich einen Aufsatz, in dem ich die politischen Systeme

Chinas, des Vereinigten Königreichs und der USA auf Basis der Obersten Gerichtshöfe und der Rechtsstaatsprinzipien vergleiche. Es ist faszinierend zu sehen, wie die Stellung des Obersten Gerichtshofs unter den verschiedenen Regierungen die gesamte politische Einstellung beeinflusst.

Die Zeit vergeht in einer wundervollen Unschärfe und besticht durch ihre Alltäglichkeit. Wenn ich ein Auge auf meine Ausgaben habe, verdiene ich im Sommer als Praktikantin in Anwaltskanzleien genug Geld, um den Rest des Jahres durchzukommen, also muss ich neben dem Vollzeitstudium nicht auch noch arbeiten. Mein Körper, der immer so angespannt war, kann ein klein wenig entspannen. Georgetown hat mein Denken geschärft, aber in Berkeley entwickle ich mich zu einem vollständigen Menschen.

Nach dem Abschluss trete ich meinen ersten richtigen Job als Anwältin bei Skadden, Arps in Los Angeles an, einer der angesehensten internationalen Anwaltskanzleien. Als ich meinen ersten Gehaltszettel bekomme, sehe ich klar und deutlich, wie weit ich gekommen bin, seit ich auf Parkplätzen mit Büchsen unterwegs war und Spenden gesammelt habe. Mein Einstiegsgehalt von über 175 000 Dollar ist mehr, als mein Vater in zehn Jahren verdient hat.

Ich bekomme ein gutes Gehalt, und auch wenn die Arbeit anstrengend und stressig ist, liebe ich das Gefühl von Freiheit, muss nicht mehr sparen, kann mir eine eigene Wohnung und ein gutes Auto leisten und kaufe meine Klamotten nicht mehr in Secondhandläden. Dadurch erlebe ich ein neues Gefühl von Unabhängigkeit und Selbstwert – und wie es ist, für mich selbst einzustehen. Ich bin für milliardenschwere Mergers and Acquisitions, internationale Fusionen und Übernahmen von Firmen zuständig, wie etwa den Verkauf von Skype im Jahre 2009, der auf 2,75 Milliarden geschätzt wird.

Nach ein paar Jahren im Büro in Los Angeles werde ich nach Hongkong geschickt, wo ich meine Kenntnisse der chinesischen Sprache und Kultur gut einsetzen kann. Aber auch wenn ich das tolle Gehalt, die Flüge erster Klasse und die gehobene Küche genieße, fehlt mir etwas. Ich will mit meiner Arbeit etwas bewirken, mir selbst etwas aufbauen und nicht nur für multinationale Unternehmen den Papierkram erledigen.

Ende 2012 wechsle ich von Skadden, Arps in Hongkong zu einer kleineren Kanzlei in Kalifornien, wo ich die Abteilung für Gesellschaftsrecht leite, und 2018 eröffne ich meine eigene Kanzlei für Gesellschaftsrecht als freie Rechtsberaterin für ausgewählte Klienten.

Ich liebe es, Probleme zu lösen und meinen Klienten beim Erreichen ihrer Ziele zu helfen, aber mich plagt zugleich das Gefühl, mein eigenes Ziel noch nicht erreicht zu haben. Ich muss etwas noch Größeres machen, aber die Antworten sind tief in mir vergraben, unter einer dicken Staubschicht, hinter einem Absperrband.

Erst nachdem ich bei Skadden aufhöre, begebe ich mich so richtig auf meine persönliche Reise. Ich verschlinge Selbsthilfebücher und besuche Seminare – um zu verstehen, zu heilen und die Wahrheit von den Lügen zu trennen, die ich von der Family und in der Welt um mich herum eingetrichtert bekommen habe.

Ich lese *Das Drama des begabten Kindes und die Suche nach dem wahren Selbst* von Alice Miller und finde mich und viele Bekannte sofort darin wieder, als ich über die Bewältigungsmechanismen lese, die wir in der Folge von Missbrauch entwickeln. Aber die Erkenntnisse der Autorin helfen mir vor allem zu verstehen, was mit Eltern passieren kann, die ihren Kindern körperliche Gewalt zufügen oder sie gar sexuell missbrauchen. Im Buch wird beschrieben, wie Menschen, die sich selbst als »gut« ansehen, ohne Mitgefühl Prügel oder andere Formen von Kindesmissbrauch ausüben können. Laut Miller blockieren manche als Kinder missbrauchte Menschen ihr Mitgefühl für sich selbst und können deshalb auch kein Mitgefühl für die Person empfinden, die sie wiederum missbrauchen.

Ich denke an den Körper eines kleinen Babys, das zum ersten Mal geschlagen wird – die Angst, der Schock, der Horror, die Wut und Missachtung seines ganzen Lebens. Ein Baby muss all diese negativen Gefühle unterdrücken und verdrängen, weil es den Ausübenden der Gewalt lieben muss, um am Leben zu bleiben. Ohne diese Person kann es schlichtweg nicht überleben. Man kann den Kreis nur durchbrechen, wenn man sich als erwachsener Mensch mit seinem inneren Kind auseinandersetzt.

Ich ringe nach Luft, als mir klar wird, dass ich trotz meines äußerlichen Erfolges immer noch die gleichen Bewältigungsmechanismen anwende wie als Kind. Ich wandle Gefühle weiterhin um und unterdrücke sie – aber nicht mehr, weil ich auf meinen Missbraucher angewiesen bin. Jetzt drängt mich mein Selbsterhaltungstrieb dazu, meine Gefühle auszulöschen, mich von niemandem abhängig zu machen, unverwundbar zu sein.

Ich spüre, wie die Mauern, die ich um mich herum aufgebaut habe, wackelig werden, als ob mir jemand einen kleinen, aber wesentlichen Baustein des Bodens unter meinen Füßen weggezogen hätte. Seit dem Austritt aus der Family habe ich Verletzlichkeit als eine Schwäche gesehen. Denn haben mir meine Lebenserfahrungen nicht kontinuierlich gezeigt, dass ich letztendlich immer wieder missbraucht oder vergewaltigt wurde, wenn ich verletzlich war? Sobald ich nachgegeben und die Mauern um mich herum fallen gelassen habe, hat es bisher immer nur dazu geführt, dass jemand mich manipuliert und verletzt hat. Um mich zu schützen, habe ich eine Festung gebaut. Ich bin finanziell und emotional unabhängig geworden. Ich habe aus positiver Einstellung und logischem Denken heraus Schutzschilder errichtet. Ich habe nach vorne geblickt, nicht zurück.

Aber hat es geholfen? Selbst danach wurde ich noch zu Dingen gedrängt, die ich nicht wollte, auch zu Sex. Ich halte Männer entweder auf Abstand oder lasse sie alles mit mir machen. Zwar sehne ich mich nach Nähe, aber als Reaktion darauf, ausgenutzt zu werden, verschließe ich mein Herz, bis ich noch abgestumpfter bin als die Person, mit der ich zusammen bin. Verletzlichkeit fühlt sich nicht mehr wie eine Wahlmöglichkeit an, sondern wie ein Unvermögen.

Die Erkenntnis trifft mich wie ein Schlag. *Wie kann ich die Liebe bekommen, die ich mir mehr als alles andere wünsche, wenn ich nicht verletzlich sein kann, wenn ich Menschen nicht an mich ranlassen und ihnen die Macht geben kann, mich wieder zu verletzen?*

Ich muss mich mit meinen Wunden auseinandersetzen.

Drei Dinge helfen mir dabei, einen Anfang zu machen. Erstens weiß ich, dass niemand kommen wird, um mir zu helfen. Egal was andere mir in der Vergangenheit angetan haben, ich bin die Einzige, die jetzt etwas tun kann. Ich allein bin verantwortlich für mein Glück, meinen Erfolg und meine Heilung.

Zweitens bin ich überzeugt davon, dass ich nicht weiterhin so gebrochen sein muss, sondern dass Wunden heilen können. Und ich werde herausfinden, wie. Ich glaube daran, dass wir nicht hier sind, um zu leiden; wir sind hier, um zu wachsen – um einen Weg zu finden, trotz des Schmerzes, der uns zugefügt wird, zu heilen und glücklich zu sein.

Drittens weiß ich, dass ich nicht völlig hilflos dastehe; ich kann immer etwas tun. Ich habe nicht alle Macht der Welt, aber ich bin auch nicht völlig machtlos. Ich kann immer jeden Moment, den ich erlebe, verändern, indem ich meine Aufmerksamkeit auf etwas Gutes lenke.

Diese drei Werkzeuge nehme ich mit auf den langen Weg meiner Heilung. Es ist der Anfang einer neuen Offenheit gegenüber Liebe, Schmerz, Angst und Erfüllung. Die Werkzeuge schützen mich nicht davor, verletzt zu werden, aber sie zeigen mir, dass es immer eine Möglichkeit der Besserung gibt.

Meine Eltern brauchen nach ihrem Austritt aus der Family mehr als zehn Jahre, bis sie bereit sind, ihre Fehler einzugestehen und sich bei mir für den Missbrauch, den ich in der Family erlitten habe, zu entschuldigen. Bei jedem Vorwurf von Kindesmissbrauch in den Nachrichten oder Medien zeigten sich meine Eltern schockiert. Sie sahen sich selbst als liebevoll an, als gottgefällige Eltern, die alles in ihrer Macht Stehende tun, um gottgefällige Kinder großzuziehen. Doch nun verstehe ich, dass sie eine andere Definition von Kindesmissbrauch hatten.

Mein Vater entschuldigt sich bei mir und seinen anderen Kindern für die heftigen Prügel und Strafen, die wir in jungen Jahren bekommen haben. Manche verzeihen ihm, andere nicht.

Er ist ein Produkt seiner eigenen Erziehung, und damit hat er in vielerlei Hinsicht immer noch zu kämpfen. Er hat nie die Highschool abgeschlossen, nie ein richtiges Gehalt bekommen, nie einen Job gehabt, und aus diesem Teufelskreis der Armuts-Mentalität kann er nicht ausbrechen. Er und Maria sind seit sechs Jahren geschieden, also ist er ein alter Mann ohne Einkünfte, der in einem Camper lebt und drei kleine Kinder mithilfe von Sozialleistungen großzieht. Aber sein stets optimistisches Vertrauen auf Gottes Hilfe bleibt ungebrochen. Er ist wieder der Kirche beigetreten und immer noch fest verwurzelt in seinem Glauben an die Bibel und an Jesus, wenn auch mit einer traditionelleren Auffassung. Seine jüngsten Kinder profitieren von der späten Einsicht und erleben einen gemäßigteren und liebevolleren Vater als den, mit dem ich aufgewachsen bin.

Meine Mutter durchlebt eine ähnliche Wandlung. Nach unserer Rückkehr in die USA haben sie und ich über Jahre hinweg nur alle paar Monate miteinander gesprochen. Sie hat Abstand gebraucht, um ihr Leben so richtig unter die Lupe zu nehmen und zu erkennen, dass ihre lang gehegten Überzeugungen falsch waren und ihren Kindern geschadet haben. Daviditos Homizid-Suizid hat sie aufgerüttelt und ihr geholfen, die Dinge in einem neuen Licht zu sehen. Die Frau, die er umgebracht hat, war während ihrer ersten Jahre bei der Family in Europa ihre Freundin gewesen.

Irgendwann entschuldigt auch sie sich bei mir und meinen Geschwistern. »Ihr sollt wissen, dass mir leidtut, was euch widerfahren ist. Es tut mir leid, was in der Family passiert ist. Ich sehe jetzt, dass vieles davon sehr falsch war«, sagt sie.

Trotz allem bin ich stolz auf sie und dass sie sich nach ihrem Austritt aus der Family mit fünfzig noch ein neues Leben aufgebaut hat, was nur wenige Family-Mitglieder der älteren Generation geschafft haben. Sie ist zurück zur Uni gegangen, hat einen Master gemacht und seit zwanzig Jahren einen sicheren Job als Erstellerin von Sprachlehrplänen. Und sie steckt jeden Cent in ihre Altersvorsorge, um mit der Rente auf eigenen Beinen stehen zu können. Als sie beschlossen hat, Dad und die Family für Ivan zu verlassen, sagte ihre Mutter zu ihr: »Nach der Scheidung von deinem Vater hat es mir jedes Mal Kraft gegeben, wenn ich etwas Neues ausprobiert und es geschafft habe. Das hat es mir ermöglicht, weiterzumachen. So wird es bei dir auch sein.« Die Worte meiner Großmutter haben sich bei uns beiden bewahrheitet.

Meine Mutter ist schlau, liebt es zu lernen und ist bereit, sich zu verändern. Sie hat eine neue Freude am Leben, an neuen Dingen und Herausforderungen gefunden, ohne dass ihr Alter dabei eine Rolle spielt. Dank dieser Offenheit zu lernen sind wir einander in den letzten paar Jahren wieder nähergekommen. Ich kann ihr davon erzählen, was mir bei der Heilung geholfen hat, und sie wendet die Prozesse bei ihrer eigenen Heilung an. Wir führen aufrichtige Gespräche über das, was in der Family passiert ist, und unsere neuen Blickweisen. Es ist also nie zu spät.

Esther, die hingebungsvollste Anhängerin von allen, hat die Family nie wirklich verlassen. Tausenden ging es wie ihr – sie mussten zusehen, wie die Family um sie herum zerfiel. Im Jahre 2010 hob Mama Maria das Mandat des kommunalen Zusammenlebens auf, was dazu führte, dass die Family Homes aufgelöst wurden, sodass Tausende von Leuten in hohem Alter mittellos dastanden und keine Möglichkeit hatten, sich an ihrem Lebensabend zu versorgen. Vierzig Jahre lang wurde den Jüngern beigebracht, nicht über die Zukunft nachzudenken oder für die Altersvorsorge zu sparen, sondern »wie Blumen und Vögel zu sein, die weder säen noch ernten«; sie sollten einfach darauf vertrauen, dass Gott für sie sorgen würde. Viele ehemalige Family-Mitglieder in ihren Siebzigern mussten daher in Wohnwagen von mageren Sozialleistungen leben. Obwohl ein paar der jüngeren Leute, die in die Family hineingeboren wurden, schließlich zur Schule gehen konnten, kämpfen viele von ihnen weiterhin mit einem Minderwertigkeitsgefühl, weil sie in jungen Jahren kaum Bildung genossen.

Im Laufe der Jahre lassen sich immer mehr meiner Geschwister mit ihren Familien in Texas nieder. Die meisten beschließen, nicht aus der Family auszutreten; sie werden nur immer unabhängiger. Sie geben alle ihr Bestes, sich in einer Welt durchzuschlagen, auf die sie schlecht vorbereitet wurden. Sie erleben Erfolge und Misserfolge, kämpfen mit gesundheitlichen Problemen, Scheidungen und finanziellem Auf und Ab wie die meisten Menschen.

Wie ich herausgefunden habe, gibt es bei der Überwindung einer starken Indoktrination verschiedene Stadien, und es ist keine einfache Reise. Manche meiner Geschwister halten an Überzeugungen der Family fest, während andere zu einem fundamentalistischeren Glauben zurückkehren und die extremen Lehren der Family belächeln. Nur wenige gehen den Weg des richtigen Hinterfragens – den schwersten Schritt von allen –, bei dem man erkennen muss, dass alles, woran man geglaubt hat, vielleicht doch eine Lüge war.

Wenn man logisch überprüft, ob und was tatsächlich wahr ist, muss man der Möglichkeit ins Auge sehen, dass gar nichts wahr sein könnte. Wenn etwas wahr ist, muss man es nicht hüten – durch gründliches Hinterfragen werden nur neue Sichtweisen aufgedeckt und die Wahrheit letztendlich gestärkt.

Meine Eltern haben sich mehr Mühe als viele gegeben, gute Eltern und Menschen zu sein, aber das ist die Gefahr, wenn man an etwas Falsches glaubt: Man handelt auf eine Art und Weise, die anderen schadet und sie verletzt, auch wenn gute Absichten dahinterstecken. Deshalb müssen wir die Ansichten, die uns am wichtigsten sind, logisch hinterfragen und an einem passenden Standard messen.

Unsere Wertvorstellungen sind mentale Ketten, die über Generationen hinweg geschmiedet wurden. Es ist uns unangenehm, sie logisch zu hinterfragen und zu prüfen, nur um herauszufinden, dass die Schlussfolgerungen, die unzerstörbar schienen, aus Ton gemacht sind, nicht aus Eisen, und bei dem kleinsten Schlag durch den Hammer der Logik zerbröckeln. Auch ich bin mit meiner Suche nach der Wahrheit noch nicht fertig – es ist ein stetiger und Freude bringender Prozess. Alte Vorstellungen zerbröckeln, und neue Wahrheiten treten durch gründliches Anzweifeln ans Licht.

Ich habe das Gefühl, das Leben als alte Frau begonnen zu haben. Ich wurde meiner Jugend beraubt, und als ich siebzehn war, dachte ich, alles über alle zu wissen. Aber wie Albert Einstein einmal sagte: »Je mehr ich weiß, desto mehr erkenne ich, dass ich nichts weiß.« Jetzt ist die Welt zu einem riesigen Vergnügungspark geworden, voll mit unbegrenztem Wissen und Erfahrungen. Die unendlich vielen Möglichkeiten machen mich immer jünger.

Und was am wichtigsten ist: Auch wenn ich mich immer noch mit den Auswirkungen auseinandersetzen muss, bin ich ehrlich dankbar für jede einzelne Erfahrung. Nur durch sie habe ich Einsicht erlangt und konnte das nötige Gerüst aufbauen, um Antworten auf die Fragen zu finden, die mich jahrelang quälten.

Alles hat sich für mich zum Guten gewendet, aber nicht von selbst. Ich musste entscheiden, etwas Gutes daraus zu machen und mein Trauma in eine Stärke umzuwandeln.

EPILOG

ICH GEHÖRE MIR

Ich setze den Fuß im silbernen High Heel auf die provisorische schwarze Holztreppe, die zur TEDx-Bühne führt, halte kurz inne und atme tief durch. *Du kannst das*, sagt mein einundvierzigjähriges Ich leise zu sich selbst. Ich ignoriere das kleine Mädchen in mir, das schreit: *Tu es nicht! Du hast das Geheimnis fast zwei Jahrzehnte lang für dich behalten. Wenn du jetzt diese Bühne betrittst und deine Geschichte erzählst, kannst du es nie wieder zurücknehmen. Sie werden dich bei lebendigem Leib auffressen!*

Ich atme noch einmal tief durch, und in Gedanken umarme ich das kleine Kind in mir fest. *Alles wird gut.* Ich will die Geschichte, mit der ich meine Rede beginnen werde, nicht erzählen. Ich hasse es, darüber zu sprechen, dass ich missbraucht wurde. Ich will nicht, dass Leute mich bemitleiden oder sagen, *Da ist dieses komische Sekten-Kind. Die Arme, sie muss so kaputt sein.*

Aber um zu zeigen, wie wichtig meine Erkenntnisse sind, muss ich diese Geschichte teilen, auch wenn es wehtut. Mein Austritt aus der Family ist beinahe zwanzig Jahre her, und in der Zeit habe ich nur einer Handvoll Leuten von meiner Vergangenheit erzählt und mein Bestes gegeben, um erfolgreich zu sein und mich der Gesellschaft anzupassen. Ich wollte als die Person gesehen werden, die ich aus mir selbst gemacht habe: die elegante, starke und glückliche Frau, die ich geworden bin – kein Opfer einer Vergangenheit, die ich mir nicht ausgesucht habe und die ich nicht ändern kann.

In dieser Zeit habe ich mich gefragt, was schiefgelaufen ist. Meine

Familie hat in ihrem Streben, die perfekten christlichen Jünger zu sein, eine völlig neue Gesellschaft aufgebaut. *Wie konnten unglaublich idealistische, relativ schlaue Leute sich auf so schrecklichen Missbrauch einlassen? Wie konnten Leute, die behaupteten, Gottes Stimme zu hören, und die ihr ganzes Leben dem Dienst für die Menschheit gewidmet haben, Kindern solche schrecklichen Dinge antun?*

Ich wusste, dass mein Großvater die üblichen Fehler eines Gurus begangen hat.

Er hat geglaubt, was andere über ihn sagten, dass er der von Gott gesalbte Prophet der Endzeit war. Er hielt sich für das Sprachrohr Gottes und somit seine Ideen und Neigungen von Gott gerechtfertigt oder zumindest entschuldbar. Er umgab sich mit Kriechern und Ja-Sagern, darunter besonders seine zweite Frau Maria, die seine befremdlichsten Ideen und Verderbtheit noch ermutigte. Er schottete sich von allen ab, die seine neuen Lehren möglicherweise hinterfragt hätten – sogar von seinen Kindern.

Tief verwurzelt in einem patriarchalen, religiösen Kontrollmodell, gab er sich nicht damit zufrieden, einfach nur seine Botschaft zu verbreiten. Er bediente sich ausgeklügelter Methoden, wie man sie von kommunistischen Regimen her kennt, darunter Selbstkritik und öffentliche Zustimmung und Maßregelung, um das tägliche Leben seiner Anhänger »zu ihrem Wohl« zu manipulieren. So hat er seine Bosheit auf Tausenden seiner Jünger ausgelassen, darunter unzähligen Kindern, und als Gottes Wahrheit dargestellt.

Er legte Wert auf eine Wir-gegen-sie-Mentalität, um seine Anhänger von äußeren Einflüssen zu isolieren, und richtete sie darauf ab, Außenstehenden zu misstrauen, stellte diese sogar als Lügner und Bösewichte dar, damit Family-Mitglieder inkonsistente Sichtweisen nicht hinterfragten. Er stellte sicher, dass Leute keine Ressourcen anhäufen konnten und somit finanziell immer von der Gruppe abhängig waren.

Er normalisierte Praktiken und Überzeugungen, die in der traditionellen Gesellschaft als abweichend galten (auch wenn sie immer noch allgegenwärtig sind, wie Kindesmissbrauch), indem er die Leute mit Bildern und Inhalten zuschüttete, die mit der Zeit weniger schockierend wirkten und akzeptiert wurden. Er brachte seine Anhänger durch eine Elitenmentalität dazu, sich selbst in einer kontrollierten Umgebung zu isolieren, wo diese Praktiken und Überzeugungen gedeihen konnten, ohne von der Ablehnung der Mehrheitsmeinung ausgebremst zu werden.

Ich sollte noch erwähnen, dass er nicht so kreativ war, wie ich früher von ihm dachte. Er nahm die zu seiner Zeit vorherrschenden Ansichten und Gesinnungen und versah sie mit seinem eigenen Flair – Ansichten, die man auch heute noch in bestimmten Teilen der Gesellschaft wiederfindet, von unterwürfigen Frauen, Polygamie, der Endzeit und körperlichen Strafen bis hin zu freizügigem Sex.

Diese Ideen zu untersuchen hat mir dabei geholfen, besser zu verstehen, wie mein Großvater es geschafft hat, so viel Macht über Leute zu bekommen, aber ich musste trotzdem noch bis zum Kern vordringen – dem Samen der Verderbnis, durch den gute Absichten zu Missbrauch wurden.

Vor allem wenn ich mit meinen »normalen Freunden« spreche, erkenne ich, wie allgegenwärtig sexueller Missbrauch von Frauen und Kindern in allen Schichten der Gesellschaft ist. Es ist ein Geheimnis, das niemand sehen will, vielleicht aus Angst. Auch meine Mutter und ich wurden in der »normalen« Gesellschaft Opfer von Vergewaltigungen.

Im Mai 2018 wurde es mir endlich klar.

Meine Lebenserfahrungen und die juristische Ausbildung vereinen sich zu einem Augenblick persönlicher Erkenntnis.

Ich nehme ein leeres Blatt Papier und einen Stift und zeichne den ersten Kreis.

»Wach«, schreibe ich in die Mitte – ich bin ein waches Wesen bei vollem Bewusstsein.

Dann zeichne ich einen zweiten Kreis um den ersten herum.

»Körper«, schreibe ich dazu. Mein Körper gehört mir. Das ist mein fundamentalstes Recht.

Als ein waches, denkendes Wesen, ein Geist, wie auch immer man es nennen will, habe ich Hausrecht in meinem eigenen Körper. Um den juristischen Begriff zu verwenden: Mein Körper ist mein Eigentum.

Manche Leute sträuben sich dagegen, den menschlichen Körper als »Eigentum« zu betrachten, weil sie das Gefühl haben, dass es gegen die Natur verstößt; aber mir wird durch die Bezeichnung sofort einiges klar.

Durch meinen juristischen Hintergrund ist mir bewusst, dass das Wort »Eigentum« nicht nur auf Gegenstände und Grundstücke zutrifft; es beinhaltet *alles von Wert*, egal ob greifbar oder nicht. Aber noch wichtiger ist, dass ich die Implikationen von Eigentum viel besser verstehe als die Beziehung zu meinem eigenen Körper.

Ich sehe auch die einzigartige Position, die der Körper in der Kategorie »Eigentum« einnimmt. Anders als andere Formen von »Eigentum«, wie im Falle lebloser Gegenstände, können wir das fundamentale Eigentumsrecht über unseren Körper nicht aufgeben, solange wir am Leben sind. Es ist ein unverzichtbares Recht, was bedeutet, dass wir nicht davon getrennt werden können, dass es uns nicht weggenommen werden kann und wir es nicht übertragen können.

Ohne dieses Recht auf Eigentum über unseren eigenen Körper gäbe es keine moralischen Einwände gegen Sklaverei, Vergewaltigung oder Mord. Das ist der Grundsatz, den die ganzen berühmten Freiheitskämpfer zur Sprache bringen wollten, als sie verkündeten, dass wir ein »Recht auf Leben, Freiheit und das Streben nach Glück« haben. Sie sagten zu König George dem Dritten: »Du besitzt mich nicht! Ich gehöre mir!« Der Fehler war, dass sie es nicht für alle Menschen gültig gemacht haben.

Angesichts meines Hintergrunds hat diese Offenbarung eine ganz bestimmte Bedeutung: Ich war nicht lieblos oder egoistisch oder habe Männer gequält, wenn ich ihnen meinen Körper verweigert habe. Männer hatten kein Recht, mich zu begrapschen und unter Druck zu setzen. Ich war keine »Zicke«, weil ich ihnen befohlen habe, die Finger von mir zu lassen. Ein sexy Outfit entschuldigt nicht, dass ein Mann gierig wird; und Flirten entschuldigt keine Vergewaltigung. Mein Portemonnaie auf dem Tisch liegen zu lassen oder ein rotes Auto zu besitzen entschuldigt keinen Diebstahl. Diebstahl ist Diebstahl. Mein Körper gehört voll und ganz mir, und ich bin nicht verpflichtet, ihn irgendjemandem zugänglich zu machen, auch nicht, wenn Leute mich durch Schuldgefühle oder Gott unter Druck setzen wollen. Punkt.

In der Family wurde mir beigebracht: »Ist euch nicht klar, dass ihr euch nicht selbst gehört? Denn ihr seid für ein Lösegeld gekauft worden. Macht also Gott mit eurem Körper Ehre.« (1. Korinther 6,19–20) Aber was die Anführer meinten, war: »Dein Körper ist unser Eigentum, und du musst damit machen, was wir dir befehlen.« Diese Lüge ist schwerer zu erkennen, weil es so nobel klingt, wenn sie in die Worte der Bibel verpackt ist.

Mir wird klar, dass viele Family-Mitglieder und Menschen, die charismatischen Führungspersonen folgen, große Fehler machen. Leute, die an die Lüge glauben, dass sie sich nicht selbst gehören, können rechtfertigen oder zumindest entschuldigen, dass sie allerlei Gewalttaten gegen die Menschheit begehen, darunter Kindesmissbrauch und Kriege aus religiösen Motiven, wie auch gegen die Millionen, die unter kommunistischer Herrschaft niedergemetzelt wurden. Denn wenn eine Person Eigentumsrecht und Kontrolle abgibt, gibt sie auch ihren Sinn für moralische Verantwortung an eine Führungsperson ab. Sie denkt: »Wenn ich Gottes Willen befolge (oder den der Regierung), dann ist jeder Schmerz, der zugefügt wird, die Schuld Gottes (oder der Regierung), nicht meine. Ich tue nur, was mir befohlen wird.« Aber genauso wenig, wie wir das Eigentumsrecht über unseren Körper abgeben können, können wir auch die moralische Verantwortung für unsere Taten nicht abtreten. Leute scheuen vor diesem Prinzip zurück, weil Rechenschaftspflicht beängstigend ist.

Unsere Anfälligkeit für Sekten hat ihre Wurzeln in einem Wunsch nach einer Quelle, einer Autorität, die uns sagt, was wir tun sollen und was wahr ist. Wir lernen das schon in der Schule, in einem System, das uns die »richtigen Antworten« vorgibt und uns gut benotet, wenn wir sie ohne nachzudenken wiedergeben, anstatt uns logisches Denken beizubringen, damit wir selbst herausfinden können, was wahr sein muss.

Aber, wie ich herausgefunden habe, es gibt einem Macht, wenn man volle Verantwortlichkeit akzeptiert. Nur ich selbst kann meine

Entscheidungen treffen, meine Gedanken kontrollieren, meine Gefühle beherrschen und erfolgreich sein oder scheitern. Viel zu leicht rutscht man in den Treibsand von Schuldzuweisungen ab. Wie oft habe ich miterlebt, dass Freunde und Verwandte sagen: »Mir geht es erst besser, wenn du X machst«, oder »Ich komme nicht darüber hinweg, bis du Y sagst«? Wie viele haben sich dadurch den Weg zur Heilung oder zum Glück versperrt? Ich werde nie wieder darauf warten, dass mir jemand anders Kraft gibt. Ich kann nur dann vorankommen, wenn ich anerkenne, dass es allein mir überlassen bleibt, was ich tue.

Ich zeichne einen dritten Kreis um die zwei kleineren und schreibe »Schöpfungen« dazu.

Wenn mein Körper mir gehört, gehört mir auch alles, was mein Körper und Geist erschaffen: meine Dienstleistungen, Erfindungen, Kunst, Produkte und sogar mein Ruf.

Einer der Eckpfeiler der Family war, dass alles der Gruppe gehörte, wie im Kommunismus – unser Geld, Besitz, Kunst und Lieder, harte Arbeit und Dienstleistungen. Wir sollten nicht nur alles ohne Bezahlung tun, unsere Arbeit gehörte von vorneherein nicht uns, weil unsere Körper uns nicht gehörten.

Beim Zeichnen des vierten Kreises muss ich überlegen. *Was kommt als Nächstes?* Wenn ich etwas erschaffe, habe ich das Recht, es gegen etwas anderes einzutauschen, wenn ich will. Ich schreibe »Die Abmachung« dazu.

Ich denke zurück an den Kurs über Verträge und erinnere mich an die fünf Prinzipien einer rechtswirksamen Vereinbarung. Mir wird klar, dass »unangemessener Druck« beim Zustandekommen eines Vertrags den Vertrag ungültig macht, weil eine Partei den Konditionen der Vereinbarung nicht *bereitwillig* zugestimmt hat. Wenn wir Druck auf andere ausüben, indem wir sie mit Schuldgefühlen, Lügen und Angst vor Bestrafung manipulieren, ist es wie Diebstahl – oder schlimmer.

Die Family und andere Sekten benutzen eine verquere Interpretation von religiösen Texten, Lügen und psychologische Bestrafung, um uns dazu zu bringen, das zu tun, was sie wollen. Mein Großvater gab sich wie viele Anführer nicht damit zufrieden, seine Botschaft zu verbreiten; er musste die Leute kontrollieren, die danach lebten. An dem Punkt kann auch eine gute Philosophie zu einer Grenzüberschreitung werden. Viele von Grandpas Botschaften wurden unterrichtet und werden noch heute in der Gesellschaft und in Kirchen gelehrt. Er hatte viele gute Argumente, weshalb er es auch schaffte, dass ihm so viele Menschen folgten. Aber er wollte seine Anhänger in jedem Aspekt ihres Lebens kontrollieren. Wie konnte aus einer Praxis, die scheinbar als ein liebevoller und aufopferungsvoller Umgang mit anderen wahrgenommen wurde, dem Teilen von Liebe, Vergewaltigung werden? Das alles rührte vom gleichen Machtmodell her: Kontrolle durch Nötigung. Er proklamierte, vom Gesetz unabhängig zu sein, war jedoch gleichzeitig durchtränkt von einem patriarchalischen Modell der Top-down-Kontrolle, die Gehorsam verlangte.

Mir wird auch klar, dass Macht der Schlüssel zu sexuellem Missbrauch ist. Bei sexuellem Trauma und Missbrauch liegt immer eine ungleiche Machtverteilung vor – entweder real oder empfunden. Sobald sich eine Partei der Interaktion in einer Machtposition befindet – ob körperlich stärker oder älter, höher in der Hierarchie stehend oder schon bei höherem sozialem Status – besteht die Möglichkeit von Missbrauch. Und auch wenn dieser nicht immer eintritt, gilt bei einer solchen Situation besondere Vorsicht. Das ist auch der Grund dafür, warum ich bei Sexspielen mit Gleichaltrigen in meiner Kindheit kein Trauma erlitten habe.

Bei jeder Form von sexuellem Kontakt zwischen Erwachsenen und Kindern besteht hingegen ein unvermeidbares Machtungleichgewicht. Auf unterbewusster Ebene sind Kinder nämlich biologisch so programmiert, dass sie Erwachsenen, die für Macht und Überleben stehen, gefallen wollen. Das bedeutet, dass Kinder nicht wirklich einwilligen können, weil jede »Einwilligung« unangemessenen Druck mit sich bringt. Sie besitzen auch nicht die emotionale Reife, um den Akt an sich zu verstehen – was dem vierten Prinzip der Zurechnungsfähigkeit widerspricht. Selbst wenn sie zu dem Zeitpunkt »einwilligen«, erleben sie daher ein emotionales Trauma, manchmal auch erst später, wenn ihnen bewusst wird, was ihnen widerfahren ist und was ihnen genommen wurde.

Aber es muss nicht unbedingt etwas so Ernstes wie sexueller Missbrauch sein. *Wie oft muss ich in meinem Alltag Dinge tun, weil mich andere durch Schuldgefühle dazu drängen?*

Mir wird klar: Sobald ich etwas vollkommen besitze, schulde ich es niemandem, außer wenn ich es aus freiem Willen zur Verfügung stelle oder gegen etwas anderes von Wert tausche – aber nicht, wenn ich mit Schuldgefühlen, Angst oder Lügen manipuliert werde. Was für eine Freiheit! Ich schärfe meine Sinne für Gefühle von Druck und Verpflichtung und sehe sie als Warnung, dann frage ich mich: *Warum tue ich das? Wofür würde ich mich frei von Schuldgefühlen entscheiden?*

Ich drehe den Zettel um und zeichne auf die Rückseite dieselben Kreise für das Gesetz.

Missachtung des Körpers: Sklaverei, Mord, Vergewaltigung und Körperverletzung.

Missachtung unserer Schöpfungen: Diebstahl, Verleumdung (Missachtung des Rufs), Urheberrechts- oder Patentrechtsverletzung (Diebstahl von Ideen).

Missachtung der Abmachung: Erpressung, Betrug und Vertragsbruch.

Mir wird klar, dass ich noch einen Kreis hinzufügen muss: »Effekt oder Auswirkung«.

Missachtung von Effekt zeigt auf, wie viel Verantwortung man für die Dinge trägt, an denen man mitwirkt, auch wenn man nicht die alleinige Kontrolle darüber hat; zum Beispiel ein Mafia-Boss, der seinen Handlanger mit einem Mord beauftragt, auch wenn er den Schuss nicht selbst abfeuert; oder mein Großvater, der seine Anhänger damit beauftragt, Kinder zu missbrauchen, auch wenn er selbst keinen Körperkontakt zu den einzelnen Kindern hatte.

Die Erkenntnis, dass alles, was wir als moralisches Gesetz ansehen, in diese drei Kreise passt, wirft mich um. Diese Prinzipien sind nicht die Gesetze. Sie sind vor den Gesetzen entstanden, und das Gesetz wurde verfasst, um sie zu verankern. Leider verlieren die Richter, Anwälte und Gesetzgeber oft den Blick für das Wesentliche und ändern die Gesetze, um Mächtigen gefällig zu sein. Wie oft werden diese Kernprinzipien von Leuten verschleiert, die einen persönlichen Vorteil daraus ziehen, dass uns unsere Rechte nicht bewusst sind?

Ich starre auf meine Zeichnung und merke, dass dieses kleine, einfache Diagramm, das ich einem wissbegierigen Achtjährigen erklären könnte, unsere grundlegende moralische Philosophie darstellt, die DNA unseres Justizsystems, der Moral und der Menschenrechte.

Das ist schön und gut, aber seine wahre Stärke liegt darin, was es mit meinem Leben macht.

Es ist, als hätte man in einem dunklen Raum das Licht angeschaltet. Ich kann klar und deutlich all die Hindernisse sehen, an denen ich mir die Schienbeine geprellt und die Zehen blutig geschlagen habe. Jetzt kann ich einen eindeutigen Weg zu meinem Ziel aufzeichnen: individuelle Freiheit, ohne andere zu missachten.

Mit einem stabilen Fundament unter den Füßen kann ich die falschen Mauern der Unverwundbarkeit einreißen. Ich weiß, dass ich auswählen kann, was ich an mich heranlasse. Es geht nicht um alles oder nichts. Ich kann langsam die gesunden Grenzen erkunden. Ich muss weiter daran arbeiten, die Angst loszulassen, aber ich weiß, wohin ich gehe – ich habe eine Landkarte. Und je mehr ich mich in diese scheinbar einfachen Prinzipien vertiefe, desto mehr wertvolle Einblicke erlange ich.

Mir wird klar, dass einer der Gründe, warum mein Großvater in einigen Bereichen so auf dem Holzweg war, darin liegt, dass er keine ethischen Bezugspunkte hatte, keine Messlatte, an der er seine »Offenbarungen Gottes« messen konnte. Keine unumstößliche Richtlinie, die er nicht durch die Interpretation der Bibel verdrehen konnte.

Wenn Gut und Böse, Freiheit und Kontrolle, Missbrauch und Liebe alle ohne objektive Richtlinie vermischt werden, kann es unglaublich schwierig sein, die Lügen von der Wahrheit zu trennen. Sogar schöne Ideen wie: »Liebe Gott und liebe deinen Nächsten wie dich selbst«, werden missbräuchlich, wenn man sie durch Falschinterpretationen zu den eigenen Gunsten verdreht und durch Manipulation und Gewaltanwendung erzwingt. Deshalb müssen wir die Ansichten, die uns am wichtigsten sind, aktiv logisch hinterfragen und an einem genauen Maßstab messen. Missachtungen der drei wichtigsten Eigentumsrechte verursachen nur Leid.

Während ich die Statistiken von Frauen- und Kindesmissbrauch nachschlage, sowohl sexuellem als auch körperlichem, wird mir klar, dass das nicht nur in Sekten passiert, es ist eine weltweit verbreitete Kultur, die nicht enden wird, bis wir alle unmissverständlich präzise Grenzen festlegen, einen Verhaltenskodex, um sicherzustellen, dass man mit eigenen »Freiheiten« andere nicht verletzt.

Diese drei Rechte sind eine Linse, die bei jeder Entscheidung Klarheit schafft. Wende ich Zwang oder Druck an, um jemanden dazu zu bringen, etwas zu tun, was ich will? Missbrauche ich das Recht dieser Person, frei darüber zu entscheiden, was sie in ihrer eigenen Zeit, mit ihrem eigenen Geld und Körper machen will?

Das sind die Unterschiede, derer wir uns bewusst sein müssen, um sicherzustellen, dass wir in unserem Wunsch, die Welt zu verbessern, keinen größeren Schaden anrichten. Ein Weg, frei zu leben und niemandem dabei Leid zuzufügen.

Deshalb bin ich bereit, meine schmerzhaftesten und beschämendsten Erfahrungen auf der Bühne zu teilen. Damit andere Freiheit finden können, indem sie das Recht über ihren Körper einfordern. Um Menschen eine unmissverständliche Richtlinie zu geben, an der sie sich selbst und ihre Anführer durch Nachfragen messen können. *Verletzt diese Lehre oder deren Umsetzung die Prinzipien von Eigentumsrecht?* Ich weiß, dass alles, was ich durchgemacht habe, es wert war, wenn ich dieses Verständnis von einem Recht auf sich selbst, den eigenen Körper, die Schöpfungen und Abmachungen im Geist meiner Zuhörer verankern kann.

Vielleicht hinterfrage ich hinterher mein Outfit, den kirschfarbenen Jumpsuit mit dem weißen umhangartigen Blazer, aber nicht meine Entscheidung, die Wahrheit auszusprechen. Ich blinzle kurz in die hellen Scheinwerfer, als ich auf den großen roten Kreis auf der Bühne zugehe und sich alle Blicke im Publikum auf mich richten.

Dafür bin ich bereit, alles zu riskieren: Meine berufliche Reputation – *Was werden meine Klienten und möglichen Arbeitgeber denken?* Meine Anonymität in den sozialen Netzwerken – *Mache ich mich zur Zielscheibe für Angriffe, wenn ich an die Öffentlichkeit trete?* Die nette, erfolgreiche, relativ normale junge Frau, die ich auf Dates bin – *Wie werde ich Leute kennenlernen? Wird das Männer nicht verschrecken?* Bald wird meine sorgfältig gebaute Außenhülle von der Abrissbirne der Wahrheit zerschmettert – *Wer wird am Ende übrig bleiben?*

Doch das ist egal. Ich tue das für diejenigen, die unterdrückt, manipuliert und missbraucht wurden und die Worte brauchen, um für sich selbst einzutreten. Für die Vision einer Welt für unsere Kinder, in der es keine Vergewaltigungen gibt, in der wir alle unsere Rechte einfordern können und uns zusammen in Freiheit erheben.

Ich bin bereit.

Ich höre meine Stimme durch den Raum schallen: *»Ich gehöre mir!«*

GLOSSAR

ANDACHT (DEVOTIONS): Jeden Tag kamen alle nach dem Frühstück für zwei Stunden zusammen und sangen inspirierende Lieder (das sogenannte Seelensingen), beteten und lasen die neuesten Mo-Briefe.

ARMEE DER ENDZEIT (END-TIME ARMY): Die Mitglieder der Family bildeten Gottes disziplinierte Elitearmee. Unsere Mission war es, vor der Entrückung so viele Seelen wie möglich zu retten.

AUSBRECHEN (DROP OUT): »Ausbrechen« oder »alles aufgeben« bedeutete, das gesamte persönliche Eigentum und Vermögen der Family zu übertragen und den Rest der Welt hinter sich zu lassen, um Vollzeitmitglied der Family zu werden und sein Leben der unbezahlten Missionsarbeit zu widmen.

BEWÄHRUNG (PROBATION): Ernste Strafe, die für gewöhnlich drei bis sechs Monate dauerte. Mitglieder auf Bewährung durften keinen Sex haben oder die wenigen Sonderrechte der Jünger genießen (z. B. einmal in der Woche einen Film sehen). Sie mussten außerdem die Mo-Briefe der Grundausbildung studieren (Basic Training Letters, hundert Briefe, die Neuzugänge zu lesen bekamen).

BREAKING: Wenn eine Person wiederholt die Regeln der Family oder der Führungsriege brach, eine schlechte Grundhaltung besaß – stolz, eigenständig, eitel, egoistisch, unglücklich war – oder andere Charakterschwächen aufgezeigte (unter dem Überbegriff NWOs zusammengefasst, Needs Work On), wurden ihre Sünden öffentlich verkündet, oft während der morgendlichen Andachten (Devotions). Die Person musste Strafen verbüßen, schriftlich beichten und beten, was sie demütigen und dazu bringen sollte, sich zu verändern.

BURN AFTER READING: Interne Publikationen der Family, die – unter Androhung der Exkommunikation – nach dem Lesen vernichtet werden mussten. Oft handelte es sich um Informationen zu Änderungen der Family-internen Regeln oder Themen, die möglicherweise juristisch heikel waren. Meist waren die Veröffentlichungen ein bis zwei Seiten lang, manchmal umfassten sie aber auch bis zu dreißig Seiten.

DRAUSSENZEIT (GET OUT): Eine verpflichtende tägliche Stunde Sport an der frischen Luft.

ENDZEIT (END TIME): Die Zeit, in der wir damals laut der Auffassung meines Großvaters lebten, kurz vor der Entrückung oder Wiederankunft Jesu Christi, wenn der Antichrist erscheinen und alle verfolgen würde, die ihn nicht anbeteten.

EXKOMMUNIKATION (EXCOMMUNICATION): Rauswurf aus der Gemeinschaft der Family infolge schwerer Vergehen, der jeden weiteren Kontakt mit Mitgliedern der Family (sogar mit den eigenen Kindern) untersagte.

FISCH (FISH): Ein System-Mann (in sehr vereinzelten Fällen eine Frau), der über Flirty Fishing angeworben werden sollte.

FLIRTY FISHING (FFING): Family-Frauen flirteten und hatten Sex mit System-Männern, um ihnen Gottes Liebe zu zeigen; sie fungierten als »Köder«, um Männer zu Jesus zu locken, sie zu überzeugen, an die Family zu spenden und ihr manchmal auch beizutreten. FFing endete abrupt Mitte der Achtzigerjahre während der verstärkten Ausbreitung von Aids, aber das Prinzip blieb bestehen: aufreizende und kokette Frauen wurden benutzt, um neue Mitglieder anzuwerben.

HOME: Vollzeitmitglieder der Familie mussten mit anderen zusammen in einem kommunalen Home leben und die Regeln des Homes, wie in Publikationen vorgeschrieben, befolgen. Ein Home konnte klein sein und aus nur zehn Leuten bestehen (z. B. einer großen Familie und ein paar nicht miteinander verwandten Erwachsenen oder Teenagern) oder aus bis zu zweihundert Leuten, die zusammen in einem großen Komplex aus mehreren Gebäuden lebten. Homes mit mehr als fünfzig Bewohnern wurden Combos genannt und waren eher selten.

JESUS-BABY: Ein Kind, das eine Frau durch FFing empfangen hatte, und das als Segen Gottes angesehen wurde.

JÜNGER/ANHÄNGER (DISCIPLES): Mitglieder der Family

KIDZ TRUE KOMICS: Comics, in denen die Inhalte der Mo-Briefe für Kinder nacherzählt wurden und die ihnen alles von richtigem Händewaschen vor dem Essen über Sex und Flirty Fishing bis hin zu richtigem Gebet beibringen sollten.

LIEBE TEILEN (SHARING): »Das Teilen von Gottes Liebe« durch Sex mit einem Mitglied der Family, das nicht der eigene Ehemann oder die Ehefrau war.

MO-BRIEFE (MO LETTERS): Grandpas Schriften, viele in Form von Newslettern, die an alle Mitglieder der Family weltweit verschickt wurden und als Wegweiser und Leitfäden dienten. Diese Briefe galten als das eingegebene Wort Gottes, und die Mitglieder waren konditioniert, nie an Grandpas Worten zu zweifeln.

SACHSPENDEN BESCHAFFEN (PROVISIONING): Unternehmen wurden um Essens- und Sachspenden gebeten, um die Freiwilligenarbeit der Homes zu unterstützen. Alle Family Homes lebten von derartigen Spenden.

SCHAFE (SHEEP): Leute des Systems, die für die religiöse Botschaft der Family empfänglich waren.

SCHÄFER (SHEPHERDS): Eine Bezeichnung für leitende Figuren innerhalb der Family. Die Erwachsenen eines Homes konnten kleinere Entscheidungen in einem Rat (Home Council) treffen, doch Home-Schäfer, oft ein verheiratetes Paar, konnten diesen überstimmen. Sie waren verantwortlich dafür, die Mitglieder anzuleiten und zurechtzuweisen sowie den höherrangigen Führungskräften Bericht zu erstatten. Es gab auch Gebiets-Schäfer, Landes-Schäfer und Regions-Schäfer, die alle Homes in größerem Maßstab überwachten.

SELAH: Ein strenges Geheimnis. Das Wort leitet sich von einem biblischen Begriff her, der »nachdenken« oder »grübeln« bedeutet.

SYSTEM (THE SYSTEM): Die Welt und Gesellschaft außerhalb der Family.

SYSTEMER (SYSTEMITES): Alle, die nicht Teil der Family waren, sondern der äußeren Gesellschaft, des Systems.

TRF-UNTERSTÜTZER (TRF SUPPORTERS): Eine spätere Bezeichnung für Mitglieder der Family, die verzehnteten und weiterhin die Mo-Briefe empfangen wollten, aber nicht alle Offenbarungen und Anforderungen für Jünger befolgten. Wie alle anderen Mitglieder mussten sie regelmäßig die »Tither's Report Form« (TRF) ausfüllen. Sie wurden als niedrigere Mitglieder angesehen, aber tatsächlich waren sie von den Family Homes vollkommen ausgeschlossen. Wenn jemand als TRF-Unterstützer galt, wollte kein Home etwas mit der Person zu tun haben, aus Angst, ihr Mangel an Hingabe könnte den Leib Christi beflecken.

VERZEHNTEN (TITHING): Zehn Prozent der gesamten Einnahmen eines Family Homes oder eines einzelnen Jüngers (z. B. Geldspenden, Erbschaften) mussten an die World Services (WS) übermittelt werden, um Grandpas Home, die hochrangigen Führungskräfte und die Publikationen finanziell zu unterstützen.

WITNESSING / MISSIONIEREN: Ein Zeuge Christi zu sein bedeutete, mit Menschen über Jesus zu sprechen. Das konnte auf unterschiedliche Art passieren, z. B. im direkten Gespräch, durch das Singen von Liedern über Jesus, das Verteilen von religiösen Flugblättern, aber auch durch Bibelstudium oder Sketche. **Litnessing** war eine Form des Witnessing, bei der ein Jünger Lit (religiöse Literatur) verteilte und meist auch um Spenden bat.

WS (WORLD SERVICES): Die administrativen Zentren der Family. Die Bewohner der WS redigierten, kompilierten und druckten die Mo-Briefe, sammelten den Zehnten ein und behielten die weltweiten Aktivitäten im Auge. Sie lebten in geheimen Homes oder *Selah Homes*, um sich vor den Behörden zu verstecken.

ZIEGEN (GOATS): Leute des Systems, die der Family gegenüber nicht aufgeschlossen waren oder zu viele Fragen stellten.

DANKSAGUNG

Ich möchte meiner genialen Agentin Becky Sweren danken, die sich über alle Erwartungen hinaus für die Veröffentlichung dieses Buches eingesetzt hat; außerdem danke ich Liz Stein, meiner Lektorin bei HarperCollins, dafür, dass sie an mich geglaubt, unterstützt und die nötigen Kürzungen vorgenommen hat; Lisa Pulitzer herzlichen Dank für ihre Recherche-Bemühungen, die Faktenchecks und das Lektorat. Vielen Dank auch meinen Leserinnen und Lesern, ihr macht das alles die Mühe wert.